Ein anderes Coming Out

Richard Cohen

Ein anderes Coming Out

Homosexualität und Lebensgeschichte

Orientierung
für Betroffene,
Angehörige und
Berater

Vorwort zur deutschen Ausgabe von
Dr. Christl R. Vonholdt, Deutsches Institut
für Jugend und Gesellschaft,
und Markus Hoffmann, Leiter
der Seelsorgebewegung Wüstenstrom

BRUNNEN

VERLAG GIESSEN·BASEL

ABCteam-Bücher erscheinen in folgenden Verlagen:
Aussaat Verlag Neukirchen-Vluyn
R. Brockhaus Verlag Wuppertal und Zürich
Brunnen Verlag Gießen und Basel
Christliches Verlagshaus Stuttgart
Oncken Verlag Wuppertal und Kassel

© der amerikanischen Originalausgabe:
Richard Cohen, M.A., 1999
Oakhill Press, Winchester, USA

Übertragung ins Deutsche:
Dr. Friedemann Lux, Nürtingen

Die Deutsche Bibliothek – CIP-Einheitsaufnahme:

Ein Titeldatensatz für diese Publikation ist ´
bei Der Deutschen Bibliothek erhältlich

Eine Veröffentlichung des Deutschen Instituts für Jugend und Gesellschaft,
Schloss Reichenberg, D - 64382 Reichelsheim

© der deutschen Ausgabe: 2001 Brunnen Verlag Gießen
Umschlaggestaltung: Ralf Simon
Umschlagfoto: Photodisc, Hamburg
Satz: DTP Brunnen
Herstellung: St.-Johannis-Druckerei, Lahr
ISBN 3-7655-1219-2

Widmung

Dieses Buch steht für die Arbeit meines Lebens und für meinen persönlichen Weg heraus aus der Homosexualität. Ich widme es:

Gott, der mich auf meinem ganzen Weg nicht fallen ließ und mich Schritt für Schritt weitergeführt hat.

Jae Sook, Jarish, Jessica und Alfred, meiner geliebten Familie, die immer zu mir gehalten hat.

Meinen Eltern, Samuel und Lorna Cohen, die ihr Bestes taten und alles gaben. Danke, Vater, dass du unsere Freiheit verteidigt hast.

Allen Männern und Frauen, die ich auf ihrem Weg in ein ganzheitlich intaktes Leben begleiten durfte. Es war ein besonderes Vorrecht für mich. Sie sind meine Lehrer gewesen.

All denen, die die Arbeit der International Healing Foundation großzügig unterstützt haben. Sie sind meine Mitstreiter.

Den vielen Männern und Frauen, die mir mit ihrer Liebe geholfen haben, dahin zu kommen, wo ich heute stehe.

Euch allen von ganzem Herzen: Danke!

Die vier Phasen des Heilungsprozesses

1. Übergang (Verhaltenstherapie)

- Aufhören mit bisherigen sexuellen Verhaltensweisen
- Aufbau eines Beziehungsnetzes
- Aufbau von Selbstwertgefühl; Erfahrung des Wertvoll-Seins in der Beziehung zu Gott

2. Grundlagen legen (kognitive Therapie)

- Weitere Arbeit mit dem Beziehungsnetz
- Weiterer Aufbau von Selbstwertgefühl und Erfahrung des Wertvoll-Seins in der Beziehung zu Gott
- Aufbau von Fähigkeiten: Selbstkompetenztraining, Kommunikationsfähigkeiten, Problemlösungstechniken
- Beginn der Heilung des inneren Kindes: Gedanken, Gefühle und Bedürfnisse erkennen und benennen lernen

3. Heilung der gleichgeschlechtlichen seelischen Wunden (psychodynamische Therapie)

- Fortfahren mit den Aufgaben aus Phase 2
- Entdeckung der Ursachen der gleichgeschlechtlichen seelischen Wunden
- Beginn des Prozesses von Trauern, Vergeben und Übernahme von Verantwortung
- Entwicklung gesunder, heilsamer gleichgeschlechtlicher Beziehungen

4. Heilung der andersgeschlechtlichen seelischen Wunden (psychodynamische Therapie)

- Weiterführung der Aufgaben aus Phase 2
- Ermittlung der Ursachen der andersgeschlechtlichen seelischen Wunden
- Weiterführung des Prozesses von Trauern, Vergeben und Übernahme von Verantwortung
- Entwicklung gesunder, heilsamer andersgeschlechtlicher Beziehungen; Entdeckung des anderen Geschlechts

© Richard Cohen, 1999

Inhalt

Vorwort

Nicht häufig finden in unserer Gesellschaft Menschen, die ihre homosexuelle Orientierung verändern möchten, Respekt, Beratung und Hilfe auf ihrer Suche. Kürzlich erhielt ich folgenden Anruf: „Können Sie mir helfen? Ich leide unter meinen homosexuellen Gefühlen und Gedanken und möchte mich gerne verändern. Ich habe mehrere Therapeuten in meiner Nähe angefragt, aber alle haben mir Hilfe verweigert mit der Begründung: ‚Da machen wir nichts. Das ist sowieso angeboren.' (Selbst wenn es so wäre: Auch angeboren heißt doch noch nicht unveränderbar!) Endlich fand ich einen Therapeuten, der mir helfen wollte. Da er aber noch in der Weiterbildung ist, konnte er mich nur nehmen, wenn seine Supervisorin zustimmen würde. Also stellte ich mich ihr vor. Sie fuhr mich regelrecht an: ‚Sie sind wohl aus dem 19. Jahrhundert? Gehen Sie lieber zum Christopher Street Day. Wenn wir uns privat begegnet wären, würde ich nichts mehr mit Ihnen zu tun haben wollen.' Ich fühlte mich den Tränen nah und fix und fertig. Können Sie mir nicht helfen?"

Ein erfahrener Therapeut und Autor hat voller Hochachtung über Männer und Frauen, die aus ihrem homosexuellen Leben aufgebrochen sind und Veränderung suchen, geschrieben: „Wenn ich die persönlichen Probleme sehe, die sich ihnen in den Weg stellen, den erstaunlichen Mut, sich nicht nur ihren Problemen zu stellen sondern dies angesichts einer Gesellschaft zu tun, die jede Gelegenheit nutzt, die Werte, Ziele und Erfahrungen derer, die sich verändern möchten, zu leugnen, dann erfüllt mich das mit Respekt und Bewunderung."[1]

1973 strich die Amerikanische Psychiatrische Gesellschaft das Wort Homosexualität aus ihrem Diagnose-Register. Galt bis dahin Homosexualität z. B. als Neurose, sollte das nun nicht mehr sein. Neue Forschungsergebnisse lagen nicht vor. Es war der Versuch, einer Diskriminierung und Ausgrenzung bestimmter Lebensformen entgegenzuwirken. Tatsächlich führte diese Entscheidung zu einer neuen Diskriminierung: zur Ausgrenzung derjenigen, die Hilfe suchen, weil sie ein homosexuelles Leben als nicht vereinbar mit ihren Grundüberzeugungen sehen und oft, weil sie sich eine eigene Familie und Kinder wünschen.

Einer der Männer, die 1973 im Zentrum der amerikanischen Entscheidung standen und der die Streichung des Wortes Homosexualität befürwortete, war Dr. Robert Spitzer, heute Professor für Psychiatrie an der Columbia Universität in New York. Mit ihm konnten wir im Februar 2000 ein Interview führen. Nachdem er 1999 mit friedlichen Demonstranten konfrontiert worden war, die als Ex-Homosexuelle für mehr Forschung über Veränderungsmöglichkeiten und für das grundlegende Recht auf Beratung und Therapie mit dem ausdrücklichen Ziel einer Veränderung der homosexuellen Orientierung auf die Straße gegangen waren, begann Professor Spitzer sich intensiv mit Fragen der Veränderung zu befassen. Zurzeit führt er eine empirische Studie über Möglichkeiten der Veränderung homosexueller Orientierung durch. In unserem Interview sagte Spitzer über diese Studie: „Wir befragen sie [die Probanden] nicht nur bezüglich ihres sexuellen Verhaltens, sondern sehr ausführlich bezüglich ihrer sexuellen Erregbarkeit, wir fragen nach dem, was sie sexuell anzieht, nach ihren sexuellen Fantasien. Die Ergebnisse sind beeindruckend, weil viele der Befragten wirklich erhebliche Veränderungen weg von der Homosexualität und hin zur Heterosexualität erreicht haben. Und sie sagen, dass es ihnen heute wesentlich besser geht. Die meisten von ihnen sind inzwischen verheiratet und fühlen sich in dieser Lebensform deutlich wohler. Bei unserer Studie geht es also um die Frage, ob Menschen aus einer Therapie zur Veränderung Gewinn ziehen können. Unsere Untersuchung kann nicht belegen, in wie vielen Fällen das möglich ist. Trotzdem halte ich die Studie für wichtig, denn der Schwulenbewegung ist es nahezu gelungen, die Welt davon zu überzeugen, dass Veränderung nicht vorkomme." Und Bezug nehmend auf ein kurz zuvor durchgeführtes Fernsehinterview ergänzte er: „Ich hatte befürchtet, dass sie mich [im Fernsehen] fragen würden, was ich täte, wenn ich einen Teenager-Sohn hätte, der homosexuell ist. ... Glücklicherweise haben sie mich das nicht gefragt. ... Wenn ich ehrlich bin, ist meine Antwort dazu: Ich würde mir wünschen, dass er sich für Veränderung interessiert und dass er dazu auch Hilfe bekommt. Wenn er sich nicht für Veränderung interessiert, hoffe ich, dass ich ihn nicht unter Druck setzen würde. Ich würde versuchen, seine Fragen zu beantworten."[2]

Hilfen zur Veränderung

Einer, der Hilfe geben kann, ist *Richard Cohen*. Er war selbst homosexuell, ist heute verheiratet und hat drei Kinder. In diesem Buch zeigt er als „verwundeter Heiler" einen Veränderungsweg auf, der ihm selbst geholfen hat und den er in langjähriger Erfahrung als Therapeut mit anderen erprobt hat. Diese „Reise", wie er sie nennt, ist kein Spazierweg, aber ein lohnender Weg, der aus vielen, vielen kleinen, täglich zu gehenden Schritten besteht.

Wie fast alle Therapeuten, die Hilfe zur Veränderung anbieten, geht auch Cohen davon aus, dass Homosexualität eine prägenitale Entwicklungsstörung ist und dass sie symbolisch für den Wunsch steht, Anschluss zu gewinnen an die eigene geschlechtliche Identität, an die eigene Männlichkeit (für den Mann) und Weiblichkeit (für die Frau). Demnach sind der Mann und die Frau, die ihre Homosexualität überwunden haben, eigentlich ein Mann und eine Frau, die ihre eigene Natur zurückgewonnen haben. Die Aufgabe der Heilung besteht z. B. für den männlichen Homosexualitäts-Aussteiger darin, Männer und Männlichkeit aus der Ferne in eine echte Nähe zu holen, zu erleben, dass er dazugehört, und zu lernen, wie er männliche Bestätigung empfangen kann.

Ist Homosexualität ungesund?

Eine der international anerkanntesten medizinisch-wissenschaftlichen Zeitschriften veröffentlichte 1999 zwei neue Studien, die in derselben Zeitschrift folgendermaßen kommentiert wurden: „Diese Studien enthalten wohl die besten bisher veröffentlichten Daten über den Zusammenhang zwischen Homosexualität und psychologischen Erkrankungen und beide kommen zu demselben unschönen Schluss: Homosexuell Lebende haben ein substantiell höheres Risiko, an bestimmten emotionalen Problemen, unter anderem Selbstmordneigung, schwere Depressionen und Angstneurosen, zu erkranken."[3]

In einer neuen US-amerikanischen Untersuchung (1999) sind „Männer, die Sex mit Männern haben" bei weitem in der höchsten Risikogruppe für die Erkrankung Aids. Ihr Risiko, an AIDS zu erkranken ist mehr als doppelt so hoch verglichen mit der nächst folgenden Risikogruppe „intravenöser Drogenmissbrauch". Für Jugendliche und junge

Männer bis 25 Jahre, die homosexuellen Sex haben, ist das Risiko nochmals höher.[4]

Nach einer kanadischen Studie (1997) liegt die Lebenserwartung homosexuell lebender Männer um 8 – 20 Jahre niedriger als die anderer Männer.[5] (Im Vergleich dazu: die Lebenswartung von Rauchern liegt um etwa 7 Jahre niedriger als die von Nichtrauchern.)

Die maßgebende Schwulenzeitschrift der USA „Genre" veröffentlichte 1996 eine Umfrage unter 1.000 Lesern und fand heraus, dass 52% der Befragten Sex in öffentlichen Parks hatten, 26% hatten für Sex bezahlt, 46% hatten Sex in öffentlichen Saunas gehabt, 32% fesselten sich gegenseitig während sadomasochistischer Handlungen.[6]

Was ist, wenn unsere Jugendlichen, die mit homosexuellen Gefühlen kämpfen, uns einmal vorwerfen: *Warum habt ihr uns nicht gewarnt? Warum habt ihr uns nicht gesagt, dass es Möglichkeiten zur Veränderung gibt?* Warum habt ihr uns gesagt, dass wir uns mit unseren Gefühlen, die wir gar nicht wollen, abfinden müssten? Warum habt ihr uns nicht informiert über Möglichkeiten und Wege der Veränderung einer homosexuellen Neigung?

Was heißt Veränderung?

Das Herauswachsen aus der Homosexualität ist ein Entwicklungsweg, in dem der betroffene Mann lernen muss, die sich zurückziehende Abkoppelung von anderen Männern zu überwinden, gleiches gilt für die betroffene Frau und ihre sich zurückziehende Abkoppelung von anderen Frauen. Beide müssen lernen, wie ihre Lebenswunden in Beziehungen, die von echter Nähe geprägt sind, heil werden können.

Deshalb stehen bei der Veränderung weniger die Fragen um Sex im Mittelpunkt, es geht vielmehr darum, wie der Betroffene sich in Beziehungen zu anderen, zu Gott und zu sich selbst sieht bzw. neu sehen lernt.

Die größte Herausforderung besteht nicht darin, gewohnte sexuelle Verhaltensweisen aufzugeben, sondern zu lernen zu vertrauen. Bei der Veränderung geht es darum, auf vielen verschiedenen Gebieten Entwicklungen nachzuholen und gesündere Verhaltensweisen einzuüben. Seien es die Themen Selbstkompetenz, Selbstdisziplin, Neid und Minderwertigkeitsgefühle, sei es der Umgang mit Konflikten, Frustrationen, Einsamkeit und Isolation – auf vielen Gebieten geht es darum, Verantwortung zu übernehmen, und um die Lösung emotionaler

(nicht sexueller) Konflikte. *Victor Frankl,* Begründer der Logothera-
pie, beschrieb einmal ein typisches Kennzeichen eines Menschen, der
an einer Neurose leide: „…was er an sich selbst feststellt – auf das legt
er sich auch schon fest; was er in sich vorfindet, damit findet er sich
auch schon ab."[7] Frankl führte weiter aus, dass nicht nur gelte, wo ein
Wille ist, dort ist auch ein Weg, sondern viel mehr: „Wo ein Ziel ist,
dort ist auch ein Wille."[8]
Zur Veränderung einer homosexuellen Orientierung ist ein längerer
Wachstumsprozess nötig und ein gewisser Kampf wird manchmal
lebenslang bleiben. Wenn aber z. B. in Zeiten von großem Stress die
alten Fluchtwege wieder locken, und das, was an schwachen Impulsen
alten Verlangens übrig geblieben ist, sich wieder meldet, bedeutet das
nicht, dass es keine Veränderung gegeben hat. Die alten Versuchungen
sind dann eine Art „Sturmwarnung", ein Signal dafür, dass etwas im
eigenen Leben nicht in Ordnung ist, dass irgendetwas das alte Muster
von Verlangen, Ablehnung und Abwehrmechanismus wieder aktiviert
hat. Aber der Mann und die Frau, die sich verändert haben, haben gelernt, auf diese Signale zu achten und konstruktiv das Problem anzugehen. Das Zitat, mit dem Richard Cohen seine eigene Lebensge-
schichte beginnt, ist im Leben vieler Betroffener, die sich verändert
haben, Wirklichkeit geworden: *Wo die Wunde eines Mannes (einer
Frau) ist, dort liegt auch seine (ihre) größte Begabung.*
Martin Buber, geborener Jude wie Richard Cohen auch, schrieb einmal, die „heiligen Insignien der Menschheit" seien „Verwurzelung,
Bindung, Ganzheit."[9] Genau darum geht es Cohen, wenn er die Reise heraus aus der Homosexualität beschreibt. Es geht um neue Verwurzelung, um Einbindung und Verbindung, um neues Vertrauen
und Vertrautwerden. Durch neue, heilsame Beziehungen wird eine
Ganzheit erfahren, die der homosexuell Lebende vergeblich in seinen
sexuellen Beziehungen gesucht hat.
Es ist mein Wunsch, dass die Begegnung mit diesem Buch in einen
neuen Dialog führt darüber, was Homosexualität ist, und dazu, dass
wir andere Männer und Frauen, die sich für einen Ausstieg aus der homosexuellen Neigung entschieden haben, besser verstehen lernen.

Dr. med. Christl R. Vonholdt
Deutsches Institut für Jugend und Gesellschaft
Pf. 1220, 64382 Reichelsheim/Odw.

Ein Plädoyer gegen die Gewöhnung und für die Liebe

Richard Cohens Buch fällt in eine sensible Phase der Diskussion über die Normalisierung von Homosexualität im deutschsprachigen Raum. Als ehemals Betroffener von Homosexualität und als Therapeut freue ich mich über dieses Buch: Es ist ein Buch gegen die Gewöhnung und für die Liebe.

Während ich mich durch Cohens Manuskriptseiten las, habe ich meine eigene Geschichte wiedergefunden. Wie Cohen, so habe auch ich, als ich nach einem Weg aus der Homosexualität heraus suchte, zunächst keine Adresse gehabt, an die ich mich wenden konnte. Wie er durfte ich erkennen, dass der Weg heraus aus der Homosexualität zugleich ein schwerer und doch ein befreiender Weg ist: Das lustvolle Phantasieren und sexuelle Berühren aufgeben, um zu einem größeren Maß von befriedigenden Beziehungen zu kommen, die den Hunger in mir auf der Ebene alltäglicher und vor allem realer Beziehungen stillen. Hinter Richard Cohens Buch kann ich nur ein großes JA setzen.

Was Cohen schreibt, ist aus der Erfahrung selbst erlebter Homosexualität und eigener therapeutischer Arbeit geboren. Dabei wendet sich das Buch an verschiedene Lesergruppen. Vor allem an die Gruppe der Betroffenen, an Seelsorger und Therapeuten und an Christen möchte ich je ein eigenes Vor-Wort richten.

Ein Wort an Betroffene

Wer als Betroffener das Buch in die Hand nimmt, wird vielleicht in Gefahr stehen, sich von der Menge an therapeutischen Fakten und Wegen verwirren zu lassen. Meine Empfehlung daher: Versuchen Sie sich bei der Lektüre des Buches zunächst nur die Frage zu beantworten: Was suche ich in meiner Homosexualität? Oder: Welche Bedürfnisse versuche ich in meiner Homosexualität zu befriedigen?

Cohen betont, dass es bei der Veränderung von Homosexualität nicht um die Aufarbeitung einiger hypothetischer Wunden aus der Vergangenheit geht. Vielmehr macht er nachdrücklich klar, dass ich das Empfinden des Frau- bzw. Mannsein nur dann als selbstbewusste Stimme aufbauen kann, wenn ich lerne, mich in gegenwärtigen Beziehungen für meine Bedürfnisse einzusetzen.

Die Herausforderung heißt darum: Habe ich den Mut, die illusionäre sexuelle Bedürfnisbefriedigung aufzugeben, und will ich die Begegnung mit Frauen und Männern, Müttern und Vätern, Freundinnen und Freunden wagen, damit ich durch nichterotische Beziehungen Bestätigung, Annahme und Liebe erfahren kann? Veränderung ist nur durch veränderte Beziehungen möglich!

Dabei ist Richard Cohens Botschaft an alle Betroffenen: Veränderung von Homosexualität heißt nicht, dass etwas verdrängt, weggeduscht oder fromm übertüncht werden muss. Vielmehr soll mein Bedürfnis nach Identität, nach Bestätigung, Liebe und Annahme, das ich seit Kindertagen ungestillt in mir trage, gestillt werden. – Wenn ich weiß, wer ich bin – als Mann oder als Frau –, bin ich zu einer Liebe bereit, die mich zum Anderssein des Anderen, zum Gegengeschlecht befreit.

Ein Wort an Seelsorger und Therapeuten

Ein Buch über die Veränderbarkeit von Homosexualität löst bei Seelsorgern und Therapeuten Widersprüchliches aus. Für die einen ist es der Strohhalm, an den es sich zu klammern gilt, andere nötigt es zur Skepsis: Denn es kann nicht sein, was nicht sein darf.

Die erste Gruppe möchte ich ermutigen, das Buch mit seinen vielen Anregungen nicht nur als Strohhalm zu sehen, der aus dem Meer des homosexuellen Geheimnisses herausragt. Homosexualität ist kein Geheimnis. Homosexualität ist eine Lösungsmöglichkeit für ein innerpsychisches Problem. Ich möchte Sie daher ermutigen darauf zu achten, wie Cohen dem Mythos Homosexualität langsam alles Geheimnisvolle entringt und homosexuelles Empfinden zu einem normalen Problem macht. Auf dem Level des Normalen angelangt, spüren wir, dass wir alle Menschen mit homosexuellen Gefühlen begleiten können. Diese Begleitung gelingt umso mehr, je mehr wir uns als Berater mit unserer eigenen Sexualität auseinander gesetzt haben.

Hinsichtlich der therapeutischen Methodik macht Cohen viele Vorschläge und zeichnet einen bestimmten therapeutischen Weg. Er will dadurch nicht einengen oder formalisieren. Vielmehr zeigt er ein Grundvorgehen auf, wie der Mensch, der die Stimme eigener geschlechtlicher Identität nur schwach empfindet, diese durch therapeutische Begleitung finden kann. Sie als Seelsorger oder Therapeut sind frei, sich daran zu orientieren oder nur die Grundprinzipien aufzunehmen und entlang ihrer eigenen therapeutischen Kreativität ihren eigenen Weg zu entwickeln. Gerade die Methoden Gerard van den Aardwegs und Joseph Nicolosis zeigen, dass es unterschiedliche Wege gibt, das Problem der Homosexualität zu lösen.

Die Gruppe der Skeptiker möchte ich einladen, das Buch mit den Maßstäben gängiger Sexualwissenschaften zu messen. Das Buch jedenfalls hält einer sachlichen Prüfung stand. Denn auch die Sexualwissenschaften verstehen Sexualität als etwas Veränderbares und Formbares und sehen, dass in sexuellen Konflikten lebensgeschichtliche Themen bearbeitet und inszeniert werden. Sicher, was für den Umgang mit dem Konflikt am Ende empfohlen wird, dazu gibt es sehr unterschiedliche Positionen. An diesem Punkt wird leicht der Vorwurf erhoben, von der Veränderbarkeit der Homosexualität zu reden bedeute Vereinnahmung oder Zwang. Für mich stellt sich allerdings die Frage, von wem hier – wenn überhaupt – Zwang ausgeht: von denjenigen, die Homosexualität für unveränderbar erklären und damit sagen, dass die selbst aufgestellte These von der Formbarkeit von Sexualität für alle Fälle sexueller Schwierigkeiten gilt, nur nicht für die Homosexualität – oder von denen, die den Raum verschlossener und illusionärer Bedürfniserfüllung öffnen, damit der Mensch nicht nur auf einer Insel, sondern auf einem Kontinent von Beziehungen zu dem kommt, was er zum Leben braucht?

Ein Wort an Christen

Was haben die vielen therapeutischen Ansätze mit Gott zu tun? Richard Cohen hilft betroffenen Menschen in die Ebenbildlichkeit hinein. – Wenn er als ersten Schritt zur Veränderung den Bruch mit bisherigen sexuellen Verhaltensweisen fordert, zeigt er Menschen einen Weg aus einer Sünde. Wenn er hilft, Bedürfnisse in realen Beziehungen umzusetzen, so macht er klar, wie konkret Umkehr durch den Aufbau einer neuen Lebenspraxis verwirklicht werden kann. Wenn er in der Therapie einen Raum schafft, in dem der Mensch seine Identität spüren kann, so hilft er Menschen, den Zuspruch der Kindschaft, des Frau- und Mannseins von Gott her zu erleben und im Alltag zu wagen. Wenn er zeigt, wie Menschen die Homosexualität hinter sich lassen können, um sich einem gegengeschlechtlichen Partner zuzuwenden, dann wird die Ebenbildlichkeit durch die Gemeinschaft von Frau und Mann verwirklicht, die Gott verherrlicht.

Sollten wir nicht eine Seelsorge und Therapie unterstützen, die dem Menschen, der heute zerbrochen ist, hilft, den Reichtum ebenbildlichen Lebens, das Gott uns durch Christus zugesprochen hat, zu leben?

Ich wünsche dem Buch eine große Leserschaft und freue mich über die Bereicherung, die dieses Buch für die Therapie und Begleitung von Menschen mit homosexuellen Empfindungen darstellt. – Ich wiederhole: Es ist ein Buch gegen die Gewöhnung und für die Liebe.

Markus S. Hoffmann
Leiter der Seelsorgeorganisation Wuestenstrom e.V.
Direktor Living Waters Deutschland/Österreich

Einleitung

„Die amerikanische Gesellschaft toleriert alles – außer Menschen, die nicht alles tolerieren."

Autor unbekannt

<u>Niemand wird homosexuell geboren.</u>
Es gibt keine wissenschaftlichen Belege für eine genetische oder biologische Ursache gleichgeschlechtlicher Neigungen.

<u>Niemand wird freiwillig homosexuell.</u>
Gleichgeschlechtliche Neigungen sind das Ergebnis eines ungelösten Kindheitstraumas, ungelöster Kindheitsverletzungen, die zu einer Verwirrung bezüglich der eigenen geschlechtlichen Identität führen.

<u>Jeder kann sich für eine Veränderung entscheiden.</u>
Niemand wir homosexuell geboren.

<u>Was gelernt ist, kann auch wieder verlernt werden.</u>
Wenn die Wunden verheilt und die ursprünglich unbeantwortet gebliebenen Bedürfnisse beantwortet sind, wird Sicherheit in Bezug auf die eigene Geschlechtsidentität erfahren und als Folge davon auch heterosexuelle Neigungen.

<u>Homosexualität ist „not gay, nor bad, it's SSAD"</u> (Same-Sex Attachment Disorder).
Es gibt nichts Lustiges („gay") am homosexuellen Lebensstil; er ist vielmehr ausgesprochen leidvoll und besteht meist in einer endlosen Jagd nach Liebe, die in Beziehungen gegenseitiger Abhängigkeit gesucht wird.
Eine gleichgeschlechtliche Neigung ist auch nicht schlecht oder „böse" („bad"); es ist der Versuch, ein unbeantwortet gebliebenes Bedürfnis nach Liebe zu stillen. Doch homosexuelles Verhalten führt zu Frustration und immer mehr Schmerz.
Gelebte Homosexualität ist leidvoll, denn sie bedeutet ein Leben, bei dem der Einzelne von seiner Männlichkeit bzw. ihrer Weiblichkeit

getrennt bleibt und verzweifelt versucht, diese Kluft durch eine homosexuelle Beziehung zu überwinden.

In diesem Buch werde ich wesentliche Ursachen gleichgeschlechtlicher Neigungen vorstellen. Außerdem präsentiere ich ein klares Modell der Veränderung, das ich entwickelt habe, und erzähle von Menschen, die eine solche Veränderung erlebt haben. Jeder kann sich verändern! Mit Ausdauer, Liebe zu Gott und der Hilfe anderer Menschen ist eine sexuelle Neuorientierung möglich. Natürlich gibt es heute viele Stimmen, die behaupten, Homosexualität sei nicht veränderbar. Das ist ein Mythos. Veränderung ist möglich.

Als Schüler arbeitete ich in den Sommerferien in einem „Heim für Unheilbare" (der Name wurde später zum Glück geändert). Hier lebten Menschen mit zerebraler Lähmung, Muskelschwund, Multipler Sklerose und anderen Behinderungen. Dort freundete ich mich mit Sarah an. Sie war Konzertpianistin und in der Blüte ihres Lebens an Multipler Sklerose erkrankt. Sie weckte in mir die Liebe zum Klavierspielen, und als 16-jähriger fing ich an, Klavierunterricht zu nehmen. Nach drei Monaten hörte ich die Mondscheinsonate von Beethoven. Das Stück faszinierte mich; das musste ich lernen! Aber mein Lehrer, Dr. Nagy, meinte nur: „Das ist Unsinn. Bis du das spielen kannst, musst du noch ein paar Jahre üben."

Ich ging in das nächste Musikgeschäft und kaufte mir die Noten. Wochenlang kämpfte ich mich durch sie hindurch, und irgendwie behielten meine Hände, was in mein Hirn nicht hinein wollte. Meine Finger wussten genau, welche Tasten sie zu drücken hatten, und mein Herz jubelte, sooft ich das Stück spielte.

Nach etwa einem Monat spielte ich Dr. Nagy das Stück vor. Seinen Gesichtsausdruck werde ich nie vergessen. „Wer hat dir das beigebracht?" – „Ich selbst." Das war der Anfang meines eigentlichen Unterrichts. Jetzt glaubte er an mich und brachte mir einfache Stücke ebenso bei wie fortgeschrittene. Nach zwei Jahren Üben und Üben und nochmals Üben ging ich als Musikstudent aufs College.

Damals habe ich gelernt, dass jeder das erreichen kann, was er erreichen will, wenn es nur ein Herzensanliegen ist und man sich nicht davon beirren lässt, was andere sagen. Wer immer Nein sagt, hat möglicherweise Angst, sich selbst auf den Weg zu machen.

Alles beginnt mit einer Idee. Die Idee wird zum brennenden Wunsch, und man macht einen Plan, den man mit aller Kraft verfolgt – bis zum Ziel. Man stolpert, man fällt hin, immer wieder – macht nichts, das geht vorüber; es gibt kein Versagen, nur neue Erfahrungen durch Fehler. Thomas Edison entdeckte 3032 Methoden, wie man die Glühbirne *nicht* erfindet – bevor er sie schließlich erfand. Nicht aufgeben, weitermachen, den nächsten Anlauf nehmen – das ist der Schlüssel.

Ich glaube, ein Grund, warum ich ein guter Therapeut und Begleiter bin, liegt darin, dass ich selbst so ziemlich jeden Fehler gemacht habe, den ein Mensch machen kann. Ich bin nicht stolz darauf. Aber ich ließ mich von nichts und niemandem davon abhalten, herauszufinden, wie man Homosexualität heilen kann. Für mich war es eine Überlebensfrage. Ich wollte, ich musste diese scheinbar bodenlose Wunde in meiner Seele geheilt bekommen! Selbst wenn ich darüber sterben sollte, dann hatte mein Leben doch wenigstens mit dieser Suche einen Sinn gehabt.

Ich fühlte mich sexuell zu Männern hingezogen. Man sagte mir, ich sei so geboren und jede Therapie sinnlos. Also doch keine Mondscheinsonate? Ich habe nur deshalb so vielen Männern, Frauen und Jugendlichen aus der Homosexualität heraushelfen können, weil ich nicht brav nickte, als man mir erklärte: „Das bist du, du bist so geboren, akzeptiere es."

Ich erfuhr, woher meine gleichgeschlechtlichen Neigungen kamen und wie meine seelischen Verletzungen heilen und die unbeantwortet gebliebenen Bedürfnisse meiner Vergangenheit beantwortet werden konnten. Die vielen Fehler, die ich machte, können anderen helfen, die Fallgruben auf dem Weg zur Freiheit zu vermeiden. Den Weg, für den ich zehn Jahre brauchte, haben Männer und Frauen, die ich begleitet habe, in ein bis drei Jahren zurückgelegt. Allen, mit denen ich in den letzten zwölf Jahren arbeiten durfte, möchte ich an dieser Stelle danken. Sie sind meine Lehrer gewesen. Einige ihrer Geschichten finden Sie in diesem Buch – natürlich mit geänderten Namen und Details. Sie alle sind tapfere Menschen, die mutig gegen den Strom schwimmen. Gott segne sie!

Dieses Buch ist für Fachleute wie für Laien geschrieben. Ich bin Therapeut und war gleichzeitig früher selbst Hilfesuchender. Ich hatte nicht nur mit meinen homosexuellen Neigungen zu kämpfen – ich kämpfte ebenso darum, Therapeuten zu finden, die mich verstanden und mir helfen konnten. Es war schwierig, Therapeuten, die nichts mit mir anfangen konnten, etwas von mir zu erklären. Heute wird in Universitäten leider fast nur ein Therapieansatz vertreten, der homosexuell Empfindenden helfen soll, ihre Homosexualität als unabänderlich und normal anzunehmen.

Das vorliegende Buch will zeigen, wie jeder – ob Therapeut, Berater oder Seelsorger – Männern und Frauen helfen kann, die unter ihren gleichgeschlechtlichen Neigungen leiden. Es ist zugleich ein Selbsthilfe-Leitfaden für Betroffene. Ich hoffe und bete, dass das Stigma der gleichgeschlechtlichen Neigung allmählich verschwindet und einer Haltung des Verstehens weichen wird. Möge dieses Buch seinen Beitrag dazu leisten.

Teil 1 erzählt meine eigene Geschichte und beschreibt einige Ursachen der Homosexualität. Die Ursachenforschung bildet jedoch keinen Schwerpunkt – es gibt dazu bereits ausreichend gute Bücher. Wer mehr über Ursachen und Entwicklung gleichgeschlechtlicher Neigungen lernen möchte, findet eine Literaturliste am Ende des Buches.

Teil 2 stellt das von mir entwickelte Vier-Stufen-Modell zur schrittweisen Heilung und Veränderung vor und beschreibt verschiedene dabei verwendete therapeutische Techniken. Ich gebe einen Überblick über die verschiedenen Therapieansätze, ohne zu sehr ins Detail zu gehen. Mein Ziel ist, das allgemeine Handwerkszeug zur Veränderung der Homosexualität bereitzustellen. Einzelheiten können Sie in der am Ende des Buches empfohlenen Literatur nachlesen. Ich gehe besonders auf die Bedeutung, die Wut und Zorn einerseits und Berührung und Nähe andererseits im Heilungsprozess spielen, ein. Schließlich beschreibe ich ein Modell von Mentorschaft, von gelebter und erlebter Väterlichkeit und Mütterlichkeit, durch das Sicherheit in emotionalen Bindungen gewonnen werden kann.

In **Teil 3** geht es um die Heilung von Homophobie, darum, wie Angst und Hass gegenüber homosexuell Lebenden durch Verstehen und Zuwendung überwunden werden kann. Zuletzt mache ich Vorschläge, wie Angehörige und Freunde homosexuell orientierte Männer und Frauen unterstützen können.

In dieses Buch sind die Geschichten von fünf Männern und einer Frau einbezogen, die ich beraten und begleiten konnte. Ihre Worte machen anschaulich, wie Veränderung und Heilung sich vollziehen.* Ich habe im Laufe vieler Jahre mit einer großen Zahl von Männern, Frauen und Jugendlichen gearbeitet. Zwar ist das im Folgenden beschriebene Modell für Menschen entwickelt worden, die an ihrer Homosexualität leiden, es kann aber auch Männern und Frauen mit anderen Beziehungsstörungen helfen. In diesem Fall ändert sich nur die Reihenfolge der Phasen 3 und 4, die in Kapitel 4 vorgestellt werden. Der Prozess der Veränderung hat folgenden Ablauf:

Stufe 1: Änderung des Verhaltens durch Abbrechen ungesunder Verhaltensweisen und Beziehungen; Aufbau eines Freundes-Netzwerks; Aufbau einer Gottesbeziehung, die das eigene Sein und Wert-Sein von Gott her bezieht.

Stufe 2: Um-Orientierung des Denkens; Heilung des inneren Kindes; Fortführung der Aufgaben aus Stufe 1. Lernen, negatives (inneres) Reden über sich selbst durch positive Äußerungen über sich und andere zu ersetzen. Ein bewusstes Wahrnehmen und Benennen der eigenen Gedanken und Gefühle sowie der darunter liegenden Bedürfnisse. Gesunde Selbstdarstellung und Für-sich-selber-Einstehen führen zu mehr Lebensfreude im Hier und Jetzt.

Stufe 3: Heilung andersgeschlechtlicher Wunden; Frauen müssen ihre Vaterwunden heilen, Männer ihre Mutterwunden. Hier geht es um alle Verletzungen, die in Beziehung zu einer andersgeschlechtlichen Person erfahren wurden. Diese Lebenswunden müssen aufgedeckt und angeschaut werden, damit sie heilen können. Indem das Bedürfnis nach Liebe und Annahme durch gesunde, nicht-sexuelle Beziehungen beantwortet wird, können die Entwicklungsdefizite früherer Jahre überwunden werden.

Stufe 4: Heilung gleichgeschlechtlicher Wunden: Mutterverletzungen (bei Frauen), Vaterverletzungen (bei Männern) und andere seelische Verletzungen, die in der Beziehung mit einer Person des eigenen Geschlechts entstanden sind. Wieder müssen Lebenswunden aufgedeckt

---

* Um umständliche Formulierungen wie „er/sie" zu vermeiden, benutze ich sprachlich die männliche Form. Trotzdem gilt das in diesem Buch vorgestellte Therapiemodell soweit nicht anders angegeben für Männer und Frauen.

und heil werden und unbeantwortet gebliebene Bedürfnisse in gesunden, nicht-sexuellen Beziehungen Erfüllung finden.

Jede Frau und jeder Mann, die neues Selbstbewusstsein finden, indem sie neue Fähigkeiten einüben, die in der Beziehung zu einem liebenden Gott erleben, dass ihr Leben und sie selbst wert geachtet sind, deren Lebenswunden heilen können, deren unerfüllt gebliebene Bedürfnisse nach Liebe eine Antwort finden, wird aufblühen. Sie werden die positive Macht ihres Mannseins bzw. Frauseins erfahren und immer mehr die Fülle der Lebensmöglichkeiten entfalten, die Gott in sie hineingelegt hat. Mein nächstes Buch soll heißen: *Heterosexualität heilen.* Bis dahin muss das vorliegende genügen.

Teil 1: Verstehen

1. Meine Geschichte: Ein anderes Coming-Out

Dort, wo die Wunde eines Mannes ist, wird auch sein Genius sein. An welcher Stelle auch immer die Wunde in unserer Seele auftritt, sei es, weil wir einen Trinker zum Vater hatten, eine Mutter, die uns beschämte, einen Vater, der uns beschämte, eine Mutter, die uns missbrauchte, sei es weil wir einsam, unfähig oder krank waren – genau dort liegt unsere größte Begabung, die wir der Gemeinschaft zur Verfügung stellen können.

Robert Bly[1]

Ich erinnere mich genau an Szenen meiner Kindheit und Jugend – wie mein Vater uns anschrie und meine Mutter sich an mich klammerte. Der Vater war weit weg, die Mutter allzu nah. Als ich fünf Jahre alt war, zog ein Freund der Familie zu uns. Er erwarb mein Vertrauen, gewann mein Herz – und missbrauchte mich sexuell. Ich hatte eine besondere Gabe mitbekommen – die Gabe der Sensibilität: Was ich erlebte, ließ mich so leicht nicht mehr los. Ich war auch künstlerisch veranlagt, mein Vater und Bruder dagegen eher sportlich. Mein Vater benutzte meinen Bruder Neal und Neal dann mich als emotionalen Prügelknaben. Dies sind nur einige der Ursachen für meine gleichgeschlechtlichen Neigungen.

Ich flüchtete zu Männern. Als Student hatte ich etliche männliche Liebhaber, dann drei Jahre lang eine feste homosexuelle Beziehung. Aber das alles genügte mir nicht. Ich wollte heiraten und eine Familie gründen. Eine religiöse Erfahrung half mir, den homosexuellen Lebensstil zu verlassen. Ich lernte Jae Sook kennen und wir heirateten, doch ich hatte meine gleichgeschlechtlichen Neigungen nur unterdrückt. Nötig war vielmehr, dass meine Wunden heilten und meine tieferen Bedürfnisse beantwortet wurden. Hilfe dabei fand ich durch Therapie, Selbsthilfegruppen, Mentoren, Freunde und durch meinen Glauben. Dadurch habe ich schließlich ein anderes „Coming Out" erlebt – heraus aus der Homosexualität. Ich erzähle meine Geschichte, damit nachvollziehbar wird, was ich erlebt habe: Veränderung ist möglich; ich habe es am eigenen Leib erfahren.

Kindheit und Jugend

Ich wuchs als jüngstes von drei Kindern in einer jüdischen Familie in einem Vorort von Philadelphia (USA) auf. Mein Bruder Neal war viereinhalb, meine Schwester Lydia zweieinhalb Jahre älter als ich. Mein Vater arbeitete in der Schuhbranche, meine Mutter war Hausfrau. Wenn mein Vater von der Arbeit nach Hause kam, schrie er uns meistens an. Mich als empfindsames Kind traf sein Gebrüll wie ein Dolch in meiner Seele. Vater und Neal lagen ständig im Streit miteinander. Neal ließ seinen Frust und seine Aggressionen dann immer an mir aus. Ich versuchte zwar, mich zu wehren, aber er war viel größer und älter als ich. Es gab bei den Cohens ständig Zoff, Streit und Tränen. Aber wenn Gäste kamen, waren wir die lächelnde Musterfamilie.

Mein Alltag war ein einziges Wechselbad. Heute stand ich in Lydias Gunst, morgen in Neals. Es herrschte dauernd Familienkrieg, und ich hatte die Rolle des Friedensstifters übernommen. Ich war der Clown, der herumblödelte und krampfhaft versuchte, die Situation irgendwie zu entspannen.

Meine gleichgeschlechtlichen Neigungen begannen, als ich etwa zwölf war. Obwohl die Mädchen mich beachteten, interessierte ich mich immer mehr für Jungen. Von der 7. Klasse an begannen einige der Jungs mit sexuellen Spielchen. Ich machte mit, aber eigentlich wollte ich nur körperliche Nähe. Ich wollte jemanden festhalten und von jemandem festgehalten werden.

Oft übernachtete ich bei meinem Freund Steve. Mein ständiges Bedürfnis, mich bei ihm anzukuscheln, war ihm nicht ganz geheuer, aber ich konnte nicht genug davon bekommen. Meine gleichgeschlechtlichen Wünsche wurden stärker. Es gab weitere sexuelle Erlebnisse mit Schulfreunden. Für sie war das etwas Neues, für mich eine wachsende Sucht. Gleichzeitig versuchte ich, „wie alle anderen" zu sein, und ging mit Mädchen aus. In meinem letzten Schuljahr hatte ich eine feste Freundin, Maria. Viele dachten, dass wir heiraten würden; wir selber wahrscheinlich auch, aber diese Sehnsucht nach einem Mann verfolgte mich weiterhin.

Mit siebzehn wagte ich es und suchte eine homosexuelle Beziehung. Im Fitnessclub meines Vaters lernte ich einen Mann kennen, der mich zu sich nach Hause einlud. Mein Herz klopfte so laut, dass ich dachte, die Brust würde mir zerspringen. Ich war schrecklich nervös. Kaum waren wir in seiner Wohnung, fing er an, mich zu verführen. Er tat Dinge mit mir, von denen ich nicht geahnt hatte, dass Männer das miteinander tun können! Ich fühlte mich an Leib und Seele zerrissen. Auf dem Heimweg verbarg ich mich in der U-Bahn-Station in einer dunklen Ecke und schluchzte unaufhörlich. Nähe, Sicherheit, Geborgenheit und Liebe hatte ich gesucht; stattdessen fühlte ich mich vergewaltigt.

Ich ging nach Hause und sagte niemandem, was passiert war. Kurz vor Ende der Schulzeit erzählte ich endlich meinen Eltern von meinem inneren Kampf mit meinen homosexuellen Gefühlen. Die Antwort meiner Mutter, dass sie das schon länger gewusst habe, machte mich nur wütend. Seit ich denken kann, hatte ich eine Hass-Liebe zu ihr. Ich wusste nicht, wo meine Mutter anfing und wo ich aufhörte, und mir war klar, dass meine Probleme mit meiner männlichen Identität zum Teil damit zusammenhingen. Meinem Vater, der im 2. Weltkrieg Marinesoldat gewesen war, war mein Geständnis sehr peinlich. Ich ging zu einem Psychiater, aber der konnte mit mir und meinem Problem nichts anfangen.

Studentenjahre

1970 begann ich mein Musikstudium in Boston. Gleichzeitig begann ich eine Therapie bei einem Psychoanalytiker traditioneller Freud'scher Schule. Drei Jahre lang ging ich zwei Mal in der Woche zu ihm. Es war sehr schmerzhaft und frustrierend – und brachte mir fast gar nichts. Zwar lernte ich ein wenig mehr über mich selbst, aber nichts über die Ursachen meiner Neigungen. Mein Schmerz blieb.

Während meines ersten Studienjahrs ging ich hin und wieder in Schwulenbars. Ich kam mir dort vor wie auf dem Fleischmarkt und ich wollte keine Ware sein, die zur Selbstbedienung auslag. Ich besuchte auch einige Veranstaltungen der Schwulen- und Lesbengruppe an unserer Universität und hatte mehrere Liebhaber, jeweils für einige Monate.

Wenn ich zu Hause war, gab es immer Streit, denn nun, geschult durch therapeutische Einsichten, konnte ich meine Eltern besser angreifen. Einmal wurden mein Vater und ich handgreiflich. Als er auf mich einschlug, während ich auf dem Bett lag, schrie meine Mutter ihn an: „Hör auf, um Gottes willen, hör auf!" Ich sah sie an und sagte: „Nein, lass! So nahe waren wir uns noch nie!" Aufgelöst rannte sie aus dem Zimmer.

Nach einem anderen Besuch schrieb mein Vater mir einen Brief, der mir sehr weh tat. Gleichzeitig fühlte ich mich von meinem damaligen Freund Mike und der Arbeitslast im Studium erdrückt. Ich nahm eine Überdosis Schlaftabletten und wollte Schluss machen. Spät am nächsten Vormittag wachte ich auf – hundeelend und immer noch am Leben. Ich rief meine Schwester an, die in der Nähe wohnte, und sie fuhr mich ins Krankenhaus, wo die Ärzte mir den Magen auspumpten.

Ich erholte mich, setzte meine Therapie fort, beendete die Beziehung mit Mike, wechselte mein Studienhauptfach zu Theaterwissenschaft und schöpfte neue Hoffnung. Im zweiten Studienjahr lernte ich Tim kennen, einen Kunststudenten, der für die nächsten drei Jahre mein Liebhaber wurde.

Schon als Kind hatte ich drei Träume gehabt: Ich wollte einen echten Freund haben, bei dem ich ganz ich selber sein konnte. Ich wollte mit einer Schauspiel- oder Musikgruppe um die Welt reisen, und ich wollte eine schöne Frau heiraten, eine liebevolle Familie gründen.

Tim war die Erfüllung meines ersten Traums, allerdings war es eine Beziehungs-Achterbahn. Ich war der Jäger, er das scheue Wild. Die Zeiten, in denen wir uns nahe waren, waren wunderbar. Wir wurden enge Freunde, und ich lernte viel dadurch, dass ich das Leben mit Tims Augen sah. Er hatte eine Antenne für die Natur. Ich lernte, Dinge zu sehen, die ich noch nie beachtet hatte. Er war (und ist noch heute) ein außergewöhnlicher Mann.

Spirituelle Reise

Dieser Beziehung verdanke ich auch ein weiteres einschneidendes Erlebnis. Tim hatte einen tiefen Glauben, eine Liebe zu Jesus. Ich zog ihn deswegen auf, bis er einmal sagte: „Richard, hör auf! Du kannst selber glauben, was du willst, aber lass mir meinen Glauben!" Ich gab ihm Recht und entschuldigte mich. Weil ich Tim liebte, wollte ich herausfinden, was er an diesem Jesus so beeindruckend fand. Zum ersten Mal in meinem Leben begann ich das Neue Testament zu lesen. Als Jude kannte ich bisher nur das Alte Testament.

Spirituell war ich immer auf der Suche gewesen, immer bewegt von der Frage nach Sinn und Ziel in meinem Leben. Alles Mögliche hatte ich ausprobiert: Judentum, Buddhismus, Therapien. Jetzt lernte ich Jesus kennen und war überrascht: Er war ja der Mann, der ich selber schon immer hatte sein wollen. Bei ihm stimmten Gedanken, Gefühle, Worte und Taten überein. Er *war* ein authentischer Mann, innen derselbe wie außen. Er sprach von Vergebung und Gottes Gnade. Das waren neue Worte für mich. So wie dieser Jesus wollte ich auch werden. Damit begann mein Weg als Christ. Ich schloss mich einer anglikanischen Kirchengemeinde an und wurde Sonntagsschullehrer.

Tim und ich erkannten immer mehr, dass Homosexualität unvereinbar war mit unserem Glauben, und schlossen die sexuelle Ebene aus unserer Beziehung aus. Kurz danach lernten wir die Vereinigungskirche kennen, und ich schloss mich ihr 1974 an. Neun Jahre lang lebte ich sexuell enthaltsam, bemühte mich, nicht über mich selbst nachzudenken und Gott, sein Wort und die Mitmenschen an die erste Stelle zu setzten. Dann und wann meldeten sich die gleichgeschlechtlichen Neigungen wieder; ich schob sie jedesmal beiseite und betete inständig, Gott möge mich endgültig von ihnen frei machen.

Mein zweiter Traum erfüllte sich, als ich mit dem Chor der Vereinigungskirche durch die USA und Asien reiste. Dabei lernte ich meine Frau kennen – sie gehörte einer koreanischen Volkstanzgruppe an, mit der wir gemeinsam auftraten. Wir sprachen wenig miteinander, aber wir sollten uns in den kommenden Jahren besser kennen lernen.

Heirat und Therapie

1982 heirateten Jae Sook und ich, und mein dritter Traum schien sich zu erfüllen. Die ersten Monate waren wunderbar und ich erzählte Jae Sook von meiner homosexuellen „Vergangenheit". Doch im Alltag holte mich meine Vergangenheit wieder ein. Ich wurde meiner Frau gegenüber immer aggressiver. Alle Aggressionen, die ich gegen meine Mutter angestaut hatte, übertrug ich auf Jae Sook. Ich begann außerdem, sie so zu behandeln, wie mein Vater uns behandelt hatte. „Tu dies, tu das!" „Warum hast du das nicht so gemacht?" „Weißt du denn überhaupt nichts?" Ich kommandierte sie herum und beschimpfte sie. Meine Wut war so groß, dass ich sie manchmal am liebsten umgebracht hätte.

Mein beruflicher Erfolg machte alles nur noch schlimmer. Ich reiste als Kulturagent durch Asien und besuchte Musiker und Ballett-Gruppen. Überall wurde ich sehr geschätzt. Wer kannte mich schon als jähzornigen Ehemann? Nicht mein Traum, mein Alptraum war Wirklichkeit geworden: Ich war geworden wie mein Vater. Bald war meine Frau mit unserem ersten Kind schwanger. Ich wusste, dass ich die Therapie wieder aufnehmen musste. Und so ging ich im Mai 1983 zu einem bekannten Psychologen. Ein Jahr lang ging ich einmal pro Woche in die Einzel- und Gruppentherapie. Es war der Anfang eines Weges, der mich aus der Homosexualität herausführen würde.

Eines Abends, nachdem ich mit Jae Sook geschlafen hatte, drehte ich mich müde auf die Seite. Die Doppelberufstätigkeit als Kulturagent und Kellner, um die Familie und die Therapie finanzieren zu können, zehrte an meinen Kräften. Jae Sook legte ihren Arm um mich – und plötzlich schien mein Geist aus meinem Körper herauszuspringen. Es war, als schwebte ich unter der Zimmerdecke und sah auf meinen Körper hinab, der da neben meiner Frau lag. In diesem Körper zu bleiben, wäre zu schmerzhaft gewesen. Alles in mir schrie auf. In diesem Augenblick wurde mir plötzlich klar, dass ich als Kind in irgendeiner Weise sexuell missbraucht worden war. Meine erste Hypothese war die einer Inzestbeziehung zu meiner Mutter.

Nach einer halben Ewigkeit – sicher ein, zwei Sekunden – kehrte ich in meinen Körper zurück. Ich bat Jae Sook, mich nicht zu berühren, das war zu schmerzlich. Ich konnte den nächsten Termin bei meinem Therapeuten kaum erwarten. Er führte mich in verschiedene bioenergetische Techniken ein. Als ich mit einem Tennisschläger auf mehrere Kissen eindrosch, um meine Wut und meinen Frust über meine Mutter abzureagieren, schoss plötzlich ein Bild aus meiner Vergangenheit in mir auf: männliche Genitalien, die auf meinen Mund zukamen. Ich schrie auf und war wie gelähmt.

Ich weinte, und die Tränen flossen während der folgenden Jahre, in denen ich die Erinnerungen an den sexuellen Missbrauch verarbeitete, dem ich als Fünf- bis Sechsjähriger ausgesetzt gewesen war. Es war der Freund der Familie – wir nannten ihn Onkel David –, der damals bei uns wohnte, während er auf die Scheidung von seiner Frau wartete. Er war ein großer, starker Mann und gab mir, was mein Vater mir nicht geben konnte: Er nahm sich Zeit für mich, hörte mir zu, legte die Arme um mich. Er gab mir das Gefühl, dass ich ihm wichtig war. Er war der erste Erwachsene, zu dem ich eine wirkliche Beziehung entwickelte. Aber dann begann es. Er fing an, mit meinen Genitalien zu spielen, und ich musste mit seinen spielen. Es jagte mir furchtbare Angst ein – aber natürlich auch Lust. Gott hat uns so geschaffen, dass wir in unseren Genitalien Lust empfinden können. Dies ist einer der Gründe, warum sexueller Missbrauch für ein Kind so verwirrend ist. Es ist gleichzeitig schmerzhaft und angenehm. Viele Tränen kostete es mich, bis ich mich durch ein Netz von Verwirrung und Zerstörung, die diese Erlebnisse in mir verursacht hatten, einigermaßen hindurchgearbeitet hatte. Ich erkannte, dass mein Gehirn programmiert worden war, auf Männer sexuell zu reagieren. Für mich war Freundschaft mit einem Mann gleich Sex. Ich hatte gelernt: Wenn ich Nähe zu einem Mann will, muss ich ihm meinen Körper geben. Es war der Lernprozess eines Kindes, das nach der Liebe seines Vaters hungerte. Meine übergroße Sensibilität und der Jähzorn meines Vaters hatten die notwendige Bindung an ihn verhindert. Onkel David war mein erster männlicher Mentor.

Heilung und Hölle

Die Verarbeitung meines sexuellen Missbrauchs machte mein Leben zum Chaos. Unser erstes Kind war unterwegs. Ich musste alle paar Monate beruflich nach Fernost reisen, und drei bis vier Mal pro Woche arbeitete ich abends als Kellner. Wir hatten damals wenig geistliche oder emotionale Unterstützung. Es gab in New York so gut wie keine Hilfsorganisationen für Menschen, die von ihrer Homosexualität frei werden wollten. Ich versuchte es bei einer christlichen Gruppe, aber als sie hörte, dass ich zur Vereinigungskirche gehörte, wollten sie nichts mehr mit mir zu tun haben. Ich versuchte es bei einer anderen Gruppe in einem benachbarten Bundesstaat – doch ihr Leiter versuchte, mich sexuell zu verführen. Diese Versuche vergrößerten nur meinen Schmerz und meine Hoffnungslosigkeit.
Ich wusste, dass meine innere Wunde von meiner ungesunden Beziehung zu jenem Onkel David herrührte und davon, dass ich zu mei-

nem Vater keine positive Beziehung hatte, dass da eine Kluft war, eine emotionale Distanz. Ich wusste auch, dass ich gesunde Beziehungen zu Männern brauchte, um selber gesund zu werden. Ich brauchte gleichsam Ersatzväter, Mentoren, die mir bei der Versöhnung mit meiner Vergangenheit beistehen konnten. Ich suchte Kontakt zu Männern in meiner Gemeinde, aber die meisten schreckte ich nur ab; sie wussten nicht, was sie mit meinem Riesenhunger nach gesunder Liebe machen sollten. Ich verunsicherte sie mit meinen wirklichen Bedürfnissen. Wahrscheinlich brachte ich sie auch ins Grübeln über sich selbst, denn in unserer Kultur tragen die meisten Männer tiefe Vaterwunden in sich (eine der Ursachen für Homophobie). Ich bat Gott, dass ich väterliche Menschen finden würde, aber je mehr ich betete und suchte, um so weiter weg schienen sie zu sein.

Schließlich hielt ich es nicht mehr aus. Ich brauchte jemanden, der mich berührte, der mir Mentor war und mich in die Welt der Männer einführte. Zu Gott, meiner Frau und mehreren Freunden sagte ich, wenn ich einen solchen Mann unter Christen nicht finden würde, müsste ich in die Welt der Homosexualität zurückgehen.

Es war ein jämmerlicher Plan, aber ich wusste ich dringend brauchte, und war entschlossen, nicht aufzugeben, bis ich es gefunden hatte. Also kehrte ich in die traurige Welt der Schwulen zurück – gegen alle meine religiösen Überzeugungen und mit dem Gefühl, ein erbärmlicher Heuchler zu sein. Aber das Bedürfnis, geliebt zu werden, ist stärker als jede Religion. Über alles, was in mir vorging, sprach ich mit Gott. Und ich verlor nie die Gewissheit, dass er mich auch in dieser Phase meines Lebens begleitete und weiterführen würde.

Es war eine wahnsinnige Zeit. Für Jae Sook und unseren ersten Sohn Jarish war es die Hölle. Zu Hause zu sitzen in dem Wissen, dass der Ehemann mit seinem männlichen Liebhaber durch die Stadt gondelt ... Ich weine, wenn ich diese Worte schreibe, und ich habe das, was ich damals tat, tief bereut – vor meiner Frau, vor meinen Kindern und vor Gott.

Ich versicherte Jae Sook, dass ich keine Scheidung wünschte. Ich wollte einfach heil werden, und dazu brauchte ich Männer. Ich hatte damals niemanden, der mir den richtigen Weg wies, und so ging ich den meinen – und während dieser ganzen ungewöhnlichen Etappe hörte ich nicht auf zu beten.

Mit dem, was ich in den nächsten zweieinhalb Jahren durchmachte, könnte man dicke Bücher füllen. Ich erkannte, dass ich eigentlich gar nicht Sex suchte, sondern Nähe und Vertrautheit. In gewisser Weise musste ich die gemeinsamen Stunden mit meinem Vater, den Austausch und das Lernen von ihm – all das, was es nicht gegeben hatte – nachholen. Dies gelang mir schließlich mit einem Mann. Ich eröffnete ihm gleich am ersten Tag, dass ich verheiratet war und Heilung von meinen gleichgeschlechtlichen Neigungen suchte. Ich machte ihm, meiner Frau und Gott nichts vor.

Die Verarbeitung des sexuellen Missbrauchs in der Therapie und die Stunden mit meinem Freund ließen mein Herz langsam gesunden. Doch im Keller meiner Seele quälte mich nach wie vor eine tiefe Wunde. Die Wunde in meiner Seele wurde irgendwann ein Magengeschwür. Meine ständige Überarbeitung, meine Kämpfe, meine inneren Verletzungen in Bezug auf meine Geschlechtsidentität zu verarbeiten und heiler zu werden, meine Pflichten als Ehemann und Vater – es war alles zu viel. Wir bekamen damals ein zweites Kind: unsere bezaubernde Tochter Jessica. Damals betete ich: „Gott, wie furchtbar ist das, auch noch Kinder in so ein Elend zu setzen. Du weißt, wie sehr ich eine Veränderung möchte. Bitte sorge du für Jae Sook und die Kinder, ich habe im Moment dafür keine Kraft übrig."

Schließlich ließ ich mich in meinem Beruf für ein Jahr beurlauben. Jae Sook und ich kämpften und arbeiteten – seelisch, geistig, geistlich. Das Band zur Vereinigungskirche wurde dünner, bis es schließlich ganz riss und wir zu unseren christlichen Wurzeln zurückkehrten. Heute gehören wir zu einer christlichen Gemeinde.

Durchbruch

Ich verstehe es als Geschenk Gottes, dass ich schließlich einen echten Freund fand, einen Christen, der bereit war, mir bei der Heilung meiner verletzten Vater- und Männer-Beziehungen zu helfen. Er selbst war emotional stabil und fühlte sich in seinem Mannsein wohl. Und er hieß – David. Gott hat Sinn für Ausgleich. Es war ein David, der mich als Fünfjährigen missbrauchte – und als ich 35 war, half mir ein anderer David, Heilung zu finden.

Im Bewußtsein der Gegenwart Gottes gingen wir gemeinsam innerlich zurück in das Zimmer meines Missbrauchs. Dort trat ich dem größten aller Dämonen gegenüber – mir selbst, meinem Ankläger, der mich anklagte, es sei alles meine Schuld gewesen. David zeigte dem Kind in mir, dass nicht *ich* schuld war an dem Missbrauch. In diesem Augenblick der Zurück-Erinnerung zerriss das Band zwischen Onkel David und mir, und zum ersten Mal in meinem Leben war ich frei. Ich muss wohl eine Stunde in Davids Armen geweint haben. Zu erkennen, dass ich nicht verantwortlich war für das, was da geschehen war, und dass Gott mir vergeben hatte – es war eine unbeschreibliche Erleichterung. In dieser Stunde, in der ich die Bindung an Onkel David zerschnitt, wurde ich frei von meinen homosexuellen Wünschen. Das Zerschneiden dieses inneren Bandes befreite mich von dreißig Jahren unaufhörlichem Schmerz und der endlosen Suche nach Männern.

Es brauchte noch viel innere Arbeit, bis diese vereinzelten Erfahrungen mein Lebensgefühl prägten. Ich musste daran arbeiten, dass ich gesunde, nichtsexuelle Liebe, Zuwendung und Bestätigung von anderen Männern bekam. Ich fand immer wieder Männer, die bereit waren, meine Mentoren zu sein. Ich musste ja so viele Entwicklungsschritte, die ich als Kind, Jugendlicher und junger Erwachsener nicht gemacht hatte, nachholen. Meine Freunde Phillip, Russell, Pastor Hillendahl, Steve, Gordon und Pastor Schuppe zeigten mir, was Liebe ist und was Mannsein heißt; sie zeigen es mir noch heute.

Weitere Heilungsschritte

1987, kurz nach meinem Durchbruchserlebnis mit David, besuchten Jae Sook und ich eine Tagung von EXODUS, einer weltweiten Dachorganisation für christliche Ex-Homosexuellen-Gruppen. Dort betete ich darum, Gott möge uns ganz konkret den nächsten Schritt zeigen, doch nichts geschah und die Konferenz ging zuende. Ich wanderte zu einem kleinen See in der Nähe. Dort kniete ich mich hin und betete: „Gott, jetzt geht's ums Ganze! Ich stehe erst wieder auf, wenn du mir gezeigt hast, wie es weitergehen soll, und wenn ich hier bleiben muss, bis ich sterbe." Und dann vernahm ich ganz deutlich eine Antwort: „Zieh nach Seattle, suche Hilfe für deine Ehe, lass dich zum Therapeuten ausbilden und fange an, anderen Menschen zu helfen." Ich war völlig verblüfft. „Kannst du das noch mal wiederholen?", fragte ich. Und ich vernahm noch einmal dieselbe Botschaft.

Ich erzählte Jae Sook, welche Antwort ich bekommen hatte. Wir beteten beide mehrere Wochen lang darüber, bis wir ganz sicher waren, dass dies Gottes Wille für uns war, und dann gab ich meinen Job als Kulturagent auf. Es war ein schmerzlicher Schritt nach zehn Jahren erfolgreicher Tätigkeit, aber ich war entschlossen, nicht so zu enden wie mein Vater und Großvater – erfolgreich im Beruf und elend zu Hause.

Wir beluden einen LKW mit unseren Habseligkeiten, sagten unseren Freunden in New York ade und fuhren nach Seattle, um ein neues Leben zu beginnen. Ich dachte zuerst, dass wir in der dort bereits bestehenden Ex-Homosexuellen-Arbeit mitarbeiten würden, doch nach mehreren Gesprächen mit dem Leiter wurde mir klar, dass das nicht funktionieren würde. Warum war ich in Seattle?

Dann hörten wir von einer christlichen Gemeinschaft auf der Insel Vashon, im Puget-Sund vor Seattle. Mehrere Male wollten wir dorthin, aber jedes Mal kam etwas dazwischen. Jae Sook sagte: „Vielleicht will Gott uns damit sagen, dass wir nicht dorthin sollen?" Doch ich hatte den Eindruck, dass es weniger Gott war, der uns hindern wollte, als vielmehr sein Gegenspieler. An einem kalten Samstagnachmittag im Dezember 1987 gelang es uns endlich: Wir standen Lou Hillendahl und seiner Frau, den Leitern der Wesleyan Christian Community auf Vashon, gegenüber. Eine Stunde später wusste ich: Sie waren der Grund, warum Gott uns nach Seattle gebracht hatte.

Am 1. Januar 1988 zogen wir in die Kommunität. Wir blieben sechs Monate dort – intensive Monate, in der wir an einer Therapie teilnahmen. Es folgten weitere zweieinhalb Jahre, in denen Hillendahls uns seelsorgerlich und beratend zur Seite standen. Ihre Hilfe war unschätzbar. Wir erlebten Entfaltung in vieler Hinsicht: als Einzelne, als Ehepaar, als Eltern, als Familie. Von ihnen lernte ich viel über die Kunst des Mentoring (mehr darüber in Kapitel 12). Ich lernte, wie ich ein besserer Ehemann und Vater werden konnte. Nur weil sie uns so viel gaben, können wir anderen Menschen heute so viel weitergeben. In diese Zeit fiel ein zweites Durchbruchserlebnis. Im Sommer 1988 kamen meine Eltern zu Besuch. Wir setzten uns mit meinen Seelsorgern aus der Kommunität zusammen. Ich erzählte von dem sexuellen Missbrauch und meinem Weg in die homosexuelle Welt und wie ich immer in den Armen anderer Männer die Liebe meines Vaters gesucht hatte. Ich sagte meinem Vater: „Du hast mich als Kind nie auf den Schoß genommen, ich kann mich jedenfalls nicht daran erinnern.

Auch wenn du jetzt siebzig bist und ich sechsunddreißig, ich brauche es, dass du mich umarmst und festhältst." Und dann setzte ich mich auf seinen Schoß! Ich musste selber seine Arme um mich legen, so steif war er. Es war ein gutes Gefühl, aber das „Lampenfieber" war zu groß – schließlich geschah das ganze vor den Augen meiner Mutter, meiner Frau, meiner Kinder und meiner Seelsorger.

Als wir am Abend meine Eltern zurück in ihr Hotel fuhren, bat ich die anderen, meinen Vater und mich eine halbe Stunde allein zu lassen. Dann sagte ich: „Dad, jetzt sind wir beide allein. Ich brauche es wirklich, dass du mich festhältst!" Ich sehe heute noch den Stuhl vor mir, auf dem er saß. Ich setzte mich auf seinen Schoß und fing an zu weinen. Er war nervös, Tränen liegen ihm gar nicht. Ich sagte: „Lass mich weinen, das tut mir gut. Ich muss das jetzt loslassen, all die Stunden, die wir nicht zusammen waren damals. Halt mich einfach fest dabei." Und ich weinte, weinte die vielen Jahre des Schmerzes und der Enttäuschung heraus, so konnte ich sie loslassen. Es war ein wunderbarer Augenblick für uns beide. Endlich war eine gute Bindung zwischen uns da, waren wir Vater und Sohn!

Ein verwundeter Heiler

Ich war mir schon damals darüber klar, dass ich später einmal Menschen dabei unterstützen würde, aus ihrer Homosexualität herauszufinden. Aber zunächst wollte ich für homosexuell orientierte Menschen einfach da sein – ohne zu versuchen, sie von meiner Sicht der Dinge zu überzeugen. Ich arbeitete drei Jahre lang als Freiwilliger mit AIDS-Patienten. Es war ein Vorrecht und eine Ehre für mich, bei diesen Männern und Frauen sein zu können, und ich war dankbar für jede neue Begegnung und Erfahrung. Ich lernte zu sehen, wie wunderbar diese Menschen waren und wie sehr sie sich nach Liebe sehnten. Gleichzeitig begann ich ein neues Studium. Nachdem ich mein Diplom als psychologischer Berater erhalten hatte, gründete ich die International Healing Foundation in der Überzeugung, damit Gottes Auftrag an mich zu erfüllen. Damals (und bis heute) war meine Vision die, in aller Welt kleine Zentren zu schaffen, in denen Männer, Frauen und junge Menschen ganzheitliche Heilung erfahren und ihre von Gott gegebene Bestimmung entdecken und entfalten könnten.

Drei Jahre lang arbeitete ich als AIDS-Berater für das amerikanische Rote Kreuz. Ich war auch für katholische Hilfsorganisationen in der Betreuung von missbrauchten Kindern und in der Familienberatung tätig. Außerdem hatte ich eine eigene therapeutische Praxis, in der ich Männer und Frauen begleitete, die aus der Homosexualität aussteigen wollten.

Ich begann, öffentlich Vorträge über den Veränderungs-Prozess zu halten, und erwartete, dass die Schwulengemeinschaft mich nach meinem langen Engagement in ihrer Mitte nicht als Gegner betrachten würde, sondern als jemanden, der einfach einen anderen Weg anbietet für die, die mit ihrer Homosexualität unglücklich sind. Ich war naiv. Wir erhielten Morddrohungen und obszöne Anrufe, das Namensschild an meiner Praxistür wurde immer wieder abgerissen. Die Schwulenbeauftragten im Rathaus von Seattle forderten das Rote Kreuz auf, mich als AIDS-Berater zu entlassen, da ich angeblich „Homophobie und Hass" verbreitete. Viele fühlten sich durch meine Arbeit bedroht. Ich kann ihre Angst und ihren Schmerz gut verstehen.

In den letzten zwölf Jahren habe ich zahllose Vorträge über Veränderung und Heilung von Homosexualität gehalten. In den ersten sechs Jahren meiner Beratungspraxis habe ich fast ausschließlich mit Paaren und Einzelpersonen gearbeitet, die Hilfe auf ganz verschiedenen Gebieten suchten: Beziehungsprobleme, zwanghafte Verhaltensstörungen, Wut, sexueller Missbrauch, Süchte. In den letzten fünf Jahren hat sich der Schwerpunkt meiner Tätigkeit auf die Beratung homosexuell orientierter Männer und Jugendlicher verlagert; und nach wie vor biete ich Seminare über den Weg aus der Homosexualität ebenso an wie Partnerschaftsseminare.

Ich bin noch immer auf dem Weg. Ich wachse und reife weiter als Mann. Auch in unserem Familienleben wachsen wir weiter. Mit Hilfe von Martha Welch und ihrer Therapie der „haltenden Umarmung" (siehe dazu Kapitel 6) erlebte ich einen wichtigen Wendepunkt in der Beziehung zu meiner Mutter. Ich lud sie zu einer Aussprache ein, und fünf Tage lang hielten wir uns in den Armen, während ich all den Schmerz, die Wut und Enttäuschung meiner Kindheitsjahre herausstieß: „Warum bist du nicht da gewesen, als Onkel David das mit mir machte?" – „Warum hast du ihn nicht gestoppt?" – „Warum hast du es zugelassen, dass Papa uns die ganzen Jahre immer angebrüllt hat?" – Wir weinten zusammen, als wir so die Vergangenheit wieder durchlebten und dann losließen. Meine Mutter bat mich um Verzeihung für ihr Versagen. „Das tut mir so Leid, ich wollte dir doch nicht weh tun …" Schließlich geschah etwas, das ich nur als ein Wunder bezeichnen kann – ich erlebte eine echte Verbindung mit meiner Mutter. Die Mauern um mein eigenes Herz stürzten ein, und ich konnte meiner Mutter Zutritt zu meinem Herzen geben. Zum ersten Mal in meinem Leben war ich wirklich lebendig und da! Ich war innerlich verbunden und fühlte mich zugehörig.

Als ich mich am Flughafen von meiner Mutter verabschiedete, sank mir das Herz. Ich würde sie wirklich vermissen. Das Kind in meinem Herzen, das endlich ihre Liebe zugelassen hatte, vermisste seine Mutter. Es war ein völlig neues Gefühl. Ich weinte vor Traurigkeit und Freude.

Vor fünf Jahren wurden wir noch einmal reich beschenkt: Gott schenkte uns unseren Sohn Alfie – als Krönung unserer (oder seiner?) Kämpfe und Siege. Und so wachsen Jae Sook und ich und unsere drei Kinder immer tiefer hinein in das Geheimnis der Liebe.

Ich liebe Gott von ganzem Herzen, von ganzer Seele und mit aller meiner Kraft. Ich lebe dafür, sein Leiden und seinen Schmerz zu mindern. Es ist mein Gebet, dass das, was ich im Folgenden über Ursachen und Veränderung homosexueller Neigungen sage, Ihnen und den Menschen, denen Sie begegnen, zum Segen werden möge. In zwölf Jahren therapeutischer Arbeit mit Hunderten von Männern, Frauen und Jugendlichen und in Seminaren mit vielen tausend Menschen in aller Welt habe ich gelernt: Was immer unser Problem sein mag, unsere seelischen Verwundungen haben in gewisser Weise alle die gleichen Ursachen. Leanne Payne sagt: „Über die Heilung des Homosexuellen zu schreiben heißt, über die Heilung aller Männer und Frauen zu schreiben."[2] Wir bleiben alle hinter der großartigen Bestimmung zurück, die uns ursprünglich zugedacht war. Wenn wir selbst ein Stück heiler werden, wird die Welt ein Stückchen heiler. Wenn wir anderen helfen zu gesunden, gesunden wir selbst.

2. Gleichgeschlechtliche Neigungen: Definitionen und Ursachen

Seit zwölf Jahren arbeite ich mit Männern, Frauen und Jugendlichen, die einen Weg aus ihrer Homosexualität finden wollen. Ich bin überzeugt: Wer eine neue Orientierung sucht, kann sie finden.

Was ich im Folgenden vorstelle, sind Einsichten aus meiner eigenen jahrzehntelangen persönlichen und beruflichen Entdeckungsreise. Es sind Erkenntnisse, die aus meinem eigenen Heilungsprozess erwuchsen und durch die Erfahrungen anderer Therapeuten und ehemals homosexuell orientierter Menschen bestätigt wurden. Für mich sind diese Einsichten lebensentscheidend geworden. Ich war entschlossen, Antworten zu finden, weil ich überzeugt war: Gott hat mich nicht für ein homosexuelles Leben geschaffen.

In diesem Buch geht es nicht um Schuldzuweisungen. Es geht darum, Dinge, die geschehen sind, klar beim Namen zu nennen, damit Veränderung und Heilung möglich werden. Wir müssen das Verborgene aufdecken, um das Steuer unseres Lebensschiffs wieder selbst in die Hand nehmen zu können. Anderen Vorwürfe zu machen, hat noch niemandem geholfen. Aber genauso wichtig ist es, dass wir die Verantwortung, die andere haben, auch bei ihnen belassen und nicht sagen: Es ist alles meine Schuld.

Definitionen

„Bei der Homosexualität geht es gar nicht wirklich um Sex, sondern letztlich um Selbstablehnung und um eine Entfremdung vom eigenen wahren Selbst, von anderen und von der eigenen männlichen oder weiblichen Identität" – so Thomas, einer der Männer, dessen Geschichte Sie in Kapitel 13 lesen.

Ich werde in diesem Buch die Ausdrücke *Homosexualität* und *gleichgeschlechtliche Neigung* im Wesentlichen gleichbedeutend verwenden. Als *homosexuell orientiert* bezeichne ich einen Menschen, der erotischsexuelle Neigungen zum eigenen Geschlecht verspürt. „Schwul" bzw. „lesbisch" sind homosexuell orientierte Menschen, die ihre homosexuellen Wünsche gutheißen, sie bejahen und sich wohl dabei fühlen. Der „nicht-schwule" homosexuell Orientierte dagegen ist jemand, der seine homosexuellen Wünsche nicht gutheißen möchte und sie deshalb ändern will. Ein bisexuell orientierter Mensch fühlt sich zu Menschen beiderlei Geschlechts erotisch-sexuell hingezogen; auch er kann seine Neigungen für gut befinden oder Veränderung suchen.

Ich verwende das Wort „homosexuell" nur als Eigenschaftswort, nicht als Hauptwort. „Wir verwenden das Wort homosexuell nicht als Substantiv zur Bezeichnung einer Person, sondern als Adjektiv zur Bezeichnung der Gedanken, Gefühle, Wünsche, Sehnsüchte und des Verhaltens einer Person."[1] Ich bin davon überzeugt, dass Homosexualität in keinem Fall dem wahren Selbst einer Person entspricht, sondern dass jeder, der homosexuelle Neigungen verspürt, latent heterosexuell ist und dass Homosexualität eine Störung in der psychosexuellen Entwicklung darstellt. Wenn die Ursachen für eine homosexuelle Entwicklung verstanden werden, die seelischen Verwundungen heilen können und die unerfüllten Bedürfnisse beantwortet werden, wird die eigene Männlichkeit oder Weiblichkeit als so vertraut erfahren, dass die erotischen Wünsche zum *anderen* Geschlecht hin gehen können.

Biologie und Genetik

In den letzten zehn Jahren ist viel über biologische und genetische Ursachen und Bedingungen der Homosexualität gesprochen worden. Vor allem drei verschiedene Studien haben sich damit befasst. In der Presse hieß es, diese Studien hätten „bewiesen", dass Homosexualität unveränderbar sei, da manche Menschen „homosexuell geboren" seien.

Ich werde alle Studien vorstellen, kurz besprechen und verschiedene Wissenschaftler dabei zu Wort kommen lassen. Es hat sich gezeigt, dass es bisher keine wissenschaftliche Grundlage für eine genetische oder biologische Ursache für Homosexualität gibt.

Die LeVay-Studie

Die Studie von Simon LeVay, „A Difference in Hypothalamic Structure Between Heterosexual and Homosexual Men" wurde im August 1991 in der Zeitschrift *Science* veröffentlicht. LeVay gab an, eine Gruppe von Neuronen (INAH3) im Hypothalamus (einer Region des Zwischenhirns) gefunden zu haben, die bei heterosexuellen Männern doppelt so groß zu sein schien wie bei homosexuell orientierten Männern. LeVay vermutete, dass dieser Teil des Hypothalamus etwas mit dem sexuellen Verhalten zu tun habe und dass damit die sexuelle Orientierung in irgendeiner Weise biologisch vorherbestimmt sei.

Kurze Kritik der LeVay-Studie:
- Alle 19 homosexuell orientierten Männer, deren Gehirn untersucht wurde, waren an AIDS gestorben. Wir wissen, dass HIV/AIDS zu biochemischen Veränderungen im Gehirn führen kann. Die Veränderung im Hypothalamus kann also ein Ergebnis von AIDS statt die Ursache für Homosexualität sein.
- LeVay hat die sexuelle Orientierung seiner Kontrollgruppe nicht prüfen können. Dazu schrieb er selbst: „Zwei der Personen (beides AIDS-Patienten) hatten angegeben, nicht homosexuell aktiv gewesen zu sein. Die Unterlagen über die übrigen 14 Patienten enthielten keine Informationen über ihre sexuelle Orientierung; wir nehmen an, dass sie überwiegend oder ganz heterosexuell waren."[2] „Annahmen" sind aber keine wissenschaftlichen Belege.
- Drei der 19 untersuchten homosexuell orientierten Personen hatten eine größere Neuronenansammlung im Hypothalamus als der Durchschnitt der heterosexuellen Vergleichsgruppe. Drei der 16 heterosexuellen Personen dagegen hatten eine kleinere Neuronenansammlung, als es dem Durchschnitt der homosexuell orientierten Gruppe entsprach. Dies bedeutet immerhin, dass 6 von insgesamt 35 untersuchten Personen der Hauptthese von LeVay nicht entsprachen. Die Ergebnisse der Studie sind damit nicht statistisch signifikant oder zuverlässig.
- Es gibt keine Beweise dafür, dass diese Neuronengruppe tatsächlich etwas mit Sexualität zu tun hat. Charles Socarides, Professor für Psychiatrie am Albert Einstein College of Medicine in New York City, kommentierte: „Die Vorstellung, dass eine fast submikroskopisch

kleine Region des Gehirns über die sexuelle Objektwahl entscheiden soll, ist absurd. Eine Ansammlung (von Neuronen) im Gehirn kann nicht die sexuelle Objektwahl vorausbestimmen."[3]

- LeVay stellte selbst klar: „Es ist wichtig zu betonen, was ich nicht gefunden habe. Ich habe nicht bewiesen, dass Homosexualität genetisch ist, und ich habe auch keine genetische Ursache für Homosexualität entdeckt. Ich habe nicht gezeigt, dass homosexuelle Männer so geboren sind, nur wurde meine Arbeit häufig so fehlinterpretiert. Ich habe auch kein homosexuelles Zentrum im Gehirn gefunden. ... Da ich die Gehirne Erwachsener untersuchte, wissen wir nicht, ob die Unterschiede, die ich dort fand, bereits seit Geburt da waren oder ob sie sich erst später entwickelt haben."[4]

- Kenneth Klivington (Salk Institute, San Diego): „Es gibt zahlreiche Hinweise darauf, dass die Strukturen des Gehirns sich auf bestimmte Umweltreize hin verändern können. Eine unterschiedliche Gehirnstruktur bei Homosexuellen kann daher auch das Ergebnis von Umwelt- und Verhaltensfaktoren sein."[5]

Die Studie von Bailey und Pillard

Die Studie von John M. Bailey und Richard Pillard, „A Genetic Study of Male Sexual Orientation" erschien in *Archives of General Psychiatry* im Dezember 1991. Die Autoren untersuchten Zwillingspaare (eineiig und zweieiig), Brüderpaare und Adoptivbrüder unter der Fragestellung: Wenn einer der Brüder homosexuell ist, mit welcher Häufigkeit ist dann auch der zweite Bruder homosexuell? Ihr Ergebnis: Bei 52 % (29 von 56 Geschwisterpaaren) der untersuchten eineiigen Zwillinge war auch der zweite Zwilling homosexuell. Bei den zweieiigen Zwillingen war in 22 % (12 von 54 Paaren) auch der zweite Zwilling homosexuell. Bei den Adoptivbrüdern waren in 11 % (6 von 57 Paaren) der Fälle beide Brüder homosexuell, aber nur bei 9 % (13 von 142 Paaren) der untersuchten biologischen Brüder (keine Zwillinge) waren beide Brüder homosexuell. Die Forscher kamen zu dem Schluss, dass es wohl eine genetisch bedingte Ursache für Homosexualität geben müsse.

Kurze Kritik der Bailey-Pillard-Studie:

• Die größte Schwachstelle der Studie ist die Interpretation der Zahlen durch die Autoren. Aus der Tatsache, dass bei fast 50 % der eineiigen Zwillinge nicht beide homosexuell waren, sondern nur einer, ergibt sich, dass die Genetik nicht die entscheidende Rolle in der sexuellen Orientierung spielen kann. Sonst müssten in 100 % der Fälle entweder beide Zwillinge heterosexuell oder beide homosexuell sein, denn eineiige Zwillinge haben ja dieselbe genetische Struktur. Die Ergebnisse können also genauso gut dahin ausgelegt werden, dass Homosexualität auf Umwelteinflüsse zurückgeht. Die Biologin Anne Fausto-Sterling von der Brown University kommentierte: „Wenn eine solche Studie überhaupt Sinn machen soll, muss man Zwillinge untersuchen, die getrennt aufgewachsen sind. Die Interpretation der genetischen Daten ist ausgesprochen schwach."[6]

• Die Auswahl der untersuchten Zwillingspaare war keine neutrale Stichprobe, da die Versuchspersonen durch Anzeigen in homosexuellen Zeitungen und Zeitschriften und nicht in allgemeinen Zeitungen gewonnen wurden. Die Wahrscheinlichkeit, dass die Versuchspersonen in ihrer sexuellen Orientierung ähnlich waren, war dadurch von vornherein größer.

• Simon LeVay kommentierte: „Die Zwillingsstudien legen den Schluss nahe, dass [Homosexualität] nicht einfach angeboren ist, denn sogar eineiige Zwillinge haben nicht immer dieselbe sexuelle Orientierung."[7]

• Bailey räumte selbst ein: „Es muss an der Umgebung liegen, dass es zu der Nicht-Übereinstimmung bei den Zwillingen kommt."[8]

• Die Forscher untersuchten nicht die Rolle, die Inzest oder sexueller Missbrauch und andere Umweltfaktoren bei der Entwicklung gleichgeschlechtlicher Neigungen spielen. Hätten sie zum Beispiel ermittelt, dass Inzest bei eineiigen Zwillingen häufiger vorkommt als bei zweieiigen Zwillingen oder Nichtzwillingsbrüdern, könnte dies die unterschiedliche Homosexualitätshäufigkeit erklären.

Die Hamer-Studie

Die Studie von Dean Hamer et al. vom National Cancer Institute „A Linkage Between DNA Markers on the X Chromosome and Male Sexual Orientation" erschien in *Science* im Juli 1993. Die Medien sprachen anschließend von der „Entdeckung des Homosexuellen-Gens". Die Autoren untersuchten 40 homosexuell orientierte Brüderpaare und kamen zu dem Ergebnis, dass Homosexualität in manchen Fällen einen Bezug zu einem bestimmten Bereich auf dem von der Mutter an ihre Söhne vererbten X-Chromosom (Xq28) habe. 33 der homosexuell orientierten Brüderpaare zeigten eine gleiche Strukturvariation am Ende eines der Arme des Chromosoms, rein statistisch hätten es nur 20 sein dürfen. Hamer nahm deshalb an, dass bei 64 % der Brüder die Sequenz der genetischen Muster von Xq28 mit der Homosexualität korreliere.

Kurze Kritik der Hamer-Studie:
- Es gab bei der Studie keine Kontrollgruppe. Das ist eine wissenschaftlich sehr schwache Methodik. Hamer und seine Mitarbeiter versäumten es vor allem, auch die heterosexuellen Brüder zu untersuchen. Was ist, wenn diese dieselben genetischen Muster haben?
- Es gibt keine Beweise dafür, dass der in Frage stehende Chromosomenbereich einen direkten Bezug zu Sexualität und sexueller Orientierung hat.
- Ein kanadisches Forscherteam, das methodisch ähnlich vorging, war nicht in der Lage, die Ergebnisse der Hamer-Studie zu wiederholen.[9]
- Hamer betont selbst: „Diese Gene an sich machen niemanden homosexuell. ... Die Biologie der Persönlichkeit ist viel komplexer als das."[10]

Äußerungen anderer Wissenschaftler zu diesen Studien:

„Evan S. Balaban, Neurobiologe am Neurosciences Institute in San Diego, stellte fest, dass die Suche nach dem biologischen Fundament komplexer menschlicher Eigenschaften in der letzten Zeit wenig rühmlich verlaufen sei. In den vergangenen Jahren haben Forscher und Medien die ‚Entdeckung' von Genen für Alkoholismus, Geisteskrankheit und Homosexualität verkündet. In keinem dieser Fälle, so Balaban, erwies sich die Behauptung als haltbar."[11]

Scientific America, November 1995

„Neuere Studien nehmen biologische Faktoren als Hauptursache für die sexuelle Orientierung an. Es gibt jedoch derzeit keine Fakten, die eine biologische Theorie stützen könnten, so wie es auch keine zwingenden Belege gibt, die für eine einzelne psychologische Erklärung sprechen könnten. Zwar muss jegliches Verhalten irgendwo eine biologische Grundlage haben, doch entspringt die Beliebtheit gegenwärtiger biologischer Erklärungen für sexuelle Orientierung womöglich mehr einer Unzufriedenheit mit dem gegenwärtigen Stand psychologischer Erklärungen als einer Untermauerung durch in Experimenten gewonnene Daten. Eine kritische Untersuchung [der Studien] zeigt, dass es keine Beweise für eine biologische Theorie gibt. In einem alternativen Modell kommt es bei der Herausbildung der Sexualität eines Menschen zu einem Zusammenspiel von Persönlichkeits- und Temperamentsmerkmalen mit dem familialen und sozialen Milieu."[12]

Archives of General Psychiatry, März 1993

„Berichte über strukturelle Unterschiede bei Gehirnen von Menschen mit unterschiedlicher sexueller Orientierung oder Geschlechtsidentität haben zu Spekulationen geführt, dass solche Verhaltensmuster von hormonellen oder genetischen Einflüssen auf das sich entwickelnde Gehirn rühren könnten. Man kann die Ursache-Wirkung-Kette aber auch geradeso gut umkehren und behaupten, dass das sexuelle Verhalten des Erwachsenen die Struktur-Unterschiede verursacht hat. ... Es ist durchaus möglich, dass Unterschiede im sexuellen Verhalten die Ursache und nicht das Ergebnis von Unterschieden in der Gehirnstruktur sind."[13]

Nature, Oktober 1997

„Eine kritische Analyse hormoneller Theorien der Homosexualität und Transsexualität ergibt, dass es keine solide Datenbasis gibt, die die Rolle von Hormonen in der Entwicklung dieser Verhaltensweisen oder Identitäten bei Menschen belegen könnten."[14]

Journal of Neuropsychiatry, Frühjahr 1993

„In den frühen 90er Jahren schienen drei viel beachtete Studien darauf hinzudeuten, dass die Wurzeln der Homosexualität genetisch sind … Über fünf Jahre später konnten diese Ergebnisse immer noch nicht wiederholt werden, und die Wissenschaftler behaupten, dass die Öffentlichkeit die Sache mit der ,Verhaltensgenetik' missverstanden hat. Anders als die Augenfarbe ist Verhalten nicht strikt ererbt, sondern von einer überwältigenden Vielzahl von Umgebungsfaktoren abhängig … Die Existenz eines bestimmten genetischen Musters unter Homosexuellen bedeutet nicht, dass manche Menschen homosexuell geboren werden, so wie die Gene für große Körperlänge, die bei Basketballspielern besonders häufig sein dürften, noch lange nicht ein angeborenes Talent zum Basketballspielen bedeuten … Der Biologe Evan Balaban räumt ein: ,Ich glaube, wir tappen noch genauso im Dunkeln wie früher.'"[16]   *Newsweek,* 17. August 1998

„Wie alle komplexen geistigen und Verhaltens-Phänomene ist auch die Homosexualität multifaktoriell. Sie ist weder ausschließlich biologisch noch ausschließlich psychologisch, sondern das Ergebnis einer bis jetzt nur schwer zu quantifizierenden Mischung aus genetischen Faktoren, intrauterinen Einflüssen (einige davon der Mutter angeboren und daher bei jeder Schwangerschaft vorhanden, andere nur bei dieser bestimmten Schwangerschaft), nachgeburtlicher Umgebung (z.B. Eltern-, Geschwister- und kulturelles Verhalten) und einer komplizierten Abfolge sich wiederholender Weichenstellungen in kritischen Entwicklungsphasen."[18]

Homosexuality and the Politics of Truth, 1996

Schlussfolgerung

Wiederholtes sexuelles Verhalten und Umgebungsbedingungen verändern die Struktur des Gehirns und die Chemie des Körpers. Das bedeutet, dass die in diesen Studien beobachteten genetisch-biologischen Eigenschaften das *Ergebnis* homosexuellen Verhaltens sein können und nicht die *Ursache* sein müssen.

Allen drei Studien mangelt es an Widerspruchsfreiheit. Ihre Ergebnisse wurden bisher nicht wiederholt. Sie sind auch in sich nicht schlüssig und bestenfalls spekulativ. Simon LeVay, Richard Pillard und Dean Hamer sind nach eigenen Angaben selbst homosexuell. Die Vermutung lässt sich daher nicht ganz von der Hand weisen, dass ihre Arbeiten auch stark von dem Wunsch motiviert wurden, ihre homosexuellen Neigungen zu rechtfertigen.

Wenn Homosexualität eine normale sexuelle Orientierung ist, warum sind dann nur etwa 1,5 – 3 % der nordamerikanischen Bevölkerung homosexuell, und nicht 50 %? Warum gibt es mehr homosexuell orientierte Männer als Frauen?

Masters und Johnson, führende Sexualforscher in den USA, stellten schon 1985 fest: „Die genetische Theorie der Homosexualität muss heute allgemein als überholt gelten. … Kein seriöser Wissenschaftler behauptet, dass es hier eine einfache Ursache-Wirkung-Beziehung gibt."[19]

Die wissenschaftlichen Ergebnisse der letzten 80 Jahre legen überwiegend nahe, Homosexualität als erworben anzusehen. Irving Bieber, Charles Socarides, Joseph Nicolosi, Elizabeth Moberly, Lawrence Hatterer, Robert Kronemeyer, E. Kaplan, Edith Fiore, Gerard van den Aardweg, Earl Wilson, Jeffrey Satinover sind nur einige der zahlreichen Psychiater und Psychologen, die dies in jahrelangen klinischen und empirischen Forschungen bestätigt und untermauert haben.

Die beste Methode, eine Theorie zu widerlegen, ist die Erfahrung. Tausenden Männern und Frauen in der ganzen Welt ist der Schritt aus der Homosexualität in die Heterosexualität gelungen. Masters und Johnson gaben in ihren Studien dafür eine Erfolgsrate von etwa 65 % an. Andere Therapeuten, die über erfolgreiche Therapien berichten, sind Bieber, Socarides, Nicolosi, Hatterer, Gershman, Hadden, Hamilton, van den Aardweg, Barnhouse, Ellis und zahlreiche andere.[20] Die National Association for Research and Therapy of Homosexuality

(NARTH) ermittelte kürzlich in einer Untersuchung mit 860 Männern und Frauen, dass es möglich ist, seine homosexuelle Orientierung zu verändern, wenn man dies wünscht.[21]

Was ist Homosexualität?

Wenn homosexuelle Neigungen nicht durch biologische oder genetische Faktoren verursacht sind, dann sind sie entwicklungsmäßig bedingt. Im Folgenden werde ich einen Überblick über die Hauptursachen geben. Dann werde ich zehn Faktoren benennen, die wesentlich zur Entwicklung einer gleichgeschlechtlichen Neigung beitragen.

Homosexualität ist ein Symptom

Homosexuelle Gefühle, Gedanken und Wünsche sind Symptome, also Anzeichen für tiefer liegende Probleme. Sie sind eine Abwehrreaktion gegen aktuelle Lebenskonflikte, eine Art seelischer Anti-Schmerz-Therapie. Sie stehen für nicht bewältigte Kindheitstraumata, nicht verarbeitete Emotionen aus der Vergangenheit und versteinerte Gefühle, für nicht verheilte seelische Wunden. Homosexualität steht auch für einen Antrieb, wiederherzustellen, was in der Entwicklung nicht gelungen ist. So stehen homosexuelle Neigungen für den Antrieb (engl.: reparative drive), unbeantwortet gebliebene Bedürfnisse nach Liebe und Annahme durch Personen des eigenen Geschlechts, beim Jungen z.B. nach Vaterliebe, in irgendeiner Weise zu befriedigen. Es ist ein unbewusster Antrieb nach einer positiven Bindung an den gleichgeschlechtlichen Elternteil. Es war Elizabeth Moberly[22], die in diesem Zusammenhang den dann von Joseph Nicolosi[23] weiterentwickelten Begriff *homo-emotional love need*, also das Bedürfnis nach Liebe und Annahme von einer gleichgeschlechtlichen Person, prägte.

Dieses Bedürfnis ist ein *unbewusster* Antrieb zur (notwendigen) Bindung zwischen Sohn und Vater bzw. Tochter und Mutter. Menschen mit gleichgeschlechtlichen Neigungen haben hier eine verborgene tiefe Wunde. Der homosexuell lebende Mann wird, wenn man ihn fragt, natürlich nicht sagen, dass er in den Armen des anderen Mannes die Liebe seines Vater sucht. Aber genau das ist sehr oft der unbewusste Antrieb, der tief in seiner Seele vergraben ist. Dr. Harville Hendrix drückt es so aus: „Jeder von uns, ob er es nun weiß und sich eingesteht oder

Was ist Homosexualität?

1. Homosexualität ist ein Symptom

Es steht für:

- eine defensive Reaktion auf aktuelle Konflikte
- eine Reaktion auf unbewältigte Kindheitsverletzungen
- einen reparativen Antrieb (reparative drive), unbeantwortet gebliebene gefühlsmäßige Bedürfnisse aus der Kindheit zwischen Vater und Sohn bzw. zwischen Mutter und Tochter zu beantworten

2. Homosexualität ist eine gefühlsmäßige Störung

Sie steht für:

- das Bedürfnis nach Liebe vom gleichgeschlechtlichen Elternteil
- das Bedürfnis, sich als ganzer Mann bzw. als ganze Frau fühlen zu wollen
- die Angst vor Intimität und Nähe zum anderen Geschlecht

3. Homosexualität ist eine gleichgeschlechtliche Beziehungs-Störung

Sie steht für:

- Abkoppelung vom gleichgeschlechtlichen Elternteil
- Abkoppelung von gleichgeschlechtlichen Gleichaltrigen
- Entfremdung vom eigenen Körper
- Entfremdung von der eigenen Männlichkeit bzw. Weiblichkeit

Homosexualität ist eine gleichgeschlechtliche Beziehungs- und Bindungs-Störung (Same-Sex Attachment Disorder – SSAD)

nicht, tritt mit einem Rucksack voll ungelöster Kindheitskonflikte in das Erwachsenenleben ein. Die daraus entstehenden Bedürfnisse müssen eine Antwort finden, denn für unser Unterbewusstsein ist ihre Befriedigung überlebenswichtig. Deshalb wird die Erfüllung dieser Bedürfnisse zum zentralen Thema in erwachsenen Liebesbeziehungen."[24]

Homosexualität ist eine gefühlsmäßige Störung

Es gibt drei Grund-Faktoren, die zu gleichgeschlechtlichen Neigungen führen können:

- *Das Bedürfnis nach Liebe und Zuwendung vom gleichgeschlechtlichen Elternteil*

Viele Fallgeschichten zeigen, dass homosexuelle Gedanken und Gefühle durch vorpubertäre Erfahrungen entstehen. Damit ist Homosexualität im Wesentlichen eine nicht-sexuelle Störung. *„Das homosexuelle Bedürfnis, geliebt zu werden, ist in Wirklichkeit eine Suche nach dem Vater (beim Mann) oder nach der Mutter (bei der Frau) ... Was der Homosexuelle sucht, ist die Erfüllung normaler Bedürfnisse nach Bindung und Beziehung, die im Verlauf seiner Entwicklung unbeantwortet geblieben sind.*"[25] Der homosexuelle Mann sucht in dem anderen Mann die Liebe seines Vaters, die lesbische Frau in der anderen Frau die Liebe ihrer Mutter. Es handelt sich mithin um einen „wiederherstellenden" Antrieb, der ungestillt gebliebene Bedürfnisse aus der Kindheit nach Liebe und Annahme zu beantworten versucht.[26]

Diese tiefer liegenden emotionalen Bedürfnisse können niemals durch sexuelle Beziehungen gestillt werden. Es ist unzählige Male bewiesen worden, dass Sex diese tieferen Bedürfnisse, geliebt zu werden, nicht befriedigen kann – eben weil es die Bedürfnisse eines Kindes sind. Echte, dauerhafte Veränderung ist nur möglich über gesunde, heilsame, nicht-sexuelle Beziehungen.[27]

- *Das Bedürfnis, sich als ganzer Mann bzw. ganze Frau fühlen zu wollen*

Der homosexuell orientierte Mensch verspürt einen Mangel an Männlichkeit bzw. Weiblichkeit in sich und versucht, dieses Loch durch einen anderen Mann oder eine andere Frau zu füllen.[28] Entstanden ist dieser Mangel meist durch eine distanzierte oder gestörte Beziehung zwischen Vater und Sohn bzw. Mutter und Tochter in Kindheit oder Jugendzeit.

Geschlechtsidentität ist das Bewusstsein der eigenen Männlichkeit bzw. Weiblichkeit. Der homosexuell orientierte Mann oder die Frau fühlen sich in seinem/ihrem innersten Kern untauglich oder unvollständig[29] und *sie suchen das, was ihnen selber fehlt, in einer anderen Person des eigenen Geschlechts.* Der sexuelle Kontakt bzw. die Vereinigung mit einem Menschen des eigenen Geschlechts gibt ihnen – vorübergehend – das Gefühl, „ganz" zu sein.

• *Die Angst vor Intimität und Nähe zum anderen Geschlecht*
Beim homosexuell orientierten Mann lag in der Kindheit möglicherweise eine *zu enge Mutter-Sohn-Beziehung* vor.[30] Erfüllt der Ehemann nicht die emotionalen und körperlichen Bedürfnisse seiner Frau, sucht diese nicht selten Trost und Hilfe bei ihrem Sohn.[31] Natürlich geschieht dies nicht mit der Absicht, ihm zu schaden; aber ein solches Verhalten hat eine tiefgreifende und zerstörerische Wirkung auf die psychosexuelle Entwicklung des Sohnes. Es kann zu einer Überidentifizierung mit der Mutter und der Weiblichkeit kommen (die notwendige Identifizierung mit dem Vater und der Männlichkeit kommen zu kurz).
Später, in der Pubertät, fühlt sich der Sohn möglicherweise sexuell zur Mutter hingezogen, was bei ihm extreme Schuldgefühle hervorrufen und zur Unterdrückung normalen heterosexuellen Verlangens führen kann. Um seine Mutter nicht zu „verraten" oder nicht noch einmal diese Schuldgefühle zu erleiden, sucht der Sohn Intimität und Sex mit Männern. Dieser Prozess kann vollständig unbewusst ablaufen.[32]
Bei homosexuell orientierten Frauen hat es oft einen Missbrauch durch den Vater oder einen anderen wichtigen Mann gegeben; an zweiter Stelle folgt der Missbrauch durch Frauen.[33] Der Missbrauch kann sexuell, emotional, geistig oder körperlich sein und hinterlässt eine tiefe seelische Wunde. Die Frau – um nie mehr an den Missbrauch erinnert zu werden – wendet sich an Frauen, um dort Trost, Liebe und Verständnis zu finden.

Homosexualität – eine gleichgeschlechtliche Beziehungs- und Bindungs-Störung
Homosexualität steht für eine Bindungsstörung, eine defensive Abkoppelung vom gleichgeschlechtlichen Elternteil, von gleichgeschlechtlichen Gleichaltrigen, vom eigenen Körper und von der eigenen Ge-

schlechtsidentität. Homosexualität ist eine Beziehungs-Störung, bei der der Einzelne sich von den Eltern, vom eigenen Selbst, dem eigenen Körper und von anderen Menschen entfremdet fühlt. „Ich gehöre da nicht hin", „ich bin anders", „ich bin weder ein Junge noch ein Mädchen" sind typische Gedanken von Menschen mit gleichgeschlechtlichen Neigungen.

Dr. Martha Welch beschreibt vier Arten der Bindung in der Eltern-Kind-Beziehung:

- *Stabil-geborgen*: Die Eltern sind da, zugänglich, erreichbar, einfühlsam, offen, verlässlich, gehen auf das Kind ein; das Kind ist kompetent, selbstbewusst, stabil/fröhlich, kooperativ, humorvoll/spielerisch und gibt sich gern Mühe.
- *Labil-antagonistisch*: Die Eltern sind nur manchmal da, zugänglich und erreichbar, weniger interessiert, weniger offen, weniger herzlich; das Kind ist überanhänglich, zurückweisend, nervös, wechselhaft, impulsiv, passiv und pessimistisch.
- *Labil-ausweichend*: Die Eltern sind (wie ihre eigenen Eltern auch) schroff, zurückweisend, halten Abstand, vermeiden echte Nähe, sind inkonsequent, ambivalent, lehnen ab; das Kind ist aggressiv/herrisch oder quengelig/anspruchsvoll, zwanghaft selbstgenügsam, distanziert und wenig entgegenkommend.
- *Labil-desorganisiert*: Geht quer durch die anderen drei Typen. Die Mutter ist depressiv, wurde als Kind selbst missbraucht oder vernachlässigt und trauert; das Kind ist depressiv, nervös, verweigernd-aggressiv, gehemmt, quengelig/weinerlich, gedrückt/freudlos, schwer zu trösten, kann Wut nicht loslassen und fühlt sich von der Mutter im Stich gelassen, weil von anderen missbraucht (auch wenn die Mutter nichts davon weiß).

Kinder mit labiler Eltern-Anbindung leiden unter Trennungsangst und Übererregbarkeit; sie lernen daher, sich von anderen und von sich selbst innerlich abzuschneiden und emotional auf Distanz zu gehen.[34] Ich stelle die These auf, dass jeder, der homosexuelle Gedanken, Gefühle und Wünsche erlebt, eine *gleichgeschlechtliche Beziehungs-Störung* hat. Homosexuell zu sein ist nicht lustig [was das Wort „gay" im Englischen ursprünglich bedeutet, Anm. d. Ü.], es ist auch nicht

Konstellation möglicher Variablen, die zu gleichgeschlechtlichen Neigungen führen können

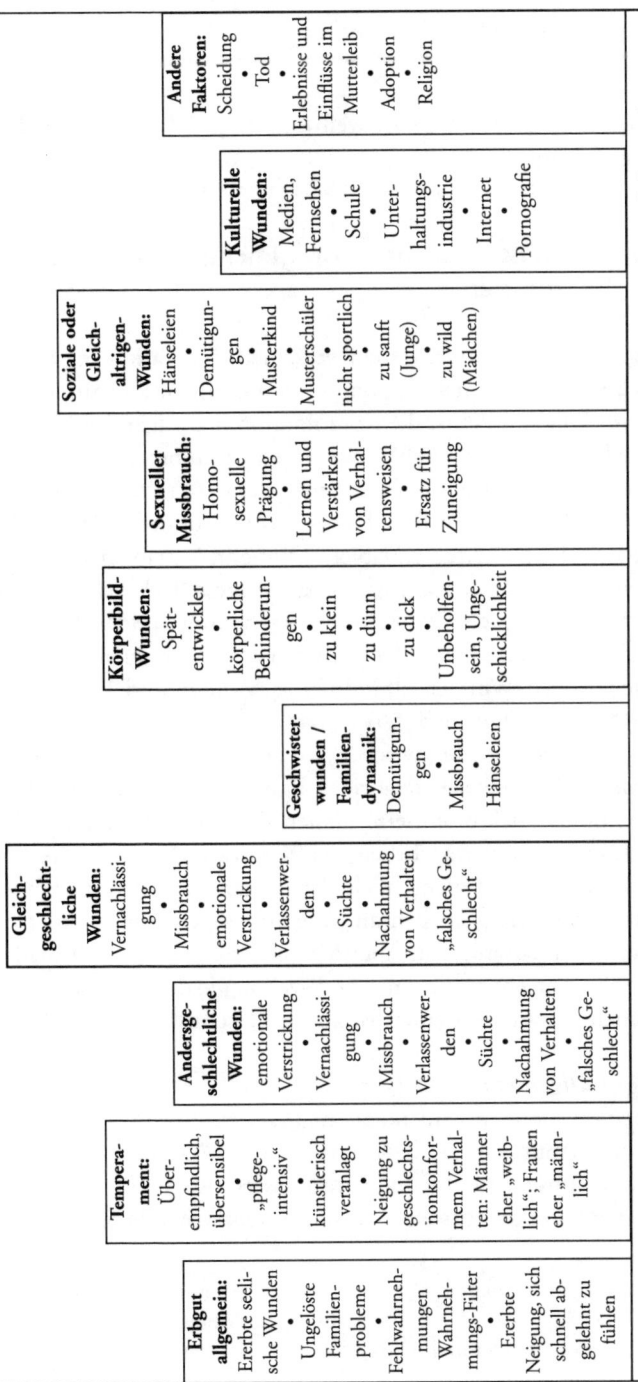

Erbgut allgemein:
Ererbte seelische Wunden
- Ungelöste Familienprobleme
- Fehlwahrnehmungen
- Wahrnehmungs-Filter
- Ererbte Neigung, sich schnell abgelehnt zu fühlen

Temperament:
Überempfindlich, übersensibel
- „pflegeintensiv"
- künstlerisch veranlagt
- Neigung zu geschlechtsnonkonformem Verhalten: Männer eher „weiblich"; Frauen eher „männlich"

Andersgeschlechtliche Wunden:
emotionale Verstrickung
- Vernachlässigung
- Missbrauch
- Verlassenwerden
- Süchte
- Nachahmung von Verhalten
- „falsches Geschlecht"

Gleichgeschlechtliche Wunden:
Vernachlässigung
- Missbrauch
- emotionale Verstrickung
- Verlassenwerden
- Süchte
- Nachahmung von Verhalten
- „falsches Geschlecht"

Geschwisterwunden / Familiendynamik:
Demütigungen
- Missbrauch
- Hänseleien

Körperbild-Wunden:
Spätentwickler
- körperliche Behinderungen
- zu klein
- zu dünn
- zu dick
- Unbeholfensein, Ungeschicklichkeit

Sexueller Missbrauch:
Homosexuelle Prägung
- Lernen und Verstärken von Verhaltensweisen
- Ersatz für Zuneigung

Soziale oder Gleichaltrigen-Wunden:
Hänseleien
- Demütigungen
- Musterkind
- Musterschüler
- nicht sportlich
- zu sanft (Junge)
- zu wild (Mädchen)

Kulturelle Wunden:
Medien, Fernsehen
- Schule
- Unterhaltungsindustrie
- Internet
- Pornografie

Andere Faktoren:
Scheidung
- Tod
- Erlebnisse und Einflüsse im Mutterleib
- Adoption
- Religion

Je nachdem wie schwerwiegend die Verwundungen sind, wird mehr oder weniger Zeit und Kraft benötigt, damit sie heilen können.

schlecht, es ist nur traurig, weil es eine gleichgeschlechtliche Beziehungs-Störung ist.*

Hauptursachen von gleichgeschlechtlichen Neigungen

Es gibt ein Zusammentreffen verschiedener Variablen, die zu einer gleichgeschlechtlichen Neigung führen können. Die Summe ist mehr als ihre Teile, und es ist die Kombination der folgenden Variablen, die bei Männern oder Frauen zu einem homosexuellen Bewusstsein führen kann. Ein einzelner Faktor allein führt noch nicht zu einer gleichgeschlechtlichen Beziehungsstörung, sondern erst das komplexe Wechselspiel mehrerer Variablen. Die zehn Variablen sind: 1) Erbgut allgemein, 2) Temperament, 3) andersgeschlechtliche Wunden, 4) gleichgeschlechtliche Wunden, 5) Geschwisterwunden/Familiendynamik, 6) Körperbild-Wunden, 7) sexueller Missbrauch, 8) soziale oder Gleichaltrigen-Wunden, 9) kulturelle Wunden und 10) andere Faktoren. (Siehe die Tabelle S. 55)
Es gibt Unterschiede zwischen männlicher und weiblicher Homosexualität. In meiner langjährigen Praxis konnte ich beobachten, dass viele homosexuell orientierte Frauen sich auch zu Männern hingezogen fühlen; für die Mehrheit der homosexuell orientierten Männer gilt das umgekehrt nicht. Viele der Frauen sind so von Männern verletzt worden, dass sie sich an Frauen wenden, um Zärtlichkeit und Zuwendung zu erhalten. Aber Männer können für sie trotzdem eine erotische Anziehung haben. Die Psychologie der männlichen und der weiblichen Homosexualität ist also unterschiedlich.

Erbgut allgemein
In der Psychologie wird manchmal davon ausgegangen, dass wir bei unserer Geburt ein „unbeschriebenes Blatt" sind. Erst durch unsere Umwelt, unsere Eltern und Geschwister entstünden seelische Wunden. Ich halte dies für eine zu stark vereinfachende Sicht; wir werden

---

* Hier ist ein englisches Wortspiel benutzt: „It's not gay, nor bad, but SSAD." SSAD klingt wie sad = traurig, steht aber als Abkürzung für Same-Sex Attachment Disorder (Anm. d. Ü.).

nicht als „unbeschriebenes Blatt" geboren. Die Familiensystemthera-
pie kann uns helfen, dies besser zu verstehen.

Die intergenerationale und transgenerationale Familiensystemtheorie
„geht davon aus, dass Beziehungsmuster durch die Generationen hindurch erlernt und weitergegeben werden und dass das heutige Verhalten des Einzelnen und der Familie ein Ergebnis dieser Muster ist. Die
richtige Beurteilung der funktionalen wie der dysfunktionalen Beziehungsmuster ist daher nicht nur der erste Schritt zum Verständnis von
Familien aus einer Mehr-Generationen-Perspektive, sondern auch ein
wesentlicher Schritt hin zur richtigen Therapie."[35] „Die heutige Intergenerationale Familientherapie geht davon aus, dass Schwierigkeiten
und Störungen in Beziehungen zwischen früheren Generationen sich
später in den Beziehungen zwischen nachgeborenen Generationen
wiederholen können, was die Komplexität und die Möglichkeit für
seelische Verletzungen bei den Mitgliedern dieser Familien erhöht."[36]
Ich gehe davon aus, dass wir mit zwei Naturen geboren werden. Die
eine ist unsere ursprüngliche Schöpfungs-Natur, unser von Gott ge-
schaffenes authentisches, eigentliches Selbst, fähig zu Güte, Reinheit,
Kreativität und dazu, mit Gott zu kommunizieren. Aber wir werden
auch mit einer ‚ererbten' Natur geboren, die aus den Niederlagen unserer Vorfahren, unseres Volkes und unserer Nation besteht. Auf der
Negativseite dieser ererbten Natur finden sich möglicherweise Dinge
wie Vorurteile, Süchte, Persönlichkeitsstörungen, Diebstahl, verschiedene Arten von Missbrauch, Hass auf Männer oder Frauen und sexuelle Probleme. Im biblischen Buch Exodus heißt es: „HERR, HERR,
Gott, barmherzig und gnädig und geduldig und von großer Gnade
und Treue, der da Tausenden Gnade bewahrt und vergibt Missetat,
Übertretung und Sünde, aber ungestraft lässt er niemand, sondern
sucht die Missetat der Väter heim an Kindern und Kindeskindern bis
ins dritte und vierte Glied!"[37]

Was man heute allgemein als genetische Prädisposition, angeborene
Neigung, bezeichnet, kann auch als Generationen übergreifende
„Sünde" oder multigenerationale Weitergabe ungelöster Familienprobleme verstanden werden. Diese Sünden gehen sozusagen in die
genetische Struktur dieser Familien-Linie ein. „Wir werden mit Rissen
geboren – von unseren Vorfahren, in unseren Genen –, und sie kommen nicht alle von unseren Eltern."[38]

Ich glaube nicht, dass wir als „unbeschriebenes Blatt" geboren werden.

Bereits bei unserer Geburt sind wir ausgestattet mit Wahrnehmungs-Filtern und mit Neigungen, die Einfluss darauf haben, wie wir eine bestimmte Situation einschätzen und wie wir darauf reagieren. Diese Filter sind etwas Ähnliches wie eine getönte Brille. Wir betrachten die Dinge aus einer bestimmten Perspektive und nicht unbedingt so, wie sie sind. Unser Wahrnehmungs-Filter kann dazu führen, dass wir die Handlungen oder Worte eines Menschen falsch deuten. „Der Begriff des Filters oder der ‚Wahrnehmungs-Ausrüstung‘ ist eng verwandt mit dem, was man ‚Lern-Ausrüstung‘ oder ‚kognitive Landkarte‘ nennt. Es handelt sich um eine Regel, mit der jemand Lernaufgaben oder Reize aus seiner Umgebung interpretiert."[39] Bert Hellinger, der Begründer der Systemischen Familientherapie in Deutschland, lehrt, dass wir Gefühle von uns bekannten wie nicht bekannten Familiengliedern in uns gespeichert haben, z.B. von Großeltern, Urgroßeltern, geschiedenen Partnern und Liebhabern. Diese Gefühle und Probleme sind Bestandteil des Familiensystems und beeinflussen alle Mitglieder einer Familie.

Wie dies die Entwicklung einer gleichgeschlechtlichen Beziehungsstörung beeinflusst, ist individuell sehr verschieden. Die Lebenswunde eines Menschen mit einer gleichgeschlechtlichen Beziehungsstörung hängt auf jeden Fall zusammen mit dem Gefühl, nicht dazuzugehören, nicht dazu zu passen, abgelehnt zu sein. Diese Gefühle und Gedanken können bereits im emotionalen Erbe des Kindes vorhanden sein, so dass es mit *einer Prädisposition, also einer gewissen Neigung, sich schnell abgelehnt zu fühlen*, geboren wird. Es neigt dazu, das Verhalten und die Worte seiner Eltern und anderer entsprechend fehlzudeuten. Es wird nicht durch die Ereignisse geprägt, sondern durch seine *Reaktion* auf ein Ereignis. *Die Wahrnehmung wird zur Wirklichkeit.* Diese ererbbare Einstellung kann zu dem Gefühl beitragen, *abgelehnt* oder *anders* zu sein, ein Gefühl, das an der Wurzel der homosexuellen Beziehungsstörung liegt.

Roland wuchs in einer Mittelklasse-Familie auf. Sein Vater war in der Ortsgemeinde hoch anerkannt. Sie gingen regelmäßig zur Kirche. Rolands Vater war sehr kritisch und anspruchsvoll, wie es dessen eigener Vater auch gewesen war. Roland fühlte sich immer unsicher und minderwertig in der Nähe seines Vaters: Vaters Erwartungen erfüllen – unmöglich! Schon in einem sehr frühen Alter distanzierte Roland sich emotional von seinem Vater und hängte sich an seine Mutter. Ich vermute, dass er schon mit einer Neigung zum Sich-schnell-abgelehnt-Fühlen und Sich-Distanzieren geboren wurde. Er kam aus einer Familien-Linie, die schwerste Verfolgungen erlitten hatte, und neigte so dazu, sich nicht zugehörig, minderwertig oder „anders" zu fühlen.

Temperament*

Einige der temperamentsmäßigen Eigenschaften, die zu einer gleichgeschlechtlichen Beziehungsstörung führen können, sind Übersensibilität, Überempfindlichkeit, eine künstlerische Ader, eher „weibliche" Züge beim Mann und Jungen, eher „männliche" Züge beim Mädchen und der Frau und das Phänomen des „pflegeintensiven" Kindes.

Die Eigenschaft der Überempfindlichkeit (oder erhöhten Sensibilität) ist in unserer Welt etwas, das ich einen „Segensfluch" nenne. Nach meiner Beobachtung haben viele Männer und Frauen mit einer gleichgeschlechtlichen Beziehungsstörung eine erhöhte Sensibilität auf Reize jeder Art. Dies bedeutet natürlich nicht, dass alle hoch sensiblen Kinder homosexuell werden! Wie gesagt, es braucht ein Zusammentreffen mehrerer Variablen, um diese sexuelle Orientierung auszulösen.

Das übersensible Kind reagiert stärker als andere Kinder auf das Familiensystem. Wenn seine Verwandten seine Gefühle akzeptieren und verstehen, besteht keine Gefahr einer gleichgeschlechtlichen Beziehungsstörung und einer homosexuellen Entwicklung. Wenn sie jedoch sein Anderssein kritisieren oder lächerlich machen und weitere wichtige Faktoren dazukommen, kann sich eine gleichgeschlechtliche Beziehungs-Störung entwickeln. Ein solches Kind kann auch nachgiebiger und weniger aggressiv als andere sein und dazu neigen, sich zurückzuziehen statt aufzustehen und seine Meinung zu sagen.

Auch eine künstlerische Begabung kann zur Belastung werden, wenn die übrige Familie ihr mit Ablehnung oder Unverständnis begegnet. Das „zarte" Kind, das in einer „groben" Umgebung aufwächst, ist in seiner geistigen, emotionalen und geistlichen Entwicklung erhöhtem Stress ausgesetzt.

---

* „Temperament" im Amerikanischen ist auch ein Anteil der Persönlichkeit, der angeboren ist. (Anm. d. Ü.)

Auch ein „jungenhaftes" Mädchen oder ein „mädchenhafter" Junge wird bei Eltern, Geschwistern, Gleichaltrigen und in der Gesellschaft leicht zur Zielscheibe des Spotts, was bei dem Kind dann zu Zweifeln führen kann, ob es „wirklich" ein Mädchen/Junge ist. Man spricht hier von *geschlechts-nonkonformem Verhalten*. Das Kind, das sich verstanden, angenommen und ermutigt fühlt, wird Selbstsicherheit in seinen Begabungen entwickeln; fühlt es sich dagegen kritisiert, kann es zu Schäden kommen. „Die unterschiedlichen Reaktionen der Familie auf das ‚Muttersöhnchen' und den ‚Wildfang' sind möglicherweise ein Grund für die unterschiedliche Häufigkeit von männlicher und weiblicher Homosexualität."[40]

Hinweis: Die Eltern sollten ein Kind, das geschlechts-nonkonformes Verhalten zeigt, zu gleichgeschlechtlichen Aktivitäten ermutigen. Jungen müssen manchmal „wild" sein, auch wenn sie sensibler, künstlerisch veranlagt sind, und auch das „wilde" Mädchen braucht Mädchenspiele. Die Identifikation mit dem eigenen Geschlecht ist äußerst wichtig in den Jahren, die für die psychosoziale, psychologische und psychosexuelle Entwicklung prägend sind. Gleichgeschlechtliche Aktivitäten sind von der Vorschulzeit bis zum Ende der Pubertät unverzichtbar.

Das „pflegeintensive" Kind braucht besondere Zuwendung. Jedes Kind wird mit einem ganz individuellen Charakter geboren. Einige Kinder *brauchen* mehr Aufmerksamkeit als andere. Das „pflegeintensive" Kind braucht viel Bestätigung, Berührung und beständige Aufmerksamkeit. Bekommt es diese nicht, entwickelt sich aus dem Mangel ein gestörtes Selbstbild.

Bernard war der jüngere von zwei Jungen. Seine Mutter ging auf seine Sensibilität ein, sein Vater lehnte ihn ab. Bernards Großvater väterlicherseits war sehr kalt und streng und hatte seine Familie zuletzt verlassen. Dies bedeutete, dass Bernards Vater selber nie väterliche Wärme, Ermutigung und körperliche Nähe erfahren hatte. Jedes Mal, wenn Bernard Gefühle zeigte, verspottete und kritisierte sein Vater ihn. Bernard lernte bald, dass es gefährlich war, vor Männern Gefühle zu zeigen. Er wandte sich innerlich vom Vater ab und entwickelte Zweifel an seiner eigenen Männlichkeit.

Matthias' Vater wuchs im 2. Weltkrieg in England auf. Der Großvater war im Krieg gefallen, so dass Matthias' Vater nie väterliche
Liebe erfahren hatte. Matthias' Stiefgroßvater hatte seinen Vater
gelehrt, dass es memmenhaft und unmännlich sei, Gefühle zu
zeigen, und das wurde zur Lebensphilosophie von Matthias' Vater.
Als Matthias geboren wurde und sich als Sensibelchen entpuppte,
war seinem Vater dies nicht geheuer. Er schrie den Jungen an, er
solle aufhören zu heulen, nicht solch eine Memme sein und nicht
dauernd getröstet werden wollen. Matthias wurde schließlich wie
sein Vater – ein kalter Stoiker. Er ging auf Konfrontationskurs zu
seinem Vater und tat alles, was er konnte, um ihn aus der Fassung
zu bringen.

Es gibt zahlreiche Geschichten von Männern, die als Jungen wegen ihrer Sensibilität die Ablehnung ihres Vaters zu spüren bekamen. Statt
Annahme erfuhren sie Kritik und Spott. Dabei zeigt sich folgendes
Muster: Schon die Väter selbst hatten wegen ihrer Sensibilität Ablehnung von ihren Vätern erfahren und, um zu überleben, diesen Teil ihrer Persönlichkeit tief in sich vergraben. Bemerkt ein solcher Vater
nun in seinem eigenen Sohn die gleiche Sensibilität, muss er sie genauso unterdrücken, wie er sie in sich selbst unterdrückt hat. Tut er
das nicht, wird er viel Schmerz, Zorn und Trauer zu verarbeiten haben.

Andersgeschlechtliche Wunden

Zahlreiche Bücher sind geschrieben worden über die überbehütende,
die dominierende oder die sich ständig einmischende Mutter. Ich wiederhole hier: Mir geht es nicht darum, irgendjemanden Schuld zuzu-
schieben. Mir sind keine Eltern bekannt, die es bewusst darauf anle-
gen, ihrem Kind Schaden zuzufügen, und es sind nie nur die Geschehnisse an sich, die den Charakter eines Kindes prägen, sondern
auch seine von Veranlagung und Temperament beeinflussten Reaktionen auf die jeweilige Situation.

Bieber et al.,[41] Socarides,[42] Nicolosi,[43] van den Aardweg,[44] Freud,[45] Siegelman,[46] Westwood,[47] Schoefield,[48] Thompson et al.[49] und Kronemeyer[50] berichten übereinstimmend, *dass homosexuelle Männer in ihrer
Kindheit eine ungesunde, zu enge Mutterbindung hatten.* Die Mutter-
Sohn-Beziehung ist durch ein ungesundes ‚Klammern' anstelle einer

gesunden Bindung gekennzeichnet. Oft ist die Beziehung der Mutter zum Ehemann distanziert und sie bindet sich, als Ersatz sozusagen, übermäßig an ihren Sohn. Die Psychologin Patricia Love spricht von dem „Emotionalen Inzest-Syndrom". Die Mutter vertraut alle ihre Probleme und ihren Kummer ihrem Sohn an und macht ihn zu ihrem Ersatzehemann. Derart von seiner Mutter vereinnahmt und von seinem Vater entfremdet, wird der Sohn immer mehr wie seine Mutter. Es kommt zur Überidentifizierung mit der Mutter und ihrer Weiblichkeit und eine ausreichende Identifizierung mit der Männlichkeit und dem Vater findet nicht statt.

Ein Klient berichtete mir: „Als Kind war ich in meiner Beziehung zu meiner Mutter so verwirrt, dass ich nicht wusste, ob ich ihr Liebhaber oder ihr Sohn war. Alles, was sie bedrückte, vertraute sie mir an." Eine Über-Identifikation mit dem Weiblichen und eine Unter-Identifikation mit dem Männlichen habe ich bei den meisten meiner männlichen Klienten festgestellt.

Manchmal kritisiert die Mutter den Vater direkt oder indirekt: „Werde nicht so wie dein Vater." – „Er taugt nichts." Diese Botschaft entfremdet den Sohn noch mehr von seinem Vater und damit von seinem ersten wichtigen männlichen Vorbild. Aus Angst, die Liebe der Mutter zu verlieren, distanziert er sich – weil der männliche Vater ja der Feind ist – auch von seiner eigenen Männlichkeit und wird zum Spiegelbild des Wesens seiner Mutter. „C.G. Jung hat etwas Beunruhigendes über diese Form der Verwicklung geäußert. Wenn der Sohn seine eigenen Gefühle primär über die Mutter erfährt, dann, so meint Jung, wird er die weibliche Haltung zur Männlichkeit einnehmen und eine weibliche Sicht seines Vaters und seiner eigenen Männlichkeit entwickeln. Er wird seinen Vater mit den Augen der Mutter sehen."[51] Charles Socarides kommt in seinen zahlreichen Studien über die Entwicklung der Homosexualität zu dem Ergebnis, dass *die für die Entwicklung der Geschlechtsidentität so entscheidende Trennung/Individuation bzw. Unterscheidung zwischen Mutter und Sohn fehlt.*[52] *Ähnlich kann bei der weiblichen Homosexualität eine abnorm enge Vater-Tochter-Bindung vorliegen.* Socarides wie auch Zucker und Bradley[53] sprechen von Töchtern, die sich nach dem Bild ihres Vaters formen. In manchen Fällen betrachtet die Tochter die Mutter als unzuverlässig, inkompetent oder schwach und nimmt sich so den kompetenteren, stärkeren Elternteil zum Vorbild – ihren Vater.

Äußert sich dieser auch noch abfällig über seine Frau, erhöht das die Distanz der Tochter zu ihrem weiblichen Vorbild.

Oft ist die homosexuelle Frau als Kind von ihrem Vater oder anderen wichtigen Männern (Bruder, Onkel, Großvater, Stiefvater oder Freund der Familie) missbraucht worden. Dieser Missbrauch kann sexuell, emotional, geistig und/oder körperlich gewesen sein. Sie sucht dann Trost, Liebe und Verständnis bei anderen Frauen, um die Erinnerung an den Missbrauch loszuwerden.

In anderen Fällen nimmt die Tochter wahr, dass die ihr selbst distanziert begegnende Mutter den Vater liebt, und überidentifiziert sich darauf mit ihrem Vater, macht sich „männlicher", um die Liebe und Anerkennung ihrer Mutter zu gewinnen.[54] Ähnlich kann ein Sohn sich „weiblicher" machen, um die Zuwendung seines Vaters zu gewinnen.

Ein weiterer Faktor in der Mutter-Sohn- oder Vater-Tochter-Beziehung ist die Nachahmung des Verhaltens. Dies ist bei allen Kindern die erste und wichtigste Lernmethode. Alles, was sie um sich herum sehen, fühlen und erleben, ahmen Kinder nach. Wenn ein Sohn eine ungesund enge Mutterbindung hat, wird er in seinem Wesen „weiblicher" werden. Die Tochter, die eine ungesund enge Vaterbindung hat, wird entsprechend „männlicher" werden. In beiden Fällen kann das Kind seinem eigenen Geschlecht mehr und mehr entfremdet werden und Eigenheiten des anderen Geschlechts verinnerlichen. Auch dies beeinträchtigt eine normale psychosoziale und psychosexuelle Entwicklung.

Schließlich gibt es den Fall, dass ein Elternteil „lieber einen Jungen/ein Mädchen" haben wollte: Spürt das Kind dies, übernimmt es womöglich Merkmale des anderen Geschlechts, um mehr Anerkennung und Liebe von den Eltern zu gewinnen. Auch dies trägt zur Entstehung einer mangelhaften Geschlechtsidentität bei. Einige Beispiele:

> Robert war Mamas lieber Junge, der in ihrem Bett schlief und an ihrem ganzen Leben teilnahm. Er war das, was sein Vater nicht sein konnte – ein aufmerksamer, perfekter Gentleman. Das Problem war, dass Robert ein Kind war und Mama erwachsen.

> Johns Vater, Akademiker und Leiter einer wissenschaftlichen Institution, berührte seinen Sohn nie. John lernte ihn nur als den großen Kritiker kennen. Er fand die Zuwendung, die er suchte, in

den Armen seiner Mutter. Da er sah, dass sein Vater seine Mutter liebte, wurde er immer mehr wie sie, in der Hoffnung, so die Liebe seines Vaters zu wecken.

Betty war der Liebling ihres Vaters. Am Wochenende spielte sie mit ihm und seinen Freunden Fußball. Schon als Kind ging sie mit dem Vater in die Kneipe und schaute zu, wie er mit seinen Freunden trank. Die Mutter war berufstätig, und wenn sie zu Hause war, war sie mit Kochen und Haushalt beschäftigt. Betty sehnte sich nach der Liebe ihrer Mutter. Also orientierte sie sich immer mehr an ihrem Vater, um die Liebe ihrer Mutter zu gewinnen – das genaue Spiegelbild zu Johns Geschichte. Sie trug Hosen, hatte kurzes Haar und benahm sich allgemein „männlich". Doch was sie auch versuchte, sie konnte die Liebe ihrer Mutter nicht erlangen.

Gleichgeschlechtliche Wunden

In der Vater-Sohn- oder Mutter-Tochter-Beziehung kommt es zu einer gleichgeschlechtlichen Wunde, wenn das Kind seinen gleichgeschlechtlichen Elternteil als kalt, distanziert, abwesend, passiv, ausfallend oder unerreichbar erlebt. Diese gleichgeschlechtliche Wunde ist ein absoluter Schlüsselfaktor in der Entwicklung homosexueller Neigungen. Im Herzen jedes Menschen, der gleichgeschlechtliche Neigungen hat, gibt es ein Empfinden von Distanz, ein inneres Sich-Abwenden vom gleichgeschlechtlichen Elternteil. Dies kann völlig unbewusst sein, da die entsprechende Prägung bereits im Mutterleib oder in sehr früher Kindheit erfolgt sein kann. 90 % unseres Gehirns sind entwickelt, wenn wir drei Jahre alt sind, und Erfahrungen von Entfremdung, die in den allerersten Lebensjahren geschehen, sind tief im Unterbewusstsein verankert. Das ist der Grund, warum so viele homosexuell orientierte Menschen sagen: „So weit ich mich zurückerinnern kann, war ich immer schon anders."

Moberly und Nicolosi kommen zu dem Ergebnis, dass der prähomosexuelle Junge in seiner Vaterbeziehung eine Verletzung oder Enttäuschung erlebt hat.[55] Um sich vor weiteren Verletzungen zu schützen, hat der Junge eine Distanz, eine emotionale Blockade zwischen sich und seinem Vater aufgebaut. Er kann sich mit dem Vater nicht identifizieren, sondern lehnt – aufgrund der erfahrenen Verletzung – den Vater und das, wofür er steht, nämlich die Männlichkeit, ab.[56]

Der Vater hat möglicherweise Schwierigkeiten, zu seinem Sohn eine Beziehung aufzubauen, wenn dieser sich nicht „männlich" verhält oder geschlechts-nonkonformes Verhalten zeigt. Vielleicht ist er auch mit seinen eigenen Problemen so beschäftigt, dass er keine Zeit für den Sohn hat. Oder er gibt seine Erziehungsverantwortung ganz an seine Frau ab. Vielleicht hat er seine Familie verlassen – oder er ist zwar körperlich anwesend, aber emotional unerreichbar. Der Junge erlebt seinen Vater als gefühlsmäßig distanziert, möglicherweise auch als verbal oder tätlich verletzend und als für die Nöte und Bedürfnisse des Kindes „nicht da". In manchen Fällen kommt es auch zu einer emotionalen Verstrickung, einem Verlust von Grenzen zwischen Vater und Sohn: Der Vater macht den Sohn zum „Kameraden", und der Sohn verliert in dem Bemühen, für seinen Vater zu sorgen, seine eigene Identität.

Wenn der Sohn vom Vater Missbilligung, Enttäuschung über ihn oder Distanzierung erfährt, zieht sich der Junge möglicherweise verletzt aus der Beziehung zurück – „Mein Vater will mich nicht." Es kommt zu einer tiefen Ambivalenz gegenüber dem gleichgeschlechtlichen Elternteil: „Ich brauche dich, aber du willst mich ja nicht. Also bleib mir vom Leib, aber komm doch und nimm mich in den Arm, aber das tut so weh." Moberly nennt dies eine „defensive Abkoppelungs-Reaktion"[57], Welch spricht von Bindungsstress oder Bindungs-Last (attachment strain).[58] Das Kind schützt sich vor weiteren Verletzungen, indem es einen imaginären Schutzschild um seine Seele legt und zu seinem gleichgeschlechtlichen Elternteil auf Abstand geht.

Diese Ambivalenz gegenüber dem Vater und dem, was er verkörpert, der Männlichkeit und damit auch gegenüber dem eigenen Geschlecht, führt zu einer Hass-Liebe. Der Junge sucht Bindung zu einem Mann, aber dieses Bedürfnis ist verbunden mit dem zornigen und verletzten kleinen Jungen. Das ist ein Grund, warum homosexuelle Beziehungen so kurzlebig sind. Die ambivalenten, also gegensätzlichen Gefühle gegenüber Männern sind verantwortlich für eine u. U. lebenslange Blockade gegen eine volle Identifikation mit der eigenen Männlichkeit.[59]

Diese defensive Abkoppelung – sie ist im Allgemeinen unbewusst – schneidet den Jungen psychologisch und emotional von seinem Vater und damit seinem männlichen Vorbild ab; es kommt zur gleichgeschlechtlichen Beziehungs-Störung. Er wird dem Vater, sich selber und den anderen entfremdet – „Ich bin anders." Indem er das erste Rollenvorbild für Männlichkeit ablehnt, lehnt er zutiefst die Entwicklung der eigenen Männlichkeit ab.

Der Sohn fühlt sich auf einer sehr tiefen Ebene von seinem Vater abgelehnt. Die Ursache dafür muss nicht notwendig im Verhalten des Vaters liegen; sie kann auch tief im Kind selbst liegen, in einer ererbten Neigung, sich schnell abgelehnt zu fühlen, oder in einem Ablehnungserlebnis während der Schwangerschaft. (Über Erfahrungen im Mutterleib werde ich weiter unten unter „Andere Faktoren" mehr sagen.) David Seamands schreibt: „Kinder sind die besten Empfänger der Welt, aber die schlechtesten Interpreten."[60]

Der eineinhalb- bis dreijährige Junge hat eine Entwicklungsaufgabe, die Mädchen nicht haben: die Individuation und Abnabelung von seiner Mutter und gleichzeitig die Einführung in die Welt der Männer durch seinen Vater oder ein anderes männliches Rollenvorbild. Auch das Mädchen hat in diesem Alter die Aufgabe der Individuation und Abnabelung, aber es kann sich weiterhin mit seiner Mutter, dem primären weiblichen Rollenvorbild, identifizieren. Es gibt drei Dinge, die den Jungen seines männlichen Rollenvorbildes und seiner neuen Kraftquelle berauben können: 1) Die Mutter lässt ihren Jungen nicht los. – 2) Der Vater ist nicht da oder übergibt die Erziehungsverantwortung ganz der Mutter. – 3) Der Sohn fühlt sich vom Vater abgelehnt. Die Bedeutung dieser Altersstufe für die Entwicklung einer gesunden Beziehung zum Vater oder anderen Männern kann kaum überschätzt werden.[61]

In einem Kinderbuch heißt es: „Gott – das ist Mamas lieber Kuss und Papas warme, starke Arme." Das Bild zeigt einen Vater und eine Mutter, die ihre Kinder umarmen. Die Eltern sind für ein Kind Gottes Stellvertreter. Wenn ein Kind sich von Herrn oder Frau Gott abkoppelt, koppelt es sich von seinen Rollenvorbildern der Geschlechtsidentität ab. Eine defensive Abkoppelung von Vater oder Mutter kann daher zu einer defensiven Abkoppelung von Gott führen.

Hier liegt der Grund, warum es dem Erwachsenen später trotz allen Bemühens nicht gelingen will, sich von seinen gleichgeschlechtlichen Neigungen frei zu machen. Denn an der Wurzel dieser Neigungen liegt der Wunsch nach „Vervollständigung", die Sehnsucht, vergangene Mängel, Defizite – die in der frühen Kindheit ungenügend erfolgte Beziehungsbildung zum gleichgeschlechtlichen Elternteil – endlich auszugleichen.[62]

In seinem Buch *Counseling the Homosexual* stellt Michael Saia ein Fünf-Phasen-Modell der Entwicklung einer gleichgeschlechtlichen Beziehungsstörung vor:

Phase 1: Das Kind fühlt sich vom gleichgeschlechtlichen Elternteil abgelehnt.

Phase 2: Das Kind lehnt seinerseits den gleichgeschlechtlichen Elternteil ab.

Phase 3: Das Kind lehnt seine eigene Männlichkeit (bzw. Weiblichkeit) ab, indem z.B. der Junge sich unbewusst sagt: „Wenn Männer so sind, dann will ich keiner werden."

Phase 4: Das Kind lehnt sich selber ab, weil es das gleiche Geschlecht hat wie der Elternteil, den es abgelehnt hat. Seine unbewusste Schlussfolgerung: „Wenn Papa nichts taugt und wenn er ein Mann ist, dann tauge ich nichts, weil ich ein Junge bin."

Phase 5: Das Kind lehnt andere Personen seines Geschlechts ab, als Selbstschutz gegen künftige Verwundungen.[63]

In der Pubertät werden die ungestillten gleichgeschlechtlichen Bedürfnisse als homosexuelle Gefühle erfahren. Es folgt der womöglich lebenslange Versuch, diese Beziehungsbedürfnisse durch homosexuelle Beziehungen zu stillen.

Natürlich kann die defensive Abkoppelung auch gegenüber dem andersgeschlechtlichen Elternteil erfolgen. Dies ist einer der Gründe dafür, warum so viele Ehen zerbrechen und so viele Männer und Frauen zwar nach einem Partner suchen, sich aber sehr schwer tun mit dem Aufbau einer von echter Nähe und Intimität gekennzeichneten Beziehung. Die defensive Abkoppelung gegenüber dem andersgeschlechtlichen Elternteil sitzt zu tief. Diese Menschen stecken in einer andersgeschlechtlichen Beziehungsstörung (OSAD – Opposite Sex Attachment Disorder), und solange ihre Wunden nicht verheilt sind, werden ihre Versuche nach Beziehungen von inniger Nähe immer wieder durch defensive Verhaltensweisen gestört werden.

Chris' Vater war autoritär und überstreng. Chris war sensibel und erlebte die väterliche Strenge als persönliche Zurückweisung. Er flüchtete sich in die Welt seiner Mutter und identifizierte sich mehr mit ihr und seiner Schwester als mit seinem Vater und Bruder. Dies ging auch im Schulalter weiter. Chris war stets der Liebling der Lehrer und gut in den geistigen Fächern, aber mit den anderen Jungen in der Klasse kam er nicht zurecht. Als Erwachsener gab sich Chris Phantasien hin, in denen er mit den Männern, die er bewunderte, sexuelle Beziehungen hatte. Sein Bedürfnis nach mehr Liebe und Anerkennung von seinem Vater hatte sich nach der Pubertät in sexuelle Sehnsüchte verwandelt. Heute ist Chris dabei, mehr ein Mann unter Männern zu werden; er kann jetzt offener mit seinem Vater reden und lernt es, Freundschaften mit anderen Männern zu schließen.

Tom war ein anderer junger Mann, der zu mir in die Therapie kam. Als er das erste Mal kam, hielt er die Beziehung zu seinem Vater für fast perfekt. Es dauerte einige Zeit, bis wir das Knäuel entwirrt hatten, denn Toms Vater hatte ihn zu seinem Freund und Vertrauten gemacht und Tom verbrachte das halbe Leben damit, die seelischen Wunden und Schwächen seines Vaters auszugleichen. Seit Toms Kindheitsjahren hatte sein Vater all seine Probleme und seinen Schmerz mit ihm geteilt. Der Vater hatte sich von seiner Umgebung isoliert, sein einziger Freund war sein Sohn. Tom hatte entsprechend gelernt, seine eigenen Gefühle und Bedürfnisse zu verleugnen und in die Rolle des Retters, besten Freundes und Vertrauten seines Vaters zu schlüpfen. Nachdem Tom mehr Selbstwertgefühl entwickelt und klare Grenzen aufgebaut hatte, begann er den Prozess der Individuation und Abnabelung von seinem Vater – was ihm zunächst Angst machte. Jedes Mal, wenn er einen Rückfall hatte und – für seinen Vater oder andere Autoritätsfiguren – wieder der liebe kleine Junge war, kamen die gleichgeschlechtlichen Neigungen hoch. War er dagegen fest und drückte sich auf eine gesunde, positive, bestimmte Weise aus, erfuhr er eine ganz neue Männlichkeit. Es wird deutlich, wie sehr Homosexualität eine gleichgeschlechtliche Beziehungs-Störung ist, ein Symptom, eine defensive Reaktion auf vergangene und gegenwärtige Konflikte.

Tom arbeitete daran, seine Beziehung zu seinem Vater zu verändern. Heute ist er erwachsen und nicht mehr der liebe kleine Junge. Er wartet nicht mehr darauf, dass sein Vater sich gefälligst ändern solle, sondern nimmt selbst die notwendigen Veränderungen in seinem Leben vor, um in seine von Gott gegebene männliche Identität hineinzuwachsen.

Nicht wenige meiner Klienten waren Männer, deren Väter im Militär oder in der Regierung tätig und durch ihren Beruf bedingt oft längere Zeit nicht zu Hause waren, worauf ihre Söhne sich von ihnen verlassen fühlten. Andere hatten Väter, die zwar körperlich präsent, aber emotional abwesend waren; was sie auch taten, um die Liebe des Vaters zu gewinnen, er war gleichsam unerreichbar. Andere hatten Väter, die arbeitssüchtig waren. Sie waren nie genügend lange zu Hause, um ein Teil des Lebens ihrer Söhne zu werden. Oder der Vater war Alkoholiker, drogensüchtig, sportsüchtig oder jähzornig. Manche wussten nie, ob ihr Vater im nächsten Augenblick der Nette oder der Böse sein würde; jede Sekunde mussten sie auf der Hut sein.

Geschwisterwunden / Familiendynamik

Der prähomosexuelle Junge, der temperamentsmäßig anders ist oder eine körperliche Behinderung hat, kann Zielscheibe emotionalen, geistigen, körperlichen und/oder sexuellen Missbrauchs durch seine Geschwister sein. Beißende Kritik durch gleichgeschlechtliche Geschwister (vor allem wenn sie älter sind) kann zur Störung der Geschlechtsidentität beitragen[64] – ein weiterer Faktor, der das schwache Selbstbild des Jungen verstärkt.

Das potentiell homosexuell orientierte Kind kann das älteste, mittlere, jüngste oder einzige Kind im Familiensystem sein. Das Älteste kann der Familienheld oder das Kind mit der Elternrolle werden, das sozusagen in eine Erwachsenenrolle schlüpft, um die Familienprobleme zu lösen, damit aber das Empfinden einer eigenen Identität verliert. Das zweitälteste Kind wird manchmal der Rebell und entwickelt entsprechende Verhaltensstörungen. Der Rebell reagiert sich auf negative Art ab, um Aufmerksamkeit und Zuwendung zu bekommen. Das mittlere Kind zieht sich womöglich zurück und hat – scheinbar – nicht so viele Bedürfnisse wie das älteste oder jüngste. Es wird unsichtbar, schüchtern und isoliert sich. Das Jüngste dagegen ist oft das verwöhnte Kind. Es kann auch der Empfänger der unausgedrückten Gefühle des gesamten Familiensystems sein; wenn es diese dann zum Ausdruck bringt, gilt es als das „Problemkind". Um Aufmerksamkeit und Zuwendung zu erhalten, wird das Jüngste zuweilen zum Familienclown oder Schauspieler.

Bernd war das jüngste von vier Kindern. Sein älterer Bruder Markus war der Familientyrann. Markus und sein Vater hatten eine extrem antagonistische Beziehung. Der Vater ließ seine Wut an Markus aus, und der dann wiederum an Bernd. Wenn keiner in der Nähe war, der es sehen konnte, schlug Markus Bernd. Er demütigte ihn auch mit Worten („Memme", „Homo", „Schwuler"). Bernd lebte in ständiger Angst vor den Wutanfällen seines Bruders. Das Ergebnis war, dass er sich noch mehr von seinem Vater und von Männern allgemein zurückzog. Eine Strategie für Bernd, mit dem Beziehungsstress mit seinem Bruder, seinem so fernen alkoholisierten Vater und der ungesund engen Beziehung zu seiner Mutter fertig zu werden, bestand darin, den Friedensstifter in der Familie zu spielen. Wenn die Geschwister oder die Eltern sich wieder einmal stritten, war Bernd sofort zur Stelle, um die Situation zu glätten. Er war der Künstler, der Harmonie in das Chaos zu bringen versuchte.

Ähnliche Muster gab es bei etlichen meiner Klienten: Sie waren von ihren gleichgeschlechtlichen Geschwistern wegen ihrer größeren Sensibilität schlecht behandelt und kritisiert worden. Viele wurden gehänselt. In vielen Fällen hatten die älteren Brüder eine schlechte Beziehung zu ihrem Vater und ließen dann ihre Frustrationen am jüngeren Bruder aus. Andere spielten die Rolle des Familienhelden – gute Noten, der liebe Junge – aber was sie auch versuchten, sie bekamen nie die Liebe, nach der sie sich so sehnten.

Körperbild-Wunden

Spätentwickler, Frühreife, körperliche Behinderungen, zu groß, zu klein, zu dick, zu dünn – diese und andere Probleme (bzw. die Reaktionen von Gleichaltrigen und Eltern darauf) können zu seelischen Wunden in Bezug auf das eigene Körperbild führen. Körperbild-Wunden scheinen auf der Skala der zur Homosexualität beitragenden Variablen recht hoch zu stehen. Viele, wenn nicht alle meiner männlichen Klienten hatten ein gestörtes Selbstwertgefühl, weil ihr Körper oder Teile ihres Körpers ihnen irgendwie nicht gut genug schienen. Sie distanzierten sich vom Vater, dann von ihrem eigenen Geschlecht und schließlich vom eigenen Körper. Denn dieser Körper erinnerte sie so sehr an die Männlichkeit, die sie doch gar nicht wollten.
In der Jugendzeit entwickelten sich einige nicht so schnell wie die an-

deren und fühlten sich dadurch den Gleichaltrigen unterlegen. Andere waren entweder übergewichtig oder besonders dünn, wieder andere fühlten sich wegen ihrer geringen Körpergröße minderwertig. Oder sie hatten körperliche Behinderungen und wurden (oder fühlten sich) entsprechend gehänselt und abgelehnt.

Daniel war Feuerwehrmann und äußerlich der typische Macho: stattlich, muskulös, athletisch und gepflegt. Er fühlte sich jedoch anderen Männern unterlegen und sexuell zu Jungen in der Pubertät hingezogen. Daniel war ein Spätentwickler, der erst mit 15 Jahren in die Pubertät gekommen war. Wenn er sich nach dem Sportunterricht mit den anderen Jungen duschte, schämte er sich seines so wenig erwachsenen Körpers. Seinem Vater mochte er von seiner Not nichts sagen. Der Vater war arbeits- und alkoholsüchtig, und wenn er betrunken war, auch gewalttätig. Da Daniel diese wichtige Phase seines Lebens nicht verarbeitet hatte, war ein Teil seiner Person in eben dieser psychosexuellen Entwicklungsphase stecken geblieben. Obwohl er als Erwachsener ein starker, stattlicher Mann war, fühlte er sich nach wie vor wie der pubertäre Junge, der mit anderen Männern nicht mithalten konnte.

Einige Männer, die ich beriet, waren besonders klein. Das hatte Einfluss darauf, wie sie sich selbst als Männer sahen. Da sie gleichzeitig gefühlsmäßig von ihren Vätern abgekoppelt waren, fühlten sie sich anderen Männern unterlegen – und hatten mit ihrer Geschlechtsidentität, ihrem Mannsein Probleme. Andere waren übergewichtig, sehr dünn oder hatten irgendeine Behinderung. Jedes Mal war eine Entfremdung vom eigenen männlichen Körper die Folge.

Sexueller Missbrauch

Ein hoher Prozentsatz der homosexuell orientierten Erwachsenen ist als Kind sexuell missbraucht worden – das zeigen Studien und klinische Beobachtungen. Man rechnet, dass in den USA etwa 90 % der homosexuell orientierten Frauen als Kinder von Männern missbraucht wurden; bei den homosexuell orientierten Männern liegt die Rate verschiedenen Studien zufolge zwischen 75 und 85 %.[65]
Patrick Dimock[66] und Mike Lew[67] ermittelten, dass sexueller Missbrauch in der Kindheit zu einer Verunsicherung in Bezug auf die

eigene sexuelle Orientierung führt. David Finkelhor, ein führender Forscher auf dem Gebiet des sexuellen Kindes-Missbrauchs, sowie Johnson und Shrier fanden eine statistisch hohe Korrelation zwischen sexuellem Missbrauch in der Kindheit und homosexuellem Verhalten in Pubertät und Erwachsenenalter. „Bei Jungen, die von älteren Männern missbraucht worden sind, ist die Wahrscheinlichkeit, dass sie sich als Erwachsene homosexuell verhalten, über viermal größer als bei nicht missbrauchten Jungen."[68] Johnson und Shrier fanden bei ihrer über sechs Jahre gehenden Studie mit Heranwachsenden heraus, dass die jungen Männer, die als Kinder missbraucht worden waren, „sich fast siebenmal so oft als gegenwärtig homosexuell und fast sechsmal so häufig als bisexuell identifizierten" im Vergleich mit nicht in der Kindheit missbrauchten Jugendlichen.[69]

Charles Socarides und andere Therapeuten haben die Beobachtung gemacht, dass ein hoher Prozentsatz ihrer Patienten als Kinder sexuell missbraucht wurde. Wendy Maltz und Beverly Holman bestätigen: „Studien mit Jungen, die von Männern sexuell missbraucht wurden, zeigen in der Tat, dass ein hoher Prozentsatz von ihnen sich im Erwachsenenalter homosexuell verhält."[70] Auch Leiter von Hilfsorganisationen für Ex-Homosexuelle bezeugen, dass viele der Männer und Frauen, die Hilfe bei ihnen suchen, als Kinder sexuell missbraucht wurden.

Die meisten sexuell missbrauchten Kinder hatten zum Zeitpunkt des Missbrauchs bereits eine defensive Abkoppelung zum gleich- oder andersgeschlechtlichen Elternteil. Besonders leicht zum Opfer eines männlichen Täters wird das seinem Vater entfremdete und mit der Mutter überidentifizierte männliche Kind. Die Täter scheinen ein Gespür für Kinder mit diesen unerfüllten gleichgeschlechtlichen Bedürfnissen zu haben. Meist gehört der Täter zur Familie oder ist ein enger Freund der Familie. Das Heimtückische am Missbrauch ist, dass er fast immer als gefühlsmäßige Nähe beginnt und erst später sexuell wird. Der Täter gewinnt das Vertrauen des Kindes und erfüllt seine Bedürfnisse nach Zuwendung und Bestätigung von einem Erwachsenen des eigenen Geschlechts, antwortet also auf fundamentale gleichgeschlechtliche Liebesbedürfnisse. Dann steuert er die Beziehung in Richtung Sex. Für das innerlich hungrige, leicht zu beeindruckende Kind ist dies eine sehr verwirrende Botschaft. Die seelische Prägung, die sich auch in das Gehirn eingraviert, bringt die verwirrende Botschaft, dass Liebe, homosexueller Sex, Nähe und Zuwendung dasselbe seien. „Manche Missbrauchsopfer übernehmen die sexuelle Orientierung und die Rolle, die sie bei dem Missbrauch spielten, weil sie dabei sexuell erregt wurden und nun meinen, diese Erregung beweise die (homo-)sexuelle Orientierung, die sie bei dem Missbrauch hatten, als die richtige.“[71] Da das Kind nach der Liebe des gleichgeschlechtlichen Elternteils hungert, sich aber gleichzeitig davon abgeschnitten fühlt, kann es das erlernte homosexuelle Verhalten wiederholen, um seine Bedürfnisse nach Liebe und Annahme irgendwie zu stillen.

Howards Vater war geschäftlich viel unterwegs, und wenn er zu Hause war, verhielt er sich seinem Sohn gegenüber passiv. Mit vier Jahren wurde Howard von einem älteren Schuljungen sexuell missbraucht. Er hatte diesen schon einige Zeit gekannt und von ihm Aufmerksamkeit und Zuwendung erhalten – und schließlich sexuelle Intimität. So formte sich ein bestimmtes Muster in Howard: Um Liebe von einem Mann zu bekommen, musste er Sex mit ihm haben. Als Erwachsener flüchtete sich Howard jedes Mal, wenn der Druck in seinem Leben zu groß wurde, in homosexuelles Verhalten. Dies war sein Ventil und sein „schnelles Rezept“ für Beziehungen zu Männern.

Soziale oder Gleichaltrigen-Wunden

Zu den Kindheitserlebnissen, die Menschen mit gleichgeschlechtlichen Neigungen durchmachten, können auch Hänseleien, Demütigungen und die Beschimpfung als Musterknabe oder Musterschüler gehören. Oft waren sie unsportlich und als Jungen zu sanft oder als Mädchen zu wild.

Auch diese Art seelischer Verletzungen und Wunden rangiert oben auf der Skala der Homosexualität begünstigenden Faktoren. Die meisten Menschen mit gleichgeschlechtlichen Neigungen fühlten sich als Kinder als Außenseiter. Dabei scheint es zwei Extreme zu geben: Überlegenheit („Ich bin besser als ihr alle“) und Minderwertigkeit („Ich tauge nichts“), wobei der Einzelne im Laufe eines Tages etliche Male zwischen beiden Extremen hin und her wechseln kann.

„Ein Vater kann seine Kinder in einer anderen Weise beeinflussen als die Mutter, besonders wenn es um Bereiche wie die Beziehung zu Altersgenossen und die schulische Leistung geht. So gibt es Hinweise, dass Jungen, deren Väter nicht bei ihnen leben, es schwerer haben, ein

Gleichgewicht zwischen männlichem Selbstbewusstsein und Zurück-
haltung zu finden. Es ist auch schwieriger für sie, sich Selbstkontrolle
beizubringen und auf prompte Erfolgserlebnisse zu verzichten. Diese
Fertigkeiten gewinnen aber zunehmend an Bedeutung, wenn sie
Freundschaften schließen wollen und nach schulischem und beruf-
lichem Erfolg streben. Die positive Gegenwart des Vaters kann freilich
auch bezüglich der schulischen und beruflichen Erfolge eines
Mädchens von Bedeutung sein, obwohl die Forschungsdaten hier weniger eindeutig sind. So viel ist jedoch klar: Mädchen, deren Väter an
ihrem Leben teilnehmen, neigen vergleichsweise seltener zu früher sexueller Promiskuität und sind besser vorbereitet, als erwachsene Frau-
en gesunde Beziehungen zu Männern einzugehen."[72]
Gerard van den Aardweg ist der Auffassung, dass ein Außenseiter-
status gegenüber Gleichaltrigen ein Hauptfaktor bei der Entstehung
der gleichgeschlechtlichen Beziehungs-Störung ist. „Die stärkste Korrelation besteht nicht zwischen Homosexualität und Vater-Kind- oder
Mutter-Kind-Beziehungen, sondern zwischen Homosexualität und
Beziehung zu den Gleichaltrigen. ... Sich weniger männlich bzw. weniger weiblich als die gleichaltrigen Geschlechtsgenossen zu fühlen,
bedeutet so viel wie: ‚Ich gehöre nicht dazu.'"[73]
Viele prähomosexuelle Jungen haben eine mangelnde Augen-Hand-
Koordination und wenig sportliche Begabung und fühlen sich daher
ihren männlichen Schulkameraden unterlegen. Selbst wenn sie sich
sportlich betätigen, haben sie ein Minderwertigkeitsgefühl. Manche
künstlerisch veranlagten Jungen meiden den Sport ganz, entweder von
Natur aus oder als Abwehrreaktion auf die Erfahrung, sich weder
beim Vater noch bei den Brüdern noch im eigenen Körper wohl zu
fühlen. Um das Minderwertigkeitsgefühl zu kompensieren, kann die
Flucht in einen ungesunden Perfektionismus erfolgen, der ein Versuch
der Seele ist, Anerkennung und Annahme von anderen zu erhalten.
„Erkenntnisse über eine Verbindung zwischen körperbetontem väterlichen Spielverhalten und der kindlichen Fähigkeit, mit Gleichaltrigen auszukommen, haben Ross Parkes und Kevin MacDonalds in
ihren Studien mit drei- und vierjährigen Kindern und ihren Vätern
ermittelt. Sie haben zwanzigminütige Spielperioden von Kindern und
Vätern beobachtet. Dabei stellte sich heraus, dass die Kinder, deren
Väter stark körperbetont spielten, bei ihren Spielkameraden am be-
liebtesten waren. Dabei gab es allerdings einen ebenso interessanten

wie wichtigen Unterschied: Kinder mit stark körperorientierten Vätern waren selbst nicht dominant und übten keinen Druck aus. Kinder von körperorientierten und gleichzeitig herrischen Vätern waren am wenigsten beliebt. Weitere Studien haben ähnliche Ergebnisse erbracht. Es wurde durchweg festgestellt, dass Kinder die besten sozialen Fähigkeiten entwickeln konnten, wenn ihr Vater ihnen positiv zugewandt war und ihnen erlaubte, den Spielverlauf mitzubestimmen."[74]
Viele athletisch veranlagte Frauen waren als Kinder dem Spott anderer Mädchen ausgesetzt. Manche Mädchen spielten aufgrund von Veranlagung und/oder Erziehung lieber Fußball als mit Puppen. Wenn gleichzeitig andere Faktoren wie gleichgeschlechtliche und/oder andersgeschlechtliche Wunden vorhanden sind, kann dies zusammen zur Entwicklung gleichgeschlechtlicher Neigungen beitragen.

Für den Heilungsprozess ist es von großer Bedeutung, dass Männer lernen, sich als Männer unter Männern, als Teil der Männerwelt zu fühlen. Für Frauen gilt das Entsprechende. Die Teilnahme an Mannschafts- oder Gruppensport (bei Männern) bzw. an weiblichen Aktivitäten (bei Frauen) ist ein wichtiger Aspekt für Veränderung und Heilung und den Aufbau einer selbstbewussten Geschlechtsidentität.

David war von der Grundschule bis zum Abitur ein Musterschüler. Er erhielt viel Lob und zahlreiche Auszeichnungen für gute Leistungen und vorbildliches Verhalten. Aber mit seinen Mitschülern kam er nie zurecht. Er war ein verhinderter kleiner Erwachsener, die niemals wirklich Kind gewesen war. Er wusste zu früh zu viel und war der Vertraute und Freund seiner Mutter.

Chris war ein sehr religiöser Junge. Er war in der Kirchenjugend aktiv, nahm an Freizeiten teil, kannte sich in der Bibel aus und wurde von anderen als Leitfigur gesehen. Aber er war seinem Vater extrem entfremdet und glaubte, dass er anders war als andere Jungen. In der Schule nannten viele ihn „Schwuler", „Homo" oder „Memme". Er hasste sich selbst und sehnte sich nach der Liebe eines Mannes.

Ob im Ballwerfen oder im Hundertmeter-Lauf – Roland war sportlich eine Null. Sein Vater, ein viel beschäftigter Lehrer, hatte keine Zeit für ihn, und Roland fühlte sich abgeschoben und des-

halb minderwertig. Aufgrund seines sensiblen, in sich zurückge-
zogenen Naturells bat er seinen Vater nie um Rat, sondern trug
seine Wunde durch seine ganze Kindheit und Jugendzeit hindurch
in sich vergraben mit. Wenn die anderen Kinder in den Schul-
pausen ihre Mannschaftsspiele machten, saß er still daneben und
schaute ihnen sehnsüchtig zu; er durfte nie mitmachen.

Kulturelle Wunden

Kulturelle Wunden entstehen durch Medien, Fernsehen, das Schul-
system, die Unterhaltungsindustrie, durch Internet und Pornografie.
Es kommt dabei zur Vergiftung der Seele. Heute glauben immer mehr
Menschen dem Mythos, Homosexualität sei normal und angeboren.
Dies ist nicht wahr. Es ist auch wissenschaftlich nicht belegt. Die
Behauptung, gewisse Tierarten seien von Natur aus homosexuell, ist
eine Verdrehung der Schöpfung und entspringt dem verzweifelten
Versuch, einen Zustand, der aus seelischen Verwundungen herrührt,
für alle annehmbar zu machen. „Bevorzugte Homosexualität kommt
bei keiner … Säugetierspezies natürlich vor. Die ganze phylogeneti-
sche Skala zeigt den Unterschied zwischen männlich und weiblich
und heterosexuelle Präferenzen."[75]
Alle Ideologien, auch die ideologische Schwulen-Bewegung, haben
immer wieder erfolgreich die Strategie der „Großen Lüge" benutzt. Sie
ist ganz einfach und funktioniert so: Wenn man etwas lange genug
und laut genug wiederholt, wird es im Laufe der Zeit als Tatsache akzeptiert. Einige Beispiele: „Homosexuelle sind so geboren." – „Einmal
schwul, immer schwul." – „Homosexuelle können sich nicht ändern."
– „Zehn Prozent der Bevölkerung sind homosexuell." Alles Mythen
und alle falsch.
Wenn man einen Frosch in kochendes Wasser taucht, stirbt er sofort.
Taucht man ihn in lauwarmes Wasser, schwimmt er fröhlich. Erhöht
man dann ganz allmählich die Temperatur, merkt er zunächst nichts
davon, aber sobald das Wasser zu kochen beginnt, stirbt er jämmerlich.
So wandelt sich auch unsere gesellschaftliche Einstellung zur Homosexualität. Früher war man entrüstet und hat die Homosexualität
missverstanden. Heute heißt man sie gut, akzeptiert sie und missversteht sie immer noch. Jahrzehntelang hat die Schwulen-Bewegung
ihre Mythen in unsere Kultur hineingeschleust und immer wieder

wiederholt – und heute wird, ohne dass wir es recht merken, Homosexualität als „alternativer Lebensstil" gutgeheißen.

Viele Menschen glauben diese Mythen über die Homosexualität, die heute von den Medien, der Unterhaltungsindustrie, dem Bildungssystem, dem psychologischen Establishment und manchen religiösen Institutionen verbreitet werden. Die hartnäckige Wiederholung dieser Lügen hat viele wohlmeinende Menschen dazu gebracht, sie sich zu eigen zu machen.

Heute lernen unsere Kinder im Unterricht und Studium im Zusammenhang mit Menschenrechten und sozialer Gerechtigkeit, dass homosexuelle Menschen „so geboren" seien und sich nicht verändern könnten. Gerade diese Mythen aber sind ein weiterer Faktor, der Menschen zum entscheidenden Schritt hinein in die Homosexualität verleiten kann. Hier werden Jugendliche in einem leicht zu beeinflussenden Alter, wenn sie noch dabei sind, ihre sexuelle Identität zu finden, kulturell indoktriniert. Die Scheidungsrate in den USA liegt derzeit bei 50 – 60 %, was bedeutet, dass viele Kinder weitgehend ohne gleichgeschlechtlichen Elternteil aufwachsen. Nach Untersuchungen der National Fatherhood Initiative lebten Ende der 80-er Jahre ca. 14 Millionen Kinder in den USA als Kinder allein erziehender Mütter, eine Tatsache, die sie gegen kulturele und gesellschaftliche Einflüsse deutlich schutzloser macht.

Einige der homosexuellen Aktivisten sagen: „Unsere erste Aufgabe ist die Desensibilisierung der amerikanischen Öffentlichkeit gegenüber Schwulen und Schwulenrechten. ... Wir werden die Massen nie davon überzeugen können, dass Homosexualität etwas Gutes ist. Aber wenn wir sie dahin bekommen, dass sie es mit einem Achselzucken für etwas ganz Normales ansehen, dann ist der Kampf um unsere Rechte in Gesetz und Gesellschaft praktisch gewonnen."[76]

Heute kann sich jedes Kind pornografische Darstellungen aus dem Internet holen, die jede denkbare und nicht-denkbare Variante sexueller Handlungen zwischen zwei oder mehr Männern oder Frauen zeigen. Dies ist sexueller Missbrauch und eine Vergewaltigung der Seelen unserer Kinder.

In Fernsehshows, Filmen und Lokalnachrichtensendungen werden Homosexualität und homosexuelle Beziehungen positiv dargestellt. Immer mehr seelisch verwundeten und nach Liebe und Zuwendung hungernden Kindern wird der Weg zu wirklicher Befreiung verschlossen, weil sie nur die Lügen hören. Homosexualität ist eine Entwicklungsstörung, die in emotionale und seelische Krankheit und großes Leiden führt.

Die politisch-ideologische Schwulen-Bewegung, die Medien, das Schulsystem und das psychiatrische Establishment in den USA wollen uns einreden, Homosexualität sei normal und natürlich. Einige wichtige statistische Zahlen im Zusammenhang mit homosexuellem Verhalten lassen aber aufhorchen:

- Das weltweit bekannte Kinsey Institut in den USA veröffentlichte in ihrem „Kinsey Institut Report über weibliche und männliche Homosexualität" (deutsch 1978 erschienen) eine umfangreiche Studie über homosexuell aktive Männer in San Francisco, die sich auch mit der Partnerzahl beschäftigte, die diese nach eigenen Angaben in ihrem Leben gehabt hatten, und kam folgendem Ergebnis: 43 % berichteten, dass sie in ihrem Leben Sex mit mindestens 500 Partnern gehabt hatten, 28 % hatten sogar Sex mit 1000 oder mehr Partnern gehabt und 79 % gaben an, dass über die Hälfte ihrer Sexualpartner Fremde waren.[77]
- In einer neuen australischen Studie (1997) wurden 2583 ältere homosexuell aktive Männer u. a. zur Anzahl ihrer Sexualpartner befragt. Die mittlere Anzahl ihrer Sexualpartner lag bei 251. Nur 2,7 % der Befragten hatten in ihrem Leben nur einen einzigen Sexualpartner gehabt.[78]
- Eine Untersuchung der American Public Health Association gab an, dass 78 % der befragten homosexuell aktiven männlichen Personen schon wenigstens einmal eine Geschlechtskrankheit hatten.[79]
- Ein Report der National Lesbian-Gay Health Foundation (Nationale Schwulen- und Lesben-Gesundheitsbewegung) ergab, dass Alkohol- und Drogenmissbrauch unter homosexuell aktiven Personen etwa dreimal so häufig sind wie unter heterosexuell Lebenden.[80]
- Ein Bericht einer Arbeitsgruppe des amerikanischen Gesundheitsministeriums (U.S. Department of Health and Human Services) über versuchten Jugendlichenselbstmord (veröffentlicht 1989) ergab, dass ein Drittel aller Teenager-Selbstmordversuche in den USA von Jugendlichen mit Homosexualitätsproblemen verübt wurde.[81] Dies ist ein sehr hoher Prozentsatz, wenn man bedenkt, dass nach der repräsentativsten Untersuchung aus den USA etwa

3 % der erwachsenen US-amerikanischen Männer sich als homosexuell oder bisexuell bezeichnen (Selbstidentität).[82]

- McWhirter und Mattison, beides Therapeuten, die selbst homosexuell leben, untersuchten 156 männliche Paare. Die Ergebnisse veröffentlichten sie in ihrem Buch *The Male Couple*. Es zeigte sich, dass 95 % der Paare sexuell untreu waren und dass die treuen 5 % erst seit höchstens fünf Jahren zusammenlebten. Der Unterschied zu Untersuchungen über heterosexuelle Paare ist krass. Nach einer Untersuchung der Universität Chicago (1996) hatten von mehr als 3400 verheirateten Befragten etwa 3-4 % innerhalb eines Jahres noch einen Sexualpartner außerhalb der Beziehung gehabt und etwa 15-17 % verheirateter Paare hatten seit der Heirat noch einen anderen Sexualpartner gehabt.[83] McWhirter und Mattison stellten selbst in ihrem Buch fest: „Die Erwartung, dass Sex außerhalb der festen Beziehung vorkommt, war die Regel bei homosexuell lebenden Paaren und die Ausnahme bei heterosexuellen Paaren."[84]

Diese Zahlen zeigen, dass homosexuelles Verhalten nicht gesund ist. Die Schwulen-Bewegung hält dagegen, dass die zerstörischen Verhaltensweisen durch gesellschaftliche Intoleranz und Vorurteile verursacht sind, und ich glaube, dass dieses Argument eine gewisse Berechtigung hat. Doch die tiefere Ursache liegt in den inneren Wunden, die überhaupt zur Homosexualität geführt haben. Die gesellschaftlichen Vorurteile verschlimmern allerdings den tiefen Schmerz, der ohnehin schon in den Seelen homophil empfindender Menschen wohnt.

Kurt wurde als Schüler süchtig auf homosexuelle Pornografie im Internet. Sein Vater versuchte immer wieder, den Computer so einzurichten, dass Kurt nicht mehr an diese Websites kam, doch Kurt konnte jeden Code knacken. Was er auf dem Bildschirm sah und las, zog ihn immer tiefer in den homosexuellen Lebensstil hinein. Es kam zur Masturbationssucht und er isolierte sich mehr und mehr von den Gleichaltrigen.

Andere Faktoren

Scheidung, Tod, Erlebnisse im Mutterleib, Adoption und Religion sind weitere einflussreiche Faktoren, die zu einer gleichgeschlechtlichen Beziehungsstörung führen können. Wenn Eltern sich scheiden lassen, ein Elternteil oder naher Verwandter stirbt, kann die Seele des Kindes dies wie eine persönliche Zurückweisung empfinden und es koppelt sich noch mehr von den anderen und vom eigenen Selbst ab. Kinder neigen dazu, sich für die Scheidung ihrer Eltern, ja unter Umständen sogar für ihren Tod, schuldig zu fühlen. Im Unterbewusstsein des Kindes klingt ständig eine zerstörerische Botschaft: „Wenn ich nur besser wäre, wenn ich nur dies und das getan hätte, dann hätten Mama und Papa sich nicht scheiden lassen, dann wäre Papa nicht gestorben und hätte mich nicht verlassen." Dieser Gedanke kann dem erwachsen gewordenen Kind gänzlich unbewusst sein.

„Dass die meisten erwachsenen Scheidungskinder von einem Elternteil und ein Teil von ihnen sogar von beiden Eltern entfremdet sind, gibt unseres Erachtens der Gesellschaft allen Grund, beunruhigt zu sein. Es bedeutet nämlich, dass viele dieser jungen Leute besonders anfällig für außerfamiliale Einflüsse sind, also Einflüsse der Medien, anderer erwachsener Autoritäten oder anderer Gleichaltriger. Diese Einflüsse müssen nicht notwendig negativ sein, aber sie sind kaum ein angemessener Ersatz für eine stabile und positive Beziehung zu Vater und Mutter."[85]

Auch Erfahrungen im Mutterleib können zur Distanzierung des Kindes von einem Elternteil oder beiden Eltern beitragen. Wenn die Mutter während der Schwangerschaft Probleme in der Beziehung zu ihrem Mann hatte, sich von ihm abgelehnt, zurückgestoßen oder ungeliebt fühlte oder sonstige schmerzliche Gefühle durchmachte, erlebt das ungeborene Kind diese Gedanken und Gefühle möglicherweise so, als seien sie gegen es selber gerichtet. Der Psychiater Thomas Verny stellt fest: „Der Leib der Mutter ist die erste Welt des Kindes, und die Art, wie es diese Welt erlebt – freundlich oder feindlich -, führt zu Prädispositionen in Bezug auf Persönlichkeit und Charakter. Der Mutterleib prägt in einem sehr realen Sinne die Erwartungen des Kindes. Wenn er warm und liebevoll ist, wird das Kind erwarten, dass auch die Außenwelt so ist. Das Kind hat dann eine Neigung zu Vertrauen, Offenheit, Extravertiertheit und Selbstvertrauen. Die Welt wird seine Muschel sein, so wie es der Mutterleib war. Hat es den Mutterleib jedoch als eine feindliche Umgebung erlebt, wird es erwarten, dass die Welt draußen genauso abweisend ist, und wird zu Argwohn, Misstrauen und Introversion neigen; es wird ihm schwer fallen, mit anderen Menschen umzugehen und sich selbst zu behaupten. Das Leben wird für dieses Kind schwieriger sein als für ein Kind, das ein gutes Mutterleiberlebnis hatte."[86]

Verny zitiert eine Vielzahl von Studien aus den USA und Europa, die alle zeigen, dass die ersten Lebenserfahrungen im Mutterleib die Persönlichkeit eines Kindes entscheidend mitprägen. Die Ergebnisse seiner Untersuchung im einzelnen: 1) Der Fötus kann sehen, hören, erleben, schmecken und fühlen. 2) Was das Kind im Mutterleib fühlt und wahrnimmt, beginnt seine Erwartungshaltung gegenüber dem Leben zu prägen. 3) Die Hauptquelle dieser prägenden Botschaften ist die Mutter des Kindes. 4) Auch die Gefühle des Vaters gegenüber seiner Frau und dem Ungeborenen beeinflussen den Fötus.[87]

Monika Lukesch, Psychologin an der Universität Konstanz, kam in einer Studie mit 2000 schwangeren Frauen zu dem Ergebnis, dass die Haltung der Mutter zum Ungeborenen der Einzelfaktor mit dem größten Einfluss auf die spätere Reifung des Kindes war.[88] Dennis Stott untersuchte über 1300 Kinder und ihre Familien und zog daraus den Schluss, dass eine Frau mit Eheproblemen ein um 237 % höheres Risiko hat, ein seelisch oder körperlich beeinträchtigtes Kind zur Welt zu bringen, als eine Frau in einer stabilen Ehe.[89]

Auch eine Adoption kann zu Bindungsstörungen mit dem gleichgeschlechtlichen und/oder andersgeschlechtlichen Elternteil beitragen. Wenn die Bindung an den gleichgeschlechtlichen Adoptivelternteil nicht gelingt, kann es zu einer gleichgeschlechtlichen Beziehungsstörung kommen.

> Sarah klammerte sich an ihre Adoptivmutter. Ständig wollte sie bemuttert werden, dann war sie wieder ablehnend. Nach dem Schulabschluss suchte sie andere Frauen, um ihr ständiges Bedürfnis nach Aufmerksamkeit und Liebe zu stillen. Ihre Beziehungen hielten nie sehr lange. Hinter ihren homosexuellen Sehnsüchten steckte das ambivalente Kind, das sich von seiner biologischen Mutter ungeliebt und abgewiesen fühlte.

Ein weiterer Faktor kann die Religion sein. Bestimmte religiöse Vorstellungen können ein Kind, das sich bereits von einem oder beiden Eltern innerlich abgekoppelt hat, zusätzlich negativ belasten. Die Eltern sind für das Kind die ersten Stellvertreter Gottes, sie machen ihm Gott gleichsam sichtbar. Vater und Mutter symbolisieren unser

Rollenmodell für Männlichkeit (Herr Gott) und Weiblichkeit (Frau Gott). Gott ist für das Kind eine Überhöhung der Vaterfigur. Wenn das Kind seine Eltern ablehnt, wird es leicht auch ihre religiösen Vorstellungen ablehnen. Damit aber geht es auf Distanz zu Gott, seinen Eltern, zu Autoritäten überhaupt und ist getrennt von einem sicheren Gefühl der Zugehörigkeit in dieser Welt. Für J. Nicolosi ist das „Coming out" des homosexuell orientierten Menschen das öffentliche Kundtun einer defensiven Abkoppelung von der Gesellschaft.[90]

Alan entwickelte nie eine Bindung an seinen Vater und seine Mutter. Er fühlte sich nie wirklich zur Familie dazugehörig. Während seiner Therapie erinnerte er sich schließlich an ein vorgeburtliches Erlebnis, das mit großem Schmerz und Angst verbunden war. Er kam mit dem Gefühl zur Welt, unerwünscht und ungeliebt zu sein: „Ich gehöre hier nicht hin. Warum habt ihr mich in die Welt gesetzt?" Später sprach er mit seiner Mutter und fragte sie, wie es ihr in den neun Monaten der Schwangerschaft ergangen war. Sie sagte ihm, dass sein Vater damals eine Affäre mit einer anderen Frau hatte und dass sie sich verlassen und ungeliebt vorkam. Alan begriff, dass er diese ihre Gefühle übernommen und in seine Persönlichkeit eingebaut hatte.

Jörgs Mutter versuchte im mittleren Schwangerschaftsdrittel eine Abtreibung. Sie gelang nicht, und Jörg kam zur Welt. Er verspürte immer eine gewisse Abneigung gegen seine Mutter und eine Distanz zu seinem Vater. Ähnlich wie Alan hatte auch er das Gefühl, fehl am Platz zu sein, so, als ob er gar nicht gewollt war. Bevor er seine Mutter fragte, hatte er nicht gewusst, dass sie versucht hatte, ihn abzutreiben.

Jerry war ein Perfektionist. Wenn er nur alles richtig machte – dann würden ihn die anderen annehmen und lieben. Als er von seiner Erstkommunion nach Hause kam, zerbrach ihm eine Vase, die seiner Mutter sehr lieb war. Er vergab sich das nie und distanzierte sich in der Folge noch mehr von Gott und der Religion seiner Eltern. Er fühlte sich als der ewige Versager und versuchte verzweifelt, der perfekte liebe Junge zu sein. Er ging nie aus seinem Schneckenhaus heraus, um seinen Eltern seine Probleme mit sich selber anzuvertrauen. Gott wurde für ihn der große himmlische Ankläger und strenge Richter.

Zusammenfassung

Die in diesem Kapitel behandelten zehn Variablen tragen wesentlich zur Entstehung von gleichgeschlechtlichen Neigungen bei Männern und Frauen bei. Werden sie Punkt für Punkt angegangen und ihre Bedeutung und Auswirkungen herausgearbeitet, kann der Betroffene heil werden und zur vollen Erfahrung der eigenen Geschlechtsidentität kommen und ein stabiles Selbstwertgefühl entwickeln.

Eine letzte Beobachtung, die ich im Laufe der Jahre in meiner Arbeit mit Klienten gemacht habe:

Je größer die Abkoppelung von Gefühlen, Gedanken und Bedürfnissen in der Gegenwart und je größer die Abkoppelung von unverarbeiteten Wunden und unbeantworteten Bedürfnissen der Vergangenheit, um so stärker und intensiver ist der Wunsch nach homosexuellen Beziehungen.

Je weniger sich jemand seiner Gedanken, Gefühle und Bedürfnisse in seinen gegenwärtigen Beziehungen bewusst ist, um so stärker wird es ihn zu homosexuellem Verhalten oder Phantasien drängen. Sex wird der Weg zurück zum eigenen Körper und der eigenen Seele, entweder durch Masturbation (Sex mit sich selbst) oder durch Sex mit einem anderen Menschen. Sex ist der Versuch, das verlorene Selbst oder abgesplittere Teile davon zurückzugewinnen. Sex und Masturbationssucht stehen für den reparativen Antrieb, das zerbrochene Selbst wiederherzustellen. Die Frustration ist, dass das nie gelingt.

3. *Stephan*

Ich habe einige Menschen, die ich auf ihrem Weg begleiten durfte, gebeten, ihre Geschichte in diesem Buch zu erzählen. Ihre Erfahrungen werden es uns ermöglichen, den Prozess der Veränderung und Heilung deutlicher zu erkennen und verstehen zu lernen. Ich danke ihnen allen für ihren Mut, ihre Geschichten öffentlich zu machen. Ich bin sicher, dass ihre Worte der Hoffnung zum Segen für viele werden können. Namen, Daten und andere Details wurden natürlich geändert.

Meine Eltern sind beide während der Weltwirtschaftskrise geboren. Sie kamen in eine Welt, in der Angst, Verzweiflung und Pessimismus herrschten. Die Schatten meiner Familienvergangenheit kamen von meinen Großeltern über meine Eltern zu mir. Mein Vater versuchte, als er Mitte zwanzig war, seine Probleme zu lösen – ohne Erfolg. Meine Mutter blieb nach ihrem Studium noch einige Jahre bei ihren Eltern wohnen; sie dachte, sie würde nie heiraten. Aber mit 25 lernte sie meinen Vater kennen, der damals 28 war, und bald heirateten sie. Fünf Jahre später wurde meine Schwester geboren, vier Jahre nach ihr kam ich. Meine Geburt war sehr schwierig. Mit meinen fast zehn Pfund Gewicht war ich für meine kleine Mutter ein schwerer Brocken. Mein Eintritt in die Welt war also bereits mit Schwierigkeiten verbunden.

Mit zehn Monaten erkrankte ich und kam für eine Woche ins Krankenhaus. In den folgenden Jahren musste ich noch oft zum Arzt wegen verschiedener Probleme meiner Atemwege. Schon als kleines Kind hatte ich immer das Gefühl, ich sei schwach und dem Tod nahe und würde nicht lange leben. Mein Körper wurde mir zum Fremdkörper. Ich mied Sport, Rangeleien und körperliche Aktivitäten, bei denen ich mich meines Lebens nicht sicher fühlte.

Schon früh riegelte ich mich emotional von anderen ab. Ob nun aus Missverständnis oder mangelnder Fähigkeit oder warum auch immer – meine Bedürfnisse wurden oft nicht beantwortet. Ich hatte Probleme, Anschluss an meinen Vater zu bekommen. Da er aufgrund seiner eigenen Probleme nicht wirklich auf mich eingehen konnte, konnte ich mich mit seiner Männlichkeit nicht richtig verbinden. Die meisten Jungen gehen als Kleinkind durch eine Phase, in der sie sich mehr von der Mutter abnabeln und sich mit dem Vater oder einem anderen männlichen Vorbild identifizieren. Zwischen meinem Vater und mir ist es nie zu einer Verbindung gekommen. Vielleicht lehnte er mich unbewusst ab – und ich ihn. Ich muss wohl gedacht haben: Wenn Männer mich so behandeln, will ich lieber keiner werden. Ich fing an, mich von den anderen zurückzuziehen und Trost bei meiner Mutter zu suchen. In der Schule merkte ich bald, dass ich mit guten Noten die Aufmerksamkeit meiner Eltern bekommen konnte, nach der ich mich so sehnte. Damals bildete ich mir ein, dass meine Leistungen meinen Wert als Mensch bestimmten. Ich strengte mich sehr an, ein guter Schüler zu sein und mich nie daneben zu benehmen. Mit sieben Jahren fing ich mit Geigenunterricht an. Ich hatte zwei Lehrer, die mir das Leben schwer machten: einen tyrannischen Mann, der zu Wutanfällen neigte, und eine steife ältere Dame aus Deutschland, die überanspruchsvoll war. Ich zog mich noch mehr in mich zurück. Mein Leben bestand aus Schule, Üben, Hausaufgaben und solchen „erwachsenen" Abwechslungen wie Konzerten. Ich vergrub meine Sehnsucht nach mehr Liebe und Zuwendung von meinem Vater, nach Anerkennung meiner Männlichkeit durch meine Mutter und danach, einfach einmal leben und da sein zu dürfen, tief in mir.

Ich hatte immer das Gefühl, dass hinter der nächsten Ecke etwas Schreckliches auf mich wartete: Tod, Krankheit, Unfälle usw. Ich baute mein einsames Leben weiter aus, mit noch mehr Lernen, mehr Konzerten, mehr Üben. Ich wollte gesehen werden! Ich dachte, das sei der Schlüssel zum Glück. Tief in mir wollte ich so gerne zu den anderen Jungen gehören – Fußball spielen, Spaß haben, den Anzug und die Fliege in die Ecke werfen und ein Junge sein! Äußerlich, meinen Eltern, Verwandten und Lehrern gegenüber, war ich der Musterjunge mit den guten Noten, der musikalische Wunderknabe. Es gab einige wenige Erlebnisse, die mich ahnen ließen, wie es ist, einfach einer von meinem eigenen Geschlecht zu sein: wenn ich meinen fröhlichen, kontaktfreudigen und liebevollen Onkel besuchte oder wenn ich all meinen Mut zusammennahm und mich mit anderen Jungen balgte. Aber stets geschah etwas, das mich in mein Schneckenhaus zurücklaufen ließ: eine Krankheit, eine „schlechte" Note (also keine 1 oder 2) oder dass mich in der Schule jemand anschrie. Ich bildete mir ein, dass diese „Missgeschicke" daher kamen, weil ich nicht genug leistete.

Doch, ich hatte ein paar Schulfreunde, aber sie waren mehr oder weniger im gleichen Boot wie ich, alle von der Strebersorte. Ich fand Trost im Musikhören; das wärmte meine Seele. Aber tief drinnen wollte ich nichts anderes sein als ein Junge, vom Vater geliebt und von der Mutter anerkannt, einer, der auch Fehler machen darf und sich aus der überbehüteten Welt hinaustraut.

Mein Selbstwertgefühl war sehr gering. Ich bildete mir ein, dass alle anderen besser aussahen, reicher, klüger, schneller waren als ich. Meine Schwester wurde auf ihrer Suche nach Liebe und Anerkennung zur Rebellin. Ich sah, wie sie meinen Eltern damit wehtat. So wollte ich nicht sein; ich hatte ja gehört, wie meine Mutter sagte: „Was sollen die Nachbarn nur denken?"

Mit 12 oder 13 Jahren kam ich in die Pubertät. Ich wollte mich nicht rasieren, eine tiefe Stimme und Schamhaare bekommen. Mein Vater sagte mir, dass es, falls ich irgendwelche Fragen über Sex hätte, ein Buch im Haus gäbe, das ich lesen könnte. So geschah das Unvermeidliche: ich wurde ein Heranwachsender. Die anderen Jungen schienen ihre Pubertät zu genießen – ich nicht. Ich merkte, wie ich ältere Jungen in der Schule anhimmelte und mir wünschte, so zu sein wie sie. Aber wenn einmal einer von ihnen auf mich zuging, bekam ich Angst und wies sie ab.

Ich fühlte mich auch etwas zu Frauen hingezogen und kaufte einige pornografische Bilder von Frauen. Als meine Schwester und meine Mutter sie fanden, sagten sie etwas, das klang für mich wie: „Oh nein! Er fühlt sich zu Frauen hingezogen?" Ich bekam Angst vor engeren Beziehungen zu Frauen. Ich fürchtete, von ihnen abgelehnt zu werden und schämte mich dafür, dass sie mich interessierten.

Dann merkte ich, dass ich mich sexuell zu anderen Jungen und zu jungen Männern hingezogen fühlte. Ich dachte, das würde vorübergehen. Als ich etwa 15 war, freundete ich mich mit einem gleichaltrigen Jungen an. Wir waren beide Musiker. Er fing an, mir Fragen über Sex und Selbstbefriedigung zu stellen. Langsam, aber sicher begann er mich zu verführen, und eines Tages hatten wir zum ersten Mal Sex miteinander. Ich erinnere mich noch heute daran, als sei es gestern gewesen. Eigentlich wollte ich es nicht, aber ich sagte nicht nein. An diesem Tag wurde die leise innere Stimme, die diesen Sex nicht wollte, stumm. Bald hatten wir regelmäßig Sex. Mein Freund fing auch an, Pornografie zu kaufen und mir zu zeigen.

Unsere Beziehung dauerte einige Jahre. Immer wieder erlag ich den Versprechungen meines Freundes, es mir „schön zu machen". Ich ließ mich ganz treiben von meiner Sehnsucht nach männlicher Zuwendung. Er zeigte mir auch die Orte, wo Männer sich trafen, um Sex zu haben – in öffentlichen Toiletten, in Parks, in Bars. Mit dem Wechsel aufs College begann meine Entdeckungsreise in diese Welt. Äußerlich war ich weiter der stille, intelligente Musiker, aber gleichzeitig wurde ich mehr und mehr sexsüchtig. Oft war ich mehrmals pro Woche mit Männern zusammen. Es war so spannend, so belebend und so *rebellisch* – äußerlich der nette Musiker zu sein und heimlich anonymen Sex zu haben. Dies ging ein, zwei Jahre so weiter.

Als ich 19 war, begann ich, nach Auswegen aus diesem Lebensstil zu suchen. Ich wollte nicht schwul sein, ich wollte nicht länger Sex mit Männern haben! Irgendetwas fehlte mir. Ich schrieb Briefe an viele verschiedene Organisationen. Ich nahm Kontakt auf zu Priestern, religiösen Gruppen und Psychologen. Die Antworten waren: „Nimm dich so an, wie du bist." Oder auch: „Nimm Christus an, dann wirst du von selber heil." Mir schien beides nicht die richtige Antwort zu sein. Dann las ich in einer bekannten Zeitung einen Artikel über Homosexualität, in dem es um mögliche genetische Ursachen ging und darum, dass viele Schwule ganz zufrieden mit ihrem Leben seien. Ganz am Ende des Artikels wurden Psychologen erwähnt, die ihren Klienten, die sich verändern möchten, helfen, die Ursachen ihrer homosexuellen Neigungen herauszufinden und zu verarbeiten und die diesen Ursachen zugrunde liegenden Bedürfnisse zu beantworten. Ich schrieb einem dieser Therapeuten, er antwortete mir sofort und ich begann eine Therapie bei ihm. Er gab mir viele wertvolle Hilfen an die Hand – zum Beispiel wie man Freunde und mehr Selbstvertrauen gewinnt. Seine Theorie war, dass nicht-erotische Freundschaften mit anderen Männern die homosexuellen Neigungen erheblich verringern würden. Ich begann, mich allmählich besser zu fühlen und versuchte, so viel wie möglich unter anderen Männern zu sein. Ich verehrte sie, meine Freunde konnten mir nie gut genug aussehen. Ich wollte sie für *mich*. Ich suchte in ihnen meine eigene Männlichkeit.

Ein paar Jahre lang war ich glücklicher. Dann, als ich 22 und mit dem College fertig war, zog ich um in eine mir fremde Großstadt. Auf einmal war ich wieder allein – keine Freunde, kein Zugang zur Männlichkeit, keiner, der mich beachtete. Ich fing an, mich wieder sexuell zu betätigen. Die Stadt war voll von Klappen, Parks und Bars. Ich fing an, mich von anderen Männern mit nach Hause nehmen zu lassen; wenn der Sex nicht mehr anonym war, würde es vielleicht drinnen in der Seele nicht so weh tun. Aber der Schmerz ging nicht weg. Ich bildete mir ein, in diesem Lebensstil bleiben und trotzdem eine Frau heiraten zu können – vielleicht eine, die bisexuell war; auf diese Weise könnte ich weiter homosexuell leben und trotzdem Frau und Kinder und ein schönes Zuhause haben. Wäre das nicht das perfekte Doppelleben? Aber etwas in mir sagte: „NEIN. Das ist nicht das, was ich will." Ich beendete die Sitzungen mit meinem Therapeuten.

Dann begann ich erneut mit meiner Suche nach Hilfe. Ich versuchte, abstinent zu leben, denn das sexuelle Ausagieren hatte meine Schmerzen nur vergrößert, aber es gelang nicht immer. Ich schloss mich einer religiösen Gruppierung an, die behauptete, Menschen von ihrer Homosexualität heilen zu können. Ihr Motto schien zu lauten: „Bete und reiß dich zusammen!" Ich merkte, dass viele in dieser Gruppe nicht wirklich frei von ihrer Homosexualität wurden; sie verdrängten sie nur und versuchten sie wegzubeten. Mir gelang dies nicht. Ich fühlte mich sehr belastet und hatte Angst, über meine fortdauernden homosexuellen Gefühle und Eskapaden zu reden.

Meine tiefsten Verletzungen – die immer wieder vorkommenden sexuellen Handlungen – wurden schließlich meine Hauptverbündeten in meinem Bemühen, mehr Hilfe zu suchen. Sicher würde es mir etwas bringen, wenn ich mich einer Therapiegruppe von Männern, die auf dem Weg von der Homosexualität zur Heterosexualität waren, anschloss. Ich fand eine solche Gruppe. Da ich nach wie vor ohne homosexuelles Verhalten nicht auskam, fing ich auch eine Einzeltherapie (bei Richard Cohen) an. Ich engagierte mich in einer Männerarbeit und machte mit bei einem Initiations-Wochenende der New Warriors, einer Gruppe, die Männern hilft, ihre Seele wieder zu entdecken und auch für ihr inneres Leben die Verantwortung zu übernehmen und zu sorgen. Mein Leben begann sich zu verändern und ich lernte nicht mehr nur mit dem Kopf, sondern aus dem Herzen zu leben. Es war eine der wichtigsten Zeiten in meinem Leben.

Ich begann mit einem intensiven Veränderungs- und Heilungsplan. Ich ging in zwei Therapiegruppen sowie in meine Einzeltherapie und suchte Hilfe auch bei anderen, die auf dem Weg der Veränderung schon weiter waren. Viele der Techniken, die ich jetzt benutzte, waren

mir völlig neu und viel effektiver als alles, was ich zuvor kennen gelernt hatte: emotionales Durcharbeiten (emotional processing), Psychodrama, nichterotischer Körperkontakt mit anderen Männern, Gefühle in den Blickpunkt bekommen (focusing on emotions). Ich fing an, den kleinen Jungen in mir kennen zu lernen, der sich so verletzt fühlte und so sehr danach sehnte, von mir und von den anderen geliebt zu werden. Viele Nächte, Tage, Stunden und Sitzungen verbrachte ich damit, zu weinen, wütend zu werden und zu lernen, mir selber ein guter Vater zu sein, mich selbst anzunehmen und zu lieben. Ein entscheidender Punkt für mich war, genauer aufzudecken, was unter meinen homosexuellen Neigungen und Gefühlen lag. Ich entdeckte immer mehr Dinge, die mich an der Identifizierung mit meinem eigenen Geschlecht gehindert hatten: Verwundungen meines Körperbildes, Angst vor dem Tod, sexueller Missbrauch, ein Vater, der die Erziehungsaufgabe an die Mutter abgegeben hatte; eine emotional sehr bedürftige Mutter und Schwester und noch vieles andere. Als ich ein konzentriertes Programm mit bioenergetischer Arbeit, nichterotischer körperlicher Nähe zu Männern und Wahrnehmungsübungen für meine eigenen Gefühle begann, hörten die sexuellen Handlungen auf. Erst dachte ich, dies sei, wie früher schon, nur die Ruhe vor dem nächsten Sturm, aber diesmal war die Freiheit dauerhaft! Seit Oktober 1996 bin ich sexuell „nüchtern". Ich weiß jetzt, dass unter diesem Drang nach Sex viel tiefere, nichtsexuelle Bedürfnisse liegen, und habe gelernt, diese Bedürfnisse auf gesunde Weise zu beantworten.
Aber es gab noch mehr zu tun als nur mein Verhalten zu ändern. Ich wollte, dass das, was meine homosexuellen Gefühle verursacht hatte, wirklich heil wurde. Zur Zeit bin ich dabei, meinen *gesunden* Körper besser kennen und schätzen zu lernen. Ich verarbeite meine Gefühle in Bezug auf das, was in der Beziehung zu meinen Eltern schief gegangen ist, lerne wohltuende körperliche Nähe kennen und erfahre vieles andere, was mir weiterhilft. Meine gleichgeschlechtlichen Neigungen sind noch nicht vollständig verschwunden, aber dank der konsequenten Arbeit an meinem inneren Leben erheblich zurückgegangen. Wenn homosexuelle Gefühle wieder hochkommen, versuche ich herauszufinden, was mir fehlt. Die Gefühle kommen zum Beispiel, wenn alte Verwundungen aus meiner Vergangenheit sich melden: Alleinsein, sexueller Missbrauch, Krankheits- und Todesgedanken, Angst vor Frauen. Ich stelle aber erfreut fest, dass ich in dem

Maße, wie ich mich mehr in meiner eigenen Männlichkeit zuhause fühle, sexuell mehr zu Frauen hingezogen fühle. Ich bin zuversichtlich, dass das konsequente Weiterverfolgen meines Veränderungsplans meine Freiheit und innere Heilung noch vertiefen wird.

In der Heilungsarbeit mit anderen habe ich erkannt, dass seelischer Schmerz sich ganz unterschiedlich äußern kann: in Alkoholismus, Drogenmissbrauch, sexuellen Problemen usw. Tief in jedem von uns gibt es ein wunderbares Kind, das darauf wartet, geliebt und geheilt zu werden. Diejenigen unter uns, die diese Heilung aus ihrer Homosexualität hinausführt, stehen in der heutigen Gesellschaft unter einem zusätzlichen Druck, denn die Ideologie der „politischen Korrektheit" runzelt die Stirn, wenn jemand sich auf den Weg der Veränderung macht. Oft stehen wir zwischen Hammer und Amboss: Die einen meiden uns wegen unserer homosexuellen Gefühle, die anderen, weil wir unsere Homosexualität nicht einfach „annehmen". Aber ich kann von mir selbst wie von anderen sagen: Für den, der sie will, ist Heilung von Homosexualität möglich. Sicher, dies ist zum Großteil Neuland, aber wir können es schaffen. Das Geschenk der Freiheit ist da – für jeden, der es annehmen möchte.

Teil 2: Heilen

4. Die vier Phasen des Veränderungs- und Heilungsprozesses

„Durch die Wunde tritt der Absteiger hinaus – aus dem ordentlichen und angesehenen Leben. Jetzt ist die Wunde als Tür zu verstehen. ... Armut, Heimatlosigkeit, körperliche Entbehrungen, Tellerwäscherarbeit sind für den Weg nach unten nicht zwingend erforderlich, doch es hat den Anschein, als sei ein Statusverlust notwendig, ein tiefer Fall vom menschlichen Wesen zur Spinne, vom Angehörigen der Mittelschicht zum gesellschaftlichen Außenseiter. Was zählt, ist das Bewusstsein des Fallens."[1]

Robert Bly

Durch meinen eigenen Weg zur Heilung und in zwölf Jahren Arbeit mit anderen habe ich ein Vier-Phasen-Modell für den Weg aus der Homosexualität entwickelt. Es hat sich bei Menschen, die wirklich entschlossen sind, Veränderung zu suchen, bewährt. Der darin beschriebene Prozess gilt sowohl für homosexuell aktive Menschen als auch für solche, die nicht sexuell aktiv sind, aber gleichgeschlechtliche Neigungen haben.

Einfach zu heiraten, ist keine Lösung für jemanden mit homosexuellen Gefühlen, da eine Frau niemals die gleichgeschlechtlichen Bedürfnisse eines Mannes beantworten kann, ebensowenig wie ein Mann die gleichgeschlechtlichen Bedürfnisse einer Frau.[2] Vielmehr muss der Mann zunächst Heilung im Kontakt mit anderen Männern finden und die Frau mit anderen Frauen.

Bevor ich Hilfe suchte, bekam ich von Freunden immer wieder gut gemeinte Ratschläge: „Richard, du musst nur die richtige Frau finden, die kriegt dich schon hin." Oder: „Du musst nur beharrlich beten, dann nimmt Gott dir das alles weg. Und wenn nicht, dann machst du etwas falsch." Ich wollte, es wäre wirklich so einfach gewesen, aber so war es eben nicht. Wieder und wieder betete ich darum, dass Gott mir diese Neigungen wegnehmen möge – und er tat es nicht. Ich heiratete und hoffte, das würde die Sache lösen, aber die gleichgeschlechtlichen Neigungen wurden nur stärker. Ich erkannte schließlich, dass ich seit fast 20 Jahren das falsche Gebet sprach. Richtig musste es lauten: „Gott, lass mich erkennen, was meine gleichgeschlechtlichen Neigungen bedeuten." Später erkannte ich, dass Gott mich nicht einfach davon befreit hatte, weil sie einen tieferen Sinn hatten, den ich entdecken, heilen und in gesunden, nichtsexuellen Beziehungen erfüllen musste.

Ich habe den Heilungsprozess in vier Stadien unterteilt:

Vier Phasen der Heilung der Homosexualität
Phase 1: Übergang
Phase 2: Grundlagen legen
Phase 3: Heilung der gleichgeschlechtlichen Wunden
Phase 4: Heilung der andersgeschlechtlichen Wunden

Dies ist ein lineares Entwicklungsmodell, doch in der Praxis vollzieht sich der Prozess nicht immer so geordnet, wie ich ihn beschreiben werde. Der Klient kann z.B. von Phase 1 zu Phase 3 springen, dann zurück zu Phase 2 und wieder zu 1, je nach seinem Wachstumsprozess, seiner Reife und seinen Bedürfnissen.

Der Vorteil dieses Vier-Phasen-Modells ist, dass es uns eine Art Straßenkarte für den Heilungsweg an die Hand gibt. Wenn jemand von Phase 1 zu Phase 3 springt, muss er früher oder später zu Phase 2 zurückgehen und die dort auf ihn wartenden Aufgaben durcharbeiten. Das ist so ähnlich, wie wenn jemand mit dem Auto von New York nach Kalifornien fährt. Irgendwo bei Chicago erinnert er sich an ein sehr schmerzliches Erlebnis, das er als Kind in Wisconsin hatte. Er steigt in ein Flugzeug, fliegt nach Wisconsin, lässt die Wunde ausheilen, fliegt zurück nach Chicago und setzt seine Fahrt fort.

Sie denken jetzt vielleicht: Wenn er von Chicago nach Wisconsin fliegen kann, warum fliegt er dann nicht gleich von New York nach Kalifornien und spart sich die lange Autofahrt? Nun, wenn es um unser Herz geht, kennt das Leben keine Abkürzungen. Im Prozess der Heilung gewinnt der Klient sein verlorenes Selbst wieder, bekommt Zugang zu jenen Teilen seines Wesens, die er vor langer Zeit begraben oder noch gar nicht kennen gelernt hat. Das erfordert Zeit, Geduld und harte Arbeit. Es kostet etwas, sein Leben zurückzubekommen, aber es lohnt sich. Ohne diese Arbeit wäre ich heute nicht mehr am Leben. Wer einfach davonfliegen will, ohne die Bodenarbeit zu erledigen, endet womöglich als Absturzopfer.

Die folgenden Therapiephasen fassen diesen Behandlungsplan zusammen:

Vier Phasen des therapeutischen Behandlungsplans
Phase 1: Verhaltenstherapie
Phase 2: Kognitive Therapie und Heilung des inneren Kindes
Phase 3: Psychodynamische Therapie: Heilung
    gleichgeschlechtlicher Wunden
Phase 4: Psychodynamische Therapie: Heilung
    andersgeschlechtlicher Wunden

Oft „verläuft der Heilungsprozess von schlimm zu schlimmer und erst dann zu besser"[3]. Der Klient sucht die Beratung, weil es ihm schlecht geht. Entdeckt er dann die Ursachen seines Problems/seiner Probleme, verstärkt sich sein Schmerz zunächst noch. Erst wenn es zur Heilung und Erfahrung von Liebe kommt, geht es ihm besser.

Phase 1: Übergang (Verhaltenstherapie)

In der ersten Phase erkennt der Klient, dass er ein Problem hat und Hilfe suchen will. Vielleicht hat er erfolglos versucht, seine homosexuellen Gefühle zu unterdrücken. Vielleicht hat er geheiratet in der Hoffnung, seine gleichgeschlechtlichen Neigungen auf diese Weise loszuwerden, aber sie sind immer noch da. Vielleicht hat er jede Menge Beziehungen, fühlt sich dabei aber leer, verletzt und frustriert. Vielleicht ist er noch sehr jung und in seiner sexuellen Orientierung verunsichert. Die Szenarien sind vielfältig, aber der gemeinsame Nenner ist ein tiefes Verlangen danach, anders zu werden. Und Veränderung ist möglich, in jedem Alter, ob man nun 13 ist oder 73. Ein Schlüsselfaktor dabei ist jedoch die persönliche Motivation. Ohne den entschiedenen Willen zur Änderung ist der Heilungsprozess so gut wie unmöglich.

Die vier Phasen des Heilungsprozesses

1. **Übergang (Verhaltenstherapie)**
   - Aufhören mit bisherigen sexuellen Verhaltensweisen
   - Aufbau eines Beziehungsnetzes
   - Aufbau von Selbstwertgefühl; Erfahrung des Wertvoll-Seins in der Beziehung zu Gott
2. **Grundlagen legen (kognitive Therapie)**
   - Weitere Arbeit mit dem Beziehungsnetz
   - Weiterer Aufbau von Selbstwertgefühl und Erfahrung des Wertvoll-Seins in der Beziehung zu Gott
   - Aufbau von Fähigkeiten: Selbstkompetenztraining, Kommunikationsfähigkeiten, Problemlösungstechniken
   - Beginn der Heilung des inneren Kindes: Gedanken, Gefühle und Bedürfnisse erkennen und benennen lernen
3. **Heilung der gleichgeschlechtlichen seelischen Wunden (psychodynamische Therapie)**
   - Fortfahren mit den Aufgaben aus Phase 2
   - Entdeckung der Ursachen der gleichgeschlechtlichen seelischen Wunden
   - Beginn des Prozesses von Trauern, Vergeben und Übernahme von Verantwortung
   - Entwicklung gesunder, heilsamer gleichgeschlechtlicher Beziehungen
4. **Heilung der andersgeschlechtlichen seelischen Wunden (psychodynamische Therapie)**
   - Weiterführung der Aufgaben aus Phase 2
   - Ermittlung der Ursachen der andersgeschlechtlichen seelischen Wunden
   - Weiterführung des Prozesses von Trauern, Vergeben und Übernahme von Verantwortung
   - Entwicklung gesunder, heilsamer andersgeschlechtlicher Beziehungen; Entdeckung des anderen Geschlechts

In der ersten Phase sind drei Aufgaben zu bewältigen:

1. Aufhören mit bisherigen sexuellen Verhaltensweisen
2. Aufbau eines Beziehungsnetzes
3. Aufbau von Selbstwertgefühl; Erfahrung des Wertvoll-Seins in der Beziehung zu Gott

Erste Aufgabe: Aufhören mit bisherigen sexuellen Verhaltensweisen

In der Phase des Übergangs müssen die Verbindungen zu alten „Spielplätzen", „Spielgefährten" und „Spielsachen" gekappt werden:

1. „Spielplätze": Kein Aufsuchen mehr von Orten, an denen man homosexuelle Männer oder Aktivitäten gesucht hat – z.B. Schwulenbars, Sexkinos, Schwulenbäder, Schwulentreffs in Parks etc.
2. „Spielgefährten": Beziehungen zu homosexuell lebenden Freunden und Partnern abbrechen; kein Umgang mehr mit Personen, die wieder zu homosexuellem Verhalten verleiten könnten.
3. „Spielsachen": Kein Kauf mehr von pornographischem oder sonstigem mit homosexuellem Verhalten verbundenem Material.

Genauso wichtig ist die Distanzierung von negativen Einflüssen aus der allgemeinen Umwelt. Der Klient meidet z.B. bis auf weiteres Zeitschriften und Radio-/Fernsehsendungen, die die Homosexualität bejahen und unterstützen, und umgibt sich stattdessen mit Stimmen, die ihm für seine Entscheidung Mut machen. Dies mag einigen zu radikal erscheinen. Ich werde nachher noch genauer erklären, warum die Trennung von diesen äußeren Negativfaktoren so wichtig ist.

Zweite Aufgabe: Aufbau eines Beziehungsnetzes

Den Dreh- und Angelpunkt im Leben eines Menschen mit homosexuellen Neigungen bilden häufig die gleichgeschlechtlichen Beziehungen. Sexuelle Phantasien, suchthafte Masturbation, „Stammtreffs" (Bars, Bäder, Parks, Klappen) und Pornographie können dazukommen. Es genügt nicht, jemanden anzuweisen, damit Schluss zu machen, denn diese Menschen, Orte und Dinge stehen ja für ein legitimes Bedürfnis. Die starke Sehnsucht nach Verbindung mit anderen ist echt. Aber die tieferen Sehnsüchte lassen sich nur durch gesunde, heilsame, liebevolle nichtsexuelle Beziehungen beantworten. Deshalb ist es sehr wichtig, ein Netz von Beziehungen aufzubauen, das dem Betreffenden das Umfeld bietet, das er braucht, damit die Wunden seiner Vergangenheit heilen können und wo er echte Liebe, Anleitung und Ermutigung erfahren kann. Gesunde Beziehungen und Verhaltensweisen müssen an die Stelle der sexuellen Verhaltensweisen und Phantasien treten.

Ein Beziehungsnetz kann aus Verwandten, Freunden und Ehepartner bestehen, ist aber nicht auf diese Gruppe beschränkt; Gemeinde, Selbsthilfegruppen, Telefonanrufe, Besuche und E-Mail-Kontakte, Mentoren, Sport, Diät, therapeutische Massage, Lesen einschlägiger Literatur, Seelsorge und Beratung und andere Faktoren können hinzukommen. Auf die Rolle von Meditation, Gebet und der Sorge für unsere spirituellen Bedürfnisse werde ich im Zusammenhang mit der dritten Aufgabe eingehen.

Verwandte, Freunde, Ehepartner

Die Unterstützung durch Eltern, Geschwister, sonstige Verwandte, Ehepartner und enge Freunde ist eine große Hilfe im Veränderungsprozess. Wenn ein offenes Gespräch möglich ist, tut es dem Klienten gut, sich über seine Situation und Bedürfnisse auszusprechen. Sollte die Kommunikation im Augenblick noch schwierig sein, lässt sie sich vielleicht später herstellen.

Es gibt vier Grundtypen der Freundschaft, die für den Heilungsprozess hilfreich sind:

1. Heterosexuelle Freunde, die um den Kampf wissen, und bereit sind zu helfen.
2. Heterosexuelle Freunde, die nichts von dem Kampf wissen, aber gute Freunde sind.
3. Mentoren, die eine Elternrolle übernehmen.
4. Weggefährten, die ebenfalls dabei sind, aus der Homosexualität auszusteigen.

Einen heterosexuellen Freund zu haben, zu dem man sich hingezogen fühlt, bietet eine perfekte Chance zu Heilung und Wachstum. „Heterosexuelle, sexuell attraktive Freundschaften mit Männern, zu denen der Klient sich erotisch hingezogen fühlt, bieten die größten Hei-

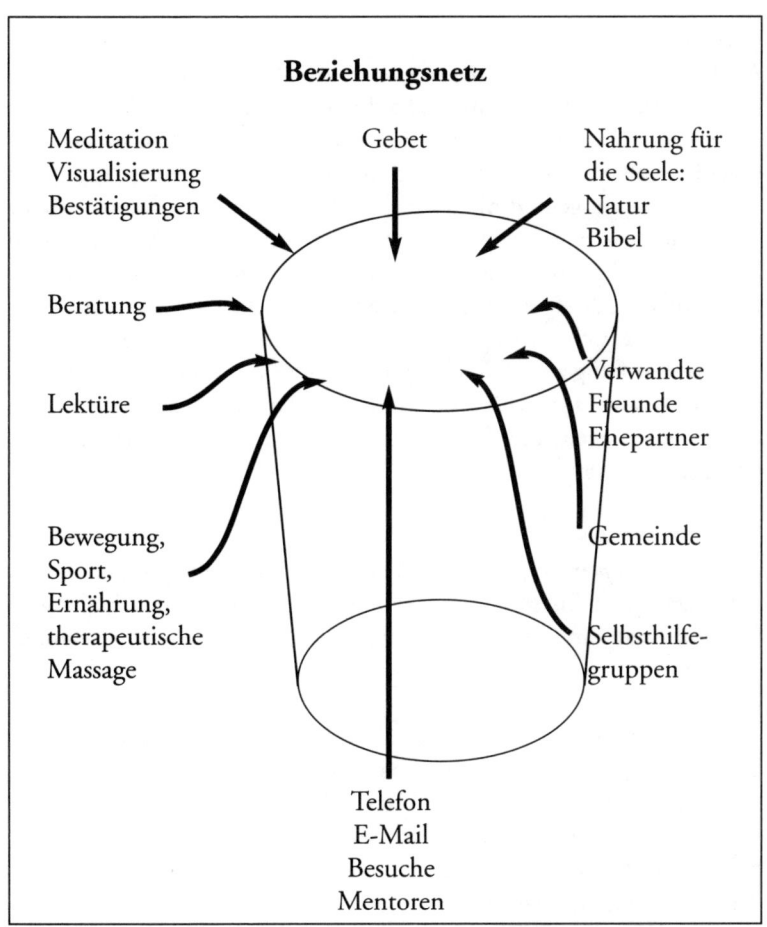

Beziehungsnetz

Meditation
Visualisierung
Bestätigungen

Gebet

Nahrung für
die Seele:
Natur
Bibel

Beratung

Lektüre

Verwandte
Freunde
Ehepartner

Bewegung,
Sport,
Ernährung,
therapeutische
Massage

Gemeinde

Selbsthilfe-
gruppen

Telefon
E-Mail
Besuche
Mentoren

© Richard Cohen, M.A., Januar 1999

lungschancen. Über solche Beziehungen kann es zur Verwandlung von der erotischen Anziehung zur echten Freundschaft kommen – also zur Demystifikation des fernen Mannes. ... Diese Verwandlung vom Sexuellen zum Brüderlichen (d.h. von eros zu philia) ist die Kern-Heilungserfahrung bei der männlichen Homosexualität."[4]

Gemeinde
Auch die religiösen Gruppierungen müssen sich in den Heilungsprozess der Männer, Frauen und Jugendlichen, die anders werden wollen, einbringen. Diese Menschen haben Mut bewiesen, indem sie die Entscheidung zu einer Veränderung getroffen haben. Der Ausstieg aus der Homosexualität gelingt nicht im Alleingang. Der Betreffende braucht Zuwendung in Form von *Zeit, Berührung* und *Gespräch (time, touch and talk)*. Echte, bleibende Heilung erfolgt, wo Gottes Liebe durch Menschen erfahren wird. Die 12-Schritte-Selbsthilfegruppen-Bewegung konnte sich deswegen so stark entwickeln, weil die religiösen Gruppen unfähig zu erfolgreicher Problemlösung waren. Es ist höchste Zeit, dass wir auch als Christen füreinander einstehen und einander unsere Schmerzen und Herzensnöte mitteilen. Unser Glaube muss praktisch werden!

Selbsthilfegruppen
Selbsthilfegruppen für Aussteiger: Dies sind Selbsthilfegruppen, deren Mitglieder sich im gleichen Heilungsprozess befinden. Eine solche Gruppe kann, muss aber nicht geschlechtsspezifisch (nur Männer oder nur Frauen) sein. Es ist wichtig, dass die Gruppe von jemandem geleitet wird, der den Änderungsprozess bereits hinter sich hat und seit mindestens drei Jahren sexuell „trocken" ist, und/oder der den Prozess der Heilung von Homosexualität versteht.
12-Schritte-Selbsthilfegruppen: Weitere Gruppen, die bei bestimmten Arten von Suchtverhalten hilfreich sein können, sind z.B.
- SA – Anonyme Sexsüchtige
- AA – Anonyme Alkoholiker
- NA – Anonyme Tablettensüchtige
- CODA – Anonyme Co-Abhängige
- SIA – Anonyme Inzestüberlebende
- HA – Anonyme Homosexuelle*

Vergewissern Sie sich, dass die Gruppe, an die Sie denken, sich nicht als „Schwulen-" oder „Lesbengruppe" versteht. Der Aussteiger aus der Homosexualität muss sich darüber im Klaren sein, dass die unter

---

* In Deutschland gibt es nur einige dieser Gruppen. 12-Schritte-Gruppen im Raum der christlichen Kirchen nennt die Adressenliste am Ende des Buches. (Anm. d. Ü.)

[amerikanischen] Psychiatern und Selbsthilfebewegungen vorherrschende Linie die der „gay affirmative therapy" (Bejahung der Homosexualität) ist. In manchen dieser 12-Schritte-Gruppen hört man von Teilnehmern oder Leitern: „Schwul ist okay, nimm dich so an, wie du bist, hör auf zu kämpfen." Der Teilnehmer muss aber seine eigenen Ziele in die Gruppe einbringen können. Er muss klar machen, dass er aus der Homosexualität heraus möchte, und die anderen dabei um Hilfe bitten. Wenn die Gruppe diese Ziele nicht bejahen kann, ist sie für ihn nur eine Gefahr. Es geht hier um *Selbstbestimmung* versus *Lobbydenken*. Wer aus der Homosexualität aussteigt, muss sich darüber klar sein, was *er* will – egal, was andere meinen, was er zu tun oder zu lassen hat.

Ich schätze die 12-Schritte-Gruppen sehr. Aber eines ist mir ein großes Anliegen: Zu Beginn der Gruppenarbeit wird der Teilnehmer gebeten, sich mit seinem Problem zu identifizieren. Er wiederholt z.B.: „Hallo. Ich heiße Richard und ich bin jähzornig." Hinter dieser Methode steht der Gedanke, dass das Problem zunächst einmal aus der Verdrängung geholt und klar benannt werden muss. Aber ich glaube, wenn der Heilungsprozess bereits eine Zeit lang gelaufen ist und der Teilnehmer eine gewisse Stabilität und Bewältigung der Verdrängungsphase erreicht hat, muss es zu einer Neuidentifizierung kommen. Der Teilnehmer sagt jetzt: „Hallo. Ich heiße Richard und ich bin ein von Gott geliebter und bejahter Mensch." Der Schwerpunkt liegt nun nicht mehr auf dem *Verhalten*, sondern auf dem *Sein*, auf dem unveränderlichen Wert.

Religiöse Selbsthilfegruppen: Dazu gehören u.a.:
- EXODUS International – Dachorganisation für christliche Organisationen
- Courage/Encourage – katholische Hilfsorganisation
- JONAH (Jews Offering New Alternatives to Homosexuality) – jüdische Gruppe
- Pastoral Care Ministries – „Veränderung durch heilendes Gebet"*

---

* Am Ende des Buches finden Sie eine Liste von Informationsstellen im deutschsprachigen Raum.

Männer-/Frauengruppen: Die Teilnahme an einer gleichgeschlechtlichen Gruppe ist hilfreich, um einen gesunden, nichtsexuellen Umgang mit dem eigenen Geschlecht zu erlernen. Der Klient lernt neue
Wege der Beziehung zu Männern und Frauen kennen und entwickelt
ein größeres Selbstvertrauen. Viele religiöse Organisationen haben
gleichgeschlechtliche Selbsthilfegruppen.

Telefon / E-Mail
Der Weg zur Heilung ist steinig. Der Bruch mit alten Verhaltensweisen und Beziehungen führt zu Verunsicherung und Einsamkeit. Der
Aussteiger muss daher – wenn er Unterstützung braucht – fast jederzeit Menschen kontaktieren können, die ihm weiterhelfen. Dazu
braucht er eine Liste mit den Telefon- bzw. E-Mail-Nummern der
Menschen in seinem Beziehungsnetz. Dieses Netz von Beziehungen
ist gewissermaßen seine neue Wahlfamilie.

Bewegung, Sport, Ernährung, Massagen
Körperliche Bewegung ist wichtig auf dem Weg aus der Homosexualität. Oft ist der Klient seinem eigenen Körper entfremdet. Bewegung,
Sport und die richtige Ernährung helfen bei der Heilung von Wunden
im Körperbild und von Wunden durch Gleichaltrige. Der Aussteiger
muss lernen, sich durch Teilnahme an gleichgeschlechtlichen Aktivitäten in seinem eigenen Körper und unter Gleichaltrigen wohlzu-
fühlen.
„Koffein zu meiden ist hilfreich. Koffein ist ein psychomotorisches
Anregungsmittel, das den Hypothalamus zur Steigerung von Angst,
Wut und Geschlechtstrieb anregt. Koffeinfreie Getränke unterstützen
den Heilungsprozess, weil Erregungen jeglicher Art den Sexsüchtigen
zu sexuellen Handlungen anregen können. Koffein-Abstinenz erhöht
die emotionale Gesundheit und seelische Stabilität."[5]
Auch ein erfahrener medizinischer Masseur kann den Heilungsprozess
beschleunigen. Entspannungsmassage kann den in der Muskulatur
des körperlich oder sexuell missbrauchten Menschen steckenden
Schmerz lösen und heilen. Der Klient sollte jedoch, bevor er an diese
Heilungsmethode denkt, schon solide Fortschritte in den ersten beiden Phasen der Veränderung gemacht haben. Ebenso wichtig ist der
richtige Masseur; er sollte zuverlässig, sensibel, gut geschult, sicher in
seiner eigenen Geschlechtsidentität sein und Erfahrung mit Miss-

brauchsopfern haben. Es kann hilfreich sein, wenn der Mentor den Klienten zu einem ersten Massagetermin begleitet und/oder sich vergewissert, dass der Massagetherapeut vertrauenswürdig ist.

Lektüre

Bibliotherapie ist die Förderung der seelischen Gesundheit durch Lesen ausgewählter Literatur. Es gibt exzellente Bücher über Ursachen und Behandlungsmöglichkeiten von Homosexualität, deren Lektüre dem Aussteiger hilft, seine Gefühle und Schwierigkeiten zu verstehen und Ursachen und Auslöser seiner sexuellen Verhaltensweisen zu ermitteln. (Siehe Liste am Ende des Buches.)

Beratung

Es ist wichtig, einen Therapeuten zu finden, der sich mit dem Wesen der Homosexualität und dem Prozess ihrer Heilung auskennt. Der Berater muss eine sehr enge Beziehung zum Klienten aufbauen. Ein „distanzierter" Therapeut verschlimmert nur die im Klienten bereits vorhandene defensive Abkoppelung. Bei einer gleichgeschlechtlichen Beziehungs-Störung ist jedes autoritäre Vorgehen eindeutig kontraindiziert.

Für die ersten drei Phasen des Heilungsprozesses empfehle ich unbedingt einen Berater, der das gleiche Geschlecht hat wie der Klient; in der letzten Phase ist ein Berater vom anderen Geschlecht hilfreich. Zunächst müssen Männer im Kontakt mit Männern und Frauen mit Frauen heil werden. Der Therapeut muss konsequent, aber herzlich sein; er muss in der Lage sein, dem Klienten neue Fähigkeiten zu vermitteln und ihm bei seiner Trauerarbeit zu helfen. „Sei mehr als ein Therapeut und weniger als ein Freund."[6]

Der beste Therapeut ist einer, der seine eigenen Hausaufgaben gemacht und selbst Erfahrung mit dem Heilwerden seiner eigenen vergangenen und gegenwärtigen Verletzungen hat. Man kann einen anderen nur so weit mitnehmen, wie man selbst gegangen ist. Man kann nicht weitergeben, was man nicht persönlich erfahren hat. Der Therapeut braucht nicht selbst ein ehemals Homosexueller zu sein, aber er muss sich mit seinen eigenen Problemen auseinander gesetzt und ein gewisses Maß an Siegen in seinem Leben errungen haben. Murray Bowen, der Vater der Systemischen Familientherapie, meinte, dass niemand ein Diplom in psychologischer Beratung erwerben sollte, solange er nicht innerhalb seiner eigenen Familie heil geworden ist und seinen Eltern als reifer Erwachsener gegenübertreten kann.

Diese Aktivitäten und die Beziehungen innerhalb des neuen Netzwerks sind für den, der die Homosexualität hinter sich lassen will, die neue Schaltzentrale seines Lebens. Für den Willensstarken und zur Selbstdisziplin Fähigen kann der Aufbau dieses Beziehungsnetzes schwierig, aber nicht unmöglich sein. Für den willens- und ich-schwächeren Klienten kann er zu schwer sein; er braucht zusätzliche Hilfen, um seine Disziplin- und Willensschwäche auszugleichen. Es braucht eine Familie und eine ganze Gemeinschaft, um ein Kind aufzuziehen. Ebenso braucht es eine ganze Gemeinschaft, um es zu heilen.

Dritte Aufgabe: Aufbau des Selbstwertgefühls und Erfahrung des Wertvoll-Seins in der Beziehung zu Gott

Sexuelle Identität und sexuelles Verhalten werden heute stark betont. Einer der Hauptgründe dafür ist der Mangel an echter Nähe in der Familie, der dazu führt, dass Sex zu einem Liebesersatz wird. Das Kind, das von seinen Eltern nicht genügend Aufmerksamkeit, Liebe und Bestätigung bekommt, versucht, dies auf verschiedene Arten zu kompensieren: durch Leistungskult und/oder Arbeitswut, übermäßiges Übernehmen von Verantwortung, Co-Abhängigkeits-Beziehungen, Rebellion und Drogen-, Alkohol-, Spiel-, sexuelle oder religiöse Süchte.

Ein weiterer wichtiger Grund für die vermehrte Betonung von sexuellen Aktivitäten ist ein Mangel an Spiritualität und Beziehung zu Gott, unserem „Vater im Himmel". Ein Mensch, der nicht die Liebe seiner Eltern und die Liebe Gottes erfahren hat, wird es schwer haben, zu erleben oder zu verstehen, dass er selbst wertvoll ist. „Es ist eine Tatsache, dass niemand mit der Fähigkeit geboren wird, sich selber zu lieben. … Selbstliebe ist entweder erworben oder sie existiert nicht, und wer sie nicht oder nicht hinreichend erworben hat, kann seine Mitmenschen nicht oder nur ungenügend lieben. Das Gleiche gilt für die Beziehung eines solchen Menschen zu Gott."[7]

Wir haben einen Wert, weil wir geliebt sind, und nicht weil wir etwas getan oder geleistet haben oder gut aussehen. Wahrer, bleibender Wert entspringt schlicht daraus, dass man geliebt ist. Eine der ersten Aufgaben im Heilungsprozess besteht darin, die Betonung von der – homosexuellen oder heterosexuellen – Identität wegzunehmen und stattdessen die wahre Identität als Sohn oder als Tochter Gottes zu betonen.

Unter diesen von Menschen gemachten Identitätsbegriffen, die sich auf sexuelles Verhalten beziehen, liegt das Wesentliche unseres Lebens verborgen: die Sehnsucht eines Kindes nach Liebe. Es ist unerlässlich, sich täglich neu den Wert jedes Einzelnen vor Augen zu führen, der von Gott, dem Ursprung des Lebens und der Liebe, kommt.

Meditation, Bibelstudium, Gebet und Bestätigung sind Hilfswerkzeuge in diesem Prozess; in Kapitel 6 werde ich sie genauer vorstellen. Innere Wunden programmieren unser Denken, Herz, Körper und Geist mit ungesunden, destruktiven Botschaften. Wir werden ohnehin ständig mit Negativbotschaften bombardiert. Wir alle haben solche Sätze schon gehört: „Das kannst du nicht". – „Das darfst du nicht." – „Das tust du nicht." – „Das geht nicht." – „Die Menschen sind nun mal so" usw. Die Nachrichten drehen sich um Unglücksfälle und Verbrechen, nicht um das, was positiv und aufbauend ist. Die Talkshow ist die Unterhaltungsform, die das Leid anderer ausbeutet. Heute machen sich die Medien und die Unterhaltungsindustrie für die Akzeptanz der Homosexualität stark, und es ist gerade in den frühen Stadien der Heilung wichtig, sich von diesen Negativbotschaften abzukoppeln, d.h. bestimmte Shows, Filme, Magazine und Zeitungen nicht mehr anzuschauen bzw. zu lesen. Durch Meditation, Bibelstudium, Gebet und Bestätigung führen wir unserem Körper, Geist und Seele Positivbotschaften zu, Botschaften der Wahrheit und der Liebe.

In jeder Phase des Heilungsweges geht es darum, sich seinen unveränderbaren Wert, der aus der Beziehung zu Gott erwächst, immer wieder vor Augen zu halten. „Jeder Homosexuelle ist ein latenter Heterosexueller."[8] Menschen mit gleichgeschlechtlichen Neigungen sind einfach Spätzünder – latent Heterosexuelle, die auf einer frühen Stufe der psychosexuellen Entwicklung stehen geblieben sind. Wenn die geistigen und emotionalen Blockaden aus dem Weg geräumt sind, kommt der natürliche Wachstumsprozess wieder in Gang – und dann stellen sich auch heterosexuelle Neigungen ein.

Fassen wir zusammen: Die in der ersten Phase zu erledigenden drei Hauptaufgaben sind: 1. Aufhören mit den bisherigen sexuellen Verhaltensweisen, 2. Aufbau eines Netzwerks und 3. Aufbau des Selbstwertgefühls und der Erfahrung des Wertvoll-Seins in der Beziehung zu Gott. Alle Beteiligten sollten sich darüber im Klaren sein, dass der

Klient in diesem wie auch in den folgenden Stadien wahrscheinlich sehr viel Hilfe braucht. Die gleichgeschlechtliche Beziehungs-Störung ist die Folge einer mangelhaften Beziehung zu den Eltern. In den ersten Jahren des Heilungsprozesses ist daher viel aktives Engagement anderer Menschen erforderlich. Ein solides Netzwerk, das nicht nur aus einer Person besteht, ist ein unbedingtes Muss.

Phase 2: Grundlagen legen (Kognitive Therapie; Heilung des inneren Kindes)

Immer wieder habe ich beobachtet, dass ein Mensch mit gleichgeschlechtliche Neigungen weder in seinem Körper noch in seiner Seele zu Hause ist. Bevor die Wunden der Vergangenheit heilen können, muss er Fähigkeiten einüben, die ihm helfen, in der Gegenwart besser verankert zu sein, sich selbst besser zu verstehen und Erfüllung zu finden. In dieser Phase geht es um die Schaffung von Zufriedenheit und innerem Frieden, um eine neue Wahrnehmung des eigenen Da-Seins im eigenen Herzen, Denken, Körper und Geist.

In der zweiten Phase gibt es vier Aufgaben:

1. Weiterarbeit mit dem Beziehungsnetz
2. Weiterer Aufbau von Selbstwertgefühl und Erfahrung des Wertvoll-Seins in der Beziehung zu Gott
3. Aufbau von Fähigkeiten: Selbstkompetenztraining, Kommunikationsfähigkeiten, Problemlösungstechniken/ Konfliktkompetenz
4. Beginn der Heilung des inneren Kindes: Gedanken, Gefühle, Bedürfnisse genauer benennen lernen

Erste Aufgabe: Weiterarbeit mit dem Beziehungsnetz

Die weitere Entwicklung, Stärkung und Inanspruchnahme des Beziehungsnetzes ist unerlässlich für den Heilungsprozess. Das Beziehungsnetz gibt dem Aussteiger gleichsam einen geschützten Raum. Es gibt einer inneren Wirklichkeit seine äußere Form. Es ist eine gesunde, positive, liebevolle und Hilfe bietende „neue Familie" und Gemeinschaft. Die in diesen Beziehungen erfahrene Liebe kann später nach und nach verinnerlicht werden.

Jeder, der zu diesem Beziehungsgeflecht gehört, muss bereit sein, sich wirklich zu engagieren. Der Bruch mit sexuellen Handlungen und Phantasien führt dazu, dass Gefühle und Gedanken nun stärker erlebt und wahrgenommen werden als zuvor. Bisher wirkte das sexuelle Verhalten ja als Betäubungsmittel gegen unangenehme Gefühle und negative Gedanken. Sexuelle Aktivitäten und Phantasien können, ähnlich wie Drogen, Fluchtmechanismen zur Vermeidung von Schmerz, Enttäuschungen und anderen unangenehmen Gefühlen sein. Das Netzwerk in all seinen Komponenten ist die Festung, die Kraft und Halt gibt, ist die bergende Burg und der fruchtbare Boden zum Wachsen.

Zweite Aufgabe: Weiterer Aufbau von Selbstwertgefühl und Erfahrung des Wertvoll-Seins in der Beziehung zu Gott

Meditation, Gebet, die Lektüre geistlicher Texte und die Erfahrung von Bestätigung sind wesentlich für den Aufbau eines starken geistlichen Fundaments und einer engen und lebendigen Gottesbeziehung. Meditation ist Hören. Beten ist Reden. Meditation schafft einen Schutzraum für die Seele, in welchem sie zur Ruhe kommen und das Hören lernen kann. Gebet ist Kommunikation zwischen Körper, Seele, Geist und Gott. Das Studium von geistlich aufbauenden Texten erneuert unser Herz und Denken. Bestätigung dient der Umerziehung unseres Unterbewusstseins und verhilft uns zu mehr Glauben, Hoffnung und gesundem Selbstbewusstsein.

Dritte Aufgabe: Aufbau von Fähigkeiten: Selbstkompetenztraining, Kommunikationsfähigkeit, Problemlösungstechniken/Konfliktkompetenz

Mit einem starken, wirksamen Beziehungsnetz und durch die Praxis von Meditation, Gebet, Studium religiöser Texte und Bestätigung beginnt die Phase des Heilungsprozesses, in der die Grundlagen gelegt werden. Menschen mit homosexuellen Gefühlen sind oft unfähig, die eigenen Gefühle und Gedanken zu steuern. Sie brauchen daher Anweisung und Einübung im Umgang mit Alltags-Beziehungen, bevor eine Heilung der Wunden aus der Vergangenheit möglich ist.

In dieser Phase muss der Klient Strategien zum richtigen Umgang mit unangenehmen, schmerzhaften Gedanken und Gefühlen lernen. Das Erlernen von Grundfähigkeiten im Bereich bewussten Erkennens und Verhaltens hilft ihm, negative Denkmuster bei sich besser wahrzunehmen, zu benennen und aufzulösen.

Vielleicht muss er systematisch lernen, sich selbst und die eigenen Anliegen besser zur Sprache zu bringen, Kommunikationstechniken erwerben und ein gesundes, bestimmtes Auftreten einüben, also gewissermaßen seine Stimme wiederbekommen. Einzelheiten über die Entwicklung dieser Fähigkeiten beschreibt Kapitel 6.

Ein Mensch mit gleichgeschlechtlichen Neigungen kann wie ein Chamäleon sein, das seine Farbe (hier: seinen Charakter) den Erwartungen der anderen (oder dem, was es für diese Erwartungen hält) anpasst. Diese Persönlichkeitseigenschaft kann ein Plus oder ein Minus sein. Bei einem Menschen, der seinem eigenen Geschlecht entfremdet ist, führt sie zur verstärkten Distanzierung vom wahren Selbst. Dieser und andere Verteidigungsmechanismen schaffen gleichsam ein falsches Selbst, eine innere Rüstung zum Schutz für die verletzte Seele. Ein anderer Zug, den ich häufig beobachtet habe, ist Ungeduld bzw. Mangel an Selbstdisziplin. Der Betroffene muss folglich lernen, unangenehme Gefühle in Alltagsbegegnungen und -situationen aktiv anzupacken und nicht länger wegzurennen oder sich zu betäuben. Dies ist für viele schwierig. Die erste Reaktion ist oft die, sich wieder in aktiven Sex oder sexuelle Phantasien zu flüchten. Der Klient muss daher neue Verhaltensmuster lernen. Auslöser für homosexuelle Sehnsüchte im Alltag sind oft Frustrationen und Ablehnungserlebnisse, Einsamkeit, Wut und Übermüdung,[9] und der Einzelne muss bessere Strategien zum Umgang mit diesen Erfahrungen entwickeln. Es gibt hierzu eine Reihe hilfreicher Methoden:

- Hilfe im Beziehungsnetz suchen
- Gebet, Meditation und die Erfahrung von Bestätigung
- Bioenergetische und andere energetische Übungen: Schlagen, Wut herauslassen, die Gefühle durcharbeiten, um die zugrunde liegenden Probleme zu ermitteln
- Focusing – in den Blick nehmen – eine Technik zum Herausfinden der Leidensursache und zum Abbau von Spannungen in Körper und Seele

- **HALT** – eine Technik zur Identifizierung der zu sexueller Begierde führenden Ursache(n) (Genaueres s. in Kap. 6): **H**unger: Es besteht ein physischer Hunger und/oder Gefühl des Abgelehntwerdens, das der Betroffene mit einer anderen Person oder Substanz stillen will. **A**ggressionen, Wut: Nicht ausgedrückte Gefühle werden erotisiert. **L**eere, Einsamkeit: Legitime Bedürfnisse nach echter Nähe, die nicht erfüllt wurden, werden als sexuelle Bedürfnisse wahrgenommen. **T**odmüde, Stress: Stressfaktoren können den Wunsch nach „Abhilfe" durch altbekannte sexuelle Gewohnheiten wieder wach werden lassen.
- Tagebuch führen – hilft dem Klienten, seine Gedanken und Gefühle besser zu verstehen und zu sehen, was die Auslöser für falsche Verhaltensweisen sind. Ein Auslöser ist jede Aktivität, Ereignis oder Situation, die den Betreffenden dazu führt, sich sexuell abzureagieren oder emotional unter Stress zu kommen. Viele Menschen, die an ihrer Sucht leiden, haben eine zwanghafte Verhaltensstörung. Schreiben hilft, ein Stück Distanz zu sich selber und der Intensität des Erlebten zu gewinnen.

Vierte Aufgabe: Beginn der Heilung des inneren Kindes: Gedanken, Gefühle und Bedürfnisse identifizieren lernen

Um den mehr emotionalen Teil des Wesens des Klienten zu verstehen, nutze ich das Modell vom inneren Kind. Mithilfe verschiedener Techniken lernt der Klient, seine tieferen Gefühle und Bedürfnisse aufzuspüren. Durch die Arbeit mit dem inneren Kind beginnt er zu verstehen, woher die starken Kräfte in ihm und um ihn herum kommen und was sie bedeuten.

Es gibt drei Stufen in der Arbeit mit dem inneren Kind: Sich selbst ein Mentor werden; sich geistige und geistliche Mentoren innerlich vorstellen; Freunde haben, die Mentoren sind

> Als Erstes muss der Klient lernen, sein eigener Mentor zu werden, die ideale Mutter und der ideale Vater, nach denen er sich immer gesehnt hat. Danach kann er durch kreative Visualisierung schöner, heilsamer Aktivitäten seinen innerlich vorgestellten Mentor aktiv werden lassen, der das innere Kind positiv begleitet

und ermutigt. Und schließlich erfährt er Heilung mit und in der Gegenwart anderer Mentoren, die ihn in die Welt der Männer einführen. Diese dritte Stufe muss auf der Basis der beiden ersten geschehen, damit es nicht zu einer ungesunden Abhängigkeit vom Mentor kommt.

Verschiedene Techniken (Bio-Energetik, Core Energetik, Rollenspiel, Stimmendialog und Focusing) helfen dem Klienten, in tieferen Kontakt mit seinem eigenen Körper und seinem Charakter zu kommen. Dadurch lernt er auch, seine Probleme zu lösen und sich nicht mehr in sexuelle Beziehungen, Überarbeitung oder Phantasiewelten zu flüchten.

Bevor die psychodynamische Phase mit der Aufdeckung und Heilung der den Wünschen und Bedürfnissen zugrunde liegenden tieferen Ursachen beginnen kann, muss der Klient stabiler in seinen gegenwärtigen Beziehungen werden. Er muss lernen, Schmerz durchzustehen. Die homosexuelle Desorientierung ist durch ein ungelöstes seelisches Trauma in der Vergangenheit verursacht, doch solange der Klient nicht lernt, seine gegenwärtigen Beziehungen und Umstände zu bewältigen und ein erfolgreicher Kommunikator zu werden, ist er nicht in der Lage, den Schmerz zu ertragen, der bei der Heilung der Ursachen seiner sexuellen Orientierung hochkommt, sondern er wird weglaufen, die Therapie abbrechen, in alte sexuelle Verhaltensmuster zurückfallen oder die Hoffnung auf Änderung verlieren.

In den ersten Phasen meiner eigenen Heilung führte mein Therapeut mich an die tiefen, schmerzlichen Ursachen meiner homosexuellen Gefühle heran, ohne mir zu helfen, ein Netz von Beziehungen aufzubauen. Er prüfte nicht, ob ich Freunde, Verwandte und andere Stützen hatte, die mir helfen konnten, mit dem unglaublichen Schmerz, der da auf mich zukam, fertig zu werden. So ergriff ich die Flucht und lief zurück in die homosexuelle Welt, denn die fruchtlosen Hilferufe an Freunde in meiner religiösen Gemeinschaft, die meinen Schmerz und mein Liebesbedürfnis nicht verstanden, frustrierten mich immer neu. Die Hölle, die ich damals durchmachte, die erstickende Einsamkeit kann ich nicht beschreiben. Dass keiner mich verstand, machte die Wunden noch schlimmer. Ich lernte damals auf einem sehr schweren Weg, wie notwendig es ist, dem Betroffenen zunächst zu mehr Stabilität in der Gegenwart, einem belastungsfähigen Netzwerk von Beziehungen und neuen Fähigkeiten im Umgang mit Problemen zu verhelfen.

Ein Therapeut muss weise sein. Wenn Sie selbst Therapeut sind, dann führen Sie Ihren Klienten bitte erst dann an seine tieferen Wunden heran, wenn er die Ressourcen entwickelt hat, mit ihnen fertig zu werden. Und wenn Sie der Klient sind, dann lassen Sie sich erst dann von Ihrem Therapeuten in den Schmerz der Vergangenheit hineinführen, wenn Sie bessere Grundlagen haben, bessere Bodenhaftung sozusagen, Sie also in der Gegenwart stabiler geworden sind.

Phase 3: Heilung der gleichgeschlechtlichen Wunden (psychodynamische Therapie)

„Wer sich nicht an seine Vergangenheit erinnert, ist dazu verdammt, sie zu wiederholen. "   George Santayana

Die dritte Phase ist eine emotionale, geistige und geistliche Wundbehandlung und umfasst tiefes Trauern und innere Heilung. Zuerst sind die Ursachen der gleichgeschlechtlichen Neigungen zu erhellen. Dann müssen die Wunden verheilen. Schließlich müssen die unbeantwortet gebliebenen Liebesbedürfnisse in gesunden, heilsamen, gleichgeschlechtlichen Beziehungen erfüllt werden. Durch diesen Prozess wird der Klient schließlich seine volle Geschlechtsidentität zurückgewinnen und erfahren.

In der dritten Phase gibt es vier Aufgaben:

1. Fortfahren mit den Aufgaben aus Phase 2
2. Entdeckung der Ursachen der gleichgeschlechtlichen Wunden
3. Beginn des Prozesses von Trauern, Vergeben und Übernahme von Verantwortung
4. Entwicklung gesunder, heilsamer gleichgeschlechtlicher Beziehungen

Erste Aufgabe: Fortfahren mit den Aufgaben aus Phase 2

- Weiter das Beziehungsnetz einsetzen. Dies ist unerlässlich, da der Klient jetzt mit der psychodynamischen Arbeit, der Arbeit an den Wunden der Vergangenheit, beginnt. Sein Beziehungsnetz umgibt ihn dabei mit Liebe, Verständnis und Hilfe.
- Weiterer Aufbau von Selbstwertgefühl und Erfahrung des Wertvoll-Seins in der Beziehung zu Gott: Es ist wichtig, dass der Klient die geistliche Dimension, die Gottesbeziehung, weiter pflegt, in der die innere Stimme der Leitung und Hilfe vernehmbar wird. Aus einer persönlichen Gottesbeziehung erwächst die Kraft für den Trauerprozess.
- Weiterer Aufbau von Fähigkeiten: Selbstkompetenztraining, Kommunikationstechniken, Problemlösungstechniken / Konfliktkompetenz. Weiteres Vorgehen gegen Negativdenken, weitere Persönlichkeitsentwicklung. In dem Maße, wie der Klient authentischer wird, wird er verantwortungsbewusster, erfüllter und dynamischer in seinen Alltagsbeziehungen.
- Fortfahren mit der Heilung des inneren Kindes: Gedanken, Gefühle, Bedürfnisse benennen lernen. Die Arbeit mit dem inneren Kind ist gleichsam der Dünger für den Boden der noch kommenden tieferen Arbeit – der Entdeckung und dem Heil-werden-Lassen der Grundursachen der gleichgeschlechtlichen Neigungen. Indem der Klient lernt, auf seinen Körper und seine Seele zu hören, bereitet er sich darauf vor, mit dem Schmerz und der Trauer umgehen zu können, die in dieser dritten Heilungsphase auftreten.

Zweite Aufgabe: Entdeckung der Ursachen der gleichgeschlechtlichen Wunden

In dieser Phase muss der Klient herausfinden, welche Geschehnisse aus seiner Vergangenheit ihn von seiner eigenen Geschlechtsidentität getrennt haben. Die Hauptursache von Homosexualität ist nicht die Abwesenheit des gleichgeschlechtlichen Elternteils, sondern die defensive Abkoppelung des Kindes von diesem Elternteil. Das Kind fühlt sich zuerst von seinem Vater oder der Mutter zurückgewiesen und baut als Folge davon zum Selbstschutz eine emotionale Mauer um sein Herz.[11] Im Prozess der Heilung muss diese Mauer fallen. Gleichgeschlechtliche Neigungen bedeuten eine Entfremdung vom wahren Selbst: in dem anderen Mann wird das gesucht, was man selber nicht entwickelt hat.[12] Das *falsche Selbst* ist eine Anpassung des eigenen Wesens, um Liebe zu gewinnen. Andere Namen für das falsche Selbst sind: Maske, Defensivmechanismen, innere Rüstung. Das *wahre* Selbst ist das eigene Wesen, so wie Gott es geschaffen hat – rein, liebevoll, geistlich, vergebend und verständnisvoll.

Was es mit unseren „Persönlichkeitsschichten" auf sich hat
Im Kern unseres Wesens ist einerseits die von Gott gegebene Person, unser wahres Selbst. Doch ebenso ist da auch unser ererbtes Selbst, das dazu neigt, die Worte und Taten anderer, vor allem aber der engsten Bezugspersonen falsch wahrzunehmen oder misszuverstehen.
Fühlt man sich als Kleinkind, Kind oder Jugendlicher in irgendeiner Form verlassen, vernachlässigt, missbraucht oder emotional verstrickt, ist die erste Gefühlsreaktion *Angst*. Und da Kinder immer sich selber als die Schuldigen ansehen, liegen unter der psychologischen Angst *Schuld* und *Scham*. Schuld kommt aus dem Verhalten: „Ich habe etwas Unrechtes getan." Scham kommt aus dem Sein: „Ich bin nicht recht." Kann das Kind seine Gefühle offen zum Ausdruck bringen und hören seine Eltern es an und nehmen diese Gefühle ernst, kommt es zur Heilung. Finden Gefühle dagegen keinen Ausdruck bzw. kein Echo in anderen, verdrängt das Kind sie. „Verdrängung ist ein Zustand emotionaler Betäubung. ... Zu ihr kommt es, wenn man des Widerstands, Ärgers, der Ablehnung so müde ist, dass man alle negativen Gefühle unterdrückt, um des lieben Friedens in der Familie oder um des Ansehens in der Welt willen."[13]
Gehen Vernachlässigung, Missbrauch oder emotionale Verstrickung weiter, ist die nächste Gefühlsreaktion *Wut*. Stephen Stosny beschreibt die physiologische Komponente von Wut wie folgt: „Wut kommt aus einer kleinen Region im Gehirn, die man das limbische System nennt; es ist auch als das Säugetiergehirn bekannt, weil wir es mit allen Säugetieren gemeinsam haben. Wut gehört zum Kampf-Flucht-Überlebensinstinkt, den wir mit allen Säugetieren gemeinsam haben, und mobilisiert den Organismus zum Kampf. Sie ist die einzige Emotion, die *jede Muskelgruppe und jedes Organ* des Körpers aktiviert. Die durch Wut im Gehirn freigesetzten chemischen Stoffe – Epinephrin und Norepinephrin – wirken ähnlich wie der Wachmacher Amphetamin und wie Schmerzmittel: Schmerz betäubend und Energie steigernd."[14]

Schichten unserer Persönlichkeit

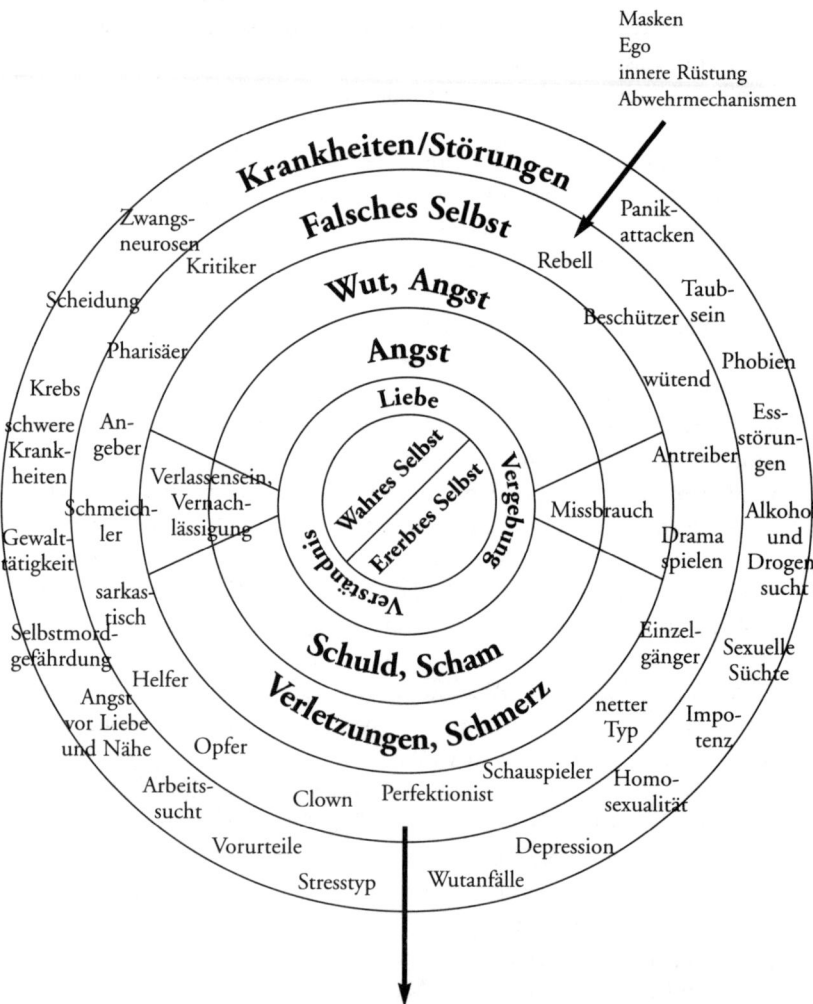

Masken
Ego
innere Rüstung
Abwehrmechanismen

Zuneigung, Zuwendung, Bestätigung, Annahme

Entwickelt aus einer Idee von Dr. Robert Kronemeyer
(*Totally Fit Living,* Deerfield Beach,
FL: Health Communications, Inc., 1996, S. xxvi).

© Richard Cohen, M.A.,
Januar 1999

Wut ist eine physiologische Reaktion auf Gefahr und eine psychologische Reaktion auf Verletzungen und Schmerz. Psychologisch ist sie immer eine Verschleierung von Schmerz. Wenn jemand seine Wut auf konstruktive Weise zum Ausdruck bringen darf, können die Verletzungen heilen und der Schmerz verschwinden. Lehnt die Umwelt aber aber die geäußerte Wut ab oder unterdrückt man sie selbst, wird damit auch der Schmerz „geschluckt". *Lebendig begrabene Gefühle sterben nie. Die Zeit heilt keine Wunden; sie vergräbt sie nur noch tiefer.* Um in einer Umgebung zu überleben, in der die eigenen Gedanken und Gefühle nicht gehört und Grundbedürfnisse nach Liebe nicht beantwortet werden, entwickelt ein Mensch schließlich zahlreiche Strategien, Abwehrmechanismen und eine „innere Rüstung". Diese bilden zusammen das *falsche Selbst*. Sie basieren zwar auf dem ursprünglichen Wesen des jeweiligen Menschen, den Gaben, die Gott ihm gegeben hat, aber diese Gaben dienen jetzt einem zweifachen Zweck: 1. der Verdeckung von Schmerz, Schuld und Scham und 2. dem Erlangen von Zuneigung, Zuwendung, Bestätigung und Annahme, die nie erfahren oder wahrgenommen wurden.

Die Schicht des falschen Selbst besteht aus den vielen Masken, die jemand trägt, den Dramen, die er spielt, der seelischen Rüstung, die er anlegt, und den Abwehrmechanismen, mit denen er sein verwundetes Herz vor weiteren Verletzungen zu schützen versucht. Das Problem ist nur: Wie sehr er sich auch anstrengt, um ein wenig von der Zuneigung, Bejahung und Annahme zu bekommen, die er braucht und haben will, was er bekommt, wird seine Seele nie zufrieden stellen. Denn sein Verhalten ist motiviert durch das Bedürfnis nach Anerkennung, eine Anerkennung, die er durch Leistung zu erringen hofft. Die so sehr gewünschte bedingungslose Anerkennung der Person wird er auf diese Weise nicht erfahren. Genau dies ist aber ein menschliches Grundbedürfnis: dass die anderen uns schätzen aufgrund dessen, was wir *sind*, und nicht aufgrund dessen, was wir tun oder wie wir aussehen.

Ich habe in dem Diagramm „Zuneigung", „Zuwendung", „Bestätigung" und „Annahme" aufgeführt, nicht aber „Anerkennung", denn Anerkennung basiert auf Verhalten. Es ist in Ordnung, wenn die Eltern, der Ehepartner, der Chef, Kollegen, Freunde oder Gott ein Verhalten missbilligen, denn Verhalten hat mit Tun (Leistung) zu tun, und nicht mit Sein. Ich kann einen Menschen durchaus weiter lieben (aufgrund seines Seins), auch wenn ich sein Verhalten (sein Tun) nicht billige.

Viele glauben, dass die meisten Krankheiten und Störungen eine psychologische Basis haben und zu tun haben mit einem verletzten oder verlorenen Herzen und mit negativen Einstellungen und Erwartungen. Körper, Geist, Herz und Denken des Klienten sind miteinander verbunden. Ein Bereich beeinflusst den anderen. Darum braucht es Zeit, bis die inneren Kinder (beide, das verletzte Kind und das „goldene" Kind) entdeckt werden und genesen können. Wie bei einer Zwiebel müssen die Schichten eine nach der anderen weggeschält werden. Der Klient kann nicht direkt an seinen Lebensnerv gehen und dabei seine Persönlichkeit aufsprengen, vielmehr muss er seine Schutz-Schichten systematisch entfernen und durch eine gesunde Verhaltens- und Seinsweise ersetzen. Erst wenn er in seiner Beziehung zu Gott, zu sich selbst und zu seinen Mitmenschen ein hinreichendes Selbstwertbewusstsein erlangt hat, kann er tiefer in den Brunnen hinabsteigen, um seine verlorene Seele wiederzugewinnen.

Ich benutze mehrere Techniken, um dem Klienten den Zugang zu seinen verlorenen oder verdrängten Erinnerungen zu erleichtern: Zeichnungen und Dialoge des inneren Kindes, Heilung der Erinnerungen, Bioenergetik, andere energetische Arbeit (Core Energetik), Rollenspiel, Psychodrama, Focusing und Stimmendialog.

Es ist entscheidend, dass wir die Wurzeln unserer Bedürfnisse und Wünsche wirklich verstehen; rein verhaltenstherapeutische Versuche, den homosexuellen Antrieb „unter Kontrolle zu bekommen", führen nur zu lebenslanger Enttäuschung und Schuldgefühlen. Erst wenn die Grundursachen gefunden sind, werden die Schutzmauern fallen und die Tür zu Liebe und Nähe sich öffnen. Solange diese Mauern noch da sind, ist jede „Technik" nur ein oberflächliches Mittel zur Kontrolle von Gedanken, Gefühlen und Verhaltensweisen.

Ich glaube an die vollständige Befreiung der Seele. Wer sich auf den Weg der Veränderung aus der Homosexualität macht, wird den Weg zurück nach Hause finden und fähig sein, seine psychosexuelle, psychologische und psychospirituelle Entwicklung fortzusetzen, wenn er die tiefen Ursachen seiner homosexuellen Neigungen entdeckt hat und die Wunden verheilen konnten.

Dritte Aufgabe: Beginn des Prozesses von Trauern, Vergeben und Übernahme von Verantwortung
Hier lauten die Stadien der Heilung: Erinnern, Loslassen, Erleichterung, Erkennen und Verantwortung.

- Erinnern: Der erste Schritt besteht in der Erinnerung an die Ereignisse, die zu der gleichgeschlechtlichen defensiven Abkoppelung führten, z.b. Verletzungen durch den gleichgeschlechtlichen Elternteil, Geschwister und Gleichaltrige oder Missbrauch.
- Loslassen: Jetzt beginnt der Prozess des Trauerns. Hier können Tränen, Wut, Lachen und andere Gefühle auftreten. *Was man spüren kann, kann heilen.* Ohne wirklichen Kontakt mit den Gefühlen werden die inneren Blockaden bestehen bleiben, und es kommt nicht zur Heilung.
- Erleichterung: Nachdem die emotionalen Gifte ausgespült wurden, wird eine enorme Erleichterung folgen. Die gleichgeschlechtlichen Neigungen sind mit den Wunden verknüpft. Wenn die Mauern fallen, kann Liebe einströmen, und der Klient erlebt seine Geschlechtsidentität.
- Erkennen: Nach dem Betrauern der gleichgeschlechtlichen Wunden und der Erfahrung der Erleichterung erkennt der Klient, dass er vergeben muss: sich selber, seinen Mitmenschen und Gott. Die Vergebung macht ihn frei von Bitterkeit und Rachsucht. Hält er seinen Zorn und Groll dagegen fest, wird er diese Gefühle auf andere Beziehungen übertragen, besonders auf die Menschen, die ihm am nächsten sein wollen. Wer nicht vergeben kann, trägt tief verborgen Schuld mit sich herum. Und unter der Wut und den Schuldzuweisungen ist die Stimme des inneren Kindes zu hören: „Es ist alles meine Schuld."

Es gibt zwei Arten von Vergebung: die eine kommt aus dem Kopf, die andere aus dem Herzen. Die erste Art ist eine bewusste Entscheidung, alle Bitterkeit und Schmerz loszulassen und dem Menschen, der mich verletzt hat, das Geschenk der Vergebung zu machen. Die zweite Art der Vergebung kommt aus dem Verstehen. Endlich hat das Herz des verwundeten Kindes Gehör gefunden. Nun kann der Klient die gleiche Wunde im Herzen des Menschen sehen, der – absichtlich oder ungewollt – die Wunde geschlagen hat. Diese zweite Art des Verge-

bens folgt nach der Trauerarbeit über die Verluste der Vergangenheit. Vergebung heißt nicht, dass die schmerzlichen Gefühle auf einmal alle weg sind; dies braucht Zeit. Vergebung vollzieht sich über viele Stadien unseres Lebens hinweg. Auch Heilung ist wie das Schälen einer Zwiebel: eine Schutzschicht nach der anderen wird vom Herzen abgeschält, und auf jeder neuen Stufe kann es zur Vergebung kommen. Ein Wachstumsprinzip lautet: Je näher man andere Menschen an sich heran lässt, desto größer kann der Schmerz werden. Der Klient hat Angst vor zu viel Nähe, erhielt er doch seine Kindheitswunden von den engsten Bezugspersonen. In engen menschlichen Beziehungen werden sich diese Ur-Wunden daher wieder melden. Dies ist der Grund dafür, dass es viele Stufen der Trauer und des Verlustes gibt, durch die man sich durcharbeiten muss.[15]
Vergebung ist ein Geschenk. Vergebung befreit. Sie hilft dazu, die Vergangenheit loszulassen und in eine hellere Gegenwart und Zukunft hineinzugehen, und eröffnet Möglichkeiten, in der Liebe zu wachsen.

• Verantwortung: Nach dem Trauer- und Vergebungsprozess sieht der Klient deutlicher, was in seiner Kindheit geschehen ist. Er erkennt, was für Grundannahmen er als Reaktion auf seine Eltern oder auf bestimmte Geschehnisse als Kind entwickelt hat – z.B.: „Ich darf nicht sagen, was ich denke oder fühle, sonst mögen die anderen mich nicht." – „Immer schön lächeln und sich ja nichts anmerken lassen; den anderen ist ja doch egal, wie es in mir aussieht." – „Vertraue niemandem, alle Menschen sind Egoisten." – „Ich bin unerwünscht, ich gehöre nicht dazu."

In dieser Phase beginnt er, seine eigene Rolle in dem Drama zu sehen – wie er die Situation anders hätte angehen oder deuten können, auch als Kleinkind, Kind oder Jugendlicher. Es ist daher wichtig, dass er seine Grundannahmen und Fehlinterpretationen, die dazu führten, dass er sich abgewiesen vorkam oder sich von den anderen so verletzen ließ, erkennen und benennen lernt. Dass man als Kind selbst eine wichtige Rolle bei der Entwicklung der Dinge gespielt hat, ist für viele zunächst schwer vorstellbar (das war bei mir nicht anders). Es wird jedoch klarer und einsichtiger, wenn die Stufen des Trauerns und Vergebens durchgearbeitet sind.

Sind die Verzerrungen und Fehlinterpretationen des Kindes erkannt und benannt, erweitert sich der Raum der Freiheit noch einmal. Der Klient kann seine Eltern, seine Geschwister oder den Täter von der Anklagebank entlassen. Er sieht jetzt, wie er als Kind seine eigene defensive Abkoppelung schuf und die Möglichkeiten zur Liebe aus seinem Leben verbannte.

Diese letzte Phase ist äußerst befreiend und verleiht vielen eine ganz neue Energie. Indem der Klient Verantwortung für seine Rolle in dem Drama übernimmt und seine Missverständnisse versteht, kann er aufhören, immer nur den anderen die Schuld zu geben und sich selbst als Opfer zu fühlen. Er kann anfangen, sich selbst als ganzen Mann anzunehmen. Robert Bly spricht davon, dass wir in unseren Herzen zwei Räume für unseren Vater einrichten: „Im Gegensatz dazu wird der Sohn, dem die grausame und zerstörererische Seite des Vaters immer schon bekannt war, keine Schwierigkeiten haben, einen dieser dunklen Räume einzurichten. ... Doch derselbe Sohn muss ein zweites Zimmer bauen, um die großherzige und segenbringende Seite seines Vaters zu beherbergen. ... Wenn wir noch keine zwei Räume gebaut und eingerichtet haben, können wir nicht erwarten, dass unser Vater, tot oder lebendig, einzieht. Diejenigen Männer, die beide Räume in ihrer Seele vorbereitet haben, können allmählich daran denken, einen Mentor einzuladen. Auch er wird zwei Räume brauchen."[16]

Vierte Aufgabe: Entwicklung gesunder, heilsamer gleichgeschlechtlicher Beziehungen

Was aus zerbrochenen, ungesunden Beziehungen erwachsen ist, muss in liebevollen, konstruktiven Beziehungen geheilt werden. Heterosexualität kann erst aufblühen, wenn jemand die Erfüllung seiner gleichgeschlechtlichen Bedürfnisse nach Zuwendung und Annahme erfahren und seine Geschlechtsidentität bereits erlebt hat. Darum kann eine Ehe niemals ein Mittel sein, um das Problem gleichgeschlechtlicher Neigungen zu lösen.

Heterosexuelle Männer und Frauen sind die Überbringer der Liebe Gottes an den Klienten, indem sie mithelfen, seine gleichgeschlechtlichen Bedürfnisse nach Liebe und Annahme zu stillen und gute Beziehungen aufzubauen.[17] Der Klient, der nie echte männliche oder weibliche Liebe von einem anderen Menschen erfährt, bleibt gefangen in einem Leben der frustrierten Sehnsucht. Wir erfahren die Liebe

Gottes durch andere Menschen. Wir müssen die eigentlichen und die bestmöglichen Eltern füreinander sein.

Männer finden ihre Ganzheit im Kontakt mit anderen Männern, Frauen mit Frauen. Gemeinsame Aktivitäten wie Gespräche, Spaziergänge, Wandern, Camping, Angeln, Sport oder sich „einfach so" treffen bieten den Raum, in dem Änderung möglich wird. In der Geborgenheit gesunder Beziehungen können die Wunden der Vergangenheit ans Licht kommen und verheilen.

Eine andere therapeutische Methode, die ich benutze und vermittle, ist das *Mentoring*. Dies ist vergleichbar mit dem Neupflanzen nach dem Unkrautjäten und ist ein wesentlicher Faktor dafür, dass es zu wahrer, dauerhafter und organischer Heilung kommen kann. Mentoring meint eine tiefe Beziehung zwischen zwei Personen: dem Mentor und dem Erwachsenen-Kind. „Wenn Sie ein junger Mann sind und nicht von einem älteren Mann bewundert werden, werden Sie verletzt."[18] Der Mentor wird für den in der Heilung befindlichen Klienten zum Ersatzvater. In dieser Beziehung können die in der Kindheit oder Jugend unerfüllt gebliebenen Bedürfnisse nach Liebe und Zuwendung von einem Menschen des eigenen Geschlechts beantwortet werden.

Wenn es zu einer tiefen, echten Bindung zwischen dem Erwachsenen-Kind und seinem Mentor kommt, kann das Erwachsenen-Kind zornig und widerspenstig werden. Wenn in der Mentor-Beziehung Nähe erfahren wird und der Klient seine Schutzwälle ein wenig öffnet, brechen sich Ur-Emotionen Bahn. Wenn der Mentor die Trauer und den Schmerz mitträgt, können die Wunden der Vergangenheit verheilen und eine gute Bindung entstehen. Vertrauen aufbauen braucht Zeit. Als Erstes braucht es Ehrlichkeit: Der Klient öffnet sich seinem Mentor und fühlt sich von ihm angenommen. Als Zweites braucht es Vertrauen: Man weiß, dass der Mentor da ist und einen weder verlassen noch verurteilen wird. Und drittens braucht es Liebe: Der Klient zeigt dem Mentor seine hässlichsten Seiten, und dieser lässt ihn trotzdem nicht fallen. Mit Hilfe von Gebet, Geduld und Beharrlichkeit gelingen diese Beziehungen.

Das wachsende Vertrauen in den Mentor lässt die Verteidigungsschilde zusammenbrechen und ermöglicht die Erfahrung einer gesunden Bindung. Die gleichgeschlechtlichen Bedürfnisse des Klienten werden beantwortet und er erfährt seine Geschlechtsidentität. Wenn der gleichgeschlechtliche Elternteil noch lebt und bereit ist, in diesen Prozess einzusteigen, ist er die beste Person für diesen „Job". Es ist wichtig, möglichst viele Eltern darin zu schulen, wie sie ihren Kindern wirkliche Mentoren sein können. (Siehe Kapitel 12 für Hinweise zum Mentoring.)

Phase 4: Heilung der andersgeschlechtlichen Wunden (psychodynamische Therapie)

In der letzten Heilungsphase geht der Klient seine andersgeschlechtlichen Wunden an. Wie in Phase 3, so müssen auch hier die Ursachen erkannt und benannt werden, die Wunden verheilen und die unerfüllt gebliebenen andersgeschlechtlichen Bedürfnisse nach Liebe eine Antwort finden. Die letzte Aufgabe besteht im Lernen der Wesensunterschiede zwischen Männern und Frauen.

In der vierten Phase gibt es vier Aufgaben:

1. Weiterführung der Aufgaben aus Phase 2
2. Ermittlung der Ursachen der andersgeschlechtlichen Wunden
3. Weiterführung des Prozesses von Trauern, Vergeben und Übernahme von Verantwortung
4. Entwicklung gesunder, heilsamer andersgeschlechtlicher Beziehungen; das andere Geschlecht verstehen und schätzen lernen.

Erste Aufgabe: Weiterführung der Aufgaben aus Phase 2

Weiterarbeit mit dem Beziehungsnetz; weiterer Aufbau von Selbstwertgefühl und der Erfahrung des Wertvoll-Seins in der Beziehung zu Gott; weiteres Training in Selbstkompetenz und Einüben von Kommunikations- und Problemlösungsfähigkeiten; weiterhin Gedanken, Gefühle, Bedürfnisse im Alltag erkennen und benennen lernen.

Zweite Aufgabe: Ursachen der andersgeschlechtlichen Wunden erkennen

Als Letztes – und manchmal Schwierigstes – geht es um die Heilung der andersgeschlechtlichen Wunden: ungesunde Mutter-Sohn-Bindung, ungesunde Vater-Tochter-Bindung, sexueller Missbrauch durch eine Person des anderen Geschlechts, Zurückweisung von Frauen durch Männer bzw. von Männern durch Frauen.

Möglicherweise bestand eine übermäßige und/oder missbräuchliche Bindung zwischen dem Kind und dem andersgeschlechtlichen Elternteil oder sonst einer wichtigen Person des anderen Geschlechts. Manchmal steckt hinter Homosexualität eine Flucht vor zu engen Beziehungen zu Personen des anderen Geschlechts, um das in der Kindheit erlebte tiefe seelische Trauma nicht noch einmal durchmachen zu müssen. Wir alle wissen, dass Gegensätze sich anziehen und gleiche Polaritäten sich abstoßen. Wenn ein Mann sich von einer Frau abgestoßen fühlt, hat das seinen Grund möglicherweise darin, dass er selbst mit dem Weiblichen überidentifiziert ist. In dem Maße, wie er seine männliche Identifikation stärkt, wird er zu seinem Gegenpol (Frauen) hingezogen. „Der Sinn des Lebens ist die innere Vereinigung des Männlichen und Weiblichen zum richtigen Gleichgewicht. Es hat Auswirkungen auf unser gesamtes Verhalten und alle unsere Beziehungen, wenn ein Teil fehlt oder wir im Konflikt zu ihm stehen."[19]

Der im Heilungsprozess befindliche Klient muss die Ursachen aufdecken, die ihn von echten Nähe-Beziehungen zu jemandem des anderen Geschlechts abhalten. Er muss diese Dinge erkennen, benennen und heilen lassen.

Dritte Aufgabe: Weiterführung des Prozesses von Trauern, Vergeben und Übernahme von Verantwortung
Die Stadien der Veränderung heißen wieder: Erinnern, Loslassen, Erleichterung, Erkennen und Verantwortung. Der Klient muss seine andersgeschlechtlichen Wunden zunächst auf der emotionalen Ebene durcharbeiten. Danach fährt er auf der intellektuellen Ebene fort und übernimmt persönliche Verantwortung für seinen Teil in dem Drama.

Vierte Aufgabe: Entwicklung gesunder, heilsamer andersgeschlechtlicher Beziehungen; das andere Geschlecht verstehen und schätzen lernen
In dieser Phase kann es hilfreich sein, einen andersgeschlechtlichen Therapeuten zu haben. Dies erleichtert Übertragungsvorgänge, in denen die unterdrückten Gefühle gegenüber dem anderen Geschlecht auf den Therapeuten übertragen werden, wodurch der Heilungsprozess beschleunigt werden kann. Die Heilung der Mutter-Sohn- bzw. Vater-Tochter-Beziehung ist wesentlich für den erfolgreichen Übergang in gesunde heterosexuelle Beziehungen, denn wenn die

Wunden nicht verheilt sind, wird der Klient den Groll der Vergangenheit auf den künftigen Ehepartner übertragen; der Ehepartner wird zum Sündenbock der eigenen Kindheitswunden. Dies geschieht in vielen heterosexuellen Beziehungen und ist mit ein Grund für die hohen Scheidungsraten.

Um diesen Prozess zu unterstützen, ist es wichtig, dass der Klient gesunde, heilende, liebevolle, nichtsexuelle Beziehungen zu Menschen vom anderen Geschlecht entwickelt. Die geeignetste Person hierfür ist die Mutter bzw. der Vater. Ich empfehle die Therapie der haltenden Umarmung, wie sie von Martha Welch gelehrt wird. Meine Familie und ich haben eine Zeitlang mit ihr gearbeitet. Wenn meine Eltern mich vor ein paar Jahrzehnten öfter einmal in die Arme genommen hätten, hätte ich meine Gedanken und Gefühle vielleicht nicht mit so vielen Therapeuten und Selbsthilfegruppen durcharbeiten müssen, sondern sie gleich an der Wurzel anpacken können, mit meinem Vater und meiner Mutter. Wenn die Eltern noch leben, sollten sie (wenn sie dazu bereit sind) unbedingt in den Heilungsprozess miteinbezogen werden. (Wichtig: Manche Eltern haben nicht die erforderliche seelische Gesundheit, um an dem Heilungsprozess teilzunehmen. Dies muss akzeptiert werden. Der Versuch, einen Elternteil in den Heilungsprozess hineinzuzwingen, kann das Erwachsenen-Kind neu verletzen. – Mehr zur Therapie der haltenden Umarmung in Kapitel 6.)

Zu dieser letzten Phase gehört auch, dass Männer sich über Frauen bzw. Frauen über Männer kundig machen. (Siehe die im Anhang angegebene Literatur.) Wenn der in der Heilung befindliche Mann vor allem „Mutters Sohn" war, hat er die Frauen aus der Perspektive der Frau kennen gelernt, und nicht aus der des Mannes. Entsprechendes gilt für die aus der (weiblichen) Homosexualität aussteigende Frau; sie hat womöglich als Kind Männer aus der Männer- und nicht aus der Frauenperspektive kennen gelernt. Es ist also wichtig, das andere Geschlecht aus der Perspektive seines eigenen Geschlechts kennen zu lernen. Dies ist für den in der Heilung befindlichen Menschen ein radikaler und gesunder Perspektiv-Wechsel. „Wenn der Sohn Gefühle hauptsächlich über die Mutter erfährt, dann wird er auch seine eigene Männlichkeit vom weiblichen Standpunkt aus betrachten. Er mag von der Männlichkeit fasziniert sein, aber er wird sie auch fremd und bedrohlich finden. Er mag Männlichkeit mitleidig ansehen und sie erneuern wollen oder er misstraut ihr und will sie vernichten. Er mag sie bewundern, aber er wird sich nie rundherum wohl in ihr fühlen."[20] Und auch das Umgekehrte gilt: Er sieht Weiblichkeit mit den Augen einer Frau, bis er seine eigene Geschlechtsidentität erfährt und dann als Mann lernt, wer Frauen sind.

Wenn der Klient seine Geschlechtsidentität als etwas Vertrautes erlebt, seine andersgeschlechtlichen Wunden verheilt sind und er gesunde Beziehungen zu Menschen des anderen Geschlechts aufbauen kann, kommt es häufig zum natürlichen Wunsch nach andersgeschlechtlichen Beziehungen. Ein verheirateter Mann wird eine innigere Beziehung zu seiner Frau bekommen, wenn seine andersgeschlechtlichen Wunden verheilt sind.

Der Fall der inneren Mauern der defensiven Abkoppelung zwischen Männern und Männern, Frauen und Frauen, Männern und Frauen und Frauen und Männern setzt die wahre Geschlechtsidentität frei und führt zu gesunder Bindungsfähigkeit gegenüber dem eigenen wie dem anderen Geschlecht. Dieser Heilungsprozess führt dazu, dass ein natürliches Angezogen-Sein vom anderen Geschlecht wieder erlebt werden kann. Da ist keine Magie im Spiel; es ist die Erfahrung von verlässlichen, von Liebe geprägten Beziehungen, die in diesem Prozess entstehen, und der Befreiung, die es bedeutet, wenn die inneren Abwehrmauern endlich einstürzen.

Zur Rolle des Therapeuten

Anmerkung: Der vorgestellte Plan zur Heilung von Homosexualität verläuft nicht strikt linear. Schon in den ersten beiden Phasen kann es notwendig sein, tiefe Wunden aus der Vergangenheit zu heilen. Die Behandlung solcher seelischen Verwundungen auch in den frühen Phasen ist sehr wichtig. Es ist jedoch unerlässlich, dass der Therapeut den Klienten zum Aufbau eines tragfähigen Netzes von Beziehungen anhält, das ihm einen ruhenden Pol gibt, während er die vier Phasen des Veränderungsprozesses durcharbeitet. Ich sehe die Rolle des Therapeuten als die eines Leiters, Vermittlers, Geburtshelfers, Lehrers, Mentors und Elternteils. Der Therapeut hat den Klienten in jeder der Heilungsphasen zu begleiten und ihm zu helfen, die anstehenden sozialen und Entwicklungsaufgaben zu meistern. Es wird im Zuge der therapeutischen Beziehung zwangsläufig zu vielen Übertragungsphänomenen kommen, doch der Therapeut sollte für den Klienten nicht die Hauptliebesquelle oder der wichtigste Mentor sein. Der Therapeut muss den Klienten ermutigen, gesunde, heilsame Beziehungen außerhalb des Therapiekontextes aufzubauen.

Schluss

Die obige Beschreibung ist notwendigerweise kurz und vereinfachend. In Kapitel 6 werde ich die Therapie ausführlicher darstellen und die in den verschiedenen Phasen zu benutzenden Werkzeuge und Techniken vorstellen. Es ist möglich, gleichgeschlechtliche Neigungen zu heilen. Ich habe es selber erfahren und habe vielen Klienten dabei helfen können. Es ist eine ebenso bewegende wie dankbare Aufgabe mitzuerleben, wie Menschen die tiefere Bedeutung ihrer Sehnsüchte erkennen und von Bindungen frei werden, die sie lange Jahre gefesselt hielten. Doch es ist ein Prozess, der Jahre dauert. Die Seele kann man nicht „auf die Schnelle" reparieren.

5. *Christian*

Es war Juli 1995 und ich war am Ende einer sehr, sehr langen Straße angelangt. Ich war homosexuell, und es war Zeit, Schluss zu machen mit der Farce, die ich 44 Jahre lang betrieben hatte. Ich hatte mein tiefes, dunkles Geheimnis vor allen Menschen versteckt. Dieses Gefühl, homosexuell zu sein, hatte jeden Aspekt meines Lebens durchdrungen, und ich wurde nicht mehr fertig mit dem ungeheuren Schmerz. Nach außen hin hatte ich alles – einen lukrativen und interessanten Job, einen guten Bekanntenkreis, ein Haus, eine schöne, hingebungsvolle Frau, mit der ich seit über 20 Jahren verheiratet war, und die beste Tochter und den besten Sohn, die ein Vater sich nur wünschen konnte. Aber im Grunde fühlte ich mich wie ein Gefangener in meiner Rolle des heterosexuellen Mannes in einer heterosexuellen Welt, zu der ich doch gar nicht gehörte. Es war Zeit für mein Coming-out als Schwuler.

Ich war in den 50er Jahren aufgewachsen und hatte in den späten 60er Jahren studiert. Mit der beginnenden Schwulenakzeptanz der 70er Jahre hatte ich keine Berührung. Als Kind, Teenager und Student fand ich niemanden im öffentlichen Sektor, an den ich mich offen um Hilfe hätte wenden können. Ich hatte als Kind und junger Erwachsener auch nie den Mut, offen zuzugeben, dass ich homosexuell war. Ich dachte: Wenn du so tust, als ob du normal bist, und schön deine Rolle spielst, geht es vielleicht von selber weg. Homosexuell sein – das war nicht salonfähig, das war tabu.

Mit den 70er Jahren kam eine wahre Flut von Informationen von starken Männern und Frauen, die offen zu ihrem Schwulsein standen. „Hey, du bist schwul und das ist okay", lautete die Botschaft der Medien jetzt. Aber für mich war es nicht okay. Ich war verheiratet und hatte eine Familie gegründet. Ich sehnte mich zwar danach, zur Schwulenszene gehören zu können, aber ich wünschte mir auch, dass meine sexuellen Gefühle für Männer einfach weggehen würden. Ich hatte eine Hassliebe zu homosexuell Lebenden, weil ich mich ganz allein und isoliert fühlte; ich konnte mich weder mit den heterosexuellen noch mit den homosexuell lebenden Männern identifizieren.

Bis zu den frühen 80er Jahren hatte ich nur einmal einen christlichen

Therapeuten aufgesucht wegen meiner „Depression". Er informierte mich, dass ich latent homosexuell sei und wohl am besten meine Verlobung lösen und mir Nacktfotos von Frauen ansehen sollte, um „geheilt" zu werden. Ich befolgte seinen Rat natürlich nicht, sondern vergaß ihn schnell wieder.

Anfang der 80er Jahre fühlte ich mich wie ein Vulkan kurz vor dem Ausbruch. Ich hatte noch nie ein sexuelles Erlebnis mit einem Mann gehabt. Ich hatte viele Phantasien und feuchte Träume, aber keine sexuellen Begegnungen. Für mich war die Schauspielbühne eine Methode, in der Nähe von homosexuell lebenden Männern sein zu können, und nach einer Aufführung offenbarte ich einem Freund, der auch homosexuell lebte, meine sexuellen Gefühle für Männer. Kurz darauf lud er mich in seine Wohnung ein und führte mich in die Welt des homosexuellen Sex ein. Es war, als ob ein dreißig Jahre dickes Bleigewicht sich von meiner Seele hob. Bald fand ich einen weiteren Schauspieler, der mehr als bereit war, Sex mit „dem Neuen" zu haben. Ich kam mir vor wie im Himmel – aber es wurde sehr bald eine Hölle daraus. Ich fühlte mich leer, allein, voller Angst und kam mir wie ein schmutziger Betrüger vor. Nein, das war nicht die Richtung, in die ich gehen wollte!

Ich lebte ein Doppelleben. Schließlich vertraute ich meiner Frau an, dass ich homosexuell war. Sie wollte nichts davon hören und konnte mir auch nicht helfen. Ein Psychologe versuchte mir zu helfen, hatte aber keine Ahnung, was er mit mir anfangen sollte. Er wusste, dass ich meine Ehe nicht aufgeben wollte, aber er wusste nicht, wie er mir helfen sollte. Ich las jetzt mehr über Homosexualität und fand heraus, dass sie genetisch bedingt und nicht zu ändern sei. Um die genetische Theorie zu stützen, hatte meine Schwester der Familie eröffnet, dass sie lesbisch sei. Ich ging nicht länger zu dem Psychologen, und meine Frau und ich taten, als ob das Problem nicht mehr vorhanden sei. Ich hasste mich selber.

Einige Jahre später, Mitte der 80er Jahre, hatte ich keine homosexuellen Beziehungen mehr. Aber die sexuelle Beziehung in meiner Ehe war ein Trümmerhaufen. Ich hasste es, Sex mit meiner Frau zu haben. Meine Frau schickte mich zu einem New Age-Guru, der angeblich die Homosexualität in mir „löschen" konnte. Ich war so verzweifelt, dass ich hinging. Es war furchtbar. Ich frage mich heute noch, ob dieser Mann nicht womöglich von einem Dämon besessen war, der mir die

Seele aussaugen wollte. Seine Methode bestand darin, mich vor Hunderten seiner Anhänger einzuschüchtern und zu demütigen. Er erklärte, dass ich der Teufel sei und dass die anderen nichts mit mir zu tun haben dürften. Meine einzige Rettung war die Flucht. Jetzt war ich mir sicher, dass jede Hoffnung, meine Homosexualität loszuwerden, völlig unrealistisch war. Ich begann wieder sexuelle Beziehungen zu Männern zu haben. Es wurde eine richtige Sucht. Es kam zwar vor, dass ich mehrere Monate lang keinen Sex mit Männern hatte, aber dann passierte etwas in meinem Leben, das mich unter Stress brachte, und dann suchte ich wieder homosexuellen Sex. Ich merkte, dass ich dauernd den perfekten Mann suchte, den Mann, der so stark und so voller Liebe war, dass er mich aus der Hetero-Welt erlösen und in das warme Nest der Geborgenheit führen könnte. Im Laufe der Jahre erkannte ich schließlich, dass dies ein Phantasietraum war, der sich nie erfüllen würde.

Aber zurück zum Juli 1995. Ich stand so unter Druck, dass eine Explosion sicher kurz bevorstand. Gegen große innere Widerstände hatte ich angefangen, heimlich einen Therapeuten aufzusuchen, der mir helfen sollte, aus meiner Ehe auszusteigen und einen Einstieg in die Welt des homosexuellen Lebens zu finden. Ich war über diese „Lösung" todtraurig, fand aber, dass ich gar keine andere Wahl hätte, wenn meine Frau und ich nicht kaputt gehen wollten. Eines Tages schenkte meine Frau mir ein Buch von Richard Cohen, mit dem Titel *Alfie's Home*. Sie hatte Richard etliche Monate vorher im Fernsehen gesehen und hatte geduldig gesucht, bis sie dieses Buch gefunden hatte. In der Fernsehsendung hatte Richard behauptet, dass er Männern helfen könne, einen Weg heraus aus der Homosexualität zu finden. Ich war wütend und mehr als skeptisch. Bloß nicht noch so ein verrückter Guru ... Dann stellte meine Frau mir das beste Ultimatum meines Lebens: „Lass dir einen Termin bei Richard geben, oder zieh aus und lass dich scheiden!" Ich liebte sie genug, um es doch noch einmal zu versuchen, war aber überzeugt, dass dies nur die nächste Sackgasse sein würde.

Ich war durch und durch skeptisch gegenüber einer Therapie, die die Chance bieten sollte, ein heterosexuelles Leben führen zu können. Ich war 44 und zu alt, um mich zu verändern! Es gab keine magische Verwandlung, es gab kein Zauberwort, das das Problem lösen konnte. Ich glaubte fest an die genetische Theorie; ich war mir sicher, dass meine

Homosexualität nichts zu tun hatte mit irgendwelchen Kindheitserlebnissen oder mit meinen Eltern. Diese Therapie würde scheitern! Ich wünschte, man könnte das Gefühlschaos, das mich damals beherrschte, tatsächlich genau vermitteln. Es war eine düstere, hoffnungslose, zerbrochene Figur, die damals in diese erste Therapiesitzung ging. Dass ich eine Vertrauensbeziehung zu Richard aufbauen konnte, war dann der Schlüssel, der mir die Tür zur Veränderung aufschloss.

In dieser Beziehung konnte ich endlich meine tiefsten Gefühle aussprechen und fand ein Gegenüber, jemanden, der mir wirklich zuhörte. Das war eine erste entscheidend wichtige Erfahrung. Richard war selbst den Weg aus der Homosexualität heraus gegangen, und sein lebendiges Beispiel ließ in mir wieder die Hoffnung aufkeimen, dass Heilung vielleicht am Ende doch möglich war. Ich wusste: Ich wollte sie immer noch. Ich beschloss, es zu versuchen, und den nächsten Schritt zu machen.

Ich lernte, dass es gewisse Schlüsselfaktoren gab, die zu meinen homosexuellen Gefühlen beitrugen. Die Erkenntnis, dass meine gleichgeschlechtlichen Neigungen mit diesen Faktoren zu tun hatten, war wichtig. Bisher hatte ich immer gedacht, dass meine Kindheit perfekt gewesen war. Meine Eltern hatten mir doch alles gegeben – ein schönes Zuhause, Kleidung, Essen, Reisen und Abwechslung. Es war eine unglaubliche Erkenntnis, als ich feststellte, dass keiner meiner Eltern mir wirklich körperliche Nähe, Zuwendung oder Lob gegeben hatte. Ich konnte mich nicht daran erinnern, dass meine Eltern mir je gesagt hatten, dass sie mich liebten. Ich konnte mich an eine einzige Situation erinnern, in der meine Mutter mich umarmt hatte. Mein Vater tat es nie. Ich spürte, wie furchtbar dies für mich gewesen war. Gesunde körperliche Berührungen durch meine Eltern schien es in meiner ganzen Kindheit und danach nicht gegeben zu haben. Ich erinnere mich heute noch gut daran, wie ich mir als Kind vorstellte, wie die Freunde meines Vaters mich umarmten, und dann sexuelle Phantasien über sie hatte. Es hatte keinen Menschen gegeben, der mich auf eine gesunde Art körperlich berührt hatte.

Ich bildete mir ein, dass man sich nur berührte, wenn man Sex wollte, und hatte folglich Angst vor jeder Berührung, da diese ja in Sex mündete. In der Therapie brachten mir Mentoring-Sitzungen, bei denen Männer und Frauen mich ganz fest hielten, unglaubliche Heilungsschritte und meine größten Durchbruchserlebnisse. Ich kam mir vor wie ein kleines Kind auf dem Schoß der Eltern. Ich entdeckte zusehends, dass es möglich war, gesunde Berührungen zu erfahren. Ich wusste: Ich hatte Sex mit Männern gesucht, weil ich diese Berührung gesucht hatte.

Ein weiterer Schlüsselfaktor in meiner Heilung und Veränderung war die Arbeit an den Erinnerungen des inneren Kindes. Als Richard mich bat, mit meiner nicht-dominanten Hand Bilder zu zeichnen und Gefühle und Erfahrungen aufzuschreiben, hielt ich das erst für verrückt. Aber dann kamen die Kindheitserinnerungen auf das Papier – wie ich mich von einem Verwandten auf ungesunde Art berühren ließ und wie Teenagerjungen, die als Babysitter fungierten oder mich auf Ausflüge mitnahmen, mich sexuell missbrauchten. Dies half mir, weitere Schichten dieses Gefühlsgemisches „Ich bin homosexuell" abzuschälen.

Dass ich Teil einer Gruppe von Menschen war, die den gleichen Weg gingen wie ich, war sehr hilfreich. Dies war ein weiterer Schlüssel zu meiner Heilung: dass ich eine Selbsthilfegruppe hatte, Menschen, denen ich alles sagen konnte: was für Fortschritte meine Heilung machte, oder dass es mir gerade schlecht ging und ich mich am liebsten wieder sexuell abreagieren würde, oder dass ich sexuelle Gefühle für sie hatte, warum diese Gefühle wohl da waren und wie ich sie wohl auf eine gesunde Art bewältigen könnte.

Mein Pastor und sehr guter Freund ist sicher verankert in seiner Heterosexualität. Wir reden über Gott und die Welt. Er hilft mir als Mentor, und wir gehen gemeinsam in den Fitnessclub, spielen Tennis, gehen essen oder treffen uns einfach so. Es ist eine Männer-Freundschaft, in der ich mich rundum wohl fühle.

Eine Massagetherapie hat mir sehr geholfen, angemessene Berührungen annehmen zu können. Der tiefe Druck des Masseurs auf meine Muskeln verschaffte mir das Gefühl, aus der Welt der nur sexuellen Berührung in die Welt der gesunden Berührung hinüberzuwechseln.

Damals, im Juli 1995, begann ich eine Therapie, die mein Leben verändert hat. Knapp zwei Jahre lang ging ich in eine Einzeltherapie, manchmal zwei Mal in der Woche, und nahm daneben an einer Selbsthilfegruppe teil. Nach diesen zwei Jahren konnte ich mit meiner Frau, meinen Kindern und Freunden ein viel besseres, erfülltes Leben führen. Ich hatte und habe alle notwendigen Werkzeuge, um mein

Mannsein weiter zu entwickeln. Der innere Schatten und die Angst sind verschwunden. Ich kann das sexuelle Zusammensein mit meiner Frau jetzt wirklich genießen. Ich habe keine homosexuellen Gefühle, ich bin nicht schwul. Ich hatte vielmehr suchtartige homoerotische Neigungen Männern gegenüber. Heute geht es mir ausgesprochen gut, weil ich damals eine Wahl bekam. Ich musste eine Wahl treffen, ich selber. Eine Wahl, an die ich glaubte. Und ich wählte die Änderung und erfuhr: Änderung ist möglich.

Ich identifiziere mich nicht mehr mit dem Mann, der ich vor dem Juli 1995 war. Das war ein anderes Leben. Ich fühle mich heute wie neu geboren. Zu Beginn meiner Therapie fühlte ich mich total allein. Dann sagte ein Freund in meiner Selbsthilfegruppe: „Wenn du denkst, du bist allein, liegst du falsch. Du bist nicht mehr allein." Ich habe Gott, meine Frau, meine beiden Kinder und jeden Tag neu die spannende Frage, was das Leben mir heute bringen wird!

6. Therapeutische Werkzeuge und Techniken[*]

Ich bin überzeugt, dass Gott die Menschen komplementär zueinander geschaffen hat. Männer und Frauen *zusammen* bilden die Krone der Schöpfung. Jeder weiß, dass Gegensätze sich anziehen. Zwei Magneten unterschiedlicher Polarität bewegen sich aufeinander zu, zwei der gleichen Polarität dagegen stoßen sich ab. Wenn ein Mann sich zu einem anderen Mann hingezogen fühlt, sucht er innerlich das, was ihm selber fehlt. Er versucht, sich den verlorenen oder fehlenden Teil seiner Seele „einzuverleiben". Ein Mann, dem seine eigene Männlichkeit vertraut und selbstverständlich ist und der sich darin sicher und wohl fühlt, wird sich zu seinem „Gegenpol", einer Frau, hingezogen fühlen.

Jeder verletzte Mensch muss auf vier Gebieten heil werden: Denken, Fühlen, Körper und Seele. Damit die Heilung erfolgreich sein kann, muss der Einzelne sich um jeden dieser Bereiche kümmern. Die Gesprächstherapie spricht z.B. nur einen Teil der Probleme an; der Klient muss daher in den verschiedenen Heilungsphasen ein ganzes Spektrum von Techniken benutzen lernen. Der Behandlungsplan ist dabei auf seine besonderen Bedürfnisse zuzuschneiden. Er bekommt konkrete Aufgaben, um bestimmte Fähigkeiten zu entwickeln und zu lernen, Probleme besser zu lösen und sich mit seinen Gedanken, Gefühlen und Bedürfnissen auseinander zu setzen. Nach meinen Erfahrungen und denen anderer Kollegen verläuft der Wachstums- und Heilungsprozess wesentlich schneller, wenn der Klient sich durch „Hausaufgaben" u.a. selbst aktiv in seine Heilung einbringt.

Eine warnendes Wort an Berater, Pastoren und Begleiter: Wenn Sie feststellen, dass Sie selbst mehr arbeiten und mehr in die Therapie investieren als Ihr Klient, dann stimmt etwas nicht! Sie sind die Spitzhacke, aber Ihr

---

[*] Dieses Buch gibt eine allgemeine Einführung, keine detaillierte Erklärung verschiedener therapeutischer Ansätze. Meine Absicht ist, die für eine Veränderung sinnvollen Techniken vorzustellen; Genaueres zu einzelnen Methoden kann durch Lektüre der angegebenen Literatur sowie durch persönliche Weiterbildung erlernt werden.

Klient muss die Schaufel nehmen und seinen Teil erledigen, wenn er sich verändern will. Eine gleichgeschlechtliche Beziehungs-Störung ist ein Indiz für eine Entwicklungsstörung; der Klient ist auf einer früheren Stufe bzw. Stufen seiner psychosexuellen, psychosozialen, psychospirituellen und psychologischen Entwicklung stehen geblieben. Folglich wird ein Großteil der Arbeit darin bestehen, diese Entwicklungsrückstände zu diagnostizieren und dem Klienten bei der Heilung von Wunden und der Beantwortung unerfüllt gebliebener Bedürfnisse zu helfen. Dazu sind Anleitung und positive Väterlichkeit und Mütterlichkeit unerlässlich.

Alle, die mit dem Klienten arbeiten, müssen 1. um das Wesen der homosexuellen Störung, 2. um die verschiedenen Heilungsphasen und 3. um die Notwendigkeit der Erledigung von Entwicklungsaufgaben in jeder dieser Phasen wissen. Hier werden die therapeutischen Werkzeuge und Techniken wichtig. Es ist wichtig, die vier Phasen in der richtigen Reihenfolge anzugehen, um sicher zu sein, dass der Klient keine Entwicklungsaufgaben auslässt. (Noch einmal: Es kann nötig sein, diesen strikten Ablauf zu verlassen, um ein Problem zu bearbeiten, das gerade zu Tage tritt. Aber im Gesamtverlauf der Therapie sollte die angegebene Reihenfolge eingehalten werden.)

Kurze Zusammenfassung der vier Heilungsphasen

Phase 1: Der Klient muss mit seinen homosexuellen Phantasien, mit homosexuellem Verhalten und Beziehungen aus der homosexuellen Welt aufhören und anfangen, ein gesundes Beziehungsnetz aufzubauen. Durch eine persönliche Gottesbeziehung stärkt er sein Selbstwertgefühl. Dies ist Verhaltenstherapie; unangemessenes Verhalten wird durch positive, gesunde Quellen von Liebe ersetzt.

Phase 2: Der Klient muss Fähigkeiten entwickeln, die es ihm ermöglichen, sich in seiner Haut wohl zu fühlen. Dies ist der kognitive Teil der Therapie. Der Klient lernt Kommunikationstechniken und Konfliktkompetenz, er durchläuft ein Selbstkompetenztraining und berichtigt falsches Denken. In dieser Phase beginnt er die Arbeit mit seinem inneren Kind und lernt seine Gefühle und Bedürfnisse kennen.

Wird diese Phase übergangen, wird der Klient wahrscheinlich die Behandlung aufgeben und/oder vollends in den homosexuellen Lebensstil gehen.

Phase 3: Der Klient muss seine gleichgeschlechtlichen Wunden erkennen und benennen, sie müssen heilen und er muss gesunde, nichterotische gleichgeschlechtliche Beziehungen einüben. Dies ist die psychodynamische Heilungsarbeit: der Klient lernt, Wunden aufzudecken, die Schmerzen und Verluste der Vergangenheit zu betrauern, zu vergeben und mit neuer Kraft weiterzuleben.

Phase 4: Der Klient muss andersgeschlechtliche Wunden erkennen und benennen, sie müssen heilen und er muss gesunde andersgeschlechtliche Beziehungen einüben. Er muss Frauen aus der Perspektive des Mannes bzw. sie muss Männer aus der Perspektive der Frau kennen lernen.

Ich werde immer wieder gefragt, wie lange dieser Prozess dauert. Das hängt von vielen Faktoren ab, auch davon, wie tief die Verletzung ist und davon, wie viel Zeit und Kraft der Betreffende in seine Heilung zu investieren bereit ist. Im Durchschnitt dauert eine Therapie ein bis drei Jahre.

Bevor ich jetzt die verschiedenen Werkzeuge und Techniken vorstelle, möchte ich noch eines klar machen: *Die in den verschiedenen Phasen zu benutzenden Werkzeuge und Techniken mögen sich verändern; die Aufgaben bleiben dieselben.* Wer in den seelischen Heilberufen tätig ist, weiß, dass wir immer dazulernen müssen, was das Verständnis intrapersonaler und interpersonaler Beziehungen sowie neuer Heilungsmethoden betrifft. Doch die Aufgaben, die jemand angehen muss, der aus der Homosexualität herauskommen will, werden immer dieselben sein, da es sich um eine Entwicklungsstörung handelt. Die Verletzung erfolgte auf eine bestimmte Weise und zu einer bestimmten Zeit im Leben des Klienten, und der Klient muss diese Wunden erkennen und benennen lernen, verstehen und sie müssen heilen. Diese Aufgaben bleiben bestehen, unabhängig davon, was die neuesten therapeutischen Techniken sein mögen.

Die erste Sitzung

Wenn ein Klient zu mir kommt und mir darlegt, wo ihn der Schuh drückt, frage ich ihn als Erstes: „Was sind Ihre Ziele für unsere Arbeit hier?" Oft ist sich der Hilfe Suchende überhaupt nicht klar über seine Ziele. Aber genau diese Frage muss er sich stellen, damit er darüber nachdenkt, was er will bzw. braucht und damit Klient und Therapeut eine klare Linie für ihre Arbeit haben.

Wenn der Klient und ich beschließen zusammenzuarbeiten, beginne ich mit einer gründlichen Ermittlung der Vorgeschichte. Dies dauert meist zwei bis drei Stunden, manchmal auch vier. Der Klient hat dabei Gelegenheit, mir aus seinem Leben zu erzählen, darunter vieles, was er vielleicht noch nie einem anderen Menschen gesagt hat. Der Therapeut / Helfer bekommt einen ersten Überblick über das Familiensystem und viele andere Faktoren, die der Klient auf dem Weg der Heilung angehen muss.

Gewöhnlich gebe ich dem Klienten nach der ersten Sitzung einen Fragebogen mit. Ich bitte ihn, jede Frage mit ein paar klar formulierten Sätzen zu beantworten sowie ein Genogramm, einen Familienstammbaum der letzten drei Generationen zu zeichnen: Großeltern väterlicher- und mütterlicherseits und deren Kinder, Eltern, Geschwister und (falls vorhanden) Familien der Geschwister (vgl. S. 139). Es ist sehr interessant, zu sehen, wie viel oder wie wenig der Klient über seine Großeltern weiß. Bereits dies kann einem sehr viel über den Zustand der Familienbande enthüllen.[1]

Der erste Fragebogen bezieht sich auf das Genogramm:

1. Bitte beschreiben Sie die Beziehung zwischen Ihrem Vater und seinem Vater, Ihrem Vater und seiner Mutter, Ihrem Vater und seinen Geschwistern (falls vorhanden) und Ihrem Vater und anderen wichtigen Personen in seiner Kindheit und Jugend.
2. Beschreiben Sie die Beziehung zwischen den Eltern Ihres Vaters – von der Vergangenheit bis heute.
3. Wo wohnte die Familie Ihres Vaters? Wo wuchs er auf?
4. Was war ihr ethnischer Hintergrund? Was ihr religiöser Hintergrund?

5. Beschreiben Sie die Beziehung zwischen Ihrer Mutter und deren Vater, Ihrer Mutter und deren Mutter, Ihrer Mutter und deren Geschwistern und sonstigen wichtigen Personen in der Kindheit und Jugend Ihrer Mutter.

6. Beschreiben Sie die Beziehung zwischen den Eltern Ihrer Mutter – von der Vergangenheit bis heute.

7. Wo wohnte die Familie Ihrer Mutter? Wo wuchs sie auf?

8. Was war ihr ethnischer Hintergrund? Was ihr religiöser Hintergrund?

9. Bitte beschreiben Sie wichtige Probleme oder Ereignisse auf der väterlichen wie der mütterlichen Seite Ihrer Familie, z.B. Krieg, Auswanderung, sexueller Missbrauch, körperliche Misshandlung, emotional-geistiger Missbrauch, Drogen-/Alkohol-/Sexsucht, Spielsucht, Essstörungen, sexuelle Probleme, schwere Depressionen, Scheidung, Selbstmord, Vergewaltigung, Mord, Diebstahl, Abtreibung, Homosexualität, Adoption, Umzug etc.

Der zweite Fragebogen betrifft die derzeitigen Familienbeziehungen:

1. Beschreiben Sie Ihre Beziehung zu Ihrem Vater – von der Vergangenheit (angefangen mit Ihren frühesten Erinnerungen) bis zur Gegenwart (derzeitige Beziehung).

2. Beschreiben Sie die Persönlichkeit Ihres Vaters – von der Vergangenheit bis heute.

3. Beschreiben Sie die Schulbildung, die beruflichen Tätigkeiten und die religiöse Geschichte Ihres Vaters.

4. Beschreiben Sie Ihre Beziehung zu Ihrer Mutter – von der Vergangenheit bis heute.

5. Beschreiben sie die Persönlichkeit Ihrer Mutter – von der Vergangenheit bis heute.

6. Beschreiben Sie die Schulbildung, die beruflichen Tätigkeiten und die religiöse Geschichte Ihrer Mutter.

7. Beschreiben Sie die Beziehung zwischen Ihrem Vater und Ihrer Mutter – von der Vergangenheit bis heute.

8. Beschreiben sie Ihre Beziehung zu Ihren etwa vorhandenen Geschwistern – von der Vergangenheit bis heute.

9. Beschreiben Sie die Persönlichkeiten Ihrer Geschwister.

10. Beschreiben Sie Ihre Beziehung zu etwa wichtigen anderen Personen innerhalb oder außerhalb Ihres Familiensystems, z.B Großmutter, Großvater, Onkel, Cousin, Nachbar, Stiefvater/-mutter.

11. Was für eine Rolle hatten Sie in dem Familiensystem? (z.B. Held, lieber Junge, Clown, Rebell, Ersatzehepartner, Goldkind, „großer Bruder", Einzelgänger, Sündenbock, Friedensstifter).

12. Beschreiben Sie Ihren Bildungsweg – schulische Leistungen und Verhältnis zu den Gleichaltrigen, von der Vergangenheit bis heute.

13. Beschreiben Sie Ihre sexuelle Geschichte – von Ihren frühesten Kindheitserinnerungen bis zur Gegenwart. Berücksichtigen Sie alles, was mit Sex und Sexualität zu tun hatte, innerhalb wie außerhalb der Familie. Wann haben Ihre homosexuellen Gefühle und Wünsche angefangen?

14. Beschreiben Sie Ihre sexuellen Phantasien – von der Vergangenheit bis heute. Wie haben sie sich im Laufe der Zeit verändert? Von was für Menschen fühlen Sie sich angezogen? Was für Eigenschaften (Körper, Persönlichkeit) haben diese? Zu was für Handlungen kommt es, und in welcher Umgebung?

15. Beschreiben Sie Ihre religiöse Geschichte – von der Vergangenheit bis heute.

16. Beschreiben Sie sich selber. Wie sehen Sie sich zur Zeit?

17. Nennen Sie sonstige wichtige Dinge aus Ihrem Leben oder Ihrer Familie, die von den obigen Fragen nicht abgedeckt werden, z.B. Gesundheit, Eheprobleme, außereheliche Affären, Berufsprobleme, Geldsorgen und frühere Behandlungen oder Therapie.

18. Bitte nennen Sie Ihre Ziele für die jetzige Therapie.

Einige Bemerkungen zu diesen Fragen:
Eines der Dinge, die bei der Ermittlung der Familiengeschichte ans Licht kommen können, ist die Abkoppelung zwischen den Generationen, so zwischen gleichgeschlechtlichem Elternteil und Kind, also zwischen Vater und Sohn bzw. Mutter und Tochter. Bei vielen meiner männlichen Klienten habe ich eine relativ schwache Vaterfigur und eine viel stärkere Mutterfigur gefunden. Dies führte den Jungen dazu, sich mehr mit dem Weiblichen, dem „stärkeren" Geschlecht im Familiensystem zu identifizieren.

Ein Klient sagte mir: „Ich wollte immer ein Mädchen sein, weil mein Vater meine Schwester mehr mochte als mich. Mich hat er immer nur kritisiert. Meine Mutter hatte mehr Spaß als er, sie sagte, was sie dachte und war liebevoller."

Es ist wichtig, dass der Klient sich über seine frühesten Kindheitserinnerungen äußert, weil sie der Nährboden für die homosexuelle Desorientierung sind. Achten Sie auf Gedächtnislücken; es liegen wichtige Informationen in diesen noch „weißen Flecken". Das Bewusstsein ist nicht imstande, Erinnerungen zu behalten, die zu schmerzlich sind. Die weißen Flecken werden in den Phasen 3 und 4 erneut aufzusuchen sein.

Beim Durchgehen der Freizeitaktivitäten im Schulalter höre ich sehr oft, dass der Klient sich „anders" fühlte als die Gleichaltrigen, nicht zu ihnen passte, sich minderwertig (oder besser als die anderen) vorkam. Die Ermittlung der sexuellen Phantasien ist sehr wichtig. Sie liefern wichtige Informationen, da sich unter ihnen die gleichgeschlechtlichen Wunden verstecken. Meist ist bei den Phantasien eine Entwicklung festzustellen. Manchmal beginnen sie mit dem bloßen Betrachten nackter Männer oder Frauen; später kommt es zu sexuellen Handlungen – zuerst als Beobachter, dann als Teilnehmer. Dies ist natürlich bei jedem Klienten anders und hängt ganz individuell davon ab, was der Betreffende in seinen homosexuellen Begegnungen sucht. Es hängt auch ab von der Intensität der defensiven Abkoppelung von den Eltern und vom Selbst.

Manche Klienten fühlen sich zu älteren Männern hingezogen; sie suchen vor allem den Vater. Manche Heranwachsende/Männer zieht es vor allem zu Gleichaltrigen; sie suchen in anderen Männern das, was sie bei sich selbst als Mangel empfinden. Die meisten zieht es zu muskulösen, starken, selbstbewussten Typen – lauter Eigenschaften, die sie selber am liebsten hätten. Manche wollen von den Männern, die sie bewundern, dominiert, umarmt, versorgt und väterlich geliebt werden. Wieder andere zieht es zu Jungen oder Teenagern hin, was verschiedenes bedeuten kann: 1. Nicht bewältigte seelische Traumata in dem entsprechenden Alter; 2. Unbeantwortet gebliebene Bedürfnisse von dieser Entwicklungsstufe; 3. Verbindungen zu irgendeiner Form von Missbrauch in diesem Alter (oft eine verdrängte Erinnerung an sexuellen Missbrauch).

Es ist wichtig zu sehen, dass sich hinter homosexuellen Phantasien grundlegende, unerfüllte gleichgeschlechtliche Liebesbedürfnisse oder die Angst vor Nähe zu jemandem vom anderen Geschlecht verbergen.

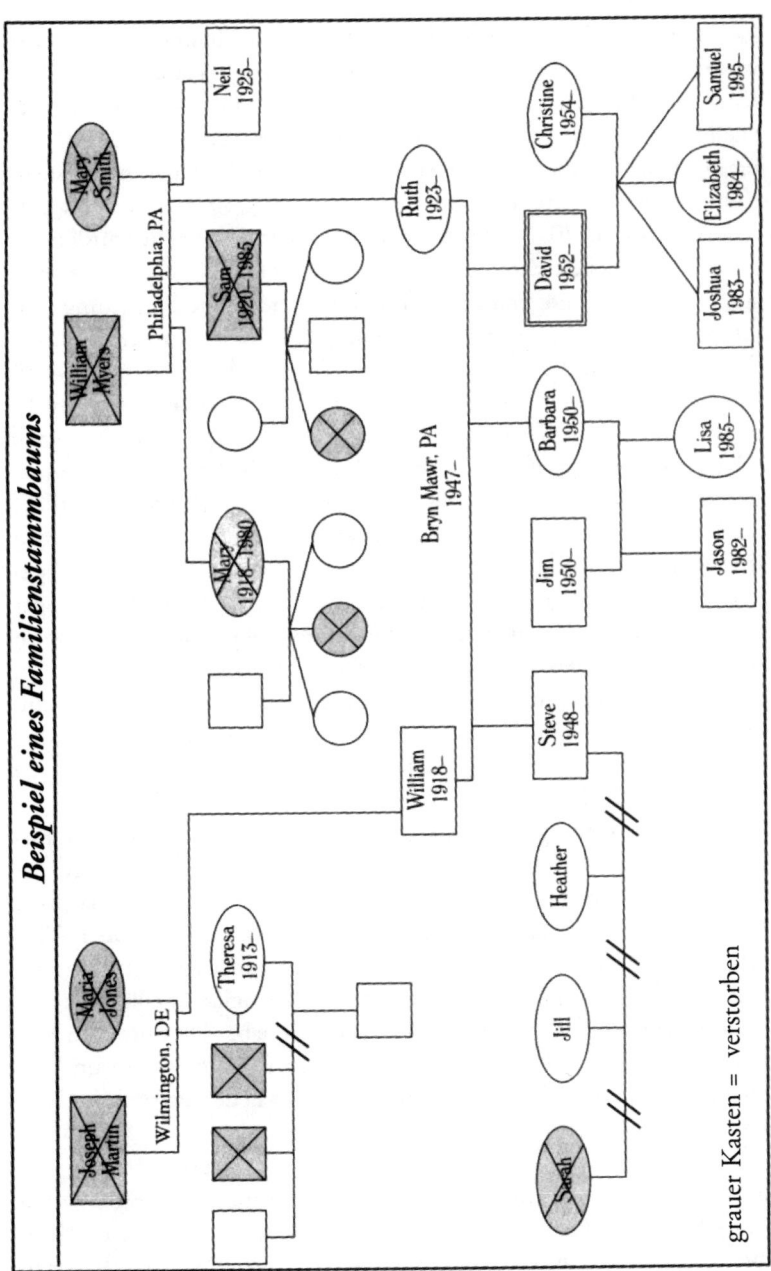

Beispiel eines Familienstammbaums

grauer Kasten = verstorben

© Richard Cohen, M.A., January 1999

Nach meinen Erfahrungen kann hinter diesen Phantasien auch eine verdrängte Wut auf einen oder beide Eltern liegen – eine Wut, die das Kind nicht zum Ausdruck bringen konnte und die nun die Gestalt sexueller Begierden angenommen hat. Wieder andere Klienten, die ihrer eigenen Geschlechtsidentität entfremdet sind, wollen heterosexuellen Männern beim Sex mit Frauen zuschauen; sie finden ihre verlorene Identität in den Männern, die sie selber gerne sein würden. Es gibt alle möglichen Varianten sexueller Phantasien, und es ist wichtig, sie so genau wie möglich zu ermitteln, um die tiefere Bedeutung hinter der gleichgeschlechtlichen Beziehungsstörung herauszufinden.

Wichtig ist auch die Rolle der Religion im Vorleben und gegenwärtigen Leben des Klienten. Oft gibt es hier Verletzungen durch Ablehnung und Diskriminierung bis zur „Verteufelung" in der eigenen Glaubensgemeinschaft. Ich kenne Horrorgeschichten von Klienten, die ihren Pastor um Hilfe baten und von ihm aufgefordert wurden, die Gemeinde zu verlassen. Andere hatten Angst, den anderen von ihrem inneren Kampf zu erzählen, weil sie dann nur als „Sünder" gebrandmarkt worden wären. Andererseits kann eine starke Abkoppelung von den Eltern auch zur Abkoppelung vom Glauben der Eltern führen. *Oppositionsverhalten ist ein Merkmal von Homosexualität.* Ein junger Klient sagte mir: „Ich wollte anders sein als mein Vater! Wenn er Country-Musik mochte, hörte ich Rock, wenn er Weiß wählte, wählte ich Schwarz. Das war meine Art, ihm zu signalisieren, dass ich ihn nicht mochte."

Nach der Ermittlung der Familiengeschichte erstelle ich eine Zusammenfassung jeder Beziehung und jedes Gebietes im Leben des Klienten, in der ich meine Beobachtungen und meine Meinungen darüber, wie diese Dinge die Entwicklung des Klienten beeinflusst haben, darlege. Wenn ich dem Klienten diese Auswertung vortrage, bitte ich ihn, mir zunächst zuzuhören und mich dann zu korrigieren, falls ich einen Fehler gemacht oder etwas falsch verstanden habe. Dies tut dem Klienten meist sehr gut, lernt er doch hier sein Familiensystem und die Weise, wie es sein Leben geprägt hat, aus einer neuen Perspektive kennen.

Nach dieser Auswertung erläutere ich die vier Phasen der Heilung und gebe dem Klienten einen Behandlungsplan bzw. eine Wegbeschreibung für seinen Heilungsprozess. Darauf beginnen wir unsere Arbeit. Wenn der Klient in der ersten Sitzung oder Sitzungen innerlich sehr aufgewühlt ist, geben Sie ihm bitte Zeit, seine Gedanken und Gefühle zum Ausdruck zu bringen, bevor Sie die Familiengeschichte erstellen. Möglicherweise sind Sie der erste Mensch in seinem Leben, bei dem er seinen Schmerz und seine Frustrationen zeigen kann. Der Therapeut muss dem Klienten einen geschützten Raum anbieten, in dem er sich aussprechen kann, ohne verurteilt zu werden.

Fragen an potentielle Therapeuten

Nemo Dat Quod Non Habet – Man kann nicht geben, was man nicht hat.

Oft bitten Klienten mich, sie an einen näher zu ihrem Wohnort liegenden Therapeuten zu überweisen. Viele wissen aber nicht, worauf sie bei der Wahl des Therapeuten zu achten bzw. welche Fragen sie ihm zu stellen haben.

Als potentieller Klient müssen Sie sich darüber im Klaren sein, dass Sie Ihre Seele einem Fremden öffnen wollen. Vergewissern Sie sich also, ob die „Chemie" zwischen Ihnen stimmt und was der Therapeut Ihnen an Ausbildung und Fertigkeiten bieten kann. Hier einige Fragen, die Sie ihm stellen können:

- Welche Ausbildung haben Sie in Bezug auf eine Therapie zur Veränderung der homosexuellen Orientierung?
- Welche Methoden benutzen Sie? Können Sie sie mir für einen Laien verständlich darstellen? (Ich empfehle Ihnen, sich einen Therapeuten zu suchen, der nicht starr auf eine Therapieform festgelegt ist, sondern viele Formen gut beherrscht.)
- Haben Sie schon häufiger mit Menschen gearbeitet, die aus der Homosexualität aussteigen wollten?
- Wie häufig wurde dabei ein dauerhafter Erfolg erzielt?
- Glauben Sie an Gott? (Falls Ihnen dies wichtig ist, auch: „Was für eine Religion haben Sie?")
- Sind Sie selbst durch einen persönlichen Heilungs- und Reifungsprozess hindurchgegangen?

Es kann sein, dass der Therapeut sich durch die letzte Frage angegriffen fühlt: „Wieso unterstehen Sie sich, mich über mein persönliches Leben zu befragen?" Aber Sie sind der Kunde, der viel Geld und Zeit

in diese Therapie investieren wird! Sie werden Ihr Geld kaum jemandem geben wollen, der sein eigenes Haus noch nicht in Ordnung gebracht hat. *Heilung ist eine Reise, nicht ein Ziel.* Wir sind alle unterwegs, irgendwo auf dem Weg zu unserem Ziel. Ein Therapeut kann
Sie nur so weit mitnehmen, wie er selbst gegangen ist.

Der Therapeut braucht nicht selbst eine homosexuelle Vergangenheit
zu haben. Aber er muss seine eigenen Probleme durchgearbeitet haben. Der beste Mentor ist jemand, der in seinem persönlichen Leben
gekämpft und gesiegt hat – sonst redet er nur aus dem Kopf, nicht aus
dem Herzen und seiner eigenen Erfahrung. Nur wer selbst im Kampf
stand und gesiegt hat, kann ein guter Lehrer im Kämpfen sein.

Werkzeuge und Techniken

Die folgende Liste gibt einen Überblick über Hilfsmittel, die sich im
gesamten Veränderungs- und Heilungsprozess als hilfreich erweisen
können.

1. *Systemische Familientherapie:* Die Familiengeschichte ermitteln,
    das größere Bild sehen – wie der Einzelne sich zu dem gesamten
    Familiensystem verhält und von ihm beeinflusst wird.
2. *Bibliotherapie:* Studium der einschlägigen Literatur durch den
    Klienten, z.B. Bücher über Ursachen gleichgeschlechtlicher
    Neigungen, über Heilung von Homosexualität, sexuellen Miss-
    brauch, sexuelle Süchte, Probleme im Heilungsprozess.
3. *Schulung:* Der Klient bekommt Unterstützung beim Aufbau
    eines Beziehungsnetzes und Anleitung für die Ausbildung von
    sozialen und kommunikativen Fähigkeiten, Selbstkompetenz,
    Informationen über Mann-Frau-Unterschiede und Problem-
    lösungstechniken / Konfliktkompetenz.
4. *Kognitive Therapie:* Es ist wichtig, falsches Denken und negative
    Einreden zu verstehen und neue Fähigkeiten zur Korrektur von
    Fehlwahrnehmungen zu erlernen.
5. *Meditation und Bestätigung:* Ich halte meine Klienten an, täglich
    zu meditieren, kreative Visualisierung zu benutzen und Bestäti-
    gung zu finden. All dies hilft zum Aufbau von Selbstachtung,
    zum inneren Wachstum und zum Erreichen von Zielen.

6. *Heilung des inneren Kindes:* Ich gebe dem Klienten zahlreiche Hausaufgaben, die ihm helfen sollen, in Kontakt mit seinem inneren Kind, seiner Seele zu kommen und zu lernen, seine früheren und derzeitigen Gedanken, Gefühle und Bedürfnisse zu identifizieren.

7. *Bio-Energetik und Core Energetik:* Durch therapeutische Arbeit mit dem Körper soll der Klient lernen, seine Aggressionen auf gesunde Weise auszudrücken, aufgestaute körperliche Spannungen und Schmerzen abzubauen, zu seinen tieferen Emotionen und Bedürfnissen vorzudringen und mehr in seinem eigenen Körper verankert zu sein.

8. *Rollenspiel/Gestalttherapie:* In Rollenspielen und ähnlichen Prozessen spricht der Klient mit Eltern, Geschwistern, Tätern, sich selbst und sonstigen Personen, die ihn verletzt haben.

9. *Psychodrama:* Wird in Gruppensitzungen benutzt und stellt das Familiensystem oder eine andere Situation, die dem Klienten wehtat, nach. Hier kann er die damalige Erfahrung wieder erleben und dadurch verdrängte Gefühle hochkommen lassen.

10. *Heilung der Erinnerungen; neurolinguistisches Programmieren:* Hierbei geht es darum, sich in Erinnerungen zurückzubegeben, das Geschehen erneut zu erleben, es in einem neuen Zusammenhang zu sehen und die Wunde heil werden zu lassen. Dies hilft dem Klienten, von dem Problem Abstand zu gewinnen und sich mit der Lösung zu verbünden.

11. *Familienkonstellation:* Basiert auf der Arbeit von Bert Hellinger. Der Klient entwickelt im Rahmen einer Gruppe eine Familienkonstellation, um die verborgene „Symmetrie der Liebe" zu entdecken. Die Konstellation kann u.a. (aber nicht nur) aus direkten Familienmitgliedern, Personen aus der Abstammungslinie und anderen bestehen, die Einfluss auf Beziehungen und Liebesentscheidungen gehabt haben.

12. *Mentoring:* Das Mentoring-Modell hilft dem Klienten, unbeantwortete gleichgeschlechtliche und andersgeschlechtliche Bedürfnisse nach Liebe und Annahme zu beantworten. Durch das Mentoring wird ein sicheres Zugehörigkeitsgefühl entwickelt und Liebe wiederhergestellt.

13. *Halte-Therapie/Haltende Umarmung:* Dies ist eine Methode für die Arbeit mit Paaren, Eltern, Kindern, Geschwistern und ande-

ren Verwandten. Durch die haltende Umarmung mit Familienmitgliedern können beim Klienten vergangene Wunden heilwerden und gesunde Beziehungen geschaffen bzw. wiederhergestellt
werden.

14. *Stimmen-Dialog (Voice dialogue):* Eine Methode, um die innerlich
gespeicherte Familie abzurufen oder auch Anteile der eigenen
Person. Auch sehr gut zur Wiederentdeckung verlorener oder ge-
leugneter Teile der Person.

15. *Bewegung und Sport:* Für viele Männer sind Sport und Bewegung
ein sehr schmerzliches Thema. Die Teilnahme an Gruppensport
wirkt heilsam und ist ein wichtiger Teil der Sozialisation.

16. *Therapeutische Massage:* Kann verdrängte seelische Wunden im
Körper freisetzen und mehr Heilung und Offenheit bringen.

17. *Schulung in Verhalten und Gestik:* Es ist wichtig, Männern zu einem mehr männlichen, Frauen zu einem mehr weiblichen Verhalten zu verhelfen.

18. *Vereinbarungen treffen:* Für viele, die aus der Homosexualität heraus wollen, ist Disziplin ein Problem. Vereinbarungen über
„Hausarbeiten" und andere Aufgaben sind sehr nützlich. Es ist
wichtig, den Klienten für die Einhaltung zur Verantwortung zu
ziehen.

19. *Freundschaften:* Das Eingehen gesunder gleichgeschlechtlicher
Freundschaften ist sehr wichtig für die Heilung von Homosexualität.

20. *Transaktionsanalyse:* Dies ist eine Persönlichkeitstheorie, in der
im Wesentlichen drei Ich-Zustände als Struktur-Diagramm einer
Persönlichkeit vorgestellt werden: Erwachsenen-Ich, Eltern-Ich,
Kind-Ich.

21. *Tagebuch:* Gedanken, Gefühle und Erfahrungen zu Papier bringen als Mittel, sich selbst und den Prozess der Heilung besser zu
verstehen.

22. *Sitzungsprotokolle:* Für viele meiner Klienten hat sich das Auf-
zeichnen ihrer Therapiesitzungen als hilfreich erwiesen. Sie können dann zu Hause (oder unterwegs im Auto) in aller Ruhe die
gelernten Lektionen und Fähigkeiten sowie Wege zur Heilung
ihrer inneren Wunden noch einmal durchgehen. (Es muss klar
sein, dass nur der Klient diese Aufzeichnungen in die Hände bekommt!)

Die vier Bereiche der Veränderung

Ich werde jede der Heilungsphasen in die vier Bereiche der Heilung und Veränderung aufteilen: Denken, Fühlen, Körper, Seele (siehe das Übersichtsdiagramm „Therapeutische Werkzeuge und Techniken"):

Denken: Der Klient muss sich selber neu konstituieren und ein positives Selbstbild schaffen. Durch ungesunde Beziehungen in der Vergangenheit ist es bei ihm zu Negativgedanken über sich selbst und andere gekommen. Der Klient muss negative Denkmuster identifizieren lernen und durch positive Gedanken und Einstellungen zu sich selbst und anderen ersetzen. Er muss positive, selbstbewusste Verhaltensmuster einüben und es lernen, in allen seinen Beziehungen auszudrücken, was er denkt, fühlt und braucht.

Fühlen: Die Wunden der Vergangenheit müssen verheilen. Was man nicht fühlt, kann aber nicht heilen. Der Klient muss die Ursachen seiner gegenwärtigen Schwierigkeiten erkennen, benennen und offen legen. Er muss Trauerarbeit an den Wunden der Vergangenheit leisten. Die tieferen, schwereren Wunden können nur in der Gegenwart und mit der liebenden Unterstützung anderer Menschen heilen. Ein wichtiger Teil dieses Prozesses ist auch die Vergebung. Wenn das Trauern erst einmal erfolgt ist, ist der Weg zur Vergebung offen, weil ein Verständnis dafür gewachsen ist, dass wir alle Zerbrochenheiten in uns tragen. Der Klient muss lernen, sich selbst, anderen und – oft genug auch – Gott zu vergeben. Oft schiebt das innere Kind Gott die Schuld an dem geschehenen Missbrauch/Vernachlässigung zu. Wenn der Betreffende nicht vergibt, gibt er damit seinem Schmerz nur neue Energie und überträgt das auf andere. Und schließlich muss er lernen, seinen Teil Verantwortung für das Drama der Vergangenheit zu übernehmen, indem er die Verzerrungen und Fehlinterpretationen benennt, die zu seiner Abkoppelung von seinen primären Bezugspersonen führten.

Körper: Unverzichtbar für die Heilung ist auch, dass der Klient seine Männlichkeit und (verloren gegangene) Geschlechtsidentität positiv erfährt. Dies kann unterstützt werden durch regelmäßige Bewegung, richtige Ernährung und Teilnahme an sportlichen und anderen gleich-

Therapeutische Werkzeuge und Techniken

	Phase I	Phase II
Denken	Bibliotherapie Schulung Verhaltenstherapie	Kognitive Therapie Kommunikationstechniken Problemlösungstechniken/ Konfliktkompetenz
Fühlen	Gute Beziehungen: Klient/Helfer Beziehungsnetz aufbauen	Heilung des inneren Kindes Drei Phasen der Heilung des inneren Kindes Beziehungsnetz
Körper	Bewegung / Ernährung Sport / Spaß / gleichgeschlechtliche Aktivitäten	Bewegung / Ernährung / Sport / Spaß / Bioenergetik / Atemübungen / therapeutische Massage
Seele	Selbstwertgefühl aufbauen / Sich als bei Gott wertvoll erfahren Meditation / Gebet / Bestätigung / geistliche Texte / Gemeinde /	Selbstwertgefühl aufbauen Sich als bei Gott wertvoll erfahren Meditation / Gebet / Bestätigung / geistliche Texte / Gemeinde /

	Phase III	Phase IV
Denken	Ursachen gleichge-schlechtlicher Wunden verstehen	Ursachen andersgeschlecht-licher Wunden verstehen Unterschiede Männer/ Frauen kennen lernen Beziehungen in der Ehe
Fühlen	Trauern / Vergeben / Verantwortung übernehmen Techniken: Heilung der Erinnerungen Stimmendialog Rollenspiel / Psychodrama Haltende Umarmung Mentoring / Inneres Kind Beziehungsnetz	Trauern / Vergeben Verantwortung übernehmen / Techniken: Heilung der Erinnerungen Stimmendialog Rollenspiel / Psychodrama Haltende Umarmung Mentoring / Inneres Kind Beziehungsnetz
Körper	Bewegung / Ernährung Sport / Spaß Bioenergetik Atemübungen therapeutische Massage	Bewegung / Ernährung Sport / Spaß Verhaltensschulung Bioenergetik Atemübungen therapeutische Massage
Seele	Selbstwertgefühl aufbauen Sich als bei Gott wertvoll erfahren Meditation / Gebet Bestätigung / geistliche Texte Gemeinde	Selbstwertgefühl aufbauen Sich als bei Gott wertvoll erfahren Meditation / Gebet / Bestätigung / geistliche Texte Gemeinde

geschlechtlichen gemeinsamen Aktivitäten. Das verwundete eigene Körperbild muss heilen können. Er muss auch lernen, dass unbeantwortete Bedürfnisse nach Liebe und Annahme in gesunden, heilsamen, liebevollen, nichtsexuellen Beziehungen mit Menschen vom gleichen und vom anderen Geschlecht eine Antwort finden können. Dies ist möglich durch Abkoppeln vom alten Lebensstil und Aufbau eines neuen Beziehungsnetzes. Der Klient findet Menschen, die auf dem gleichen Weg sind wie er, und geht neue Freundschaften ein. Auf diese Weise beantwortet er gleichgeschlechtliche Bedürfnisse und erfährt eine Vertrautheit in seiner Geschlechtsidentität, und schließlich kommen heterosexuelle Neigungen auf.

Seele: Der Klient muss erfahren, dass er als Mensch wertvoll und geliebt ist. Wenn die Begleitung durch Menschen dies ermöglicht, ist das sehr gut. Aber menschliche Liebe ist begrenzt. Die eigentliche Quelle, aus der dieser Durst nach Angenommensein gestillt wird, ist Gott. Wenn ein Klient zu einer persönlichen Gottesbeziehung findet, ist dies der Ort, an dem er ein umfassendes Angenommensein erfährt. Im Glauben an Gott erfährt er, dass er wertvoll ist, weil er als der Mensch, der er ist, gewollt und geliebt ist. Damit gewinnt er auch eine neue Basis für sein Selbstverständnis. Er gründet seine Identität nicht mehr auf seine Sexualität, sondern darauf, dass er ein von Gott bejahter Mensch ist, dass er als ganzer Mensch angenommen und nicht wegen seiner Leistungen geliebt ist. Wer sich darauf einlässt, die Liebe Gottes in Jesus Christus zu entdecken, findet eine Quelle der seelischen Heilung. Deshalb ermutige ich meine Klienten zu Meditation und Gebet, ich empfehle ihnen, geistlich aufbauende Literatur zu lesen – all dies wirkt zusammen zu einer Bestätigung der Person.

Jetzt komme ich zu den einzelnen Heilungsphasen und den verschiedenen Werkzeugen und Techniken:

Therapeutische Werkzeuge und Techniken
Phase I: Übergang

Denken	Bibliotherapie Schulung Verhaltenstherapie
Fühlen	Gutes Verhältnis zum Mentor Gute Beziehung Klient/Helfer Beziehungsnetz aufbauen
Körper	Bewegung/Ernährung/Sport/Spaß/ gleichgeschlechtliche Aktivitäten
Seele	Selbstwertgefühl aufbauen Sich als bei Gott wertvoll erfahren Meditation / Gebet / Bestätigung / geistliche Texte / Gemeinde

© Richard Cohen, M.A., Januar 1999

Phase I: Übergang

1. Aufhören mit bisherigen sexuellen Verhaltensweisen
2. Aufbau eines Beziehungsnetzes
3. Aufbau des Selbstwertgefühls; Erfahrung des Wertvoll-Seins in der Beziehung zu Gott

Denken
Bibliotherapie
Der Klient muss die Ursachen gleichgeschlechtlicher Neigungen und den Heilungsprozess verstehen lernen. Ich lasse ihn daher Bücher über Entstehung und Veränderung lesen.*

---

* Für Männer empfehle ich u.a.: Joseph Nicolosi, Reparative Therapy of Male Homosexuality und: Homosexualität muss kein Schicksal sein; Elizabeth Moberly, Homosexuality: A New Christian Ethic; Christoper Austin, Cleaning Out the Closet. Für Frauen: Elaine V. Siegel, Weibliche Homosexualität; Jeanette Howard, Out of Egypt.

Schulung

Der Helfer (Berater, Therapeut, Pastor, Rabbi) muss dem Klienten helfen, Entstehungsursachen und Heilungsprozess besser zu verstehen. Er muss daher selbst Bücher lesen, um sich entsprechend kundig zu machen.

Verhaltenstherapie

Es ist unbedingt erforderlich, dass der Klient Schluss macht mit „Spielplätzen", „Spielgefährten" und „Spielsachen" aus der homosexuellen Umgebung und entsprechende Orte und Personen nicht mehr aufsucht. Er darf auch keine homosexuelle Literatur oder Pornografie oder sonstige Dinge kaufen, die homosexuelle Gedanken und Phantasien stimulieren.

Solange der Klient nicht „abstinent" ist, wird sich seine Selbstwahrnehmung, das Wahrnehmen seiner Gefühle kaum ändern können. Die homosexuellen Aktivitäten und Phantasien entfremden ihn ja von ihm selbst, seinen (negativen) Gefühlen, Gedanken und seinen tieferliegenden Bedürfnissen. Es kann sein, dass die Abstinenz von gleichgeschlechtlichen Aktivitäten ihm sehr schwer fällt, aber es geht hier nicht um eine „Bestrafung", also darum, dass er etwas nicht darf, sondern darum, ihm zu helfen, den Kontakt zu sich selbst und seiner Seele zurückzuerlangen. Falls er sexuell aktiv war, wird dies nicht einfach sein. Darum ist ein starkes Beziehungsnetz so ungeheuer wichtig.

Um seinen Klienten beim Aufbau gesunder Verhaltensmuster zu helfen, benutzt Christopher Austin einen „Bewertungsbogen", den der Klient jeden Tag ausfüllt. Austin erläutert dazu:

„Der tägliche Bewertungsbogen ist ein Hilfsmittel, Ihr Leben zu verändern; er erinnert Sie daran, in der laufenden Woche Ihre Arbeit für Veränderung und Heilung zu tun. Das Ausfüllen dieses Bogens hilft Ihnen, Rechenschaft abzulegen. Dies ist eines der wertvollsten Werkzeuge, um positive Änderungen in Ihrem Leben herbeizuführen.

Kein Koffein. Das Ziel besteht darin, ganz auf Koffein zu verzichten. Koffein kann selbst in kleinen Mengen Angst, Zorn und Unruhe steigern und dysfunktionales Denken verstärken. Ein guter Ersatz ist schlichtes Wasser. Ärzte empfehlen eine tägliche Zufuhr von mindestens zwei Litern Wasser. Wasser ist die natürliche Spülung des Körpers und versorgt ihn mit der nötigen Flüssigkeit.

Gesund essen. Das Ziel des Essens sollte sein, dem Körper Energie für seine Funktionen zu liefern. Ungesundes Essen kann zu Müdigkeit und allgemeiner Erschöpfung führen sowie zu vermehrtem Körperfett mit entsprechend größerem Risiko von Herzkrankheiten, Schlaganfall und sonstigen Leiden. Fünf bis sechs kleinere, ausgewogene Mahlzeiten pro Tag werden empfohlen.

Schlaf. Sorgen Sie dafür, dass Sie pro Tag acht Stunden Schlaf bekommen.

Bewegung. Hier sind die Ziele Stärkung von Ausdauer, Stressbewältigung und Verbrennen überschüssiger Kalorien. Ich empfehle täglich 30 Minuten aerobische Bewegung (Gehen, Jogging, Aerobik, Radfahren, Schwimmen, Dauerlauf) sowie mindestens zweimal die Woche je 30 Minuten anaerobische Tätigkeiten (Gewichtheben, Muskeltraining).

Gebet. Das Gebet ist Ihre Tür zu Gott. Indem Sie ihn in Ihr Leben hinein bitten, geben Sie Ihrem Glauben, Vertrauen und der Hoffnung Ausdruck, dass Gott Ihr Leben in die Hand nimmt, damit Sie das nicht alleine tun müssen. Im Gebet bringen Sie Ihre Dankbarkeit zum Ausdruck und legen Gott Ihre Sorgen hin. Ich empfehle mindestens 5 – 15 Minuten täglich.

Dankbarkeit. Ihr Ziel besteht darin, die schönen Dinge in Ihrem Leben sehen zu lernen. Dankbarkeit hilft Ihnen, sich wohler und zufriedener zu fühlen, unabhängig davon, wie Ihre äußeren Umstände gerade sind. Es gilt, ein Auge für all die selbstverständlichen ‚kleinen Dinge' zu bekommen, z.B.: Luft ist im Reifen, Auto startet, Benzin ist im Tank, Urinausscheidung klappt, Gesundheit, schmackhaftes Essen, schöne Landschaft, lustige Reklametafeln, sinnvolle Beziehungen zu Mitmenschen, schöne Musik, bequeme Möbel, Arbeitsplatz, Freunde, Verwandte, Haustiere. Das Fernziel ist, unabhängig von den äußeren Umständen dankbar zu sein. Wenn Krankheit, Tod oder Katastrophen kommen (und sie werden kommen!), verstärkt man mit Negativreaktionen ihr schädliches Potenzial nur noch.

Betrachten Sie die Schlaglöcher des Lebens als Teil Ihres Wachsens und als Gelegenheiten, wertvolle Lektionen zu lernen. Prüfungen und Anfechtungen fördern Ihren Mut, Charakter, Geduld, Beharrlichkeit und Kraft. Ich empfehle 50 bis 500 Dankbarkeitsaugenblicke jeden Tag.

Täglicher Bewertungsbogen

Name   Woche

Haben Sie Ihre Hausaufgaben erledigt?   Ja   Nein

Geben Sie sich jeden Tag eine Note (von 1 = sehr bescheiden bis 10 = super), in den folgenden Kategorien:

Tägliche Aufgaben	Mo	Di	Mi	Do	Fr	Sa	So
Kein Koffein							
Gesund essen							
Schlaf							
Bewegung							
Gebet							
Dankbarkeit							
In der Bibel/anderen geistlichen Texten lesen							
Meditation							
Visualisierung (von Zielen)							
Tagebuch							
Rechenschaft/ Beichte							
Gesunde Risiken eingehen							
Gefühle ausdrücken							

Tägliche Aufgaben	Mo	Di	Mi	Do	Fr	Sa	So
Offenheit							
Ehrlichkeit							
Dienen/Geben							
Geselligkeit							
Erholung							
Sexuelle Reinheit							
Keine homosexuelle Erregung							
Andere Aufgaben							

Was waren Ihre persönlichen Ziele für diese Woche?

Was hat Ihnen in der vergangenen Woche am meisten geholfen?

Was haben Sie in dieser Woche über sich selbst gelernt, das Ihnen bei Ihrer Heilung weiterhelfen wird?

Was waren in dieser Woche Ihre Stärken?

Bibellektüre, geistliche Literatur. Es ist sehr wichtig, dass wir in unserem Leben Positivbotschaften bekommen, vor allem wenn in unserer Kindheit Negativbotschaften vorherrschten. Durch das Lesen guter geistlicher Texte bekommen Sie neue Botschaften über Ihren Wert, Hoffnung für die Zukunft, neue Ziele, können Gefühle besser angehen und Ihre Beziehung zu Gott besser verstehen. Ich empfehle mindestens 5 – 15 Minuten täglich.

Meditation/Entspannung. Meditation ist ein inneres Sich-Sammeln und Nachdenken, um Gottes Willen zu erkennen, aber auch um neue Botschaften über meinen Wert entgegenzunehmen. Täglich eingeübte Entspannung kann Stress und Alltagsängste vermindern. Ich empfehle mindestens 5 – 15 Minuten täglich.

Visualisierung. Niemand kann an einen Ort gehen, den er nicht innerlich vor sich sehen kann. Visualisierung hilft Ihnen, sich mit Zielen vertraut zu machen, bevor Sie sie erreicht haben. Verwenden Sie mindestens 5 Minuten pro Tag darauf, sich positive Folgen der Erreichung Ihrer Ziele im Heilungsprozess vorzustellen.

Tagebuch. Ein Tagebuch hilft Ihnen, Ihre Gefühle zu verarbeiten, bevor Sie sie gegenüber anderen Menschen äußern (vgl. auch die Einführung in das Tagebuch-Schreiben in Leanne Paynes Buch „Ich will dich hören, Herr"). Ich empfehle Ihnen, mindestens 5 – 15 Minuten täglich zu schreiben.

Rechenschaft/Beichte hilft Ihnen, auf dem Weg der Heilung zu bleiben. Suchen Sie sich zwei oder drei Freunde, denen Sie regelmäßig berichten können, ob Sie in der letzten Zeit gesund gelebt haben oder sexuelle Eskapaden hatten. Gehen Sie abwechselnd zu dem einen, dann zu dem anderen usw. (Nur *einen* Gesprächspartner zu haben, kann zu emotionaler Abhängigkeit führen.) Berichten Sie diesen Freunden, wie es mit den Aufgaben in dieser Liste klappt.

Gesunde Risiken eingehen. Angst schmälert die Lebensfreude. Um Ängste zu überwinden, müssen Sie Risiken eingehen. Das ist notwendig, wenn Sie Ihr Leben voll leben wollen. Tun Sie jeden Tag etwas in dieser Richtung.

Gefühle ausdrücken. Das offene Ausdrücken von Gefühls-Reaktionen ist gesund. Dazu gehören: laut lachen, weinen, lautes Anfeuern bei Sportwettkämpfen und andere Gefühlsäußerungen.

Dienen/Geben. Es hilft uns, aus unserem Schneckenhaus herauszukommen, wenn wir ‚einfach so' freundlich, hilfreich oder großzügig zu anderen Menschen sind. ‚Liebe deinen Nächsten‘ ist das zweitgrößte Gebot und unverzichtbar für unsere geistliche und geistige Gesundheit. Ich empfehle zwei bis sechs ‚gute Taten‘ täglich.

Geselligkeit. Das Reden ‚über den Gartenzaun‘ hilft uns, in Kontakt mit unserer Umgebung zu bleiben. Es geht hier um das Plaudern über die einfachen Dinge des Lebens, z.B.: ‚Wo sind Sie letztes Wochenende hingefahren?‘, oder: ‚Wie geht's mit dem neuen Projekt in der Firma?‘ Dies ist eine andere Art Begegnung als die mit den begleitenden Freunden. Ich empfehle ein bis zwei solcher Begegnungen täglich.

Erholung. Abschalten und mal Pause machen ist lebenswichtig. Hobbys und Aktivitäten helfen uns, mit Alltagsstress fertig zu werden und körperlich und innerlich neu aufzutanken. Tägliche Erholung ist unbedingt notwendig, um fähig zu werden, mit den Herausforderungen des Lebens umzugehen. Ich empfehle 30 – 90 Minuten täglich.

Sexuelle Reinheit. Jeder Mensch legt seine eigenen Grenzen fest, welche sexuellen Gedanken oder Handlungen gesund und welche tabu sind. Prüfen Sie, wie gut Sie Ihre Grenzen eingehalten haben.“

Weitere Erläuterungen zum täglichen Bewertungsbogen
Die Entwicklung gesunder Beziehungen ist ein entscheidender Faktor. Wer einen Weg aus der Homosexualität gehen will, braucht mindestens vier solide Beziehungsformen zu anderen Männern: 1. einen Mentor, der ihn in die Welt der Männer einführen kann; 2. einen Weggefährten, der ebenfalls zur Heilung unterwegs ist; 3. einen Freund, der sich als Mann in seiner Geschlechtsidentität wohlfühlt, der ihm helfen kann und von seinem inneren Kampf weiß; 4. einen Freund mit sicher verankerter Geschlechtsidentität, der ihm helfen kann, aber nichts von seinen Kämpfen weiß. Diesen und anderen Männern ist er rechenschaftspflichtig bezüglich seiner Ziele. Sie stehen ihm helfend und liebevoll zur Seite. Indem er es lernt, offen und ehrlich zu werden, wird er besser mit seinen tieferen Gefühlen, Gedanken und verdeckten Bedürfnissen in Berührung kommen und Veränderung und Heilung können eintreten.

Wichtig ist, dass der Klient nicht nur nimmt, sondern auch gibt. Durch Geben erlebt er, dass er selbst etwas in die Gemeinschaft einbringen kann. Gott hat ihm viele verschiedene Gaben gegeben. Diese Gaben zu entdecken und sie für andere einzusetzen bringt positive Energie und positive Rückmeldungen in sein Leben.

Genauso wichtig wie die anderen Teile des Heilungsprogramms sind Spaß und Spiel. Der große Kinderpsychologe Piaget sagte, dass die Entwicklungsaufgabe der Kindheit das Spielen ist. Wenn wir nicht mehr spielen können, verlieren wir unser kindliches Wesen. Und in dieser so schnelllebigen und stressigen Welt ist es entscheidend, sich einmal Zeit zu nehmen, um den Rosenduft wahrzunehmen, die Rosen zu bewundern und mit ihnen zu spielen.

Sexuelle Reinheit ist aus mehreren Gründen wichtig: 1. Treue zu dem religiösen Glauben, den man selber hat; 2. kein Übernehmen der Energie einer anderen Person; 3. keine Geschlechtskrankheiten; 4. Sex nicht zur Betäubung unangenehmer Gefühle einsetzen; 5. Lernen, sich auf eine positive Weise um sich selbst zu kümmern. Sex mit sich selber oder mit anderen Männern dient meistens zur Verschleierung unverarbeiteter Gefühle und Gedanken und unbeantworteter Bedürfnisse nach echter Nähe. Der Klient muss lernen, sich offen auszudrücken, und seine Bedürfnisse nach Liebe und Zuwendung müssen in gesunden gleichgeschlechtlichen Beziehungen eine Antwort finden.

Homosexuelle Erregung: Diese Kategorie deckt sexuelle Phantasien und physische Empfänglichkeit für andere Männer ab. Der Klient lernt den Zusammenhang zwischen seiner sexuellen Reaktion und seinem inneren seelischen Zustand kennen. Es geht hier letztlich um das bereits erwähnte HALT-Programm: **H**unger, **A**ggressionen, **L**eere und Einsamkeit, **T**odmüde und Stress. Möglicherweise fühlt er sich auch zu solchen Männern hingezogen, die Eigenschaften haben, die er bei sich selbst vermisst. Oft zieht es einen Mann mit gleichgeschlechtlichen Neigungen zu jemandem hin, der ihm körperlich oder in seiner Persönlichkeit ähnlich ist. Seine eigene Schönheit und Selbstwert erkennen kann er nicht; folglich vergöttert er einen anderen Mann, um doch seinen eigenen Körper und seine eigene Seele wiederzugewinnen. Das Einüben von gesunden Verhaltensweisen setzt ihn in Stand, sich allmählich mit sich selber wohl und wertvoll zu fühlen, so dass er keinen anderen Mann mehr braucht, um „ganz" zu werden.

Wenn der Klient sich diese lange Liste anschaut, ist er natürlich versucht, zu sagen: „Wie soll ich denn das alles schaffen? Da hab ich doch gar keine Chance!" Ja, es gibt viel zu tun. Und die beste Methode, diese Aufgaben anzupacken, ist, sich eine nach der anderen vorzunehmen. Benjamin Franklin schrieb einmal eine Liste von Eigenschaften auf, die er gerne in seinen Charakter einbauen wollte. Auch er war von der Länge der Liste schier erschlagen. Also sagte er sich: „Eins nach dem anderen. Ich fange einfach mit der wichtigsten Eigenschaft an." Was er auch tat. Als er dieses erste Ziel erreicht hatte, ging er zum nächsten über. So verhält es sich auch mit dem täglichen Bewertungsbogen. Fangen Sie mit wenigen Punkten an, die Sie bewältigen können, anstatt alles auf einmal zu versuchen und jämmerlich zu scheitern. Machen Sie einen Schritt nach dem anderen und bauen Sie so ein solides Fundament, und Ihr Haus wird sicher stehen.

Fühlen
Gute Beziehungen aufbauen
Es ist äußerst wichtig, dass der Therapeut, Berater, Pastor, Priester, Rabbi, Elternteil, Mentor oder sonstige Helfer eine enge, unterstützende Beziehung zu seinem Klienten aufbaut. Das homosexuelle Syndrom steht für eine ungesunde Bindung an oder extreme emotionale Distanzierung (Abkoppelung) von einem oder beiden Elternteilen. Eine Haltung der Distanz oder Unnahbarkeit beim Helfer wird die gleichgeschlechtliche Beziehungs-Störung nur noch verschlimmern. Der Helfer muss gut zuhören können, das Gehörte umformulieren und spiegeln können und in der Lage sein, das Leben durch die Augen des Klienten zu sehen. Weitere Eigenschaften eines guten Helfers sind: Mitleid, Geduld, Einfühlungsvermögen, nicht verurteilen, ermutigen, im Hintergrund als verlässliche Kraft da sein.

Für einen Mann ist ein männlicher Therapeut am besten, für eine Frau eine Frau. Ein Therapeut vom anderen Geschlecht kann in der Phase 4 (Heilung der andersgeschlechtlichen Wunden) hilfreich sein.

Aufbau eines starken Beziehungsnetzes
Es ist sehr wichtig, die alten „Spielplätze", „Spielkameraden" und „Spielsachen", die der Klient aufgegeben hat, durch gesunde, heilsame, liebevolle und unterstützende Beziehungen, Orte und Dinge zu ersetzen. Der Therapeut muss dem Klienten beim Aufbau einer neuen, tragfähigen Umgebung helfen; vgl. die in Kapitel 4 aufgelisteten verschiedenen Komponenten des Beziehungsnetzes. Dies gibt

dem Klienten die Geborgenheit, Liebe, Verständnis und Rechen-
schaftspflicht, die er in allen Phasen des Heilungsprozesses braucht.
Im Laufe der Zeit wird er die verschiedenen Quellen von Liebe und
Hilfe verinnerlichen und damit die in Kindheit und Jugendzeit
unerledigt gebliebenen Entwicklungsaufgaben nachholen können.

Als Bruce zu mir kam, um Hilfe zu suchen, hatte er sich in seinem
Kampf mit der Homosexualität vollständig isoliert. Wir arbeiteten
mehrere Monate lang. Dann bat ich ihn, sich vor einer Fortsetzung
der Behandlung nach einer Selbsthilfegruppe in seiner Nach-
barschaft umzusehen (er wohnte mehrere Autostunden von meiner Praxis entfernt). Wochenlang schob er dies hinaus, bis ich ihm
schließlich sagte: „Wenn Sie nicht endlich in eine solche Gruppe
gehen, müssen wir leider mit der Therapie aufhören. Ich kann Ihnen nicht helfen, wenn Sie nicht bereit sind, sich selber zu helfen
und sich auch von anderen helfen zu lassen." Dies brachte ihn auf
den Teppich; schon eine Woche später war er in einer Gruppe! Es
war eine der lohnendsten Erfahrungen seines Lebens, hier andere
Männer zu treffen, die genauso gelitten hatten wie er. Einige
waren in ihrer Heilung schon viel weiter als er, andere noch weit
zurück. Das Wichtige war, dass Bruce endlich Gemeinschaft mit
Weggefährten suchte. Er war nicht mehr allein.

Körper, Bewegung, Sport, richtige Ernährung und gesunde, gleich-geschlechtliche Aktivitäten

Ein zentrales Merkmal der Homosexualität ist ein gestörtes Selbstbild,
und es ist sehr wichtig für den Heilungsprozess, dass der Klient lernt,
sich in seinem Körper wohl zu fühlen. Regelmäßiger Ausgleichssport,
gesunde Ernährung und gleichgeschlechtliche Gruppenaktivitäten
sind daher ein Muss.

Hier kann ein Mentor notwendig sein, da der Klient sich als Kind und
Jugendlicher womöglich körperlich, sportlich und im allgemeinen
Umgang minderwertig gegenüber den anderen vorgekommen ist.
Manche Organisationen für ehemalige Homosexuelle haben Sport-
Teams eingerichtet, in denen Männer ihre vergangenen Sportwunden
heilen und die Freude am gemeinsamen Spiel entdecken können.
Kürzlich arbeitete ich mit einem Fünfzigjährigen, der sich seit seinem
12. Lebensjahr mit einer schweren Last abschleppte. Er bildete sich

ein, dass er keine Augen-Hand-Koordination besäße, keinen Ball werfen könne und daher weniger männlich als die anderen wäre. Ich brachte ihn mit einem Freund von mir zusammen, der bereit war, mit ihm Ball zu spielen. Nach ein paar Tagen fühlte er sich wie neu geboren. Er *konnte* einen Ball werfen! Er brauchte nur etwas Übung und einen freundlichen Partner, der ihm etwas Anleitung gab.

Ein Klient berichtete mir, dass er zwar ein ganz guter Ballspieler und von seinen Freunden anerkannt war, sich aber tief drinnen trotzdem wie ein Außenseiter vorkam. Sein Kopf wusste, was er konnte, aber sein Herz war verunsichert. Er ließ sich schließlich von ein paar Freunden beim Ballspiel auf Video aufnehmen. Mit eigenen Augen zu sehen, dass er ja tatsächlich ein guter Spieler war, brachte den Durchbruch; jetzt glaubte sein Herz endlich seinem Kopf.

Verschreiben Sie Ihren Klienten eine tüchtige Dosis Spiel und Spaß. Für jemanden, der einen Großteil seines Lebens mit Leiden und Schmerz verbracht hat, kann dies echte Arbeit sein. Aber es ist wichtig, im Heilungsprozess eine Balance von schönen und belastenden Energien zu haben. Spaß haben und lernen, mit anderen zu spielen, ist gerade so wichtig wie die innere Heilungsarbeit.

Seele

Selbstwertgefühl aufbauen

Meine Klienten benutzen täglich Meditationskassetten. Es gibt auch andere Möglichkeiten. Regelmäßige Meditation hilft dazu, zur eigenen Mitte zu kommen und geistig, emotional, physisch und geistlich bewusster zu leben.* Das Setzen und Erreichen von Zielen hilft dem Klienten zu mehr Selbstachtung. Dabei sind zwölf Hauptaspekte zu beachten:

1. Das Ziel klar und deutlich umreißen. Was wollen Sie erreichen?
2. Einen einfachen Plan ausarbeiten. Dieser Plan muss genau und nachprüfbar sein.
3. Seien Sie positiv. Trennen Sie sich von Menschen, die immer nur sagen: „Das kannst du nicht, das solltest du nicht, das tust du

---

* Ich habe mehrere Kassetten entwickelt (nur in englisch): 1. Bestätigung und Vertrauen; 2. Meditationen zur Heilung der Geschlechtsidentität und sich selbst besser wahrnehmen lernen; 3. Heilung des inneren Kindes; 4. Heilung der Erinnerungen.

nicht." Sie können. Sie wollen. Sie sind dazu bestimmt, Ihr Ziel zu erreichen. Wenn Sie negative Stimmen in sich selber hören, die sagen: „Das kannst du nicht, das solltest du nicht, das tust du nicht" usw., dann hören Sie sie an; geben Sie Ihren Ängsten und Zweifeln eine Stimme. Unterdrücken Sie diese negativen Stimmen nicht, sondern drücken Sie sie aus, packen Sie sie an – dann können Sie auch daraus eine Hilfe ziehen.

4. Sehen Sie Ihre Ziele in der Gegenwart. Sprechen Sie über Ihren Plan, als ob Sie ihn bereits verwirklicht hätten. Stellen Sie sich die Verwirklichung vor, und Sie werden sie zur Realität machen.

5. Sehen Sie auf Ihr Ziel mit Leidenschaft. Sehen, sagen und spüren Sie mit allen Sinnen, wie das ist, Ihr Ziel zu erreichen. Ihre Seele, Ihr inneres Kind, Ihr Unbewusstes reagiert nur auf Leidenschaft und starke Gefühle. Was ist so gut daran, dieses Ziel zu erreichen? Was wird es Ihnen bringen?

6. Werden Sie sich darüber klar, was für ein Erbe Sie der Nachwelt hinterlassen wollen. Welche Talente und Gaben geben Sie an künftige Generationen weiter?

7. Machen Sie sich ein Bild von Ihrem Ziel. Malen Sie sich die Erfüllung Ihres Plans vor Ihrem inneren Auge aus. Solches Visualisieren stärkt Ihren Willen, das Ziel zu erreichen.

8. Sagen Sie sich das Ziel vor, sehen Sie es, spüren Sie es – jeden Tag. Die besten Zeiten dafür sind gleich morgens vor dem Aufstehen und Abends vor dem Schlafengehen, da dann unser Unterbewusstsein besonders offen für positive Einreden ist; sie können diese Übung aber auch mehrmals am Tag wiederholen. Schreiben Sie sich Ihr Ziel auf einen Zettel, den Sie z.B. am Lenkrad Ihres Autos, an Ihrem Schreibtisch im Büro, am Kühlschrank oder am Badezimmerspiegel anbringen – irgendwo, wo er Sie regelmäßig daran erinnert.

9. Beten Sie für Ihr Ziel. Bitten Sie Gott, Ihnen bei Ihrem Plan zu helfen. Das Gebet ist eine ungeahnte Kraftquelle und setzt geistliche Kräfte frei.

10. Suchen Sie Menschen Ihres Vertrauens, die Ihnen helfen können, Ihr Ziel zu erreichen. Legen Sie ihnen gegenüber Rechenschaft ab. Bitten Sie sie, Ihnen liebevolle, positive, bejahende Worte zu sagen: „Ich weiß, dass du es schaffst. Ich glaube an dich. Ich liebe dich. Ich vertraue dir. Du kannst es. Was macht dein Plan? Arbeitest du jeden Tag an deinem Ziel?"

11. Danken Sie. Entdecken Sie die Gabe in der Wunde. Seien Sie dankbar für jeden Schritt, den Sie weiterkommen.

12. Formulieren Sie einen einfachen Leitsatz, der den Kern Ihres Ziels zusammenfasst.

Hier ein Beispiel aus meinem eigenen Leben:

Erstens: Mein Ziel ist, meine Frau liebevoller zu behandeln und nicht mehr zu kritisieren.

Zweitens: Mein Plan besteht darin, mir für die nächsten 40 Tage zwei Mal am Tag ihr inneres Kind vorzustellen und ihr zwei Mal am Tag etwas Positives über sie zu sagen.

Drittens: Ich werde eine positive Haltung zu ihr einnehmen, egal was geschieht oder wie oft sie etwas tut, das ich nicht mag. Ich werde mich mit Menschen umgeben, die mir Gutes über sie sagen, und Abstand zu Leuten halten, die schlecht über sie reden.

Viertens: Ich werde mir mein Ziel täglich vorstellen, und zwar so, als ob ich es bereits in der Gegenwart erreicht hätte.

Fünftens: Ich werde täglich mit Leidenschaft über dieses Ziel reden.

Sechstens: Mein Vater hat meine Mutter, meine Geschwister und mich immer nur kritisiert. Ich werde dieses Negativmuster ändern und der Nachwelt ein neues, positives Muster hinterlassen.

Siebtens: Ich werde es als Bild vor mir sehen, wie ich meiner Frau positive Dinge sage und wie die seelischen Verwundungen des kleinen Mädchens, das sie einmal war, geheilt und ihre Bedürfnisse beantwortet werden können.

Achtens: Ich werde mir mein Ziel jeden Morgen und Abend und mehrmals am Tag vorsagen.

Neuntens: Ich werde Gott bitten, dass er mir hilft, meine Kritiksucht zu überwinden und ein liebevollerer, positiverer Ehemann zu werden.

Zehntens: Ich werde drei Menschen bitten, mich mindestens einmal die Woche anzurufen, um nachzufragen, wie ich vorankomme, und um meine kleinen Siege zu loben und mich mit liebevollen Worten zu unterstützen.

Elftens: Ich werde jeden Tag für die Fortschritte auf dem Weg zu meinem Ziel danken.

Zwölftens: Ich werde einen kurzen Leitsatz formulieren, der den Sinn und die Absicht hinter meinem Ziel zusammenfasst. Hier ist er:

„Indem ich meiner Frau 40 Tage lang zwei Mal am Tag etwas Liebevolles sage, verändere ich mich selbst, meine Frau und meine Nachkommen."

Dieses Beispiel zeigt, wie man ein Ziel vorantreibt. Benutzen Sie diese zwölf Punkte, praktizieren Sie sie konsequent, und Sie können das erreichen, was Sie zutiefst wollen. Achten Sie darauf, dass Ihr Leitsatz nicht Worte wie „nicht", „nie", „kann nicht" oder „werde nicht" enthält. Benutzen Sie keine Negativformulierungen. Sagen Sie z.B. nicht: „Ich will meiner Frau nichts Negatives mehr sagen." Das Unterbewusstsein hört möglicherweise nur die Verben und Substantive und lässt die Bestimmungswörter aus; es hört dann: „Ich will meiner Frau Negatives sagen."*

Seinen Wert vor Gott erkennen lernen

Ich ermutige jeden Klienten, unabhängig davon, zu welcher Religion er gehört oder ob er zu keiner gehört, mit geistlichen Übungen zu beginnen. Studien haben gezeigt, dass Menschen, die ein Gebetsleben führen, schneller heil werden. Seinen Wert in der Beziehung zu einem liebenden Gott zu finden, bringt mehr und dauerhaftere Erfüllung als kurzlebige sexuelle Abenteuer. Ich mache meinen Klienten Mut, eine persönliche Beziehung zu Gott als ihrem liebenden Vater zu suchen. Wahrer Wert kommt aus dem *Sein*, nicht aus dem *Tun*. Der Klient braucht die täglich neue Vergewisserung, dass er als Kind Gottes geliebt ist.

Gleich am Anfang verlagere ich den Schwerpunkt weg von der sexuellen Identität – homosexuell sein, bisexuell oder heterosexuell sein – und hin zur wahren Identität, ein von Gott geliebter Mensch zu sein. Trennen Sie sich von der Fixierung auf das Problem und verbünden Sie sich mit der Lösung: Meine wahre Identität liegt darin, ein Kind Gottes zu sein. Hier liegt der unveränderliche Wert. Ermutigen Sie

---

* Oft fertige ich für den Klienten eine für seine Bedürfnisse maßgeschneiderte Kassette an, die ihn ermutigt, seine Ziele zu erreichen. Ein gutes Buch, wie man Bestätigung geben und ermutigen kann, ist Douglas Bloch, Words That Heal. Martha Baldwin, Self-Sabotage listet andere gute Bücher zu dem Thema auf; ihr Buch ist auch exzellent zum Thema Heilung im Allgemeinen.

den Klienten zu einem geistlichen Leben und dem Aufbau von Selbstwertbewusstsein.

Die in Napoleon Hills Klassiker *Denke nach und werde reich* aufgeführten Prinzipien lassen sich auch auf die Homosexualität anwenden. Man muss nur die Parolen ändern, z.b.: „Denke nach und gehe in Richtung Heterosexualität." Auch Bücher wie diese können ein Schatz für den Aussteiger aus der Homosexualität sein.

Therapeutische Werkzeuge und Techniken
Phase II: Grundlagen legen

Denken	Kognitive Therapie Kommunikationstechniken Problemlösungstechniken/Konfliktkompetenz
Fühlen	Heilung des inneren Kindes Drei Phasen der Heilung des inneren Kindes Beziehungsnetz
Körper	Bewegung / gesunde Ernährung / Sport / Spaß / Bioenergetik / Atemübungen / therapeutische Massage
Seele	Selbstwertgefühl aufbauen Sich bei Gott als wertvoll erfahren Meditation / Gebet / Bestätigung / geistliche Texte / Gemeinde

© Richard Cohen, M.A., Januar 1999

Phase II: Grundlagen legen

1. Weiterarbeit mit dem Beziehungsnetz
2. Weiterer Aufbau von Selbstwertgefühl und Erfahrung des Wertvoll-Seins in der Beziehung zu Gott

3.Aufbau von Fähigkeiten: Selbstkompetenztraining, Kommunikationstechniken, Problemlösungstechniken /Konfliktkompetenz
4.Beginn der Heilung des inneren Kindes: Identifizieren von Gedanken, Gefühlen, Bedürfnissen.

Denken
Kognitive Therapie – falsches Denken verstehen lernen

„Die größte Revolution in unserer Generation ist die Entdeckung, dass Menschen durch die Änderung ihrer inneren Einstellung die äußeren Aspekte ihres Lebens verändern können. "   William James

Als Kind hatte Peter immer den Eindruck, dass er anders als die anderen war und nicht dazugehörte. Eines seiner Probleme war das gemeinsame Mittagessen in der Schule. Folglich fühlte er sich als Erwachsener nicht wohl, wenn er mit seinen Kollegen in der Kantine saß. Er war der festen Meinung, dass nur er allein dieses Gefühl hatte, nicht dazuzugehören. Auf einem Seminar über die Heilung von Homosexualität machten wir eine kleine Umfrage: Wie viele von euch fühlen sich am Mittagstisch wie das fünfte Rad am Wagen? Etwa 90 Prozent der Anwesenden hoben ihre Hand. Peter war verblüfft. An diesem Tag lernte er, dass er mit seiner Angst, nicht dazuzugehören, nicht alleinstand.

Wer aus der Homosexualität aussteigt, muss begreifen, wie sein Denken funktioniert und was für Streiche es ihm spielt. Ich benutze daher eine kräftige Dosis kognitiver Therapie. Eines der besten und einfachsten Hilfsmittel, die ich kenne, ist das Arbeitsbuch von David Burns: *Ten Days to Self-Esteem* sowie der Parallelband *The Feeling Good Handbook*. Meistens lasse ich den Klienten alle zwei Wochen eine der sehr klaren, einfachen zehn Aufgaben aus dem Arbeitsbuch durcharbeiten und die entsprechenden Abschnitte des Handbuches lesen. Der Klient lernt so neue Fähigkeiten, um mit kognitiven Verzerrungen und falschen, selbstzerstörerischen Denkweisen, die ihn in Verstimmungen und Depressionen führen, besser umzugehen.
Ich achte darauf, dass der Klient die Kunst des täglichen Stimmungsbarometers erlernt, eine von Burns eingesetzte Methode, um von Selbst-Sabotage und Minderwertigkeitsgefühlen wegzukommen.[3]

Kommunikationsfähigkeit erlernen

Eine sehr wichtige Lektion, die es zu lernen gilt, ist, die Verantwortung für seine Gedanken, Gefühle und Bedürfnisse zu übernehmen. Dass man der Welt selbständig und selbstbewusst gegenübertreten kann, ist eine wesentliche Voraussetzung für geistige und emotionale Gesundheit. Deshalb bringe ich den Klienten Grundlegendes über Kommunikationstechniken und Selbstkompetenz bei. Burns widmet das letzte Drittel seines *Feeling Good Handbook* der Kommunikationskompetenz.

Von Harville Hendrix benutze ich eine Drei-Schritte-Technik zum Erlernen der Kunst des **einfühlsamen Hörens**:

Erstens: Wiederholen und spiegeln Sie, was der andere gesagt hat: „Wenn ich das richtig gehört habe, sagst du also ...“ – „Hab ich das so richtig verstanden?“ – „Willst du mir noch mehr sagen?“ – „Ist das der springende Punkt?“

Zweitens: Bestätigen Sie seine Gedanken: „Ich verstehe, was du da sagst, weil ...“ – „Ist das die Bestätigung, die du brauchst?“

Drittens: Versetzen Sie sich in das hinein, was er fühlt: „Wenn ich mir das so überlege, fühlst du dich sicher ...“ – „Sind dies deine Gefühle?“

Wohl gemerkt: Der Hörer muss mit dem, was der andere sagt, nicht einverstanden sein. Das Wichtige ist, dem anderen zuzuhören und ihn zu verstehen, sodass er sich ernst genommen fühlt. Oft brauchen wir keinen Rat, aber jemanden, der uns anhört. Achten Sie beim einfühlenden Hören darauf, den anderen nicht mit Ihren eigenen Gedanken oder Meinungen zu unterbrechen. Lassen Sie ihn ausreden. Einfühlendes Hören bedeutet: Ich schlüpfe ein Stück weit in die Haut des anderen, sehe das Leben mit seinen Augen.

Als Nächstes vermittle ich dem Klienten eine Strategie, wie er **Bedürfnisse wahrnehmen und anmelden** kann:

Erstens: Die Fakten vorlegen – was hat der andere gesagt oder getan, worauf ich gefühlsmäßig stark reagiere?

Zweitens: Die Gefühle anerkennen – dabei auch nur Gefühlsworte benutzen (traurig, wütend, froh, ängstlich u.a.)

Drittens: Urteile oder Annahmen benennen, die ich über das habe, was der andere gesagt oder getan hat.

Viertens: Sagen, was ich von dem anderen brauche oder mir wünsche.

Fünftens: Erklären, was ich beizutragen bereit bin, damit es zwischen uns besser klappt.

Hier ein Beispiel aus meiner Praxis: Eine Frau hatte das Bedürfnis, sich mit ihrem Mann auszutauschen. Oft fing sie gegen 11 Uhr abends, wenn sie gerade zu Bett gegangen waren, lange Gespräche an. Da der Mann todmüde war und am nächsten Morgen vor 5 Uhr aufstehen musste, um zur Arbeit zu fahren, irritierte ihn das. Er sagte ihr Folgendes: „Wenn du so spät abends mit mir reden möchtest, macht mich das wütend, ich fühle mich verletzt, ärgerlich und frustriert. Ich glaube, du siehst nicht, wie müde ich bin und dass ich morgens so früh aufstehen muss. Wenn du dich abends mit mir austauschen möchtest, tue es bitte vor 9 Uhr; dann bin ich bereit, dir zuzuhören und dir die Zeit zu geben, die du brauchst; denn du bist mir wichtig und ich liebe dich."

Verrennen Sie sich nicht in Vermutungen. Vermutungen sind meist irreführend. Machen Sie einen „Realitäts-Check", wenn Sie meinen, dass jemand wütend auf sie ist. Zum Beispiel so: „Warst du wütend auf mich, als wir uns heute Morgen in der Küche sahen?" Ein Realitäts-Check klopft eine Annahme, die ich über jemand anderen habe, auf ihre Richtigkeit ab. Er hilft mir zu einer objektiveren Sicht der Dinge.

Erwarten Sie nicht, dass die anderen schon wissen werden, was Sie brauchen. *Erwartungen können tödlich sein.* Wir müssen lernen, unsere Bedürfnisse auszudrücken, anstatt darauf zu warten, dass der andere unsere Gedanken liest. Säuglinge und Kleinkinder erwarten die Zuwendung ihrer Bezugsperson, weil sie völlig auf sie angewiesen sind, doch als Erwachsene müssen wir lernen, unsere Bedürfnisse auszudrücken, und können nicht erwarten, dass die anderen schon wissen werden, was wir gerade brauchen oder wollen.

Eine weitere Kommunikationstechnik ist die **Sandwich-Technik:**

Erstens: Sagen Sie, wie Sie die Beziehung zu dem anderen sehen. „Ich mag dich echt." – „Ich liebe dich." – „Ich schätze unsere Freundschaft."

Zweitens: Nennen Sie das Problem, das Sie mit dem anderen haben, und sagen Sie, wie Sie es gerne gelöst hätten. „In der letzten Zeit schreist du mich ziemlich viel an. Das verletzt mich tief. Ich komme mir ungeliebt, unwichtig und abgewiesen vor. Ich habe den Eindruck, dass du ziemlich viel Stress hast und dass ich der Sündenbock bin. Ich brauche es, dass du anders mit deinen Gefühlen umgehst und sie nicht an mir auslässt. Ich bin bereit, dir zu helfen, aber ich mag nicht dein Prügelknabe sein."

Drittens: Sagen Sie wieder, wie Sie die Beziehung sehen. „Ich liebe dich und stehe zu unserer Beziehung."

Ähnlich wie der Käse in einem Käsesandwich durch die beiden Sandwichhälften „verpackt" wird, wird hier das Problem durch die beiden Beteuerungen, was ich für den anderen fühle, verpackt und so meine Bitte um Änderung verdaulicher. Der Klient muss in all seinen Beziehungen die volle Verantwortung übernehmen und seine Gedanken, Gefühle und Bedürfnisse ausdrücken, ohne den anderen zum Sündenbock zu machen. An Stelle von „Du"-Aussagen soll er „Ich"-Aussagen benutzen.

Ich sage meinen Klienten immer wieder, dass es nicht die Situation oder Person ist, die sie verletzt, sondern die ungeheilten Wunden ihrer Vergangenheit, die in der Gegenwart neu aufbrechen. Sie müssen erkennen, was ihre grundlegenden Probleme sind, und lernen, auf sich selbst zu achten und ihre Kommunikation verantwortungsbewusst zu gestalten.

Problemlösungstechniken lernen/Konfliktkompetenz

Zu den Methoden, die ich hier benutze, gehören die HALT-Technik, Focusing, die emotionale Landkarte und das Tagebuch.

HALT

Dies ist eine nützliche Technik, die dem Klienten beim Kampf gegen Suchtverhalten hilft. Wenn das Erwachsenen-Kind das Bedürfnis verspürt, sich sexuell abzureagieren, kann es HALT machen und sich fragen: Bin ich gerade **h**ungrig, **ä**rgerlich und wütend, innerlich **l**eer (einsam) oder **t**odmüde (gestresst)? Hat das sexuelle Verhalten bereits stattgefunden, kann der Klient mit diesen Fragen die Auslöser seines Verhaltens feststellen.

Eines Tages war Bryans Boss schlecht gelaunt. Er stellte Bryan zur Rede wegen eines Berichtes, den er für unvollständig hielt. Auch zu Hause hatte Bryan gerade Probleme. Er war verheiratet und hatte mehrere Kinder. Seine Frau wollte, dass er sich mehr um sie kümmerte. Bryan fühlt sich wie eine Kerze, die an beiden Enden gleichzeitig brennt.

Nach der Arbeit ging Bryan in einen Sexshop, wo er in einer Kabine Sex mit einem Mann hatte. Danach fühlte er sich hundeelend. Wie hatte ihm das nur passieren können? Er hatte doch Gott, sich selber und seiner Frau versprochen, dass er so etwas nicht mehr tun würde.

Wie setzt man HALT als diagnostisches Werkzeug bei Sexsüchten ein?

„H" steht für Hunger.

Wenn wir uns (physisch, emotional, geistig oder geistlich) nicht richtig ernähren, verlieren wir die Kontrolle über unsere wahre, eigentliche Person, unser wahres Selbst. Die Gier nach einem anderen Menschen ist gewöhnlich ein Zeichen dafür, dass das Erwachsenen-Kind momentan ein geringes Selbstwertgefühl hat und jemanden sucht, der die Leere füllen kann. Dies kann daher kommen, dass sich das Erwachsenen-Kind (ob nun zu Recht oder Unrecht) zurückgewiesen oder kritisiert fühlt (von einem Vorgesetzten, einem Elternteil, einem lieben Freund oder dem Ehe-Partner). Handelt es sich um eine gleichgeschlechtliche Neigung, sucht das Erwachsenen-Kind bei dem anderen etwas, was es bei sich selbst vermisst. Es hungert nach einem anderen Mann, der den Schmerz stillt oder das Vakuum ausfüllt. Das Gleiche gilt für eine Frau mit gleichgeschlechtlichen Neigungen. Sie sucht bei der anderen, was sie bei sich selbst vermisst.

Bryan fühlte sich von seinem Chef abgelehnt und von seiner Frau unter Druck gesetzt. Das Vakuum kann mit gesunden oder ungesunden Dingen gefüllt werden. Bryan wählte das Letztere.

„H" kann auch „high" bedeuten.

Wenn der Klient sich über irgendetwas freut und diese Freude mit jemandem teilen will, dieser Jemand aber abweisend ist oder gar nicht reagiert, fühlt er sich womöglich abgelehnt und fällt sofort in eine Depression, worauf er z.B. ins Schlafzimmer oder Bad geht, um zu masturbieren, oder sich einen Sexpartner sucht. In solch einer Situation dient die Masturbation als eine Art emotionales Betäubungsmittel gegen den Schmerz der Enttäuschung.

„A" steht für Ärger und Wut.
Hat das Erwachsenen-Kind gegenüber einer Person oder Situation Wut- oder Frustgefühle, die es nicht zum Ausdruck gebracht hat? Unterdrückt es Frust, Zorn, Angst oder Schuld? Werden diese Gefühle nicht angemessen zum Ausdruck gebracht, kann es zu einem sexuellen Verlangen kommen – urplötzlich, wie aus heiterem Himmel. Bryan war wütend auf seinen Chef, der ihn so kritisiert hatte. Er fühlte sich überfordert von den Ansprüchen seiner Frau. Statt diese Gefühle auszudrücken und sich ihnen zu stellen, verdrängte er sie und flüchtete sich in Sex, um den Schmerz zu betäuben. Hätte Bryan seine Gefühle auf eine gesunde und angemessene Art zum Ausdruck gebracht, wären die sexuellen Gefühle wieder verflogen.

„L" steht für Leere und Einsamkeit.
Erfüllt das Erwachsenen-Kind seine berechtigten Bedürfnisse nach echter Nähe in angemessenen, gesunden, liebevollen nichtsexuellen Beziehungen? Jeder hat ein Bedürfnis nach Liebe. *Isolation bedeutet Tod.* Einsamkeit trennt uns von den vielen Möglichkeiten, Liebe zu geben und zu empfangen. Je einsamer einer sich fühlt, desto stärker wird sein sexueller Hunger. Jeder braucht Berührungen. Berühren und berührt werden ist eines der Mittel, gesund zu bleiben. Wenn ein Mensch seine Grundbedürfnisse nicht erfüllt bekommt, wird Sex ein Ersatz für Nähe. Der Klient muss seinen „Liebestank" stets gut gefüllt halten, sonst schert er aus, trocknet innerlich aus und benutzt alle möglichen ungesunden Ersatzstoffe für Liebe (z.B. Sex), um die Leere zu füllen.
Bryan hatte zu viel Arbeit und zu wenig Nahrung für seine Seele. Er hatte sich isoliert von seinen Nächsten, seinen Freunden und Gott. Sein Tank war fast leer.

„T" steht für Todmüde und Stress.
Erschöpfung und Stress lassen das Erwachsenen-Kind in alte Formen der Bedürfnisbefriedigung zurückfallen, z.B. in sexuelle Verhaltensweisen. Das Erwachsenen-Kind muss sich selbst mit all seinen Stärken

und Schwächen besser kennen lernen. Es muss eine gesunde Selbstliebe einüben, sonst kann es andere nicht wirklich lieben, denn Selbsthass frisst sich auch nach außen weiter. Manche kommen mit viel Stress gut zurecht, andere nicht. Die richtige Balance ist wichtig. Wenn man unter Druck ist, können einen sexuelle Begierden wie aus heiterem Himmel überfallen. Aber Sex löst die Probleme nicht, sondern es braucht eine Änderung des Lebensstils oder der gegenwärtigen Situation. Das Erwachsenen-Kind, und keiner sonst, ist für sein Leben verantwortlich. Es muss selbst sein Leben verändern und vom Opfer zum Sieger werden.

Was Bryan brauchte, war, mit seinem Boss und seiner Frau über seine Situation zu sprechen und seine Bedürfnisse auf eine positive, nachdrückliche Weise zum Ausdruck zu bringen. Außerdem musste er seinen Stress verringern und etwas Ruhe und Entspannung in den Tagesablauf einbauen.

Ein weiteres „T" ist ÜberTragung (engl.: Transference).
Wenn das Erwachsenen-Kind spirituell und emotional sensibel ist, spürt es womöglich die „Vibrationen" eines anderen Menschen, der viel sexuelle Energie ausströmt. Es fühlt sich dann sexuell zu ihm hingezogen oder auch von ihm abgestoßen und weiß selbst nicht, warum. Es ist wichtig, dem Erwachsenen-Kind zu helfen, gesunde Grenzen zu entwickeln und das Ich klar vom Du zu trennen. Der Klient muss lernen zu unterscheiden, was zu ihm und was zu den anderen gehört.

Die HALT-Technik ist ein wichtiges diagnostisches Werkzeug, das dem Klienten zeigt, wo seine wunden Punkte und „Auslöser" liegen und wie er sich in guter Weise seinen Bedürfnissen zuwenden kann.

Focusing – Gefühle in den Blick nehmen
Diese sehr einfache Technik wurde von Eugene T. Gendlin entwickelt und kann in seinem Buch *Focusing* nachgelesen werden. Sie ist eine sehr wirksame Methode, um dem Klienten Zugang zu seinen tieferen Gefühlen zu geben. Gendlins Modell hat sechs Stufen:

1. Sich sammeln, andere Sorgen beiseite legen und sich auf das Hauptproblem konzentrieren.
2. Das Gefühl im Körper entdecken und orten.

3. Dem Gefühl einen Namen geben, z.B. „verletzt", „Wut", „Schmerz", „Verwirrung".

4. Dieses Gefühl und seinen Namen schwingen lassen, um sicherzugehen, dass dies wirklich der richtige Name für das Gefühl ist; dann sich einen Augenblick nur auf dieses Gefühl konzentrieren.

5. Dem Gefühl Fragen stellen, um auf die tiefere Wahrheit zu stoßen: „Was tut mir hier so weh?" Oder: „Was ist daran so unangenehm?" Das Gehirn wird viele rationale Antworten auf die Frage oder Fragen liefern, aber die eigentliche Wahrheit wird nicht aus dem Kopf, sondern tief aus Körper und Seele heraus kommen. Es kann einige Zeit dauern, das richtige Gefühl freizulegen. Der Klient weiß, dass er seine tiefste Wahrheit gefunden hat, wenn es gleichsam tief aus seinem Bauch heraus zu einem Aha-Erlebnis kommt. Nachdem er seine Wahrheit entdeckt hat, lasse ich ihn die Frage stellen: „Was brauche ich?" Darauf lasse ich ihn eine Visualisierung seiner Heilung schaffen oder mit dem Teil seiner Person, für den das Gefühl steht, eine Beantwortung spezifischer Bedürfnisse aushandeln. Vorsätze und Versprechen müssen eingehalten werden. Gebrochene Versprechen verletzen die Seele zusätzlich und zerstören Vertrauen. Der Klient muss ein guter Vater/Mutter für seine Seele werden.

6. Dem Teil der Person, der da in ihm gesprochen hat, danken und die Wahrheit anerkennen. Dankbar sein.[4]

Kevin saß allein im Wartezimmer und wartete auf seinen Termin. Die Sekretärin bat ihn, sich noch etwas zu gedulden. Er wartete und wartete. Plötzlich hatte er das Gefühl, dass die Wände auf ihn zukamen. Er rannte panisch aus dem Zimmer, der Termin war vergessen.

In der nächsten Sitzung benutzten wir Focusing. Ich ließ ihn die Augen schließen und alles, was ihn beschäftigte, beiseite legen. Dann bat ich ihn, die Körpergegend zu identifizieren, von der das Gefühl ausgegangen war, als er seine Panikattacke bekam. Er sagte, dass es unten im Bauch und in der Leistengegend war. Ich bat ihn, das Gefühl mit einem Wort oder Satz zu bezeichnen. Er nannte „Angst" und „Grauen". Ich bat ihn, das Gefühl und die Worte schwingen zu lassen, um sicherzugehen, dass eins zum anderen passte. Es war stimmig. Ich ließ diese Gefühle einen Augenblick auf ihn einwirken, und forderte ihn dann auf, mit ihnen zu reden und sie zu fragen: „Was ist es an dieser Angst, das mir so weh tut oder so unangenehm ist?" Ich sagte ihm, dass sein Kopf ihm viele logische Antworten geben würde, aber dass die tiefere Wahrheit unterhalb des Kopfes sitze, tief in seinem Herzen und seiner Seele. Kevin saß lange ganz still da, dann begann er heftig zu zittern und zu weinen. Er erinnerte sich plötzlich, wie er als Sechsjähriger von dem Vater eines Freundes gepackt und festgehalten worden war. Der Mann hatte die Tür verriegelt, und Kevin war zu klein gewesen, um sie zu öffnen. Der Mann hatte ihn auf jede nur erdenkliche Weise sexuell missbraucht und ihm unter entsetzlichen Drohungen befohlen, ja niemandem davon zu erzählen. Kevin hatte diese Szene über zwanzig Jahre lang tief in sich begraben gehabt. Danach setzten wir über die Heilung der Erinnerungen sein inneres Kind instand, den damaligen Verlust der Unschuld und Kindheit zu betrauern und sich helfen zu lassen. Es war ein bemerkenswerter Anfang, um das Knäuel der Verwicklungen zu entwirren, das ihn in suchthaftem homosexuellem Verhalten gefangen gehalten hatte. Es brauchte viele Monate an Trauerarbeit, um seine Gedanken und Gefühle zu bewältigen. Heute sind bei Kevin jene Erinnerungen geheilt und er braucht sich nicht mehr sexuell abzureagieren; er hat auch gelernt, in den Beziehungen zu seinen Mitmenschen gesunde Grenzen zu ziehen.

Focusing ist ein sehr effektives Werkzeug, um zu den tieferen Gedanken, Gefühlen und Bedürfnissen durchzudringen. Nicht alle Focusing-Sitzungen sind so positiv wie die mit Kevin. Es ist jedoch eine sehr nützliche Technik, um den Klienten in Verbindung mit seinem Körper und seinen Gefühlen zu bringen, vor allem, wenn er sich angewöhnt hat, alles nur vom Verstand her zu beurteilen.

Emotionale Landkarte

Diese von Barbara De Angelis entwickelte Methode ist ein sehr praktisches Hilfsmittel, um Gefühlen Ausdruck zu geben und Intimität und echte Nähe herzustellen. Dabei gibt es sechs Stufen:

1. Wut
Dies ist die Phase von Schuldzuweisungen und Groll. „Ich hasse es,
wenn du ..." – „Es bringt mich auf die Palme, wenn du ..." – „Mir
langt's mit dir ..."

2. Verletzt sein
Dies ist die Phase von Traurigkeit und Enttäuschung. „Es tut mir weh,
wenn du ..." – „Ich bin so fertig, wenn du ..." – „Ich bin so enttäuscht,
wenn du ..."

3. Angst
Dies ist die Phase von Unsicherheit, wenn die Wunden sich melden
und der Klient seine Lebenswunde, die durch einen aktuellen Anlass
berührt wurde, spürt. „Ich habe Angst, wenn du ..." – „Das erinnert
mich an ..."

4. Bedauern
In dieser Phase beginnt der Klient zu verstehen und Verantwortung zu
übernehmen. Er erkennt, dass er Ängste und Gefühle auf andere übertragen hat. „Das tut mir Leid ..." – „Ich wollte doch nicht ..." –
„Bitte vergib mir, dass ..." – „Ich weiß, dass ich manchmal ..." – „Ich
verstehe es, dass du dich ... fühlst."

5. Vorsatz
Dies ist die Phase der Lösungen und Wünsche. „Ich will in Zukunft
..." – „Ich verspreche, dass ich ..." – „Ich hoffe, wir können ..." – „Lass
uns doch versuchen, ..."

6. Liebe
Dies ist die Phase von Vergebung und Wertschätzung. „Ich liebe dich,
weil ..." – „Danke, dass du ..." – „Ich vergebe dir, dass ..."[5]
Dies ist ein weiteres Modell zur inneren Heilung und zu Heilung in
den Beziehungen mit anderen. Man kann es alleine oder mit jemand
anderem durchführen. Geben Sie jeder Phase gleich viel Zeit; konzentrieren Sie sich nicht auf Kosten der anderen Phasen auf die Wut
und die Verletzungen.

Tagebuch

Dies ist eine vorzügliche Methode, um dem Klienten zu helfen, seine Gedanken, Gefühle und Erfahrungen zu erkennen und benennen zu lernen, und darüber hinaus eine Chronik seiner Reise in die Heilung zu schreiben. Ich halte meine Klienten zum regelmäßigen Tagebuchführen an, zu Meditation und Selbstbesinnung. Ein Tagebuch wird ihm auch zeigen, welches seine Auslöser ungesunder Gedanken und Verhaltensweisen sind. Das Führen eines Tagebuches beugt somit auch Rückfällen vor.

Fühlen

Heilung des inneren Kindes

Hier beginnt der Klient die Heilungsarbeit an seinem inneren Kind. Die Einführung der Arbeit mit dem inneren Kind im späteren Teil der Phase II ist wichtig, um dem Klienten zu helfen, zu seinen tieferen Gefühlen und Bedürfnissen vorzudringen. Ein mehr intellektuell veranlagter Klient, der vor allem mit der linken Gehirnhälfte lebt und wenig Bezug zur rechten Hemisphäre (Leibbewusstsein und Gefühlswahrnehmung) hat, tut oft gut daran, schon vor den Arbeitsbüchern von Burns und der Anwendung anderer kognitiver Techniken mit der Arbeit am inneren Kind zu beginnen.

Der Begriff „inneres Kind" ist austauschbar mit dem „Unbewussten". Das *innere Kind* steht für die Summe der Erfahrungen, die jemand als Kind hatte – als Säugling, Kleinkind, in der Vorschul- und Schulzeit bis hin zum Übergang ins Erwachsenenalter. In diesen verschiedenen Entwicklungsstufen hat das Kind viele schöne oder schmerzliche Dinge erlebt. *Lebendig vergrabene Gefühle sterben nie. Die Zeit heilt nicht alle Wunden.* Solange der Klient diese Gefühle nicht nach draußen lässt, bleiben sie in seinem Körper und seiner Seele.

„Das innere Kind ist eine mächtige Wirklichkeit. Es wohnt im Kern unseres Seins. Stellen Sie sich ein gesundes, glückliches Baby vor. Spüren Sie seine Lebendigkeit. Mit Begeisterung erforscht es seine Umwelt. Es kennt seine Gefühle und bringt sie klar zum Ausdruck. Die Zeit vergeht, und das Kind stößt mit den Anforderungen der Erwachsenenwelt zusammen. Die Stimmen der Erwachsenen, mit ihren eigenen Bedürfnissen, beginnen die innere Stimme der Gefühle und Antriebe zu übertönen. Eltern und Lehrer sagen: ‚Trau dir selbst nicht,

fühle deine Gefühle nicht. Sag dies nicht, lass jenes nicht nach draußen. Tu, was wir dir sagen, wir wissen es besser.'
So müssen sich mit der Zeit genau die Eigenschaften, die dem Kind sein Leben gaben – Neugierde, Spontaneität, die Fähigkeit zu fühlen – verstecken. Um überleben zu können, steckt der Mensch, der da aufwächst, seinen wunderbaren kindlichen Geist gleichsam in den Keller und schließt ihn dort ein. Dieses innere Kind wird nie erwachsen und geht nie weg. Es ist lebendig begraben und sehnt sich danach, wieder frei zu kommen. Das innere Kind versucht immer neu, unsere Aufmerksamkeit zu erlangen, aber viele von uns haben vergessen, wie man auf es hört."⁶

Jedes Kind braucht von seinen Eltern drei „Standbeine" in der Erziehung: Zeit, Berührung und Gespräch.
Zeit: Mit Vater und Mutter zusammen sein, Dinge gemeinsam tun.
Berührung: Von den Eltern und anderen nahen Menschen auf dem Schoß gehalten, umarmt, gestreichelt werden. *Gespräch:* Sich mit Mutter und Vater austauschen, ihnen sagen, wer man ist, und lernen, wer sie sind.⁷

Genügend Zeit, Berührung und Gespräch geben dem Kind das Gefühl, wertvoll zu sein, dazuzugehören, kompetent zu sein. *Wert* ist die innere Überzeugung, dass ich wichtig, wertvoll, einzigartig bin. *Dazugehören* ist das Bewusstsein, dass ich gewollt, akzeptiert, umsorgt, geliebt und gerne gesehen bin. *Kompetenz* ist das Gefühl, dass ich die Aufgabe erfüllen, mit jeder Situation klarkommen und dem Leben ohne Angst entgegentreten kann.⁸ Die Beziehungen zu unseren Eltern und anderen Familienmitgliedern sowie Einflüsse aus unserer Religion, Gruppe, Gesellschaft und Kultur vermitteln uns ein Bewusstsein von Wert, Dazugehörigkeit und Kompetenz – oder vermitteln es eben nicht.

Der Weg vom Säuglings- zum Erwachsenenalter hat verschiedene Entwicklungsstufen, und jede dieser Stufen konfrontiert uns mit ihren besonderen Aufgaben (siehe Tabelle „Sieben Entwicklungsstufen").

Wenn Grundbedürfnisse nach Liebe, Zuwendung, Wertschätzung und Anleitung nicht beantwortet wurden und unsere Wunden nicht heilen konnten, können wir als Erwachsene nicht unser volles Potenzial nutzen, unsere Möglichkeiten nicht voll ausschöpfen. *Gleichgeschlechtliche Neigungen sind letztlich nur eine Nebelwand, eine Methode,*

Sieben Entwicklungsstufen

Stadium	Zeit	Aktivität	Bedürfnisse	Lernen
1. Bindung	0 – 6/9 M.	schreit	Spiegeln	Sein Vertrauen Hoffnung
2. Erforschen	6/9 M. 18/24 M.	erforscht	Schutz	Tun Selbstmotivation Wille
3. Ablösung/ Individuation	18/24 M. 3 J.	rebelliert	Akzeptanz /Grenzen	Denken Unabhängigkeit Wille
4. Sozialisa- tion	3 – 5/6 J.	fragt tut	Antworten	Identität Absicht Ursache - Wirkung
5. Latenz	5/6 – 12/13 J.	tut streitet	Regeln + Begründ- ungen	Fähigkeiten Struktur Verhandeln Kompetenz
6. Pubertät und Adoles- zenz	12/13 – 18/21 J.	Wie alles oben, jedoch in reiferer Form		Sexualität Identität Abnabelung Autonomie
7. Erwachse- nenleben	ab 18/21 J.	Wiederholung aller Phasen, je nach spezifischen Erwachse- nenbedürfnissen		Unabhängigkeit Interdependenz Treue

Quelle: Jon und Laurie Weiss, *Recovery from Codependency*

durch die die Seele verzweifelt versucht, die Aufmerksamkeit des Erwachsenen-Ich zu bekommen.

Nach der Persönlichkeitstheorie der Transaktionsanalyse haben wir im Wesentlichen drei Ich-Zustände: Eltern-Ich, Kind-Ich, Erwachsenen-Ich (s.u. Skizze „Struktur unserer inneren Familie"). Jede dieser drei Ich-Zustände hat zwei Seiten.

Struktur unserer inneren Familie

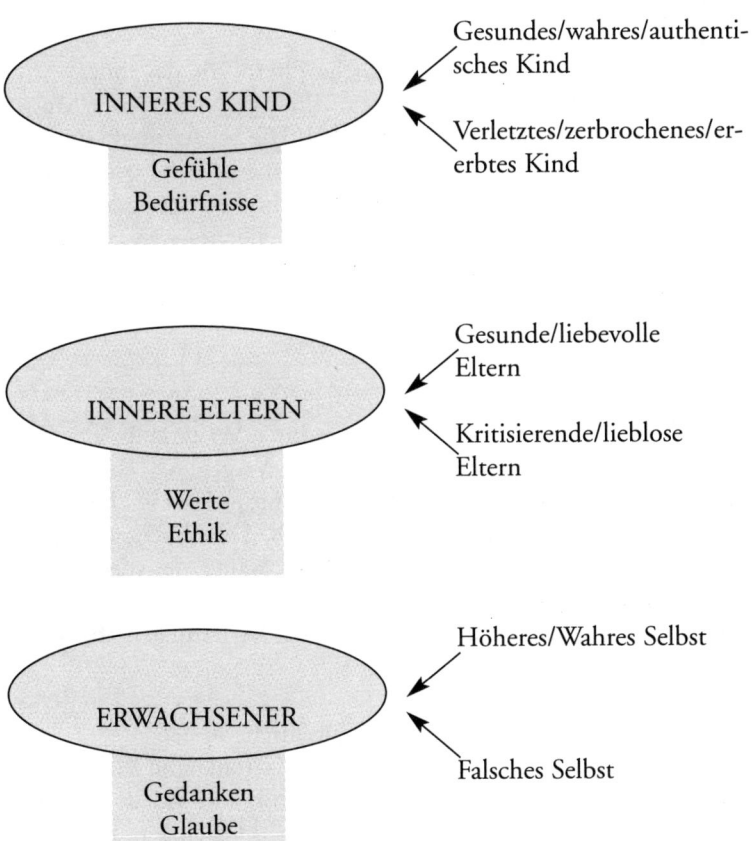

INNERES KIND

Gefühle
Bedürfnisse

Gesundes/wahres/authentisches Kind

Verletztes/zerbrochenes/ererbtes Kind

INNERE ELTERN

Werte
Ethik

Gesunde/liebevolle Eltern

Kritisierende/lieblose Eltern

ERWACHSENER

Gedanken
Glaube

Höheres/Wahres Selbst

Falsches Selbst

© Richard Cohen, M.A., Januar 1999

Inneres Kind

Wir haben in uns ein gesundes, authentisches, echtes, wahres inneres Kind, das voller Staunen, Liebe, Kreativität, Spielen, phantasievollem Denken und wahrer Spiritualität ist. Die Schattenseite in jedem von uns ist das verwundete oder zerbrochene innere Kind, das an Schmerz, Not, Schuld, Scham, Einsamkeit, Angst, Verzweiflung, Hoffnungslosigkeit und/oder Missverständnissen leidet. Das verletzte innere Kind kann eine Ansammlung unserer eigenen ungelösten inneren Nöte sein, aber auch der ungelösten Probleme, die wir von unseren Eltern und/oder noch früheren Generationen ererbt haben.

Innere Eltern

Es gibt gesunde, liebevolle, fürsorgliche Eltern, die das innere Kind annehmen, schätzen und bestätigen. Ein gesunder Vater/Mutter stützt, ermutigt und lobt das innere Kind. Die Schattenseite sind kritisierende, lieblose innere Eltern, die dem inneren Kind verurteilend, kritisch oder kalt gegenüberstehen, es nicht bedingungslos lieben, sondern missbrauchen oder vernachlässigen. Die inneren Elternstimmen sind eine Ansammlung von dem, was wir von den Eltern, von Autoritätspersonen, religiösen Autoritäten und Botschaften der uns umgebenden Kultur wahrgenommen haben.

Erwachsener

Es gibt das höhere oder wahre Selbst, das durch Verständnis, Fähigkeit zur Problemlösung, bedingungslose Liebe, Vergebung, Beziehungsstärke und ein starkes Selbstwertgefühl gekennzeichnet ist. Die dunkle oder Schattenseite ist das falsche Selbst, d.h. das Schneckenhaus, die innere Rüstung, die Strategien, die wir zum Schutz des verwundeten inneren Kindes entwickeln. Es sind die Masken, die wir tragen, die Spiele, die wir spielen, um uns vor weiteren Verletzungen abzuschirmen.

Jeder dieser Teile der Person hat ganz spezifische Rollen:
● Dem inneren Kind geht es vor allem um Gefühle und Bedürfnisse.
● Den inneren Eltern geht es um Werte, Ethik und Moral.
● Der innere Erwachsene konzentriert sich auf Gedanken und Glauben/Überzeugungen.

Um sein gegenwärtiges Leben zu verändern, muss der Klient das verwundete Kind in sich aufwecken, entdecken, wiederfinden und heilwerden lassen. Er muss das, was bisher unbewusst war, ins Bewusstsein heben. Er muss die Stimme der kritisierenden inneren Eltern zum Schweigen bringen und liebevolle, ermutigende, fürsorgliche innere Eltern entwickeln. Solange er nicht das, was bisher im Dunkeln war, ans Licht bringt, wird das innere Kind jegliche Bemühungen des Erwachsenen sabotieren und ihm das Leben vergällen. Das Heilwerden alter, bisher unversorgter Wunden ist daher wichtig.

Um diesen Heilungsprozess zu beginnen, muss der Klient zunächst lernen, auf die Stimmen seiner inneren Familie zu hören. Er muss unterscheiden lernen, wer da gerade spricht, und lernen, die Bedürfnisse seines inneren Kindes auf gesunde, angemessene Art zu beantworten. Möglicherweise muss er auch sein inneres ungezogenes Kind und seinen inneren Tyrannen, der sich immer nur eigenwillig durchsetzen will, in die Schranken weisen.

Martha Baldwin beschreibt den inneren Tyrannen als den „Saboteur". „Wer den Saboteur ignoriert, macht ihn damit nur stärker. Wer ihn abzuschütteln versucht, bringt ihm nur bei, wie er sich raffinierter verstecken kann. Die einzige Methode, die Selbstsabotage zu beenden, besteht darin, dass man sich dem Saboteur stellt und ihn gut kennen lernt. Nur dann kann man sich eingestehen, wie destruktiv er ist, kann man seine Gegenwart akzeptieren und lernen, seine Macht in Grenzen zu halten, und ‚Nein' zu sagen zu seinen Versuchen, das Leben zu zerstören. Wenn wir seine Existenz aber ignorieren und leugnen, kann der Saboteur sein tödliches Werk im Geheimen erfolgreich weiter betreiben."[9]

Drei Phasen der Heilung des inneren Kindes
Ich habe den Prozess der Heilung des inneren Kindes in drei Phasen unterteilt:

Heilung des inneren Kindes, Phase 1: Sich selbst Vater und Mutter sein
Die drei Aufgaben in der ersten Phase sind:
1. Auf Gedanken, Gefühle, Bedürfnisse hören.
2. Sich selbst ein guter Vater/eine gute Mutter sein: Zeit, Berührung, Gespräch.
3. Heilsame Verhaltensweisen entwickeln und einüben.

Drei Phasen der Heilung des inneren Kindes

1. Sich selbst Vater und Mutter sein
- Auf Gedanken, Gefühle, Bedürfnisse hören.
- Sich selbst ein guter Vater/eine gute Mutter sein: Zeit, Berührung, Gespräch.
- Heilsame Verhaltensweisen entwickeln.

2. Geistliche Väter und Mütter haben
- Gebet, Meditation, Lesen.
- Seinen Wert als Kind Gottes erfahren.
- Heilung von Erinnerungen mit der Hilfe geistlicher Mentoren.

3. Freunde haben, die Mentoren sind
- Heilung von gleichgeschlechtlichen und andersgeschlechtlichen Wunden.
- Mentoring-Beziehungen.
- Gleichgeschlechtliche Freundschaften und Aktivitäten entwickeln.

© Richard Cohen, M.A., Januar 1999

Als Erstes muss der Klient lernen, auf die Stimme seines inneren Kindes zu hören. Bevor er bei anderen Hilfe sucht, muss er zuerst sein eigener guter Vater/Mutter werden. Er muss seine fürsorglichen inneren Eltern verstärken bzw. erst schaffen und die kritisierenden zum Schweigen bringen. Die meisten von uns sehnen sich verzweifelt danach, angenommen zu werden. Diese Annahme beginnt durch mich selbst, nicht durch die Welt um mich herum. Bevor er andere Menschen sucht, die ihn annehmen, muss der Klient sich selber annehmen, sonst macht er sein Wohlergehen davon abhängig, wie andere über ihn denken – und nicht wie er selbst über sich denkt. Der Weltfrieden beginnt in uns.[10]

Seit über dreißig Jahren kämpfte Rolf mit homosexuellen Gedanken, Gefühlen und Wünschen. Er war bei mehreren Therapeuten

gewesen. Sie hatten ihm geholfen, mit seinen Neigungen „umzugehen", aber keiner half ihm, herauszufinden, woher sie überhaupt
kamen, und dann die Wunden heil werden zu lassen. Seine Zeichen-
und Dialogübungen mit seinem inneren Kind enthüllten ihm ein
zorniges, frustriertes Kind hinter einer Fassade des netten Jungen.
Als er begann, diese Gefühle nach draußen zu lassen, wurden seine
homosexuellen Neigungen schlagartig weniger. Er entdeckte, dass
sein homosexuelles Verhalten zur Verschleierung des zornigen, verletzten inneren Kindes diente.

Mark war über vierzig und hatte so ziemlich alles versucht, um anders zu werden, aber nichts hatte seinen unersättlichen Appetit auf
Männer wegnehmen können. Bei der Arbeit mit seinem inneren
Kind entdeckte er, dass er mit vier Jahren sehr schlimm sexuell missbraucht worden war; erst jetzt, wo er seinem inneren Kind die Zeit
und den Raum zum Heilwerden gab, kam diese Wunde an die
Oberfläche. Durch tiefe Trauerarbeit und Mentoring ließ er den
Schmerz abfließen und ersetzte ihn durch neue Erfahrungen gesunder, männlicher Liebe. Heute ist Mark von seinen homosexuellen
Neigungen frei, denn er hat den Schlüssel zu seiner Schatzkammer
gefunden. Als er die Wunde wahr sein ließ, fand er Zugang zu
seinem Herzen.

Hier kurz ein Wort zum *Falschen Erinnerungs-Syndrom.* (Der
Ausdruck bedeutet, dass der Klient sich an einen Missbrauch erinnert, der aber gar nicht stattgefunden hat.). Ich achte sehr genau darauf, dass ich meinen Klienten gegenüber die Möglichkeit
eines sexuellen Missbrauchs nicht von mir aus erwähne oder auch
nur andeute. In vielen Fällen kommt aber ein Missbrauchserleb-
nis von selbst an die Oberfläche. Bei mir selbst kamen die Erinnerungen hoch, ohne dass mein Therapeut über einen möglichen
Missbrauch gesprochen hatte.

Nun muss der Klient seinem inneren Kind Zeit widmen und sich mit
ihm beschäftigen – durch Zeichnen, Gespräche, Meditation. John
Pollards Buch *Self-Parenting* beschreibt eine einfache und effektive

Methode des Dialogs mit dem inneren Kind. Er lässt mit der dominierenden Hand die Stimme der Eltern sprechen und mit der nicht dominierenden Hand die des Kindes. Das mag verrückt klingen, aber es ist sehr effektiv. Durch das Schreiben bzw. Zeichnen mit der nicht dominierenden Hand kann der Klient seine intellektuelle Verdrahtung umgehen und in Kontakt zu seinem Körper und seinen Gefühlen kommen. Er kann das Blatt, auf dem er arbeitet, einfach in zwei Hälften teilen und z.B. links die Elternstimme Fragen stellen und rechts das innere Kind antworten lassen.

Eine weitere Methode, Zugang zum inneren Kind zu bekommen, ist die Meditation. Ich empfehle, die Inneres Kind-Meditationen und andere Kassetten mit Positivbotschaften mindestens einmal pro Tag zu benutzen, am besten sogar zweimal (nach dem Aufstehen und vor dem Schlafengehen). Ist das dem Klienten zu viel, beginne ich mit größeren Abständen und steigere die Häufigkeit nach und nach, bis er die Meditationen täglich hört.

Drittens muss der Klient für sein inneres Kind heilsame Tätigkeiten ausüben, z.B. Radtouren, Spaziergänge, Wanderungen, Ausflüge. Durch Dialog, Zeichnen und Meditation wird das innere Kind seine Bedürfnisse anmelden. Es ist wichtig, sich rechtzeitig und auf die richtige Weise um diese Bedürfnisse zu kümmern. Man mache keine Versprechungen, die man nicht halten kann! Konsequenz ist der Schlüssel zu erfolgreicher Selbst-Elternschaft. Ein einmal gegebenes Wort muss gehalten werden. Auf diese Weise wird das innere Kind des Klienten anfangen, ihm zu vertrauen, und ihm immer tiefere Wahrheiten enthüllen.

Wieder ist die rechte Balance zwischen schönen und beschwerlichen Tätigkeiten wichtig – in den Brunnen hinabsteigen und auf der Wiese spielen. Die Wunden heilen lassen und lernen, sich am Leben zu freuen.

Heilung des inneren Kindes, Phase 2: Geistliche Väter und Mütter haben

Die Aufgaben dieser Phase lauten:

1. Gebet, Meditation, Lesen.
2. Seinen Wert als von Gott geliebter Mensch erfahren.
3. Heilung von Erinnerungen mit der Hilfe geistlicher Mentoren.

Erstens: Der Klient kommt durch Gebet, Meditation und das Lesen von geistlichen Texten mit den Wunden und Bedürfnissen seines inneren Kindes in Berührung.

Zweitens: Durch tägliche Bestätigung kann er das Selbstwertgefühl seines inneren Kindes wiederherstellen. Ich lasse meine Klienten dazu entsprechende Kassetten hören, aber es gibt auch andere Wege. Es ist wichtig, Gehirn, Herz und Seele des Klienten kontinuierlich „umzuprogrammieren", so dass er lernt, sich als von Gott geliebter Mensch zu sehen. „Das Prinzip der positiven Einrede stellt jeden von uns vor die Wahl, entweder das Unterbewusstsein mit schöpferischen, fruchtbaren Gedanken zu füttern oder aber im fruchtbaren Garten des Geistes destruktive Vorstellungen wuchern zu lassen. ... *Die ständige Wiederholung bestimmter, an das Unterbewusstein gerichteter Vorstellungen und Befehle stellt die einzige bisher bekannte Methode dar, willentlich den geistigen Zustand des festen und unerschütterlichen Glaubens zu schaffen.*"[11]

Die dritte Aufgabe ist die Heilung der Erinnerungen. Mittels kreativer Visualisierung versetzt sich der Klient in vergangene schmerzliche Szenen zurück und stellt sich vor, wie sein inneres Kind dort Hilfe durch Mentoring erfährt. Der geistliche Mentor kann dabei eine innerlich vorgestellte Person sein, ein vertrauenswürdiger Freund, sonst ein geliebter Mensch oder der eigene Vater und/oder Mutter in idealisierter Form.

Wenn der Klient bereit ist, seine Vergangenheit anzugehen, zu verarbeiten und heil werden zu lassen, ist das eine wichtige Hilfe im Heilungsprozess. Wenn die Erinnerung ein schweres seelisches Trauma zu Tage fördert, muss das Heilwerden jedoch in der Gegenwart eines anderen erfolgen – eines, wie die bekannte Psychiaterin Alice Miller sagt, „mitfühlenden Zeugen", der dem Klienten in dem Schmerz des Heilungsprozesses helfend und Halt gebend zur Seite steht.

Das Heilwerden der Erinnerungen kann auch dazu dienen, positive, glückliche Erfahrungen zu machen. Der Mentor kann das innere Kind in Aktivitäten hineinnehmen, die ihm Spaß, Wärme und neue Erkenntnisse bringen und so seine tiefsten unbeantwortet gebliebenen Bedürfnisse stillen. Er kann mit dem Klienten Fußball spielen, Angeln, Spazieren gehen oder das innere Kind gleichsam auf den Schoß nehmen.

Heilung des inneren Kindes, Phase 3: Freunde haben, die Mentoren sind

Die drei Aufgaben dieser Phase sind:

1. Heilwerden von gleichgeschlechtlichen und andersgeschlechtlichen Wunden.
2. Mentoring-Beziehungen.
3. Gleichgeschlechtliche Freundschaften und Tätigkeiten entwickeln.

Wenn der Klient in seinem Selbstwertgefühl, seiner Selbsterkenntnis und im guten mütter- bzw. väterlichen Umgang mit sich selbst sicherer geworden ist, kann er sich nach Helfern für den Prozess des Heilwerdens seiner gleichgeschlechtlichen und andersgeschlechtlichen Wunden umsehen. Die erste und beste Wahl sind seine eigene Mutter und Vater. Wenn die Eltern bzw. der Elternteil dazu bereit sind, fange ich an, mit der ganzen Familie zu arbeiten. Ich bitte den Klienten, seine Eltern sowie etwaige Geschwister zu einer Marathonsitzung einzuladen. Diese dauert gewöhnlich mehrere Stunden, je nachdem, wie groß die Familie ist und wie viele ungelöste Probleme es unter ihnen gibt. Ich benutze Martha Welchs Modell der haltenden Umarmung, die Sie durch ihr Buch *Die haltende Umarmung* sowie ihre Audio- und Videoserien kennen lernen können; weiter unten, bei der dritten Phase der Heilung von Homosexualität, werde ich noch genauer darauf eingehen. Eltern und Kind beginnen, ihre Beziehungsprobleme zu lösen. Dies ist für alle Beteiligten ein sehr tiefer und lohnender Prozess. Das direkte Arbeiten mit den Eltern kann dem Klienten Jahre zusätzlicher Therapie ersparen.

Zweitens: Falls die Eltern bereits verstorben oder nicht bereit sind, mitzuarbeiten, ermutige ich den Klienten, sich Mentoren zu suchen, die ihm beim Heilungsprozess helfen. Falls er zu einer Kirche, Synagogengemeinde oder sonstigen religiösen Organisation gehört, ist dies der natürliche Ort, sich einen Mentor zu suchen. Es gilt, Mentoren zu finden, die der liebevolle Vater/die liebevolle Mutter sind, die der Klient selbst nie erlebt hat. Glücklich verheiratete Personen sind die besten Mentoren. (Mehr darüber in Kapitel 12, wo ich die Rollen und Pflichten des Mentors sowie des Erwachsenen-Kindes auflliste.)

Im Kontext einer solchen liebevollen, loyalen Beziehung können beim Klienten die Wunden verheilen und seine Bedürfnisse beantwortet werden. Besonders ältere und erfahrene Menschen, deren Kinder schon aus dem Haus sind, können diesen Menschen, die so dringend neue Eltern brauchen, wunderbare Mentoren sein. Es ergibt sich eine Situation, bei der niemand verlieren kann. Die Jungen empfangen viel Segen durch die Älteren, und die Älteren erfahren die verdiente Anerkennung ihrer Lebenserfahrung, Weisheit und Liebe.

Drittens ist es sehr wichtig, den Klienten zum Aufbau gesunder gleichgeschlechtlicher Freundschaften zu ermutigen. Auch hierin liegt eine große Möglichkeit zum Heilwerden. Wie schon erwähnt, gibt es drei Typen von Freunden: den Weggefährten, den gesunden heterosexuellen Mann, der vom inneren Kampf des Klienten weiß und ihn unterstützt, und den gesunden heterosexuellen Mann, der von diesem Kampf nichts weiß, aber ein gutes Rollenvorbild und Freund ist.

Stimmendialog

Der Stimmendialog (voice dialogue) ist eine Technik, mit der das Unbewusste und seine Beziehung zu den bewussten Anteilen unserer Person erforscht werden kann. Sie kann uns helfen, die „verschütteten" Bereiche unseres Wesens besser zu verstehen und wiederzugewinnen. In jedem von uns wohnen viele Stimmen. Jede von ihnen hat eine Aufgabe zu erfüllen. Diese Stimmen kennen zu lernen, bringt uns größere Selbsterkenntnis und mehr inneren Frieden, so dass unser wahres Selbst seine rechtmäßige Führungsposition einnehmen und jeden Teil unseres Wesens anhören und zur Geltung kommen lassen kann. Das bedeutet nicht, dass wir jeder Stimme in uns folgen müssen; aber wir lassen sie zu Wort kommen.

Mehr über den Stimmendialog erfahren Sie in dem Buch *Du bist viele* von Hal und Sidra Stone, die diese Technik entwickelt haben. Wenn jemand in seinem Heilwerdungsprozess „festgefahren" ist, ist dies eine wunderbare Methode, um wieder in Schwung zu kommen. Die Methode hat sich bei vielen meiner Klienten, die dazu neigen, sich selbst zu analysieren, aber wenig Zugang zu ihren Gefühlen haben, bewährt.

Zu den verschiedenen Stimmen in uns gehören u.a. die des Beschützers, des Antreibers, des netten Typen, des Rebellen, des Einzelgängers, Märtyrers, Schaffers, Angebers, Betreuers, des Opfers, des ständig Klagenden, des Kreativen, des Schelms und des verletzlichen Kindes. (Vgl. das Diagramm „Schichten unserer Persönlichkeit" in Kap. 4.)

Einer meiner Klienten, Sam, musste sich ständig über das Internet homosexuelle Pornografie herunterladen, worauf dann anschließend immer der große Schuldtrip folgte. Ich schlug ihm vor, mit der moralischen Selbstkasteiung aufzuhören und sich statt dessen zu fragen, *warum* er denn dauernd nackte Männer betrachten musste. Wir benutzten die Technik des Stimmendialogs, die uns tiefe Einblicke in Sams Inneres brachte. Lassen wir Sam selbst reden:

„Richard ließ mich meine Internet-Sitzungen analysieren, indem er mir half, Zugang zu den Gefühlen in meinem Körper zu finden. Als Erstes kam die Kraft, sie kam aus meiner Brust. Ich nahm die Positur eines Bodybuilders ein. Diese Kraft wollte nicht, dass ich mir den Schund im Internet ansah; sie fand, dass es reine Zeitvergeudung sei, denn das, was ich mir da anguckte, hatte ich doch selber. Die Kraft wollte gerne, dass ich *immer* auf sie hörte und nicht nur meistens.

Als Zweites kam die Angst, sie kam aus meinem Bauch. Die Angst wollte, dass ich mir das im Internet ansehe. Sie fühlt sich stark, wenn sie sich die nackten Männer zu Willen machen kann. Sie sagte mir, das sei so, als ob man ein starkes Raubtier in einem Käfig vor sich habe – wild, aber völlig ungefährlich. Die Angst wollte, dass ich mir die Bilder weiter ansehe, damit sie tun, was ich will.

Als Drittes kam die Wut. Ich nannte sie John. [In einer Stimmendialog-Sitzung frage ich den Klienten oft, ob er der Stimme, die gerade spricht, nicht einen Namen geben will.] Sie kam mehr aus der Leistengegend als aus dem Penis. John wollte auch, dass ich die Männer im Internet ansehe – um zu sehen, dass sie nicht mehr haben als ich! John kam in Sammys Leben hinein, als er 13 war. [*Sammy* war Sams Spitzname als Kind.] Sammy bekam es mit der Angst zu tun und versteckte John hinten im Schrank. Sammy wollte Mamas Junge oder Mädchen sein – egal was, Hauptsache er hatte Mama. Solange John aber da war, war er eine Bedrohung für die enge Beziehung zu Mama, und so musste er sich verstecken. Sammy hatte Angst vor John. Er drückte ihn in die Ecke – und anschließend gab er ihm die Schuld dafür, dass Sammy sich nicht männlich genug fühlte. Aber er konnte nicht beides haben – John und Mama auf die Weise wie bisher. Entweder er würde ein Mann werden oder nicht! Dann sagte Mama zum Glück, dass Billy ihr

Liebling sei, womit sie das unausgesprochene Abkommen brach und Sammy freigab. [Billy war Sams jüngerer Bruder.]
Richard sagte mir, dass ich alle drei Stimmen anhören muss und dass ich, wenn ich ins Internet gehe, jeden von ihnen ausreden lassen sollte."

Wie Sie sehen, hatte jede von Sams Stimmen einen anderen Grund dafür, nackte Männer zu betrachten. Indem er jede der Stimmen ihre Wahrheit formulieren ließ, konnte Sam ein guter Vater seiner inneren Familie werden. In späteren Sitzungen berichtete er mir, dass sein Verlangen, nackte Männer im Internet zu betrachten, praktisch verschwunden sei, nachdem er begriffen hatte, woher dieses Bedürfnis kam.
Der Stimmendialog schärft das Bewusstsein des gesunden Erwachsenen- und Eltern-Ichs, so dass es bessere Entscheidungen treffen kann. Wieder geht der Weg zu verschiedenen Stimmen über das Wahrnehmen von Gefühlen im Körper. Focusing bedeutet, sich auf eine innere Entdeckungsreise zu begeben. Der Stimmendialog ist ein Prozess der Erforschung durch Hörbarmachen der inneren Stimmen. Beide Methoden sind hoch wirksam.

Körper
Bio-Energetik
Ich benutze *Bio-Energetik*, wie sie von Alexander Lowen, und *Core-Energetik*, wie sie von John Pierrakos gelehrt wird. Ich verweise hier auf die gleichnamigen Bücher dieser Autoren. Beide arbeiteten mit Wilhelm Reich und entwickelten ihre eigenen Varianten der körperzentrierten Therapie.
Beide Methoden helfen dem Klienten, Zugang zu seiner Kraft zu bekommen. Ich habe die Erfahrung gemacht, dass der homosexuell orientierte Mensch sehr viel verdrängte Wut in sich hat. Da Wut so wichtig für den Heilungsprozess ist, werde ich diesem Thema ein ganzes Kapitel widmen (Kap. 8).
Durch Bio-Energetik und Core-Energetik bekommt der Klient Zugang zu Wut, Angst, Schmerz und anderen verdrängten Gefühlen. Nach verschiedenen bioenergetischen Übungen erinnerte sich der zwanzigjährige Christopher plötzlich daran, wie er als Siebenjähriger sexuell missbraucht worden war. Jahrelang hatte er diese Erinnerung aus seinem Bewusstsein verdrängt; die Bio-Energetik machte sie ihm wieder zugänglich. Tief in

der Muskulatur des Körpers versteckt liegt ein ganzes Magazin unausgedrückter Gefühle. Alte Gefühle und Gedanken, die wir vor langen Jahren vergruben, leben in der Zellstruktur unseres Körpers weiter. Bioenergetische und core-energetische Übungen können uns Erinnerungen aus Kleinkindalter, Kindheit und Jugendzeit zurückbringen. Christopher schlug mit einem Tennisschläger, zum Teil auch mit den Fäusten, auf Kissen ein, und in dieser Sitzung schossen die Erinnerungen zurück in sein Bewusstsein, und Heilung konnte beginnen.

Ich habe für diese Schlagübungen einen besonderen Kissenaufbau entwickelt. Die Kissen sind fast hüfthoch. Ich bedecke sie mit einem Betttuch und gebe dem Klienten Sporthandschuhe, um seine Hände zu schützen. (Früher bekamen viele Blasen an den Händen von dem heftigen Schlagen.) Darauf bekommt er einen Tennisschläger, mit dem er auf die Kissen eindrischt. Ich weise ihn an, sich vorzustellen, dass der Mensch, der ihn verletzt hat, auf der anderen Seite der Kissen steht. Dann sage ich ihm, dass er seinen ganzen Zorn und Schmerz herauslassen soll. Es ist wichtig, dass er gleichzeitig das, was in ihm vorgeht, mit Worten ausdrückt.

Das richtige Atmen ist wichtig. Eine tiefe Bauchatmung (Zwerchfellatmung) hilft, die aufgestauten Gefühle nach außen zu bekommen. Manchmal weiß der Klient nicht, was er seinem eingebildeten Gegenüber sagen soll, oder hat Angst, es zu sagen. Ich weise ihn dann an, wiederholt einfach den Namen der Person zu sagen, bis Gedanken oder Gefühle hochkommen. Geht es z.B. um den Vater, sagt der Klient immer wieder: „Papa", „Papa" usw., bei gleichzeitiger Zwerchfellatmung. Es ist wichtig, dass er den Namen benutzt, mit dem er den Vater als Kind anredete, und zwar in seiner Muttersprache, auch wenn er inzwischen im Ausland wohnt. Wir legen unsere Erinnerungen in unserer Muttersprache ab.

Achtung: Für Klienten, die zu Wutanfällen neigen, ist der Einsatz der Bio-Energetik nicht geeignet, ja kontraindiziert. Sie müssen andere Methoden lernen, hinter ihre Wutmaske vorzudringen und ihre Wunden und ihr gestörtes Selbstwertgefühl direkt angehen.

Atemübungen
Tiefes Atmen kann dem Klienten Erinnerungen aufschließen und emotionale Blockaden lösen helfen. Tiefes Atmen bringt Licht in die dunklen Regionen unserer Seele. Ich habe die Erfahrung gemacht,

dass die Technik des verwandelnden (transformationellen) Atmens
äußerst hilfreich ist. Ich benutze diese Methode in der Einzel- wie in
der Gruppentherapie.

Eine Atmungssitzung dauert meist etwa eine Stunde, ließe sich aber
leicht stundenlang fortsetzen. Zuerst üben wir ein Standardmuster
ein: tiefe Bauchatmung, wobei über den Mund ein- und ausgeatmet
wird. Der Rhythmus ist: ein Schlag (eine Sekunde) einatmen, zwei
Schläge (zwei Sekunden) ausatmen. Dieser Rhythmus wird etwa 45
Minuten lang geübt. Die genaue Länge scheint von dem natürlichen
Körperrhythmus bestimmt zu werden. Man sollte meinen, dass es eigentlich unmöglich ist, so lange eine Tiefenatmung beizubehalten,
doch nach den ersten ca. zehn Minuten führt der Körper sie von selbst
weiter.

Ich habe Klienten erlebt, die durch diese Atemtechnik unglaubliche
Durchbrüche schafften. Unerlässlich ist jedoch die qualifizierte Anlei-
tung und Begleitung durch den Therapeuten, da diese Technik den
Klienten in Bereiche seiner Seele führen kann, wo er fachmännische
Hilfe benötigt. (Eine ähnliche Technik ist das Rebirthing.)

Bewegung, bewusste Ernährung, Sport, Freude

Es ist wichtig, dass der Klient seinen Körper wieder in Besitz nimmt.
Ein Bestandteil der homosexuellen Störung ist ein minderwertiges
Selbstbild. Hier sind die Teilnahme an Sport und körperlicher Ausgleich ein wichtiger Teil des Heilungs- und Wachstumsprozesses. Der
männliche Klient braucht möglicherweise männliche Mentoren, die
ihn sportlich schulen, die Klientin dagegen Mentorinnen, die ihr helfen, ihre Weiblichkeit zurückzugewinnen.

Therapeutische Massage

Gesunde Berührungen sind sehr wichtig und notwendig – nicht nur
für den Aussteiger aus der Homosexualität, sondern für jeden Mann,
jede Frau und jedes Kind. Gesunde Berührungen verbessern unser
emotionales, geistiges, körperliches und geistliches Wohlbefinden.
Auch im Kampf gegen Alkoholismus, Drogensucht, die Folgen von
sexuellem Missbrauch, gegen sexuelle Süchte, Spielsucht, Arbeits-
sucht, Kaufsucht, Sportsüchte und dergleichen mehr, ist es eine große
Hilfe, wenn wir es lernen, einander auf gesunde Art zu berühren.
Mehr darüber in Kapitel 10.

Wenn der Klient sexuellen oder körperlichen Missbrauch oder starke
Vernachlässigung erfahren hat, wird der Heilungsprozess durch eine
gesunde Massagetherapie unterstützt. Dazu braucht er jedoch unbedingt einen Massage-Therapeuten, der zuverlässig ist, Erfahrung mit
Opfern von Missbrauch und Vernachlässigung und eine starke heterosexuelle Identität hat.

Seele

Bestätigung, Meditation, Gebet und geistliche Texte fördern die innere, geistliche Entwicklung. Ich empfehle meinen Klienten, sich einer
religiösen Gruppe anzuschließen, in der sie Gott und die liebevolle
Zuwendung durch andere Menschen erfahren können.

Der Klient muss lernen, mit dem einverstanden zu sein, was er momentan ist und hat, anstatt Zufriedenheit immer auf eine erträumte Zukunft zu veerschieben. Dies ist ein sehr wichtiger Lernschritt. Es geht
darum, eine Grundeinstellung der Dankbarkeit zu entwickeln. Menschen mit einer gleichgeschlechtlichen Beziehungsstörung neigen zu einer entmutigten, depressiven Haltung. Der Klient sollte daher pro Tag
mindestens 50 Sätze vom Typ „Ich bin dankbar, dass ...“ sprechen.

Therapeutische Werkzeuge und Techniken
Phase III: Heilung der gleichgeschlechtlichen Wunden

Denken	Die Ursachen gleichgeschlechtlicher Wunden verstehen
Fühlen	Trauern/Vergeben/Verantwortung übernehmen Techniken: Heilung der Erinnerungen/Stimmendialog/ Rollenspiel/Psychodrama/Haltende Umarmung/Mentoring/ Inneres Kind Beziehungsnetz
Körper	Bewegung/Ernährung/Sport/Spaß/Bio-Energetik/Atemübungen/ therapeutische Massage
Seele	Selbstwertgefühl aufbauen Sich als bei Gott wertvoll erfahren Meditation/Gebet/Bestätigung/geistliche Texte/ Gemeinde

© Richard Cohen, M.A., Januar 1999

Phase III: Heilung der gleichgeschlechtlichen Wunden

1. Weiterführung der Aufgaben aus Phase 2
2. Ermittlung der Ursachen der gleichgeschlechtlichen Wunden
3. Weiterführung des Prozesses von Trauern, Vergeben und Übernahme von Verantwortung
4. Entwicklung gesunder, heilsamer gleichgeschlechtlicher Beziehungen
   In dieser Phase beginnt der Klient mit der psychodynamischen oder emotionalen Heilungsarbeit.

Denken

Es ist sehr wichtig, dass der Klient die Grundursachen seiner gleichgeschlechtlichen Neigungen wirklich versteht. Ein Mann muss die
Wunden angehen, die er im Umgang mit seinem Vater, Brüdern und
anderen Männern erhalten hat, die sein Wachstum und seine Entwicklung beeinflusst haben. Eine Frau muss entsprechend die Wunden angehen, die sie von ihrer Mutter, Schwester(n) und anderen
wichtigen Frauen in ihrem Leben bekommen hat. Ebenfalls zu behandeln sind Wunden durch Gleichaltrige, Körperbildwunden, (homo)sexueller Missbrauch und andere schmerzliche Erfahrungen von
der frühen Kindheit bis zur Jugendzeit.

Fühlen

Ich benutze zur Heilung des Gefühlslebens verschiedene Methoden:
Stimmendialog, Gestalt-Therapie, Atemübungen, Rollenspiel, Psychodrama, Mentoring, Heilung der Erinnerungen, Heilung des inneren Kindes, haltende Umarmung, Transaktionsanalyse, Familienkons-
tellationen, Bio-Energetik und Core-Energetik.

Die wichtigste Aufgabe, um heil werden zu können, ist, fühlen zu lernen und die Wunden der Gegenwart und Vergangenheit zu betrauern.
Der schnellste Weg zur Heilung besteht darin, wann immer möglich
an die Ursache der Wunden zu gehen. Ich empfehle dazu sehr die Arbeit mit den Eltern des Klienten, egal wie alt sie und ihr Erwachsenen-
Kind sind. Ob acht oder achtzig – es ist nie zu spät, um heil zu werden und zu reifen. Gott hat in jeden von uns die Fähigkeit hineingelegt, gesünder und heiler werden zu können. Sie besteht, einfach
ausgedrückt, im *Trauern können*. Ein Kind, das sich wehgetan hat,
schreit und weint seinen Schmerz hinaus. Danach möchte es kurz getröstet werden, einen Kuss bekommen – und dann spielt es wieder
weiter.

Auf diese Weise sollten wir eigentlich alle mit unseren inneren
Schmerzen umgehen. Doch das Problem mit dem inneren Kind des
Heranwachsenden und des Erwachsenen ist, dass es gelernt hat, den
Mund zu halten und sich abzuschotten. Es hat hundert Methoden ge-
lernt, *nicht* zu fühlen und sich nicht direkt seinen Gefühlen, Gedan-
ken, Bedürfnissen zu stellen.

Im Folgenden beschreibe ich kurz einige der Methoden, die ich verwende.

Therapie der haltenden Umarmung

Es ist unerlässlich, den Schmerz an der Stelle heilen zu lassen, wo er entstanden ist, an seinem Ursprung. Falls die Eltern des Klienten noch leben und mitwirken können, sollte der Therapeut dazu ermutigen, dass Heilung wirklich in der Familie geschieht. Die Therapie der haltenden Umarmung, wie sie von Martha Welch gelehrt wird, ist eine hervorragende Methode, um Nähe und Bindung zwischen Eltern und Kindern zu schaffen. Meine Frau, unsere drei Kinder und ich benutzen sie in unserer eigenen Familie. Ob bei Dauerkonflikten, alten Wunden, die aus der Vergangenheit sich melden oder einfachen Streitigkeiten hier und jetzt – sie wirkt Wunder. Durch körperliche Berührung und Umarmung wird eine sichere Umgebung geschaffen, wo Kind und Elternteil ohne Angst ihre tieferen Gefühle ausdrücken können. Das Berühren schafft gleichsam einen geschützten Raum. Diese Therapie ist allerdings nicht ratsam bei Familien, die zu Gewalttätigkeit, Süchten und Missbrauch untereinander neigen.

Ich habe diese Umarmungstherapie mit meinen eigenen Eltern gemacht; in Stunden konnten jahrelang verdrängter Groll, Schmerz und Missverstehen heil werden. Ich bin immer wieder erstaunt, wie Menschen mit gleichgeschlechtlichen Neigungen die Handlungen und Worte ihrer Eltern missverstanden haben. Daher muss bei der Heilung der Eltern-Kind-Beziehung als Erstes das Erwachsenen-Kind seinen Zorn, seine Wut und seinen Schmerz loswerden können. Danach kann der Elternteil seine eigene Perspektive des Geschehenen mitteilen. Erst dann ist das Kind in der Lage, die Liebe und Wahrheit des Elternteils anzunehmen.

Der 16-jährige Jared hatte in jeder Nacht Phantasien über Männer, die ihn umarmten und Sex mit ihm hatten. Nach kurzer Einzeltherapie lud ich seine Eltern zu einer Umarmungssitzung ein. Als sein Vater ihn auf den Schoß nahm, wollte Jared am liebsten weglaufen, äußerlich wurde er steif wie ein Stock. Er hatte so viel Wut gegen seinen Vater aufgehäuft, dass er nicht fähig war, seine Liebe anzunehmen. Sein Vater war ein guter, liebevoller Vater, aber Jared hatte sich emotional von ihm abgeriegelt. Einer der Hauptgründe lag weit zurück: Als Jared in die Grundschule ging, musste sein Vater häufig Überstunden machen und war oft geschäftlich unterwegs. Jared und seine Mutter vermissten ihn sehr, und wenn er wieder einmal verreist war, verlor die Mutter oft die Beherrschung und ließ ihre Enttäuschung an Jared und seinen Geschwistern aus.

Eine kurze Fußnote: Ich habe die Erfahrung gemacht, dass die meisten Männer, die zu mir kommen, sensibler sind als andere Männer. Wenn es bei der gleichgeschlechtlichen Neigung einen biologischen Faktor gibt, dann ist es wohl dieser. Diese Männer und Jungen nehmen sich die Dinge mehr zu Herzen als andere und können sie nicht so leicht loslassen. Anstatt ihre tieferen Gedanken, Gefühle und Bedürfnisse herauszulassen, verschließen sie sie in sich selber, ohne dass die Eltern etwas davon ahnen.

Jared vermisste seinen Vater und hatte Angst vor seiner Mutter. Dann kam es zu einem interessanten Phänomen: Er warf seinem Vater unbewusst vor, nicht da zu sein, um seinen Sohn vor den Wutausbrüchen der Mutter zu schützen. Diesen Groll gegen seinen Vater ließ er nicht mehr los. Die ganze Zeit spielte sein Vater durchaus eine aktive Rolle in seinem Leben: Er las dem Jungen Gutenachtgeschichten vor und unternahm alles Mögliche mit ihm. Die anklagenden Gefühle aber gegen den Vater hielt Jared tief in sich vergraben.

In der Pubertät begann Jared, sexuell mit anderen Jungen zu experimentieren. Über das Internet kam er an homosexuelle Pornografie und begann sein aktives Phantasieleben. Von seinem Vater hatte er sich innerlich gänzlich abgeriegelt, seine Umarmungen wehrte er ab. Jared begann, mehrmals am Tag zu masturbieren.

Ein weiterer wichtiger Faktor war, dass Jareds Vater ihm verbot, seine Wut offen auszudrücken. (Er selber hatte dies als kleiner Junge nicht gedurft und gab nun diesen Teil seines Wesens, den unterdrückten wütenden Jungen, an Jared weiter, vgl. 2. Mose 34,7). Unter Jareds verdrängtem Zorn lag seine innere Verletztheit – und unter dieser wiederum die warmen Gefühle, die er gegenüber seinem Vater hatte. Um Zugang zu dieser Liebe zu bekommen, musste er folglich zuerst seinen Zorn und Schmerz loswerden.

Die Umarmungstherapie mit seinem Vater ließ den Zorn hochkommen. Alle Gründe, warum er seinem Vater nicht mehr vertraut hatte, kamen in Jareds Bewusstsein zurück. „Ich brauchte dich, und du warst nicht da." – „Wo warst du, wenn Mutter uns so angeschrieen hat?" Und so weiter, die ganze Liste seiner Klagen entlang. Sein Vater hatte keinen Schimmer davon gehabt, wie verletzt Jared durch seine häufige Abwesenheit war. Er entschuldigte sich unter Tränen. Jareds Groll und Zorn begannen zu schmelzen, und nach mehreren Sitzungen, in denen er in den Armen seiner Mutter und seines Vaters seinen Schmerz herausgelassen hatte, begann eine neue Beziehung zu beiden Eltern.

Indem Jared so seine volle Identität als Sohn und junger Mann erwarb, verflogen seine homosexuellen Neigungen. Dies war nur natürlich, war er jetzt doch nicht mehr von seinen tieferen Gefühlen und seinen Eltern abgekoppelt. Das homosexuelle Syndrom ist eine Form der psychologischen und spirituellen Abkoppelung vom Selbst und von anderen Menschen.

Harvey Jackins, der Begründer der Re-Evaluations-Beratung, hat diesen Heilungsprozess so erklärt: Als erstes müssen wir die schmerzliche Erfahrung wieder aufsuchen. Zweitens müssen wir den seelischen Schmerz und die unangenehmen Gedanken von damals herauslassen. Und drittens müssen wir verstehen, was damals eigentlich geschah, und diese Information in unser Bewusstsein aufnehmen.[13]

Die Umarmungstherapie in der Familie ist der schnellste Weg nach Hause. Wo sie nicht möglich ist, wende ich andere Methoden an, die bereits genannt wurden.

Das Buch *Where Were You When I Needed You Dad?* von Jane Myers Drew enthält über fünfzig Übungen, die den Heilungsprozess unterstützen. Diese Übungen eignen sich auch für das Heilwerden anderer Beziehungen, z.B. zur Mutter, Stiefvater/-mutter, Geschwistern und Großeltern.

Heilung der Erinnerungen

Heilung der Erinnerungen ist ein Prozess, bei dem man zurückgeht zu dem schmerzlichen Ereignis, die Gedanken und Gefühle von damals wieder erlebt, den Schmerz loslässt und durch die Hilfe eines Mentors das Ereignis in einem neuen Zusammenhang sieht, diesmal mit einem positiven Ergebnis. Der Mentor kann eine (gedachte) Person aus der Religion sein, ein lieber Vater/Mutter, ein guter Freund – oder der

Klient selber als Erwachsener. Ich verwende dazu oft eine Meditationskassette, die Einzelheiten über den Heilungsprozess beschreibt. Wie bereits erwähnt, können die tiefsten Wunden nur in der Gegenwart eines mitfühlenden Zeugen heilen. Was in einer ungesunden Beziehung entstand, muss im Kontext einer gesunden, liebevollen Beziehung heil werden.[12]

Rollenspiel

Beim Rollenspiel übernimmt ein anderer den Part der Person, die (tatsächlich oder in den Augen des Klienten) für den Schmerz verantwortlich war. Der Klient kann so all seine seit langer Zeit verdrängten Gedanken und Gefühle herauskommen lassen. Er kann schreien, weinen und sich auf andere Weise äußern, ohne sich selbst, den anderen oder Möbel zerstören zu müssen.

Bio-Energetik

Ist die Wut sehr groß, kann bioenergetische Arbeit hilfreich sein. Allgemein gesprochen, vergraben Frauen ihre Wut unter Tränen, während Männer ihre Tränen unter ihrer Wut vergraben. Doch ein seiner Geschlechtsidentität entfremdeter Mann hat seine Wut möglicherweise wie eine Frau, unter seinen Tränen, gespeichert.

Bio-Energetik ist eine sehr befreiende, heilsame und sichere Methode, seine Wut und den Schmerz loszulassen. Viele haben Angst davor, ihre Wut zu zeigen – sei es, dass ihre Eltern es ihnen verboten haben oder dass ein Elternteil oder Bruder/Schwester den Ausdruck von Wut für sich beansprucht hat, während der Klient der liebe kleine Junge/Mädchen war.

Psychodrama

Die Selbsthilfegruppe kann auch ein Psychodrama aufführen – eine „Wiederaufführung" eines Ereignisses aus der Vergangenheit, das die schmerzlichen Beziehungen/Erfahrungen darstellt. Die verschiedenen Mitglieder der Gruppe schlüpfen in die Rolle der Eltern, Geschwister oder sonstigen Beteiligten, so dass der Klient seine Gefühle und Gedanken von damals erneut durchlebt. Vielleicht lässt er seinen eigenen Part ebenfalls von jemand anderem spielen, so dass er das Drama als Zuschauer erleben kann. Oft ist dies sehr provozierend. Der Klient kann auch sämtliche Rollen selber spielen; er schlüpft dann in die Rolle seines Vaters/der Mutter/des Bruders etc. und spricht und verhält sich so, wie er es sich von ihnen vorstellt; auf diese Art kann er die möglichen Gefühle und Gedanken der anderen hautnah erleben.

Familienkonstellationen

Die Arbeit von Bert Hellinger ist ein wichtiger Beitrag zur Heilung von Generationswunden, die Situationen in der Gegenwart beeinflussen. Er hat zahlreiche verdeckte Faktoren beobachtet, die das Familiensystem beeinflussen, z.b. den/die ehemalige(n) Geliebte(n), Kriegserlebnisse, Abtreibungen, außereheliche Beziehungen, Diebstahl, Mord. Durch eine innerhalb einer Gruppe rekonstruierte Familienkonstellation kann der Klient zu tiefen Einsichten und Befreiung von diesen verborgenen Faktoren, die sein Leben prägten, kommen.

Neil hatte immer den Eindruck, dass er nicht zu seiner Familie dazugehörte. Er dachte, er sei adoptiert, obwohl er seinen Eltern ähnlich sah. In seiner Familienkonstellations-Übung schuf er eine Zusammenstellung aus seiner Mutter, seinem Vater, zwei Brüdern, der ersten Frau seines Vaters, dem verstorbenen früheren Liebhaber seiner Mutter und den Kriegskameraden sowie Kriegsopfern seines Vaters aus dem 2. Weltkrieg. Sein Vater hatte in der Armee gedient und im Krieg viele Menschen getötet sowie viele seiner Kameraden verloren. Durch die Konstellation erkannte Neil, dass er die Energie der getöteten Soldaten aufgenommen hatte. Er bildete sich ein, dass sein Vater sie mehr liebte als ihn, und folglich hatte er Todeswünsche, um so wie sie zu werden und dadurch die Liebe seines Vaters zu bekommen. In dem Spiel musste derjenige, der den Vater spielte, zu Neil sagen: „Ich will, dass du lebst. Ich liebe dich jetzt." Als er diese Worte sprach, öffnete Neils Herz sich für seinen Vater, und er weinte in seinen Armen. Endlich wußte er, dass er doch dazugehörte.

Mentoring

Mentoring ist eine wichtige Methode, um zur Liebe zurückzufinden, besonders wenn die Eltern verstorben, nicht zu erreichen und/oder nicht in der Lage bzw. nicht bereit zur Mitarbeit sind. Mentoren sind unersetzlich für das Heilwerden der Vaterwunde beim Mann und der Mutterwunde bei der Frau. Das helfende gleichgeschlechtliche Rollenvorbild beschleunigt den Heilungsprozess – und das Verheilen der Wunde lässt die gleichgeschlechtlichen Neigungen abklingen. Ich habe dies am eigenen Leib erfahren, und ebenso die vielen Männer und Frauen, mit denen ich gearbeitet habe.

Nathan wollte nicht mehr leben, als er zu mir kam. Seit über fünfzehn Jahren hatte er anonymen Sex mit Männern in Parks und Toiletten. Nachdem er bei mehreren Therapeuten gewesen war, wollte er aufgeben. Der Schmerz war einfach zu groß. Dabei hatte Nathan bereits die erste und zweite Therapie-Phase hinter sich. Aber seine bisherigen Therapeuten hatten sich nicht mit der Dynamik der Phasen III und IV ausgekannt. Sie hatten kognitive und verhaltensorientierte Methoden benutzt, aber verstanden die tieferen Ursachen seiner Wunden und die Notwendigkeit des emotionalen Durcharbeitens nicht. Durch Heilen der Erinnerungen führte ich Nathan zurück zu den Ereignissen, die die gleichgeschlechtlichen Verwundungen bei ihm verusacht hatten: schmerzliche Begebenheiten mit seinem Vater und Bruder und sexueller Missbrauch durch mehrere Männer. Ein Junge mit einer tiefen Vaterwunde wird sehr leicht zum Opfer sexuellen Missbrauchs, da dieser ein Ersatz für die Liebe des Vaters wird. An der Wurzel homosexueller Aktivitäten im Teenager- und Erwachsenenalter ist die Sehnsucht nach der verlorenen oder nie erfahrenen Liebe des Vaters. Der Betroffene wiederholt eine frühe Prägung, nämlich dass Sex ein Ersatz für Liebe sei.

Nathan beweinte Jahre des Elends, als er die Missbrauchsszenen in der Erinnerung wieder erlebte. Da sein Vater bereits gestorben war, ließ ich ihn während der Sitzung von einem Mentor in den Armen halten. In diesen Augenblicken des Trauerns und des Entgegennehmens von Liebe lösten sich Nathans homosexuelle Gefühle auf. Die sexuellen Wünsche sind neurologisch mit den schmerzlichen Erlebnissen der Vergangenheit verbunden. In dem Augenblick, als Nathan zu den Erinnerungen vorstieß und die Gefühle herauskamen, ebbten die sexuellen Sehnsüchte ab. Sie waren nicht mehr nötig, weil sein inneres Kind gehört wurde und Heilung erlebte.

Als Christian (siehe Kapitel 5) zu mir kam, war er kurz davor, sich nach zwanzig Ehejahren von seiner Frau scheiden zu lassen. Er hatte verschiedene Therapeuten aufgesucht, die ihm geraten hatten, seine Homosexualität als von Gott gewollt anzunehmen. Er war bereit, alles aufzugeben und seine Frau und Kinder zu verlassen. Durch Aufspüren der ursprünglichen Verletzungen (Zorn und Angst gegenüber der Mutter, Sehnsucht nach einem Vater, der nicht da war, und sexueller Missbrauch durch einen Nachbarn) konnte er seine homosexuellen Wünsche loslassen. Endlich war er frei von „dem Schmerz tief in meinem Bauch", der ihn von Kind auf begleitet hatte. Wir wandten Bio-Energetik, Heilung der Erinnerungen, Psychodrama und Mentoring an. Heute sind er und seine Frau einander nah, und er ist ein freier Mann.

Ich glaube an vollständiges Heilwerden, und nicht nur an ein Schmerzpflaster oder eine religiöse Hungerdiät gegen „sündige Begierden". Ich weiß, dass die Begierden und Sehnsüchte an schmerzliche Erinnerungen gekoppelt sind. Homosexuelle Sehnsüchte sind weder lustig noch schlecht, nur traurig („not gay nor bad, but SSAD), weil sie eine gleichgeschlechtliche Beziehungsstörung darstellen. Sobald aber der Betroffene die Erinnerungen aufschließt und wiedererlebt, können die homosexuellen Wünsche verfliegen. Wenn die Mauern, die der Klient um sein Herz gebaut hat, gefallen sind, fängt er an, seine wahre Geschlechtsidentität zu erleben.

Hat der Klient die Emotionen der Vergangenheit nacherlebt und bearbeitet, steht er vor drei wichtigen neuen Aufgaben: 1. emotionale Aufbauarbeit, 2. Umstellung der Gedanken, 3. gezielte Verhaltensänderungen.
Emotional braucht er viel Zeit mit seinen Eltern oder Mentoren, um mehr gesunde Berührung und Bindung zu erfahren, die ihm bisher gefehlt hat. Er muss jetzt auch unerledigte Entwicklungsaufgaben angehen. Die Gemeinschaft mit gleichgeschlechtlichen Freunden und Mentoren wird ihn tiefer in die Welt der Männer bzw. Frauen einführen.
Rational-intellektuell braucht es eine Neueinstellung der Gedanken. Jahre falschen Denkens, unreifen Verhaltens und mangelhafter Kommunikation müssen durch gesunde Gedanken, selbstbewusstes Verhalten und gute Kommunikation ersetzt werden.

Er muss schlechte Angewohnheiten verlernen. Laut Harville Hendrix sind emotionale Durchbrucherlebnisse allein nicht ausreichend für dauerhafte Veränderungen; der Klient muss auch sein Verhalten verändern. „Das Erkennen von Kindheitswunden ist ein entscheidendes Element in der Therapie, aber es reicht nicht aus. Der Klient muss auch lernen, kontraproduktive Verhaltensweisen einzustellen und durch effektive zu ersetzen."[14] Es dauert Monate der wachsamen Arbeit an sich selbst, um eine Angewohnheit zu ändern. Eingefahrene Verhaltensweisen wie Wutanfälle oder Vogel-Strauß-Reaktionen, wenn Probleme kommen, verschwinden nicht über Nacht. Dem Erlernen der richtigen Grenzen kommt eine wichtige Rolle beim Ausfüllen der Entwicklungslücken zu.

Noch einmal: Die emotionale Heilung alleine reicht nicht, es muss auch zu Änderungen im Denken und Verhalten kommen. Die Umstellung im Denken und die Einübung neuer, gesunder Verhaltensmuster ist ein weiteres Teil in dem Puzzle. „Jede bedeutsame, auf Dauer angelegte Veränderung erfordert beharrliches Üben, egal, ob es darum geht, das Geigenspiel zu erlernen oder zu lernen, wie man ein offenerer, liebevollerer Mensch wird."[15] Hier ist die Arbeit von Christopher Austin und anderen hilfreich. Wenn die Eltern an der Therapie beteiligt sind, können sie ihrem Sohn/Tochter bei der Erneuerung von Geist, Körper und Seele helfend und führend zur Seite stehen. Sind sie nicht präsent, können der Mentor/ Berater/ religiöse Vertrauensperson oder andere helfen.

Körper

Es sollte weiter für genügend Sport, Ausgleich, Spaß und die richtige Ernährung gesorgt werden. Die Arbeit mit einem qualifizierten Massage-Therapeuten ist ebenfalls hilfreich.

Seele

Bestätigung ist täglich wichtig für die Genesung der Seele und die Entwicklung eines gesunden Selbstwertgefühls. Das Hören von liebevollen und wahren Positivbotschaften, z.B. durch Kassetten, bewirkt Veränderung. Auch Meditation, Gebet und geistliche Texte sind nach wie vor wichtig.

Therapeutische Werkzeuge und Techniken
Phase IV: Heilung der andersgeschlechtlichen Wunden

Denken	Ursachen andersgeschlechtlicher Wunden verstehen Unterschiede Männer/Frauen kennen lernen Beziehungen in der Ehe
Fühlen	Trauern/Vergeben/Verantwortung übernehmen/ Techniken: Heilung der Erinnerungen/Stimmendialog/Rollenspiel/Psychodrama/Haltende Umarmung/Mentoring/Inneres Kind Beziehungsnetz
Körper	Bewegung/ Ernährung/ Sport/ Spaß/Verhaltensschulung/ Bio-Energetik/ Atemübungen/ therapeutische Massage
Seele	Selbstwertgefühl aufbauen Sich als bei Gott wertvoll erfahren Meditation/ Gebet/ Bestätigung/ geistliche Texte/ Gemeinde

© Richard Cohen, M.A., Januar 1999

Phase IV: Heilung der andersgeschlechtlichen Wunden

1. Weiterführung der Aufgaben aus Phase 2
2. Ermittlung der Ursachen der andersgeschlechtlichen Wunde
3. Weiterführung des Prozesses von Trauern, Vergeben und Übernahme von Verantwortung
4. Entwicklung gesunder, heilender andersgeschlechtlicher Beziehungen; das andere Geschlecht verstehen und schätzen lernen

Denken

Hier muss der Klient möglichen Verletzungen durch den andersgeschlechtlichen Elternteil oder andere wichtige Personen des anderen
Geschlechts nachgehen. Viele Männer hatten als Kinder eine ungesunde, enge Mutterbeziehung, viele Frauen eine ungesunde, enge Vaterbindung. Unter Umständen ist es auch zu körperlichem, emotio-
nalem, geistigem oder (hetero)sexuellem Missbrauch gekommen, der
der Heilung bedarf.

Es ist äußerst wichtig, dass der Klient die Ursachen versteht, die zu der
Angst vor zu viel Nähe zu dem anderen Geschlecht geführt haben.
Wenn er diese Probleme nicht angeht, wird er die ungeheilten Wunden und unbeantworteten Bedürfnisse unbewusst auf seinen Ehepartner oder anderen engen Freund oder Kollegen vom anderen Geschlecht übertragen.

Eine weitere Aufgabe in dieser Heilungsphase ist es, das andere Geschlecht verstehen und schätzen zu lernen. Literatur kann dabei eine
gute Hilfe sein.[16]

Fühlen

Wir verfahren im Wesentlichen wie in Phase III. Wieder ist wichtig:
Nur was ich fühle, kann heilen. Der Klient muss das emotionale Gift
der andersgeschlechtlichen Wunde herauslassen. Für manche Klienten
ist das andersgeschlechtliche Problem nicht so bedeutsam oder stark
wie das gleichgeschlechtliche; bei anderen sind die andersgeschlechtlichen seelischen Wunden und unbeantworteten Bedürfnisse tiefer.

Wo immer möglich sollte der Prozess der Heilung bei der Ursache an-
setzen. Liegt das Problem im Verhältnis zu Mutter, Vater, Geschwistern oder anderen Verwandten, empfehle ich, diese Personen in die
therapeutische Arbeit miteinzubeziehen. Zur Vorbereitung lasse ich
den Klienten Übungen aus Jane Myers Drews Buch *Where Were You
When I Needed You Dad?* durcharbeiten. Alle fünfzig Übungen sind
geeignet.

Dr. Drew hat ein Acht-Stufen-Modell der Heilung ausgearbeitet:

1. Sich des Einflusses der betreffenden Person auf mein Leben bewusster werden
2. Den Schmerz betrauern und loslassen
3. Den Elternteil oder die andere wichtige Person neu sehen lernen
4. Das innere Kind heil werden lassen

5. Sich selbst ein guter Vater/Mutter sein
6. Die Weisheit in der Wunde finden
7. Neue Beziehung zu dem Elternteil oder der anderen wichtigen Person aufbauen
8. Zufriedenstellende Beziehungen pflegen.[17]

Dies sind gute Übungen zur Vorbereitung der heilenden Begegnung mit der Person/den Personen, mit der/denen es zu der seelischen Verletzung kam. Bitte beachten Sie: Bevor eine Versöhnung möglich ist, muss der Klient viel Aufarbeitungsarbeit leisten. Eine verfrühte Versöhnungssitzung kann in gegenseitige Schuldzuweisungen ausarten – eine Katastrophe für alle. Gute Vorbereitung und Aufarbeitung sind der Schlüssel, damit Versöhnung stattfinden kann. Das Erwachsenen-Kind muss die volle Verantwortung für seine Gedanken und Gefühle übernehmen. Die Vorbereitungsphase kann mehrere Monate bis Jahre dauern.

Der schnellste Weg zur Heilung ist die Therapie der haltenden Umarmung mit dem andersgeschlechtlichen Elternteil. Kann dieser selbst nicht teilnehmen, sollten Mentoren vom anderen Geschlecht an seine Stelle treten. Ein glücklich verheiratetes Paar sind die besten Mentoren für das Erwachsenen-Kind.

Der Umgang mit dem anderen Geschlecht sollte mit ungezwungenen, nichtsexuellen Beziehungen beginnen. Unsere Kultur ist sehr stark sex-betont, und viele Männer können Sex, Liebe und echte Nähe nicht unterscheiden. Die meisten Frauen hungern nach körperlicher Nähe zu ihren Ehemännern, doch ihre Männer denken, Sex sei schon Nähe und können beides nur schwer voneinander unterscheiden.

Körper

Die Übungen und Techniken der dritten Phase sind weiter anzuwenden. Darüber hinaus braucht der Klient möglicherweise eine Verhaltensschulung. Männer mit gleichgeschlechtlichen Beziehungsstörungen sind in ihrer Art manchmal „weiblich", Frauen eher „männlich". Männer müssen deshalb mehr männliches, Frauen mehr weibliches Verhalten lernen.

In dieser Phase ist der Einsatz von Videoaufnahmen, die dem Klienten seine Verhaltensweisen direkt vorführen, sehr hilfreich. Ein körpersprachliches Verhaltenstraining kann dem Klienten wiedergeben, was er in der frühen Phase seiner kindlichen Entwicklung verpasste –

dass er ein Mann ist und sich auch wie einer verhält, und nicht wie seine Mutter oder Schwester. Wenn eine Videokamera nicht zur Verfügung steht, benutze ich einen Spiegel.

Ich konzentriere mich erst in dieser letzten Phase der Heilung auf die Schulung des Verhaltens, weil zuvor sehr viele andere wichtige Veränderungen angegangen werden müssen.

Seele

Auch hier werden die Übungen aus Phase III weitergeführt. Hat der Klient Sicherheit und Vertrautheit in seiner Geschlechtsidentität erlangt, kann er anfangen, selbst weiterzugeben, was er empfangen hat und für andere ein Helfer werden.

Schluss

Denken, Fühlen, Körper, Seele und Geist müssen in den Heilungsprozess einbezogen werden. Der Klient muss deshalb eine neue, von echter Nähe gekennzeichnete Beziehung zu sich selbst, zu Gott, anderen Menschen und zur Schöpfung herstellen.

7. Markus

Ich bin in einer „anständigen" Familie aufgewachsen. Wir waren vier
– Vater, Mutter, mein älterer Bruder und ich. Bei uns schien alles in
Ordnung zu sein. Die halbe Stadt beneidete uns wegen der Arbeit
meines Vaters, durch die wir viel in der Welt herumkamen. Wir
wohnten in einem osteuropäischen Land, das seit Jahrzehnten vom
Kommunismus beherrscht war. Dies beeinflusste unsere Familie, wie
ich erst Jahre später verstehen sollte.
Ich wusste nicht, was mit mir los war. Ich war zu jung, um mich bewusst anders zu fühlen. So weit ich mich zurückerinnere, waren meine Gefühle zu Männern irgendwie besonders und diese Gefühle ver-
unsicherten mich. Das erste Mal, als ich mich so „anders" fühlte, muss
in einem Umkleideraum gewesen sein. Ich weiß nur noch, wie da ein
nackter Mann vor mir stand. Seitdem ließ dieses Gefühl mich nie
mehr los. Es war eine Mischung aus Angst, Erregung, Schmerz, Be-
dürftigkeit und Verwirrung, und ich spürte dieses Gefühl, wenn ich in
der Nähe meines Bruders war oder meines Vaters oder irgendeines anderen Mannes. Es verfolgte mich in meinen Träumen und wenn ich
allein war. Ständig war sie da, diese Sehnsucht nach Männern – und
gleichzeitig hatte ich Angst vor ihrer Nähe.
Schon früh begann ich mit Selbstbefriedigung. Es war ein schönes
Gefühl – vielleicht das einzige Schöne in meinem Leben. Später zeigte ich das meinem Bruder, und wir machten es zusammen. Für den
Augenblick war es immer schön; hinterher fühlte ich mich um so
schlechter. Es war eine Art Betäubungsmittel. In meinen Teenager-
jahren wurde es zu einer richtigen Sucht. Ohne dass ich es merkte, er-
oberte es nach und nach mein ganzes Leben, ja meine Identität. Mein
Selbstwertgefühl hing davon ab, ob mein Bruder sich für mich interessierte, und später davon, ob andere Männer mich wollten.
Ich wurde ein „unsichtbarer" Junge. Niemand wusste, was in mir vorging, und meine Eltern hatten keine Ahnung davon, was ich durchmachte und womit ich kämpfte. Als ich dreizehn war, war mein
ganzes Lebensziel, dass ein Mann analen Sex mit mir machen würde;
nichts anderes zählte, nichts anderes interessierte mich. Ich konnte
nicht mehr lernen, ich hatte keine Freunde. Zum Glück waren dort,

wo wir wohnten, homosexuelle Beziehungen tabu, und die Angst davor, dass ich womöglich ins Gefängnis kommen oder mein Vater seine Arbeit verlieren würde, bewahrte mich davor, zu sehr über die
Stränge zu schlagen. Ich ging auf Nummer Sicher und hatte nur Sex
mit meinem Bruder. Wenn ich heute zurückblicke, begreife ich nicht,
wie ich mit all meinem verwirrten Schmerz damals überleben konnte.
Aber ich kam mir sogar glücklich vor.

Mein Vater ist ein guter Mann, der aus einer zerbrochenen Familie
kam. Sein Vater hatte ihn und seine Schwester und Mutter verlassen.
Mein Vater bemühte sich vor allem darum, materiell für die Familie
zu sorgen, weniger um unsere emotionalen Bedürfnisse. Als ich endlich merkte, wie sehr ich ihn brauchte, gab es keine Beziehung mehr
zwischen uns. Dieses Bedürfnis und diese Sehnsucht nach einem starken Mann in meinem Leben, der mich führte und liebte, wurde im
Laufe der Jahre ein sexuelles Bedürfnis.

Als ich zwanzig wurde, fiel das kommunistische Regime, und ich beschloss, die neue Freiheit zu nutzen und ging mehrere homosexuelle
Beziehungen ein. Es war wie eine Achterbahnfahrt. Die ganze über all
die Jahre aufgestaute Gefühlslawine kam ins Rollen, und alle Phantasien wurden Wirklichkeit. Es war, wie wenn eine warme Cola-Dose
explodiert: Alles läuft über. Bei mir lief alles über. Mir wurde klar, dass
ich das so gar nicht gewollt hatte. Die Welt, die ich mir vorgestellt hatte, gab es so gar nicht, und die Liebe, die ich dort suchte, auch nicht.
Ich versuchte es also auf die „richtige" Art, mit einem Mädchen. Vielleicht würde mich das wiederherstellen? Aber es funktionierte nicht.

Es dauerte eine Zeit, bis ich merkte, dass ich eigentlich sehr unglücklich war, dass ich vor einem Scherbenhaufen stand und dass das anders werden sollte. Ich begann nachzudenken. Wer war ich und was
wollte ich? Die homosexuellen Gefühle, die Versuchung, der Schmerz
und das innere Durcheinander – es war alles noch da, auch die Erfahrungen, die ich in meiner eigenen Haut gemacht hatte. Ich hatte niemanden, mit dem ich über meine inneren Kämpfe und meinen
Schmerz reden konnte. Schließlich wandte ich mich in meiner Ratlo-
sigkeit sogar an Gott – das war eine Sache, in der ich nicht gerade
Übung hatte.

Ich suchte verschiedene Leute auf, Therapeuten und Berater, ohne eine klare Antwort zu bekommen. Ich merkte, dass sie mir helfen wollten. Einige spürten den Schmerz in mir, aber wussten nicht, wie sie

damit umgehen sollten. Meine Enttäuschung wurde immer größer. Schließlich vertraute ich mich meinen Eltern an, aber sie waren auch hilflos. Ich nahm mir vor: Wenn es irgendwo in der Welt Hilfe für mich gab, wollte ich sie finden. Damals hörte ich – über einige Freunde und durch ein Wunder – dass Heilung möglich sei. Freunde besorgten mir ein Video, in dem es um den Heilungs- und Veränderungsprozess ging – und es überzeugte mich. Gut zwei Jahre später konnte ich endlich in die USA gelangen und dort eine Therapie beginnen.

In der Therapie hörte ich viele Erklärungen über die möglichen Ursachen, lernte die Therapiewerkzeuge kennen, sah endlich ein Ziel und auch einen Weg dorthin. Doch dies war erst der Anfang. Endlich Fakten zu kennen und zu verstehen, brachte zunächst eine große Erleichterung. Aber die wirkliche Arbeit lag jetzt erst vor mir. Die erste Schlacht hieß: Selbstwertgefühl aufbauen und Kommunikationsfähigkeiten lernen. Dann kamen Mentoring und wiederherstellende Therapie.* Wir trafen uns zwei Mal in der Woche. In der ersten Wochensitzung gab es vor allem Arbeit für die grauen Zellen. Wir gingen meine Familiengeschichte durch. Wir sprachen viel miteinander, und dies half mir, meine Gedanken und Gefühle besser und selbstbewusster auszudrücken und in meinem sozialen Umfeld besser zurechtzukommen. Ich lernte, meine eigenen Denkmuster besser zu durchschauen, allmählich lernte ich auch, die Entscheidungen über mein Leben und meine Reaktion auf das, was mir passiert, wieder selbst in die Hand zu nehmen.

In der zweiten Wochensitzung ging es um Emotionen – um den Ausdruck von Gefühlen wie Angst, Schmerz und Wut. Es ging darum, Liebe und Annahme zuzulassen, Respekt vor sich selbst zu entwickeln und durch die gemeinsam verbrachte Zeit, durch Berührungen und Gespräche aufbauende Liebe zu erfahren. Das war etwas ganz Neues für mich. Zum ersten Mal interessierte sich jemand für mich, ohne mich sexuell zu begehren. Zum ersten Mal durfte ich Liebe „einfach so" entgegennehmen. Das war ein Kampf. Ich musste lernen, zu vertrauen, Grenzen zu setzen und Liebe anzunehmen.

---

* „Wiederherstellende Therapie" („reparative therapy") wird u.a. von Joseph Nicolosi vertreten. Siehe sein Buch „Homosexualität muss kein Schicksal sein".

Zwei Jahre vergingen. Ich ging regelmäßig in die Therapie und machte meine Hausaufgaben. Ich begann, Freundschaften zu schließen, vor allem in der Selbsthilfegruppe, die Richard eingerichtet hatte. Das half mir, die neu gelernten Fertigkeiten auszuprobieren. Es wurde viel leichter für mich, mit meinen Gefühlen positiv umzugehen und herauszufinden, woher sie kamen. Aber der Kampf mit homosexuellen Gefühlen war immer noch da. Ich wusste und spürte, dass da immer noch eine Mauer um mein Herz war, die mich daran hinderte, die Liebe, die ich zur Heilung meiner tiefsten Wunde so nötig brauchte, zuzulassen und anzunehmen. Immer noch war meine Seele im Innersten wund, immer noch gab es diesen Schmerz.

Nachdem ich einige Zeit gesucht hatte, fühlte ich mich stark genug, das Problem konzentrierter anzugehen und ein von einer Männergruppe organisiertes Wochenendseminar zu besuchen. Schritt um Schritt näherten wir uns an diesem Wochenende unseren Wunden. Ich sah, wie all diese anderen Männer in die Tiefe gingen, sich ihren Gefühlen stellten, sie losließen und ihre Wunden anfingen zu heilen. Ich sah die helfende Hand der anwesenden Psychologen, nahm mir ein Herz und sprang in den Teil meines Herzens hinein, wo die Wunde war, in den Kern meiner Seele. Es war die Hölle. Alles, was ich in den vergangenen zwei Jahren gelernt hatte, kam in diesen fünfzehn Minuten zusammen und trug Frucht. Es war genau der richtige Ort und der richtige Zeitpunkt; es hätte nicht besser sein können. Ich sank hinein in den Sumpf meiner Angst und ging bis zur Mauer. Ich sah sie vor mir, und zu meiner Überraschung sah ich auch, dass all die Arbeit der letzten beiden Jahre nach und nach kleine Breschen in die Mauer geschlagen hatte. Jetzt genügte ein einziger Schlag, und die Mauer fiel um.

Die Mauer fiel, und ich sah den kleinen Jungen in dem Umkleideraum, hilflos und zu Tode erschrocken. Es war niemand da, der ihn vor dieser Bedrohung hätte schützen können, dem nackten Mann, der vor ihm stand. Ich erlebte sie wieder, die Panik, die Angst und die Wut von damals. Ich trauerte um das unschuldige Kind und seinen Schmerz. Ich ließ sie endlich los, die schrecklichste Erfahrung, und als ich zurück in den Raum kam und all die Männer um mich sah mit Tränen in ihren Augen, fühlte ich mich zum ersten Mal in meinem Leben frei. Ich war wie neu geboren, der bohrende Schmerz in meiner Brust war weg.

Es dauerte noch Monate, bis ich dieses Erlebnis in mein Leben integrieren und wirklich glauben konnte, dass es geschehen war. In dem Augenblick, wo meine Wunden zu heilen begannen, verschwanden meine homosexuellen Gefühle. In den folgenden Tagen und Wochen spürte ich die Veränderung immer deutlicher, und ein Gefühl von Frieden und auch von Glück breitete sich allmählich in mir aus. Als das geschehen war, ordnete sich auch alles andere. Heute sind seit jenem Wochenende über zwei Jahre vergangen. Ich bin der Mensch geworden, der ich werden wollte. Ich bin verheiratet und ein werdender Vater. Ich fühle mich wohl in meiner Haut. Ich bereue keine Sekunde, was ich während meines Heilungsprozesses alles durchgemacht habe. Ich habe Menschen in meinem Leben, die mir wichtig und wertvoll sind. Ich liebe und werde geliebt. Das Leben ist gut.

8. Wut –
Zugang zur eigenen Kraft

„Wut existiert, um uns vor Feinden zu schützen. Sie ist eine automatische Reaktion, die jedes Mal erfolgt, wenn wir uns bedroht fühlen. ... Häufiger jedoch ist Wut eine Reaktion auf bestehende oder drohende seelische Verletzungen. ... Wut ist fast immer eine Reaktion auf ein im Augenblick schmerzliches oder vermindertes Gefühl für das eigene Selbst. "[1]

Steven Stosny

Warum werden wir wütend?

Die Hauptfunktion der Wut aus physiologischer Sicht ist die, uns vor Gefahren zu schützen; daher die Kampf- oder Flucht-Reaktion. Wut ist eine Verteidigungswaffe. Wut soll uns vor Verletzung und Schmerz schützen.

In vielen Menschen mit gleichgeschlechtlichen Neigungen schlummert ein Reservoir nicht ausgedrückter Wut. Da die psychologische Wut eine Sekundär-Emotion ist, die Verletzungen und Schmerz überdeckt, sind diese Menschen ihren Kernproblemen bzw. Lebenswunden entfremdet, und ich muss ihnen helfen, ihre Wutenergie anzuzapfen, um ihr verlorenes Selbst wiederzugewinnen.

„Wir haben unsere Fähigkeit, positive Gefühle auszudrücken, fast verloren, weil wir unsere Fähigkeit, negative Gefühle auszudrücken, unterdrückt haben. Werden die einen Gefühle gehemmt, kommt es auch zur Blockierung der anderen. Um ihre negativen Gefühle unter Kontrolle zu halten, neigen Menschen dazu, auch ihre positiven Gefühle zu unterdrücken."[2] Die schlechte Nachricht lautet: Wenn wir die Fähigkeit verlieren, unsere negativen Gefühle zum Ausdruck zu bringen, verlieren wir auch die Berührung mit unseren positiven Gefühlen. Die gute Nachricht: Wenn wir lernen, unsere Negativgefühle angemessen auszudrücken, werden wir auch die unter ihnen gefangen liegenden positiven Gefühle wieder erfahren können.

„Wut ist eine Überlebensemotion, ein Warnsignal, dass Bedürfnisse nicht beantwortet werden. ... Wenn wir unseren Kindern nicht erlauben, ihre Wut und ihren Zorn zu zeigen, lernen sie es nicht, auf ihr Warnsystem, das sie schützen soll, zu hören, und verlieren ihr wahres Selbst."[3] Das „Lieber kleiner Junge"-Syndrom schafft entmännlichte Männer. Der stets Nette, der Süße, der Sympathische – alle diese Rollen sind ein Verrat am männlichen Wesen. Der so geprägte Junge operiert von der mehr femininen Seite seines Wesens aus. Im Alter zwischen 18 und 36 Monaten ist ihm die Ablösung von der Mutter und die Anbindung an den Vater nicht gelungen. Womöglich hat er auch seine Fähigkeit verloren, „Nein" zu sagen. Und das übermäßig süße Mädchen/Frau hat den Bezug zu ihrer maskulinen, aggressiven Natur verloren. Auch ihr emotionaler Haushalt ist aus dem Gleichgewicht geraten.

Ein Mensch, der immer lieb, freundlich und nett ist, damit die anderen ebenfalls lieb zu ihm sind, ist wie ein Parasit, der die Lebensenergie seiner Mitmenschen aufsaugt. Es ist eine Art Götzendienst. Man fühlt sich nicht liebenswert, nicht wertvoll und lebt nun ganz für das Lob, das man von den anderen bekommt. Mögen sie mich, hat mein Leben einen Sinn; tun sie dies nicht, muss ich mich noch mehr anpassen, um doch noch ihre Anerkennung zu erhalten. Ein anderer Ausdruck für diese Konstellation ist *emotionale Abhängigkeit* oder *coabhängiges Verhalten*.

Ich will hier nicht Nettigkeit oder Freundlichkeit schlecht machen. Wenn diese Gefühle echt sind und der Betreffende eine feste Selbstidentität hat und nicht krampfhaft die Anerkennung seiner Mitmenschen sucht, ist das in Ordnung. Meine Erfahrung mit Männern, Frauen und Jugendlichen, die aus der Homosexualität herauskommen wollen, sowie mit vielen anderen, die als Kinder vernachlässigt, missbraucht oder verlassen wurden, hat mir jedoch gezeigt, dass eine wirkliche Ablösung von den (tatsächlichen oder so empfundenen) Tätern nicht stattgefunden hat, so dass sie als Erwachsene weiter vor den Bedürfnissen anderer kapitulieren, ohne ihre eigenen Gefühle, Gedanken und Bedürfnisse wirklich wahrzunehmen. Und wenn sie sie wahrnehmen, haben sie oft Angst, sie auszudrücken, um das bisschen Liebe, das sie erhalten, nicht zu verlieren. Und so fühlen oder denken sie „Nein" – und sagen „Ja."

Als das Kind seine schmerzhaften Gefühle, Gedanken und Sehnsüchte unterdrückte, verlor es sein wahres Selbst: Herr Nett wurde geboren, Herr Verletzt musste abtreten. Daher ist nach meiner Erfahrung eine gewisse Wutarbeit ein notwendiger Teil des Heilungsprozesses, der es dem Klienten erlaubt, seine lebendig begrabenen Gedanken, Gefühle und Bedürfnisse wieder in Besitz zu nehmen. Bioenergetische und core-energetische Methoden sind exzellente Werkzeuge, um „den Korken aus der Flasche zu bekommen". Wenn jemand in seinen grauen Zellen festgefahren ist, setze ich oft das Kissenschlagen ein und veranlasse den Klienten zu Atemübungen und dazu, sich mit Schlagen und Schreien alles „von der Leber zu reden".

Auch hier ist die richtige Zwerchfellatmung wichtig. Ich lasse den Klienten in den Bauch einatmen und dann beim Ausatmen die Kissen mit dem Tennisschläger bearbeiten, während er den Namen der Person sagt, gegenüber der er unbereinigte Gefühle hat. Ich achte darauf, dass beim Ausatmen und Sprechen der Unterkiefer weit geöffnet und entspannt ist.

„Papa, Papa, Papa, Papa ...", wiederholt er immer wieder, bis er in Kontakt mit seinen tieferen, unterdrückten Gefühlen kommt. Hat er dieses Reservoir angezapft, weise ich ihn an, die Gefühle hinaus- und loszulassen. Während er weiter tief atmet, lässt er die jahrelang aufgestauten Emotionen los: „Wo warst du, als ich dich brauchte?" – „Warum hast du mich nie auf den Schoß genommen?" – „Warum hast du mir nicht beigebracht, wie man ein Mann ist?" – „Ich brauchte dich, und du warst nicht da." So macht er die Stimme des inneren Kindes hörbar.

Wutarbeit braucht Zeit. Manchen Menschen ist es nicht geheuer, wenn sie wütend werden. Vielleicht durften sie das als Kind zu Hause nie. Oder sie halten es für unrecht, ihrer Mutter / ihrem Vater gegenüber Wut zu zeigen. Oder sie wuchsen in einer sehr aggressiven Umgebung auf, und jeder Ausdruck von Wut lässt unbewältigte traumatische Gefühle wieder hochkommen.

Wer seiner Wut entfremdet ist, muss unter behutsamer Anleitung lernen, sie auszudrücken. Ich zeige dem Klienten, wie das funktioniert. Ich demonstriere ihm, dass ich selber bereit bin, Wut auszudrücken, und helfe ihm dann, wie er seine Wut herauslassen kann. Wir halten (ich stehe hinter dem Klienten) gemeinsam den Schläger und schlagen und schreien gleichzeitig. Es ist sehr wichtig, dem Klienten vorzuführen, dass man starke Gefühle ausdrücken darf. Viele Menschen haben es nie gelernt, ihren Zorn auf eine gesunde Art herauszulassen. Es war in ihrer Familie nicht erlaubt. Der Klient, der Wut für nicht

*Halten Sie den Tennis-
schläger über ihren
Kopf, atmen Sie tief mit
dem Zwerchfell ein,
stellen Sie Ihre
Füße schulterweit
auseinander und stellen
Sie sich vor, wie auf der
anderen Seite der Kissen
Ihr Vater steht.*

*Sagen Sie mit
weit offenem,
entspanntem Un-
terkiefer und
über das Zwerch-
fell ausatmend
„Papa".*

*Am Ende des Aus-
atmens schlagen
Sie fest auf die
Kissen. Wieder-
holen Sie dies im-
mer wieder, ohne
Pausen, bis tiefere
Gefühle und
Gedanken in
Ihnen hochsteigen.*

akzeptabel hält, muss lernen, dass es eine natürliche, von Gott gegebene Emotion ist. Wir fahren so lange gemeinsam mit dem Kissenschlagen (bioenergetische Arbeit) fort, bis der Klient sich sicher genug
fühlt, um Wut und Zorn alleine auszudrücken.

Wer in einer aggressiven Umgebung aufwuchs, hat womöglich Angst
vor seiner eigenen Wut. Das innere Kind hat Angst, dass es vernichtet
wird, wenn es seinen Schmerz herauslässt. Dies ist eine ganz natürliche Reaktion auf starke Verletzungen und Schmerzen. Ich versichere
dem Erwachsenen-Kind, dass es nicht sterben wird, wenn es seiner
Wut und seinem Schmerz Ausdruck gibt, und dass ich bei ihm sein
werde. Der Mensch, der seinen Zorn und seine Wut hinauslässt und
dadurch in Verbindung mit seiner Wunde kommt, erlebt ein Gefühl
tiefer Erleichterung. Dies geschieht jedes Mal, denn es handelt sich
hier um einen natürlichen Heilungsprozess, den Gott in jeden von
uns eingebaut hat. Unsere Kinder zeigen uns das jeden Tag: Wenn sie
ein „Aua!"-Erlebnis haben, schreien und weinen sie, wollen anschließend getröstet werden, fühlen sich zum Schluss viel besser, begreifen, was da passiert ist, und nutzen dieses Wissen, um in Zukunft
gefährlichen Situationen auszuweichen.
Viele religiöse Menschen denken, dass sie, um wirklich fromm zu
sein, immer „gut" sein müssten. Sie wagen nicht, die ganze Bandbrei-
te ihrer Emotionen auszudrücken. Doch das Alte wie das Neue Testament kennen Zorn sehr wohl und verbieten ihn nicht, sondern zeigen,
wie man ihn gesund und angemessen ausdrücken kann. „Eine alte
Tradition sagt, dass ein Mann, der Gott liebt, in zwanzig Jahren hei-
lig werden kann; aber wenn er Gott hasst, kann er das Gleiche in zwei
Jahren erreichen."[4]
Das Zulassen unserer verdrängten Wut öffnet uns eine Tür in unsere
Seele. Wenn jemand nicht weiß, wo die „Schatten" (verborgenen
Wunden) in seinem Leben liegen, braucht er nur die Menschen zu be-
obachten, die ihm unsympathisch sind oder die ihn leicht aufregen;
dort wird er seine Wunde(n) finden. *Wieder ist es eigentlich nicht die
Begebenheit oder diese Person selbst, die uns ärgert, sondern der unverar-
beitete Schmerz von früher, der wieder hochkommt.* Wir gehen unserer
Wunde und dem Schmerz meist dadurch aus dem Weg, dass wir an-
deren Menschen die Schuld zuschieben. Doch wenn wir uns unserem
Schmerz öffnen und unsere Verluste betrauern, kommt die Heilung

wie von selbst nach. Wenn wir die Schmerzgefühle loslassen, müssen wir an ihre Stelle gesunde Liebe einsetzen. Deswegen ist heilsame Berührung ein wichtiger, zentraler Teil des Heilungsprozesses.

„Die Geschichte vom Eisenhans legt den Gedanken nahe, dass der goldene Ball [das goldene Kind] im magnetischen Bereich des Wilden Mannes liegt – eine Vorstellung, die schwer nachzuvollziehen ist. Wir müssen als Möglichkeit in Betracht ziehen, dass die eigentliche strahlende Energie des Mannes weder im Bereich des Weiblichen verborgen liegt, sich dort für immer festgesetzt hat oder dort auf uns wartet, noch in dem Macho-Reich eines John Wayne, sondern im magnetischen Feld der tiefsten Männlichkeit."[5]

Auf die Trauerarbeit folgt das Verstehen, und der Klient kann die gelernten Lektionen in sein Leben integrieren. Durch einen solchen Prozess wird er ganz natürlich ein starkes Bewusstsein seiner Geschlechtsidentität (wieder) bekommen und braucht seine Energie nicht mehr in das Verdrängen zu investieren. Homosexualität ist zutiefst eine gleichgeschlechtliche Bindungsstörung. Wenn die Wunden heilen, kommt es ganz natürlich zu neuen Gefühlen der Verbundenheit.

Hinweis: Klienten mit Wut- und Zorn-Problemen müssen Fähigkeiten zur Selbststeuerung erlernen. Es gibt viele Bücher und Techniken zum Thema 'Wut-Management'. Die Wutarbeit, die ich in diesem Kapitel behandelt habe, ist für jene Klienten gedacht, die diesen Teil ihrer Persönlichkeit verdrängt hatten.

9. *Joseph*

Ich bin in Europa geboren, wo ich auch über zwanzig Jahre lang lebte. Meine Kindheit war nicht besonders glücklich. Ich war ein sehr
sensibles Kind, und so war die Konfrontation mit der Wirklichkeit für
mich wesentlich schwieriger als für andere. Ich weiß nicht mehr genau, wann ich anfing, mich zu Jungen hingezogen zu fühlen, aber vor
ein paar Jahren fand ich heraus, dass mein Onkel, bei dem ich als
Drei- bis Fünfjähriger oft gewesen war, mich sexuell missbraucht hatte. Als ich diesen Erinnerungen zuerst auf die Spur kam, schreckte ich
davor zurück, mich an die genauen Ereignisse zu erinnern, die sich da-
mal zutrugen. Aber noch schmerzlicher waren die mit diesem Missbrauch verbundenen Gefühle, die seit vielen Jahren in meinem Körper und Geist aufgestaut waren. Ich erlebte die Gefühle wieder, die ich
damals als kleiner Junge gehabt hatte. Jetzt, im Nachhinein, bin ich
sehr froh, dass diese Erinnerungen wieder hoch kamen, dass ich nun
um diesen Missbrauch weiß, denn er war einer der Faktoren, die mich
in die Homosexualität führten.
Meine Mutter war zu Hause, solange mein Bruder und ich klein waren. Schon als Kleinkind hatte ich keine Chance, mich von ihr zu be-
freien und einmal eigene Wege zu gehen. Ihre ganze Erziehung zielte
darauf ab, dass ich ein „guter Junge" würde. Mein Vater machte Überstunden und war kaum zu Hause, so dass niemand als Gegengewicht
zu meiner Mutter da war. Mein Bruder wurde geboren, als ich neun
war. Von seiner Geburt an war ich eifersüchtig auf ihn, weil sich auf
einmal alles um ihn drehte.
Als Teenager hatte ich viele Freunde in der Schule, aber zu Hause war
ich fast immer unglücklich. Meine Familie – das waren meine Freunde. Es kam zu sexuellen Handlungen mit einigen Schulfreunden – ge-
meinsames Masturbieren und oraler Sex. Ich fand das gut. Etwa zur
gleichen Zeit entdeckte ich die pornografischen Magazine meines
Vaters, und die Masturbation wurde immer mehr mein guter Freund
in meiner Einsamkeit zu Hause.
Ich habe damals nicht begriffen, warum es mich zu Jungen und Männern zog. Mir war das eine sehr große Last, denn ich war doch auch
gerne mit Frauen zusammen und wollte einmal eine eigene Familie

gründen. Nach der Schule wurde mein Leben noch verwirrender. Ein guter Freund von mir ging ganz in den schwulen Lebensstil hinein und ich wusste nicht, ob ich den gleichen Weg einschlagen sollte. Gleichzeitig war ich in ein Mädchen verliebt, dies bewahrte mich vor einigem. Ich war immer noch verwirrt, aber ein Besuch in den USA gab mir ein wenig mehr Klarheit. Während der Reise wohnte ich einige Zeit bei einem homosexuellen Paar und erkannte, dass der schwule Lebensstil nicht das Richtige für mich sein würde. Aber ich fühlte mich immer noch zu Männern hingezogen. In gewissem Sinne war das Leben eher schwieriger geworden, weil ich jetzt genau wusste, dass ich nicht schwul leben wollte.

Gleichzeitig begannen sexuelle Eskapaden. Ich hatte Sex mit Männern in öffentlichen Parks und Toiletten. Das geschah nicht sehr oft, gab mir aber das Gefühl, dass ich mein Bedürfnis nach Nähe zu Männern dadurch stillen könnte. Doch nach kurzer Zeit merkte ich, wie schrecklich das Ganze war, und versuchte, es so oft wie möglich zu lassen. Das gelang mir auch zum Teil, weil ich mich mehr auf Masturbation und homosexuelle Pornografie verlegte.

Ich studierte damals. Eine Freundin war mir eine große Hilfe. Durch sie hörte ich von einem Therapeuten, der mit Leuten arbeitete, die aus ihrer Homosexualität aussteigen wollten. Auf einer seiner Vortragsreisen durch Europa lernte ich ihn kennen, und zum ersten Mal in meinem Leben konnte ich mit jemandem über meine Probleme reden. Er erklärte mir seine Sicht der Homosexualität und sagte mir, dass Heilung möglich sei. An diesem Tag bekam ich wieder Hoffnung! Gott, der mir durch all diese Jahre hindurchgeholfen hatte, hatte mir ein großes Geschenk gemacht.

Ich beschloss, nach Amerika zu gehen und dort eine Therapie zu machen. Ein Jahr später klappte es und ich konnte zu einem Kollegen von Richard in die Therapie gehen. Zum ersten Mal konnte ich jemandem meine ganze Geschichte erzählen – und zum ersten Mal in meinem ganzen Leben fühlte ich mich verstanden und nicht mehr ganz so allein.

Nach ein paar Monaten in den USA musste ich zurück nach Europa, um mein Studium abzuschließen. Ich beschloss, später zu einem längeren Aufenthalt zurückzukehren, um die Therapie fortzusetzen und mich einer Selbsthilfegruppe anzuschließen. Ich hatte wunderbare Freunde, die mich sehr unterstützten. Einer von ihnen kannte meine ganze Geschichte und war immer da, wenn ich ihn brauchte. Er nahm mich in die Arme, und wir gingen zusammen zum Sport, verbrachten oft die Freizeit miteinander und arbeiteten an verschiedenen Projekten auf dem Campus zusammen.

Zu dieser Zeit lernte ich auch meine zukünftige Frau kennen. Ich erzählte ihr gleich am Anfang von meinen homosexuellen Neigungen, und sie sagte: „Gemeinsam werden wir es schaffen." Als ich zurück in die Staaten fuhr, kam sie mit. Neben der Therapie schloss ich mich einer Selbsthilfegruppe an. Ich fand auch einen Weggefährten, der ebenfalls im Heilungsprozess war, was mir sehr half. Es war nicht immer einfach, aber ich lernte ständig mehr über mich. Ich bekam Zugang zu meinem inneren Kind, und das half sehr, dass die Wunden meiner Vergangenheit heilen konnten.

Heute habe ich große Fortschritte gemacht. Ganz selten fühle ich mich noch von anderen Männern angezogen. Ich habe gelernt, dass dies ein Zeichen dafür ist, dass mein Leben an irgendeiner Stelle nicht stimmt. Kümmere ich mich dann um das Problem, gehen diese Gefühle wieder weg. Ich fühle mich wohl in meiner Haut und erlebe eine immer größere Nähe zu meiner Frau.

Ich danke Gott, dass er mir diese Gelegenheit zum Heilwerden gab. Und ich danke allen, die diesen Weg zur Heilung gebahnt haben.

Kommentar

Ich habe etwa zwei Jahre mit Joseph gearbeitet. Mit das Wichtigste bei seiner Therapie war, dass er sein inneres Kind kennen lernte. Joseph hatte nicht nur Probleme mit suchthafter Masturbation und anonymem Sex, sondern auch mit Essen. Essen und Sex waren gewissermaßen seine Schmerztabletten. Essen und Sex waren für ihn Liebe.

Beharrlich arbeitete er an seiner Heilung, und seine innere Stimme begann, mehr und mehr über seine vergangene und heutige Situation zu enthüllen. Joseph wurde ein guter Vater seiner inneren Familie. Je mehr er hörte, um so mehr lernte er. Dadurch und durch seine heilsamen Beziehungen zu anderen Männern gingen seine homosexuellen Neigungen allmählich zurück.

Joseph musste auch ein wunderbares neues Wort lernen, das bisher nicht zu seinem Wortschatz gehört hatte: das Wort *Nein*. Er hörte auf, der „liebe Junge" für seine Mutter und andere zu sein. Es war viel bio-energetische Arbeit notwendig, um seine männliche Energie freizusetzen. Er schwamm sich schließlich frei und ließ ganze Ozeane der Wut und des Schmerzes hinaus. Die Selbsthilfegruppe war ungemein segensreich für ihn. Er selbst war eine Bereicherung für die Gruppe, da er bereitwillig von sich erzählte; er wurde zu einem Mentor für neue Mitglieder.

Gegen Ende unserer Therapie-Arbeit lud Joseph seine ganze Familie nach Amerika zu einer Marathon-Umarmungssitzung ein. Sie dauerte einen ganzen Tag und war wunderbar. Er konnte seine Mutter umarmen und ihr sagen, wie weh ihre Überbehütung ihm getan hatte. Sie weinten zusammen, und sie entschuldigte sich; sie hatte nicht gewusst, wie sehr sie ihren Sohn verletzt hatte.

An der Brust seines Vaters weinte er die Tränen eines Kindes, das sich immer nach der Liebe und Zuwendung des Vaters gesehnt hatte. Er erzählte ihm, wie er ihn vermisst hatte, wenn er beruflich unterwegs war und dann abends mit Freunden in die Kneipe ging. „Warum hast du mich nie zu deiner Arbeit mitgenommen?" Wieder Tränen. Sein Vater entschuldigte sich, und endlich spürte Joseph seine starken Arme um sich. Heute wird ihre Beziehung mit jedem Besuch besser. Joseph hat seine Mutter gebeten, vorerst etwas in den Hintergrund zu treten, damit er und sein Vater sich näher kommen können.

Während der Umarmungssitzung passierte noch etwas: Joseph entschuldigte sich bei seinem jüngeren Bruder für die gehässig-eifersüchtige Art, mit der er ihn behandelt hatte, und sein Bruder ließ unter heftigem Weinen seinen Schmerz los. Sie hielten einander in den Armen, betrauerten gemeinsam die Vergangenheit und wurden wieder ein Brüderpaar. Zum Schluss erzählte der jüngere Bruder den Eltern, wie ihre Streitereien ihn verletzt hatten. Die ganze Familie umarmte sich; alle weinten, ließen Jahre des Schmerzes endlich los.

Es war ein Neuanfang für diese Familie. Josephs Liebe zu seiner Frau vertieft sich, und sie erwarten ihr erstes Kind.

10. Berührung – Das Bedürfnis nach Bindung und Verbindung

„Die Unpersönlichkeit des Lebens in der westlichen Welt hat uns eine Kaste der Unberührbaren schaffen lassen. Wir sind einander Fremde geworden, die jeglichen ‚unnötigen‘ körperlichen Kontakt nicht nur vermeiden, sondern abwehren – gesichtslose Figuren in einer überfüllten Landschaft, einsam und voller Angst vor zu viel Nähe. In dem Maße, wie dies so ist, sind wir alle weniger geworden. Diese unsere Unberührbarkeit hat es uns unmöglich gemacht, eine Gesellschaft zu schaffen, in der die Menschen einander mehr als nur körperlich berühren. Angesichts unseres unechten Selbst, das die Maske dessen trägt, was andere Menschen von uns erwarten, überrascht es nicht, dass wir nicht wissen, wer wir eigentlich sind. Wir tragen dieses uns aufgezwungene unechte Selbst wie ein schlecht sitzendes Kleid, und fragen uns manchmal kläglich, wie wir dazu gekommen sind. Wie Willy Loman in Tod eines Handelsreisenden *sagt: ‚Ich fühle mich irgendwie nicht recht zu Hause.‘"[1]*

Ashley Montagu

Berührungen heilen

Wer den Prozess des Mentoring verstehen will, der muss die Bedeutung von Berührungen verstehen. Berührung ist die mächtigste Heilkraft der Welt, doch für die meisten Menschen ist sie ein unangenehmes, ja peinliches Thema. Als Therapeut, Ehemann und Vater praktiziere und fördere ich gesunde Berührungen.

Berührung ist eine notwendige Komponente im Heilungsprozess. Wie einer meiner eigenen Therapeuten sagte: „Erst das Unkraut jäten, dann die neuen Pflanzen setzen." Das „Unkraut" sind die gleichgeschlechtlichen und andersgeschlechtlichen Wunden. Die neuen „Pflanzen" sind gesunde, heilende Berührungen. Männer und Frauen mit gleichgeschlechtlichen Neigungen haben oft Berührungsdefizite, jedenfalls sofern es um gesunde Berührungen geht. Diese Berührungsdefizite bewirken eine Entwicklungsstörung, die auf mangelnde Bindung an den gleichgeschlechtlichen und/oder andersgeschlechtlichen Elternteil zurückgeht.

Wer sich von der Homosexualität verabschiedet, kann ein großes Nachholbedürfnis an gemeinsam verbrachter Zeit, Berührung und Gesprächen haben. Ich möchte daran erinnern, dass der Kern der gleichgeschlechtlichen Neigungen ein *Bindungsmangel* ist. Der Klient ist

- abgekoppelt von seinen Eltern (vor allem dem gleichgeschlechtlichen Elternteil)
- abgekoppelt von seinem Geschlecht
- seinem Körper entfremdet
- seinen Mitmenschen entfremdet
- seiner Seele entfremdet.

Man kann die heilende Wirkung der Berührung nicht hoch genug einschätzen. Berührung muss mit großem Mitgefühl, Sensibilität und Verständnis geschehen, es kommt auch auf den richtigen Zeitpunkt an. Berührungen, bei denen der Klient nichts über sich selbst lernt, können genauso zerstörerisch sein wie die Verweigerung jeglicher Berührung. Daher muss der Klient zuerst durch den Prozess der Verhaltensänderungen gehen und sein Denken neu einstellen. Als Nächstes muss er durch Arbeit mit dem inneren Kind oder mit Hilfe anderer Methoden, die ihn in Berührung mit seinen Gefühlen, Gedanken und Bedürfnissen bringen, seine innere Welt kennen lernen. Durch kompetente Mentoren wird Heilung wesentlich beschleunigt.

Einander hilfreich berühren

Berührungen müssen auf die richtige Art, zur rechten Zeit und durch die rechte Person/Personen erfolgen, sonst können sie ungesunde Strukturen und/oder die Verletzungen durch den Missbrauch noch verschlimmern. Die berührende Person muss in ihrer eigenen sexuellen Identität gefestigt sein und sich darin wohlfühlen. Am besten geeignet sind glücklich verheiratete Männer und Frauen.

Wenn die Eltern hier nicht helfen können oder wollen, schlage ich meinen Klienten vor, sich andere Mentoren zu suchen, die zu der heilenden Berührung bereit sind. Für viele ist diese Suche eine extrem frustrierende und schwierige Aufgabe. Sie sehnen sich nach dem, was sie in ihrer Kindheit und Jugendzeit nicht bekommen haben. Wie es in einem Kinderbuch über Gott heißt: „Gott ist die Liebe im Kuss unserer Mutter und die warme, starke Umarmung unseres Vaters."[2] Doch was die Klienten meist antreffen, sind Männer und Frauen, die Angst haben, sie zu umarmen. (Mehr über die Technik der Umarmung in Kap. 12.)

„Als ich ihn bat, mich in die Arme zu nehmen, flippte er aus." – „Was meinen Sie wohl, warum mein Pastor mir nicht bei dieser Therapie helfen will?" – „Ich habe so viele gefragt, und alle haben ‚Nein' gesagt." Ich weiß nicht mehr, wie oft ich solche Sätze von meinen Klienten gehört habe. Die meisten Menschen haben Hemmungen, jemanden zu umarmen oder zu berühren, der seine homosexuelle Vergangenheit hinter sich lassen will. Der Grund dafür ist Angst. „Oft haben wir am meisten Angst vor den Dingen, die wir am wenigsten verstehen. Wer nicht viel über Homosexualität weiß, gibt sich oft nur zögernd mit homosexuell Empfindenden ab, ja hat womöglich Angst vor ihnen."[3] Angst ist ein Ur-Gefühl, das uns schützen soll vor dem, was wir nicht verstehen. Doch eine richtige Aufklärung kann irrationale Ängste wegnehmen.

Kürzlich las ich das Buch *The Gift of Pain*, in dem Paul Brand über seine Arbeit mit Lepra-Kranken berichtet. Ich finde, es gibt auffällige Parallelen zwischen Lepra und gleichgeschlechtlichen Neigungen. Lepra ist eine Erkrankung des Nervensystems, die ihrem Opfer das Empfindungsvermögen in Armen und Beinen nimmt. Der Kranke erlebt eine massive Abkoppelung von dem, was in seinen Händen, Füßen und/oder Gesichtsmuskeln vor sich geht. Dr. Brand verhalf seinen Leprapatienten zur Heilung und zeigte ihnen, wie sie ohne Empfindungsvermögen in ihren Extremitäten doch leben konnten; darauf schickte er sie in ihre Dörfer zurück. Aber die Verwandten und Nachbarn hielten Abstand zu den Rückkehrern, aus Angst, sich an Lepra anzustecken. (Laut Dr. Brand ist behandelte Lepra nicht ansteckend.) Brand und seine Kollegen erkannten schließlich, dass sie die Familien, ja die Dörfer darüber aufklären müssten, was Lepra überhaupt ist. Als sie dies getan hatten, nahmen die Ängste ab. „Als die Menschen begriffen, um was für eine Krankheit es sich handelte, verschwanden Angst und Aberglaube. Jetzt hörten sie sich die Geschichten der Patienten an, ohne Angst oder Abscheu. Jetzt praktizierten sie den Zauber menschlicher Berührung."[4] Befreit von der Angst vor Ansteckung, begannen Verwandte und Freunde der Patienten, sie zu berühren und zu umarmen. Die heilende Macht der Berührung macht Geber und Empfänger gesund.

Die Reaktionen der Menschen auf Lepra und auf Homosexualität sind ganz ähnlich. Was wir nicht verstehen, davor haben wir Angst, und sobald wir das, wovor wir Angst haben, verstehen, fallen Mauern und wir lernen einander zu umarmen. Manchmal haben wir auch Angst vor etwas in unseren Mitmenschen, das wir in uns selbst unterdrücken oder verdrängen. Die meisten Männer in unserer Kultur haben Vaterwunden, weil sie als Kinder eine ungenügende Vaterbindung hatten. Ich glaube, dass es für einen Mann, der einen liebevollen, lebendigen, ihn fördernden Vater hatte, ganz natürlich ist, sich anderen Männern zu öffnen. Männer in unserer Kultur und anderen Kulturen sind berührungsarm und emotional gehemmt.

„Von früher Kindheit an lernen Jungen, ihre Gefühle zu unterdrücken, Mädchen hingegen, die vollständige Skala ihrer Gefühle auszudrücken und richtig damit umzugehen. ... Ein Mann setzt Emotionalität eher mit Schwäche und Verletzbarkeit gleich, weil er dazu erzogen wurde, etwas zu *tun*, anstatt auszudrücken, was er fühlt."[5] (Ein Freund von mir sagte, dass dies vielleicht auch bei vielen Mädchen so ist; auch sie müssen in einem gestörten Umfeld ihre Gefühle zurückhalten.)

Gleichgeschlechtlicher Beziehungsmangel

Ashley Montagu stellt fest: „Kurz und gut: Lieben lernt man nicht durch entsprechenden Unterricht, sondern einfach, indem man geliebt wird."[6] Und in ihrem Buch *Recovery from Co-Dependency* schreiben Laurie und Jon Weiss: „Erwachsenen-Kinder, denen keine wirkliche Bindung an die Eltern gelang, verbringen oft den Rest ihres Lebens damit, dass sie bedingungslose Liebe suchen und stattdessen co-abhängige Beziehungen finden."[7]

Wenn ein Mann nie eine genügende Vaterbindung hatte, hat er einen gleichgeschlechtlichen Beziehungsmangel. Bei den meisten Männern ist dies nicht gleich nach außen sichtbar, und die meisten haben auch keine gleichgeschlechtlichen Neigungen. Doch in vielen Kulturen ist es üblich, dass Männer nicht über ihre Gefühle reden, Leistung und

Sex zu sehr betonen und schlechte Gesprächspartner sind. Ich glaube, Männer sind deswegen oft sexbesessen, weil ihre Seele unterernährt ist und sie keinen Bezug zu ihren tieferen Gefühlen haben. Männer werden leicht in der Weise stimuliert, als ob Genitalien und Kopf direkt verbunden wären, sozusagen unter Ausschaltung der Körpermitte (Bauch, Brust und Herz). Die rein sexuelle Lust auf Frauen ist genauso ungesund wie homosexuelle Lust. Beide stehen für eine defensive Abkoppelung – einmal vom gleichgeschlechtlichen Elternteil (Gleichgeschlechtliche Beziehungs-Störung), das andere Mal vom andersgeschlechtlichen Elternteil (Andersgeschlechtliche Beziehungsstörung). In unserer Kultur ist es akzeptabel, dass Männer einander berühren, wenn sie ein Fußballspiel gewonnen haben. Wir kennen die Szenen, wo die Spieler sich begeistert in die Arme fallen. Doch wenn man die gleichen Gefühlsäußerungen außerhalb des Spielfeldes zeigt, steht man schnell im Verdacht, homosexuell zu sein.

Wenn wir Sex, Liebe und echte Nähe nicht unterscheiden können, führt das zu Süchten und anderen Störungen. Wenn wir Körper, Seele und Geist die tägliche, regelmäßige Berührung entziehen – ja, täglich –, werden wir geistig, emotional, körperlich und geistlich krank.[8]

Freilich sind bei der Berührung gesunde Grenzen einzuhalten. Manche Menschen haben zu schwache Grenzen, so dass andere sie auf unangemessene Art berühren können. Andere haben Mauern um ihr Herz und lassen niemanden an sich heran. Ob es nun um Homosexualität geht oder um etwas anderes – ein Mangel an gesunden Berührungen macht uns zu Gefangenen unseres eigenen Körpers und lässt unsere Seele verkümmern. „Menschen, die diese Stimulation [gesunde Berührungen] nicht bekommen haben, bleiben gleichsam Gefangene in ihrer eigenen Haut. Sie verhalten sich so, als ob diese Haut eine Mauer ist, die sie einschließt; berührt werden ist für sie ein Angriff auf ihre Persönlichkeit."[9]

Es ist bemerkenswert, dass nicht wenige Männer mit Sexsucht keinerlei Berührungen oder Umarmungen wollen. Umarmungen bedeuten Nähe, und Nähe kann den Schmerz stimulieren. Der Körper lügt nicht, und für viele Menschen ist echte Nähe gleich Schmerz. Tief in unserer Muskulatur liegen die Wunden verborgen. Anonymer Sex scheint dann die einzig „sichere" Weise zu sein, um körperliche Befriedigung zu erhalten, ohne sich emotional auf Nähe einlassen zu müssen. Die Befriedigung ist allerdings nur kurzlebig und führt in die Sucht.

Meine Beobachtung ist: Je distanzierter jemand von seinen Lebenswunden ist, umso extremer ist seine Einstellung zum Geben und Annehmen von Berührungen. Am einen Ende des Spektrums ist eine pa-
nische Berührungsangst, das andere Extrem ist ein unersättlicher
Durst nach Berührungen. Beides steht für extreme Formen der Distanzierung und Abkoppelung von den eigenen Lebenswunden und
von unbeantwortet gebliebenen Bedürfnissen.

„Es ist eine erstaunliche Tatsache, dass bis zum dritten Geburtstag das
kindliche Gehirn fast die volle Größe des Erwachsenengehirns erreicht hat. Das durchschnittliche Gehirnvolumen eines Dreijährigen
beträgt 960 Kubikzentimeter, das eines 21-jährigen Erwachsenen
1.200 Kubikzentimeter. ... Mit anderen Worten: Im Alter von drei
Jahren, hat das Kind 90 Prozent seines Gehirnwachstums erreicht. ...
Fast zwei Drittel des Gesamtwachstums des Gehirns sind bis zum Ende des ersten Lebensjahres abgeschlossen.“[10]

Das ist der Grund, warum die meisten Psychologen sagen, dass unsere Persönlichkeit im Wesentlichen mit drei Jahren geformt ist. Hat jemand bis zu diesem Alter nicht genügend Berührung und Umarmung
erfahren, wird er ein tiefes Gefühl des inneren Mangels und der Abkoppelung entwickeln. Aber auch das Empfangen von unangemesse-
nen, ungesunden Berührungen führt zur emotionalen Abkoppelung.
Der Betroffene sucht während seiner Jugend- und Erwachsenenzeit
sexuelle Beziehungen, weil er die unbeantworteten Bedürfnisse nach
gesunder Bindung irgendwie beantworten muss.

Zum Mentor werden

Ich rufe jeden, der Menschen auf ihrem Weg aus der Homosexualität
heraus helfen will, auf, ein Mentor zu werden und die Menschen mit
einer gleichgeschlechtlichen Beziehungsstörung zunächst als Kinder
zu sehen. Wenn sie auch körperlich erwachsen sind, entwicklungsmäßig sind sie wie kleine Kinder. Dies gilt keineswegs nur für Menschen mit einer gleichgeschlechtlichen Beziehungsstörung; der Großteil der Bevölkerung besteht aus Kindern in Erwachsenenkörpern.
Der Unterschied besteht vor allem darin, dass die anderen ihre unbeantworteten Bedürfnisse auf eine gesellschaftlich akzeptablere Art verstecken können oder Süchte haben, die sozial eher akzeptiert werden.

Das Gesamtergebnis ist jedoch eine gefühlsarme, ungesunde Gesellschaft und Kultur.

Ohne die liebevolle, helfende, heilsame Berührung vieler Männer und Frauen wäre ich heute nicht der, der ich bin. Ich wurde durch falsche Berührungen eines Mannes verletzt und brauchte Heilung durch richtige Berührungen. Ich hätte die Wände des Schmerzes nicht durchbrechen können, wenn Phillip, Peter und Russell mich nicht in den Armen gehalten hätten, während ich die vielen Verluste meiner Vergangenheit betrauerte. Sie waren unerschrocken genug, mich buchstäblich festzuhalten bei meiner Trauerarbeit angesichts meines Riesenmeeres an Schmerz. Ohne ihren Mut und Einsatz hätte ich die überstanden, die schwärzesten Nächte meines Lebens nicht überstanden.

Die haltende Umarmung ist wirksam. Die besten Mentoren sind die eigenen Eltern – wenn sie offen, bereit und fähig zur Mitarbeit sind. Mutter und Vater sind die besten Übermittler gesunder, liebevoller Berührungen. Wenn sie nicht bereit, fähig oder auch nicht da sind, müssen wir als Glieder der christlichen Gemeinde, als Brüder und Schwestern, ihre Rolle einnehmen. Wenn eine ganze Kirchen- oder sonstige Gemeinde sich zusammentun würde, um Opfern der gleichgeschlechtlichen Beziehungsstörung zu helfen, wäre Heilung viel schneller und schöner. Dies wäre ein echtes Beispiel für gelebten, praktizierten Glauben.

Peter, der einem meiner Klienten ein Mentor war, beschreibt seine Aufgabe so:

> Als Rob vor meiner Haustür stand, begrüßte ich ihn mit einer herzlichen Umarmung. Er war sehr freundlich, aber ich spürte, dass er sich die bange Frage stellte, ob ich ihn annehmen würde oder nur der nächste heterosexuelle Großinquisitor wäre.
>
> Bald merkte Rob, dass ich keine Vorbehalte ihm gegenüber hatte und ihm helfen wollte, seine Identität als Mann zu finden. An diesem Abend sprachen wir beim Essen sehr offen über seine Geschichte und darüber, wo er sich auf seinem Weg zurzeit befand. Das Gespräch brachte uns einander näher.
>
> Am nächsten Abend trafen wir uns, um unser Gespräch fortzusetzen. Dann begannen wir eine Umarmungssitzung. Ich legte meine Arme um Rob, wie ein Vater um seinen Sohn, und bat ihn, etwas

über sich und sein Leben zu erzählen. Erst war es für uns beide seltsam und nicht ganz geheuer, aber nach ein paar Minuten hatten wir die Barriere überwunden. Mit Tränen erzählte Rob von der Kindheit, die man ihm gestohlen hatte. Ich versicherte ihm, dass Gott ihn nie vergessen hatte, und machte ihm Mut, weiter zu erzählen, was er auf dem Herzen hatte. Es war eine offene, ehrliche Stunde, in der wir beide wuchsen – ich als „Vater" und Rob als „Sohn".

Ein paar Abende später spielten Rob und ich (also zwei Männer mittleren Alters) im Garten Ball. Er hatte mir erzählt, dass mit seiner Unsportlichkeit zahlreiche schmerzliche Erinnerungen verbunden waren. Als wir mit dem Spiel begannen, war Rob richtig steif, doch als wir den Ball immer wieder hin- und herwarfen, begann er aufzutauen und Spaß an dem Spiel zu finden. Sein Werfen wurde immer geschmeidiger und besser und das Lächeln auf seinem Gesicht immer breiter. Es war eine Freude, ihm zuzusehen. Dieser Abend wurde ein Meilenstein für Rob. Es war phantastisch mitzuerleben, wie er sich veränderte.

Ich habe die Vision, dass alle älteren Menschen in unserem Land Mentoren für die Jugend werden. Unsere materialistische Plastikkultur hat die Großväter und Großmütter beiseite geschoben und durch jüngere, „zeitgemäßere" Modelle ersetzt. Dies ist ein Verrat an unserem Überleben. In den Herzen unserer Senioren liegt die Weisheit und der Schatz eines ganzen Lebens. Wenn wir sie bitten, uns auf unserer Reise helfend zur Seite zu stehen, verbinden wir unsere Gegenwart mit unserer Vergangenheit und Zukunft.

„Die Haut ist unser größtes Körperorgan. Sie macht 18 Prozent unseres Körpergewichts aus und bedeckt eine Fläche von gut 1,7 Quadratmetern. ... Nach einer Massage absolvierten Büroarbeiter einen Rechentest schneller und mit weniger Fehlern. ... PET-Scans von Kleinkindern, die starken Berührungsentzug erlebt haben, zeigen: bestimmte kritische Bereiche des Gehirns sind kaum aktiv, was ganze Gebiete der Entwicklung blockiert. ... Dr. Tiffany Field, Leiterin des Berührungsforschungsinstituts (Touch Research Institute, TRI) in Miami kommentiert: ‚Amerika leidet an einer Hauthunger-Epidemie.' In einer TRI-Studie bekamen Freiwillige, die über 60 Jahre alt waren, drei Wochen lang Massagen und wurden anschließend im

Massieren von Kleinkindern im Kindergarten geschult. Das Massieren anderer Personen war noch wirksamer, als selbst massiert zu werden. Die Versuchspersonen waren weniger depressiv, hatten einen niedrigeren Stresshormon-Spiegel und fühlten sich weniger einsam."[11]

Ich möchte die Menschen, die ein Herz für das Mentoring haben, mit denen zusammenbringen, die dringend einen Mentor brauchen, und biete dazu Kurse an. Mein Ziel ist ein nationales und internationales Netz von Mentoren. Wenn unsere Großväter und Großmütter Mentoren unserer Jugend werden, können alle nur gewinnen. Es gibt beiden Leben. Wenn der vom Mentor Betreute heil wird, kann er ein Mentor für andere werden. Die Investition der vielen Männer und Frauen, die mich gesundgeliebt haben, hat sich vielfach ausgezahlt, weil ich ihre Liebe anderen weitergeben konnte.

11. *Bianca*

Die Hoffnung hat mich immer begleitet. Trotz seelischer Verletzungen und der Wunden in meinem Leben habe ich immer Hoffnung gehabt, und so möchte ich mit dieser meiner Geschichte „Rechenschaft ablegen von der Hoffnung, die in mir ist" (1. Petrus 3,15).

Das Wort „lesbisch" las ich zum ersten Mal in Ann Landers' Zeitungskolumne, aus der ich einen Großteil meiner sexuellen Aufklärung bezog. Ich las also Anns Worte über Frauen, die Frauen liebten und Sex mit ihnen hatten. War ich damit auch gemeint? Ich begann darüber nachzudenken – und auch über das moralische Stigma, das mit dieser sexuellen Identität verbunden war.

Lesbisch. Ich machte mir diese Bezeichnung erst mit 15 Jahren zu eigen, aber ich weiß nicht, in welchem Alter ich zum ersten Mal merkte, dass ich mich als Mädchen in meiner Haut nicht wohl fühlte. Einer meiner Brüder war fünf Jahre älter als ich, der zweite ganze vierzehn Monate – ich muss wohl ein „Unfall" gewesen sein. Als Schwester meiner Brüder wurde ich selber ein halber Junge – der typische „Wildfang".

Meine Mutter hatte an einer berühmten Universität studiert und eine angesehene Karriere begonnen. Berufstätig wurde sie erst, als ich in die Schule kam, und es entwickelte sich eine enge Beziehung zwischen uns. Mein Vater war technisch begabt, schien aber nicht so intelligent zu sein wie sie. Er war in Deutschland aufgewachsen und zeigte seine Liebe selten offen. Er war von der strengen Sorte; die Strafe kam zuerst, die Fragen danach. Wenn er zu Hause war, war er immer mit Reparaturen und sonstigen Arbeiten beschäftigt. An meiner Mutter schien ihm wirklich viel zu liegen, und wenn sie glücklich war, war er es auch.

Mein Leben änderte sich, als ich drei Jahre war und seelische Verletzungen erlitt, die ich für die nächsten dreißig Jahre verdrängen würde. Drei Tage nach meinem dritten Geburtstag starb mein Großvater mütterlicherseits. Ich kann mich kaum noch an die Situation oder an meinen Großvater erinnern. Aber in ihrer Trauer zog sich meine Mutter von mir zurück, und ich wurde sehr einsam. Ich habe kaum noch Erinnerungen an diese Zeit.

Zum Glück hatte ich eine religiöse Erziehung. Unsere ganze Familie ging regelmäßig zur Kirche und machte aktiv in der Gemeinde mit: Chor, Ferien-Bibelschule, Jugendgruppen. Heute denke ich, dass ich damals eine christliche Einstellung übernahm, um meinen Eltern zu gefallen und um Punkte bei einem Gott zu machen, den ich für einen überstrengen Richter hielt. Aber diese religiöse Erziehung gab mir auch ein Wissen über Gott mit, das er als Sprungbrett benutzen konnte in seinem Bemühen, mir in eine Beziehung zu ihm anzubieten.

Als die Pubertät kam, fühlte ich mich einerseits zu Jungen hingezogen, andererseits verspürte ich ein unersättliches Interesse an meinen Freundinnen. Besonders zu einer fühlte ich mich stark hingezogen, was mich beunruhigte. Es kam mir irgendwie unnormal vor, und so sagte ich ihr nichts von meinen Gefühlen; ich hatte viel zu viel Angst. Am liebsten wollte ich ständig bei ihr sein und sehnte mich nach ihrer Zuneigung. Einmal schliefen wir zusammen, wie das unter Teenagerfreundinnen nicht ungewöhnlich ist. Ich nutzte die Gelegenheit, um, während sie schlief, sanft ihre Brüste zu berühren. Das elektrisierte mich, aber es hinterließ auch Schuldgefühle.

In der Oberstufe fühlte ich mich immer noch etwas zu Jungen hingezogen, kam mir aber nicht begehrenswert vor. Das machte meine lesbischen Gefühle nur noch stärker. Meine erste Liebe war ein jüngeres Mädchen, das einsam war und von den Gleichaltrigen zurückgestoßen wurde. Obwohl ich meine Gefühle zu ihr nie offen sexualisierte, war ich sehr viel mit ihr zusammen und genoss die Nähe und die leichten Berührungen. Wenn ich bei ihr übernachtete, hatte ich den starken Wunsch nach sexuellen Handlungen. Doch dann zog sie weg, und ich blieb allein mit meinen Wünschen.

Nach dem Wegzug schrieb ich ihr einen Brief, in dem ich meine Liebe und sexuellen Gefühle enthüllte – und der meinen Eltern in die Hände geriet. Die Folge war, dass sie mit mir einen Psychologen aufsuchten. Er meinte, dass diese „Phase" völlig normal sei und ich bald aus ihr herauswachsen würde.

Die Leere in mir wurde immer größer. Ich fühlte mich verwirrt, zornig, verängstigt, einsam und traurig. Ich brauchte die Liebe und Nähe einer Frau, und meine Entschlossenheit, diese Liebe zu bekommen, wuchs. Schließlich lernte ich in der Schule ein Mädchen kennen, das in meinem Alter war und auch nach einer Freundin hungerte. Ich spürte, dass sie mich nicht abweisen würde; sie schien bereit zu sein, alles zu tun, um Liebe zu bekommen. Sie kam mir willig entgegen. Anfangs liebte ich sie nicht, aber in dem Maße, wie wir unser Leben und unsere Körper miteinander teilten, wuchs unsere gegenseitige Abhängigkeit. Als ich aufs College ging, war ich fest entschlossen, nach Abschluss meines Studiums mit ihr zusammenzuziehen.

Während unserer gesamten Beziehung waren wir nie frei von Schuldgefühlen. Sie war in ihrer Kirchengemeinde aktiv, ich ebenso in meiner. Wir lasen die Bibel. Aber wir wollten, dass Gott unsere Liebe segnete. Ich dachte: *Wenn ich nur ein Mann wäre, wäre alles in Ordnung.* Mit der Zeit wurde unser sexuelles Zusammensein weniger befriedigend. Wir trafen uns regelmäßig, mussten aber unsere sexuelle Beziehung geheim halten. Oft schlief ich im Haus ihrer Eltern mit ihr, oft benutzten wir auch den Jugendraum in ihrer Kirche. Mir ekelte vor mir selbst, aber ich konnte nicht aufhören.

Schließlich hatten wir einige Gespräche mit meinem Pastor. Er benutzte nie das Wort „Sünde" und verurteilte uns nicht, aber er merkte, wie verzweifelt wir waren. Er riet uns, unsere Beziehung zu beenden, denn er sah deutlich, wie ungesund unser Verhalten für uns war. Aber wir waren emotional so ineinander verstrickt, so liebesbedürftig und süchtig nach einander, dass wir nicht glaubten, uns je ändern zu können.

Als ich mein Studium begann, lagen 400 Kilometer zwischen meiner Liebhaberin und mir. Ich versuchte mehrere Male, die Beziehung zu beenden, aber ich schaffte es nicht. Was wir taten, war unmoralisch und gesellschaftlich inakzeptabel, aber ich war nicht bereit, meine Freundin aufzugeben. Mir war hundeelend, und ich hatte Selbstmordgedanken.

Ich bekam Kontakt zu einer christlichen Studentengruppe und es entstanden einige Freundschaften. Meine Freunde sahen, dass der Glaube mir nicht fremd war, und sie sahen den Hunger meiner Seele. Schließlich fragten sie, warum ich nicht entschiedener bei der Sache sei, und forderten mich auf, ganze Sache zu machen: nicht nur rein intellektuell Jesus als Erlöser zu kennen, sondern ihm als dem Herrn auch mein Leben zu unterstellen. Sie fragten mich, warum ich so zögerte, diesen „Schritt im Glauben" zu tun.

Verletzt und wütend erklärte ich ihnen, dass ich lesbisch sei, dass ich genau wusste, was Gott von Homosexualität hielt und dass ich keine Versprechungen machen würde, die ich doch nicht würde halten können. Ich hatte gedacht, dass die Beziehung damit abbrechen würde, aber genau das geschah nicht. Ich fand bei ihnen, womit ich nicht gerechnet hatte: großen Glauben und ehrliches Mitempfinden. „Warum sagst du Gott nicht einfach, wie es in dir aussieht?", fragte eine Freundin.

In einer katholischen Kirche im Januar 1973 bestürmte ich Gott, etwas, *irgendetwas*, mit meinem verqueren Leben zu machen. Ich wusste selbst nicht, was ich wollte oder was ich machen sollte. Ich konnte meine Identität und meine Gefühle nicht ändern. Ich fühlte mich vor Gott unwürdig. Ich sagte ihm: *Wenn du jetzt nicht etwas tust, Gott, dann mache ich meinem Leben ein Ende!* Ich kniete mich vor dem Altar hin, und als ich wieder aufstand, war etwas anders geworden. Ich spürte auf einmal einen Frieden in mir.

Meine Liebhaberin und ich machten schließlich Schluss miteinander, als unsere Eltern eingriffen. Ich liebte sie doch nicht genug, um meinen Eltern zu trotzen, und war auch nicht bereit, meine Ausbildung aufs Spiel zu setzen oder in den lesbischen Lebensstil weiter hineinzugehen. Es war eine schmerzliche Zeit, aber die Beziehung musste aufgegeben werden. Seitdem hatte ich nur sehr wenige lesbische Beziehungen.

Aber meine innere Leere verschwand nicht. Ich wollte immer noch Intimität und Nähe mit Frauen und hatte doch gleichzeitig Angst davor, wegen der sexuellen Gefühle, die dabei hochkamen. Meine Zimmergenossin im Studentenheim war Christin, und ich hatte furchtbare innere Kämpfe wegen meiner Gefühle ihr gegenüber. Ich ließ sie zum Teil heraus, und sie reagierte sehr verständnis- und liebevoll. Sie stieß mich weder zurück noch gab sie meinem Drängen, miteinander Sex zu haben, nach. Aber meine sexuellen Wünsche gingen nicht weg. Ich beschloss, Gott gehorsam zu sein, denn ich wusste, was sein Wille war. Mein Glaube wuchs, und meine Beziehung zu Gott wurde stärker, aber ich war nicht bereit, meine lesbische Orientierung ganz aufzugeben. In meinen Phantasien über andere Frauen lebte sie weiter. Da ich keine offenen lesbischen sexuellen Handlungen mehr beging, fühlte ich mich weniger schuldig. Ich begann, Gottes Vergebung anzunehmen und ihn als liebenden Vater zu sehen.

In meinem letzten Studienjahr lernte ich den Mann kennen, mit dem ich heute verheiratet bin. Wir hatten den Eindruck, dass Gott uns zusammengeführt hatte, aber ich sagte ihm nichts von meinem inneren

Kampf oder meiner Vergangenheit. Wir heirateten, und damit lag die Homosexualität hinter mir – dachte ich.

Unsere Ehe war gut. Mein Mann und ich waren in der Gemeinde aktiv und hatten jeden Abend unsere gemeinsame Hausandacht. Obwohl ich schon lange keinen lesbischen Sex mehr gehabt hatte, waren meine lesbischen Gedanken immer noch da. Hin und wieder hatte ich entsprechende Phantasien, aber ich dachte im Traum nicht daran, die Ehe zu brechen, meinen Mann zu verletzen und Gottes Gebot über Bord zu werfen. Mein Mann war treu und unsere Beziehung gut. Es gab keinerlei Grund für mich, eine andere Beziehung zu suchen.

Nach sechzehn Jahren lernte ich eine Kollegin kennen, zu der es mich kolossal hinzog. Ich hatte den Eindruck, dass ich dabei war, mich in sie zu verlieben. Ich ging zu ihr und fragte sie, welche Gefühle sie mir gegenüber habe. Sie sagte mir, dass sie nicht in mich verliebt sei und dass es ihr Leid täte, wenn sie mir Signale gesendet hätte, die ich missverstanden hätte. Wir weinten beide. Das war ein demütigendes Erlebnis für mich. Ich hatte so viel für sie riskiert, und jetzt wollte sie mich nicht. Ich bekam schwere Depressionen und weinte jeden Tag. Schließlich konnte ich diese Probleme nicht länger vor meinem Mann verheimlichen. Ich brauchte Hilfe.

Mein Mann wurde nicht zornig und ließ mich nicht im Stich. Da es zwischen meiner Kollegin und mir nichts Sexuelles gegeben hatte, fiel es ihm leichter, mir zu vergeben. Ich arbeitete weiter im gleichen Büro wie sie, und es war Schwerarbeit für mich, über die Sache hinwegzukommen. Ich ging zu meinem Pastor, denn ich wusste, dass ich ein geistliches Problem hatte. Warum war ich bereit, Gott den Rücken zuzukehren? So viele Jahre hatte ich darum gekämpft, ihm zu gehorchen, und war meinem Mann treu geblieben. Was war nur passiert? Würde ich denn nie inneren Frieden finden? Mein Pastor überwies mich an einen Therapeuten.

Nach sechs Monaten Therapie hatte ich endlich mein inneres Gleichgewicht wiedergefunden. Mein Therapeut sagte mir, dass ich nicht mehr unbedingt zu kommen brauche, aber dass ich Antworten bräuchte. Wie war es zu meinen lesbischen Neigungen gekommen? Ich wusste, dass ich sie nicht bewusst gewählt hatte; sie waren auch nicht angeboren. Ich setzte also die Therapie fort und sprach über meine Kindheit.

Ich begann auch zu schreiben, und in einer Woche schrieb ich einige

Dinge über meine Mutter nieder. Als der Therapeut mich fragte, wen meine Worte außerdem noch beschrieben, dachte ich, er meinte mich, denn ich fand, dass ich meiner Mutter sehr ähnlich war. Aber er nannte den Namen meiner Kollegin, zu der es mich so hingezogen hatte, und da fiel es mir wie Schuppen von den Augen. Sie *war* ja wie meine Mutter, nur attraktiver und herzlicher. Die Verbindung zwischen meinen lesbischen Neigungen und meiner Mutter hatte ich noch nie bemerkt. Ich hatte immer gedacht, dass meine Neigungen etwas mit meinem so fernen Vater zu tun hatten, von dem ich mich nie wirklich bejaht gefühlt hatte.

Ich schrieb auch eine Begebenheit zwischen meiner Mutter und mir nieder, die sich ereignete, als ich etwa acht Jahre alt war. Ich beschrieb sie, ohne dabei etwas zu fühlen und notierte lediglich, dass sie „seltsam" gewesen war. Ich spielte sie herunter und leugnete ihre zerstörerische Wirkung. Mein Therapeut fragte mich, was ich wohl sagen würde, wenn meine Mutter das Gleiche mit meinem Bruder gemacht hätte, und da musste ich zugeben, dass meine eigene Mutter mich sexuell missbraucht hatte. Das war das Schlimmste. Ich wollte sterben.

In den nächsten vier Jahren ging ich zu zwei anderen Therapeuten; einmal war ich stationär in der Psychiatrie. Weitere Erinnerungen kamen an die Oberfläche, als meine Mutter ihr Haus – mein Kindheitshaus – verkaufte. Ich begann zu begreifen, dass sie mich missbraucht hatte und dass ich diesen Missbrauch mit anderen Frauen wiederholte. Nur dass ich jetzt selber die Kontrolle haben wollte, statt hilflos ausgeliefert zu sein. Ich wollte die nette Liebhaberin sein. Im Grunde suchte ich die perfekte Frau, die mich so liebte, wie meine Mutter dies vor dem Missbrauch getan hatte.

Mein Kampf ging nicht auf Probleme in meiner Ehe zurück. Mein Mann hatte mich nicht zurückgestoßen oder mir seine Liebe entzogen. Meine Versuchung zum Ehebruch kam nicht daher, dass er mir wehgetan hatte; sie kam aus einer Wunde in mir, die ich schon lange, bevor wir uns kennen gelernt hatten, gehabt hatte.

Als ich im College mit dem Glauben ernst gemacht hatte, hatte ich mein Verhalten geändert. Ich wollte Christus ja treu sein. Aber es war keine Heilung geschehen. Ich war gefangen an einem Ort voller Schmerz. Ich musste schwierige Fragen stellen und darauf vertrauen, dass Gott mir helfen würde, mit den Antworten zu leben.

Immer noch kommen mir die Tränen, wenn ich die Verluste meines

Lebens betrauere. So viele Jahre hatte ich gedacht, dass nur mit *mir* etwas nicht stimmte. Warum liebte meine Mutter mich nicht so, wie ich das gerne gehabt hätte? Ich erkannte schließlich, dass es *ihr* Problem war; sie war selbst verwundet und konnte mich nicht so lieben, wie ich das brauchte. Sie machte furchtbare Dinge und missbrauchte mich, um ihre Bedürfnisse zu erfüllen. Dass sie mich so behandelt hatte, lag gar nicht an mir.

Ich vertraute meine Geschichte schließlich einigen befreundeten Frauen an. Ich ging weiter zu meinem Pastor in die Seelsorge; mein Mann unterstützte und ermutigte mich sehr. Ich ging in eine Selbsthilfegruppe für Opfer von Kindesmissbrauch, und entwickelte wieder mehr Selbstachtung. Es war so hilfreich zu sehen, dass es Menschen gab, die meine Gefühle verstehen konnten. Dann hörte ich von EXODUS International, einer Organisation für Menschen, die Hilfe zur Befreiung von ihren gleichgeschlechtlichen Neigungen suchen. Das Zeugnis einer ehemals lesbischen Frau gab mir große Hoffnung. Leider gab es in der Gegend, wo ich wohnte, keine entsprechende Selbsthilfegruppe. Ich versuchte, meine Sehnsüchte nach Liebe und Geborgenheit zu stillen, in dem ich nicht-sexuelle, von Nähe geprägte Beziehungen zu anderen Frauen einging. Ich vertraute Gott, dass durch diese gesunden Beziehungen meine Bedürfnisse wirklich gestillt werden könnten, und ich wusste, dass Heilung möglich war. Ich war jetzt schneller bereit, mich meinen menschlichen Schwächen zu stellen, und begriff, dass ein Großteil meiner Identität auf Lügen und Missverständnissen aufgebaut war. Ich bat Gott um die Bereitschaft, meine Sehnsucht nach einer lesbischen Beziehung aufzugeben. Ich bat ihn, diese Sehnsucht durch das echte Verlangen zu ersetzen, ihn zu lieben und das Loch in meinem Herzen von ihm ausfüllen zu lassen.

Ich las Bücher wie *Homosexuality: A New Christian Ethic* von Elizabeth Moberly und *Desires in Conflict* von Joe Dallas. Durch beide lernte ich sehr viel über mich und meine Art zu denken und mich zu verhalten. Ich las über die defensive Abkoppelung und den Versuch, durch Sex wiederherstellen zu wollen, was in Beziehungen zerbrochen war. Gott verurteilte mich nicht, wenn ich Gefühle hatte, die ich selbst nicht gewählt hatte. Er forderte mich auf, ihm gehorsam zu sein – mich nicht mehr sexuell abzureagieren, sondern gesunde Wege zur Beantwortung meiner Bedürfnisse zu finden. Er wollte, dass ich ihm vertraute.

Ich stellte mich zu meiner Vergangenheit, auch vor Gott. Während meines ganzen Heilungsprozesses betete ich, las viel in der Bibel, besuchte Gottesdienste und suchte beharrlich Gottes Willen und Führung. Langsam konnte ich glauben und empfinden, dass ich ein einzigartiger und geliebter Mensch war – so, wie ich war. Meine Depressionen hörten auf.

Aber noch konnte ich anderen Frauen nicht wirklich herzlich begegnen. Ich fühlte mich in ihrer Gegenwart gehemmt und blieb lieber auf Distanz. Einer Freundin ermutigend über den Arm streichen – na ja, es ging, aber immer etwas unterkühlt. Ich sehnte mich auch nach der Liebe einer mütterlichen Frau, fand mich aber damit ab, dass das wohl nie sein konnte. Mit solchen Beziehungen waren zu viele einander widerstreitende Gefühle verbunden.

Im Winter 1998 vertraute ich mich mit meinem Problem einer Frau an, mit der ich seit einem Jahr befreundet war. Sie verstand mein Bedürfnis nach nichtsexueller, tiefer Liebe und Zuneigung. Das schien zu schön, um wahr zu sein! Gott kannte meine Sehnsucht. Das zu merken, berührte mich im Innersten. Die Begegnung mit dieser Frau war ein Stück seiner Antwort. Ich bin dabei zu lernen, was Liebe heißt, Liebe, wie Gott sie gemeint hat – ohne Angst und Druck.

Dieser Frau meine ganze Geschichte zu erzählen, tat weh. Ich merkte, dass ich ihr auch meine sexuellen Gedanken offenbaren musste, selbst die, die ich über sie hatte. So peinlich das auch war, aber ich musste diese Dinge ans Licht heben, damit sie mich nicht mehr fesseln und lähmen konnten. Es war Schwerstarbeit, meine Freundin in die Kellerräume meiner Seele hinein sehen zu lassen. Sie war wie eine Botin Gottes für mich. Durch sie spürte ich, wie Gottes Liebe in mich hineinströmte. Wenn sie mich umarmte, war mir, als ob Gott uns beide umarme. Wir beteten gemeinsam. Wir hielten unsere Beziehung offen, ehrlich und frei von manipulativem Verhalten.

Der sexuellen Versuchung zu widerstehen, war nicht halb so schwer, wie dieser Frau zu erlauben, mich zu lieben! Wenn sie mich fragte, ob sie mich in die Arme nehmen solle, hatte ich immer vier Möglichkeiten: 1. Ich konnte voller Angst fortrennen. 2. Ich konnte in sexuelle Phantasien zurückfallen. 3. Ich konnte ihr sagen, dass ich keine Umarmung wünschte (aber das wäre eine Lüge gewesen). 4. Ich konnte die echte, nichtsexuelle Liebe, die sie mir anbot, annehmen. Meist kostete es mich Mühe, die gesündeste Antwort zu wählen.

Es war äußerst schwierig für mich, ihre tröstenden Berührungen „einfach so" zu *fühlen* und *in mich hineinzulassen.* Ich erlebe, wie Gott mir den Mut gibt, weiterzugehen und wie ich dabei einen Frieden bekomme, der erfüllender ist als jede sexuelle Begegnung. Gott wusste um meine eigentlichen, innersten Sehnsüchte, und er hat in einer Weise auf sie geantwortet, wie ich es mir nie hätte vorstellen können. Er hat mir eine geistliche Mutter gegeben, die mir viele Dinge, die mir als Kind vorenthalten wurden, gibt und die mich in vieler Hinsicht mehr liebt, als meine eigene Mutter das konnte.

Das Mentoring ist ein ganz wichtiger Teil meiner Reise geworden. Es kam erst gegen Ende des Prozesses hinzu. Ich musste erst zu einer Einstellung kommen, in der ich konsequent entschlossen war, meine sexuellen Phantasien nicht mehr in die Tat umzusetzen, und in der mein Herz sozusagen mit Gott im Einklang war. Immer wieder muss ich lernen, auf Gott zu hören, immer wieder mich durchringen, diesem Weg zu folgen. Zur Zeit habe ich den Eindruck, dass er dabei ist, mir „den letzten Schliff" zu geben: Er schenkt mir die Fähigkeit, andere zu lieben, Frauen herzlich zu begegnen, ihnen ohne Angst und ohne Vorbehalt heilende Berührungen zu geben. Mein Glaube wird reifer, mein Herz offener für Gott. Meine Ehe ist besser geworden. Ich bin weniger anspruchsvoll gegenüber meinem Mann, offener und aufnahmebereiter. Ich fühle mich wohler in meiner Identität als Frau. Es ist noch mancher Schritt zu gehen, aber mich erfüllt die Hoffnung, weil ich spüre, wie Gott mich neu schafft nach seinem Bild.

12. Mentoring:
Zur Liebe zurückfinden

„Ein Junge kann nicht zum Mann werden ohne das aktive Eingreifen von reifen Männern."[1]

Gilbert Herdt

Warum Mentoring?

Ein Mensch, der keine wirkliche Bindung, Liebe und echte Nähe zu seinem Vater und/oder Mutter erlebt hat, versucht, diese Bedürfnisse durch andere Beziehungen oder Aktivitäten zu beantworten. Mentoring ist eine Methode zur Heilung der Eltern-Kind-Beziehung, aber es kann auch zur Heilung anderer Beziehungen verwandt werden, z.B. der Beziehung zu Geschwistern, Verwandten und Freunden.

„Viele aktuelle Konflikte, die Menschen mit ihren Ehepartnern, Liebhabern, Ex-Liebhabern, Chefs, Partnern oder Kindern haben, sind zum Teil emotionale Wiederbelebungen verdrängter Gefühle, die ihre Wurzeln in Ereignissen der Kindheit haben. Die ungelösten Konflikte der Kinder mit ihren Eltern scheinen sich stets auf ‚geheimnisvolle' Weise in den Beziehungen der Erwachsenen zu wiederholen."[2]

Echte Nähe macht den Kern unseres Seins aus. Das zentrale Prinzip des Universums ist die Eltern-Kind-Beziehung, und der Ort, wo wir Nähe zu anderen und uns selbst lernen, ist die Familie. Wenn man diese Ur-Liebe zwischen Eltern und Kind nicht erfahren hat, bleiben wichtige Entwicklungsaufgaben liegen, und das innere Wachstum kommt zum Stillstand. Eine in die Tiefe gehende Wiederherstellung der Eltern-Kind-Beziehung ist wesentlich für Wachstum und Reifung in der Liebe.

Mentoring ist ein Beziehungsmodell, bei dem zwei Personen eine Bindung eingehen, die die Eltern-Kind-Beziehung spiegelt. Die eine ist der Elternteil (Mentor), die andere ist das innere, verletzte Kind eines Erwachsenen („Erwachsenen-Kind"). Eltern sind für ihre Kinder wie Gott. Der Vater ist Herr Gott, die Mutter Frau Gott. Weil Eltern diese „göttliche" Rolle haben, gibt ein Kind immer sich selbst die Schuld, auch wenn die Eltern einen Fehler machen. Ob der Vater trinkt und das Kind anschreit, die Mutter stirbt oder sich keine Zeit für das Kind nimmt, es ständig kritisiert und ausschimpft oder ob es eine Scheidung gibt – immer wird das Kind sich selbst die Schuld dafür geben. Es sagt sich: „Wenn ich nur ein besserer Sohn/eine bessere Tochter gewesen wäre, wäre das nicht passiert." Diese Botschaften vergräbt es tief in sich, weil es eine Reihe von Verteidigungsmechanismen ergreifen muss, um zu überleben und den Schmerz irgendwie aushalten zu können.

Wenn die Wunden der Vergangenheit ausheilen sollen, muss es auch zur Heilung zwischen dem Erwachsenen-Kind und den verinnerlichten Eltern kommen. Dazu muss das Erwachsenen-Kind sich als Erstes seines inneren Kindes bewusst werden. Es muss ein Programm beginnen, in dem es sich selbst ein guter Vater und eine gute Mutter wird, sonst besteht die Gefahr, dass es übermäßig von seinem Mentor abhängig wird. Außerdem kann der Mentor niemals alle Bedürfnisse des Erwachsenen-Kindes beantworten.

Vergewissern Sie sich vor Beginn der Mentoring-Beziehung, dass das Erwachsenen-Kind ernsthafte Schritte unternommen hat, sich selbst ein guter Vater und eine gute Mutter zu werden. Ich empfehle, dass das Erwachsenen-Kind mindestens drei Mentoren hat. Wenn es um die Heilung der Vaterwunde geht, sollten mindestens drei Männer die Vaterstelle einnehmen. Wenn es nur einen Mentor gibt, wird dieser schnell erschöpft werden oder sich möglicherweise ausgelaugt fühlen. Wenn bei mehreren Mentoren einer einmal ausfällt, sind immer noch mindestens zwei andere da. Besonders Pfarrern, Rabbinern, Gemein-

---

Achtung: Der Mentor sollte nicht der Therapeut oder Seelsorger sein! Der Therapeut kann aber den Mentor anleiten.
Mehrere meiner Klienten haben versucht, sich gegenseitig als Mentoren zu betreuen. Dies funktionierte aus dem einfachen Grund nicht, aus dem auch homosexuelle Beziehungen nicht funktionieren – man kann nicht geben, was man nicht selbst erhalten oder erfahren hat. Zweimal Minus ist hier eben nicht gleich Plus, sondern ein doppeltes Minus.

deleitern gilt der Rat: Wenn jemand zu Ihnen kommt und Hilfe auf dem Weg aus der Homosexualität sucht, vermitteln Sie ihm in Ihrer Gemeinde drei Familien als Mentoren!

Ein weiterer Hinweis: Vergewissern Sie sich, dass die (Ehe-)Partner sowohl der Mentoren wie des Erwachsenen-Kindes über die Mentoring-Beziehung Bescheid wissen! Wenn Ihr Partner nicht hinter Ihnen steht, gehen Sie lieber keine solche Beziehung ein. Es ist wichtig, dass alle Beteiligten Rechenschaft über ihr Tun ablegen. Wenn das Erwachsenen-Kind eine Therapie macht, muss der Therapeut über alle Heilungsaktivitäten informiert bleiben. Besteht keine Therapie, muss man ein Rechenschaftssystem mit einem Seelsorger oder anderen geistlichen Mentor einrichten. Versuchen Sie nicht, alleine zu handeln. Sie werden in ihrem Heilungsprozess zwangsläufig mit vielen neuen Fragen konfrontiert werden. Suchen Sie Hilfe und Unterstützung. Isolation ist tödlich!

Wenn das Erwachsenen-Kind sexuellen Missbrauch oder sexuelle Beziehungen mit dem gleichen oder dem anderen Geschlecht hinter sich hat, erlebt es möglicherweise sexuelle Gefühle und Neigungen gegenüber dem Mentor. Die Wiederherstellung geschieht in umgekehrter Reihenfolge, wie die Wunde entstand. Um zu den tieferen Gefühlen von Wut, Verletzung, Sich-verraten-Fühlen, Frustration und Schmerz vorzudringen, muss das Erwachsenen-Kind zuerst durch die sexuellen Neigungen zu seinem Mentor hindurch. Es nützt nichts, die Gefühle wiederum zu unterdrücken. Es kann auch vorkommen, dass das Erwachsenen-Kind versucht, den Mentor zu verführen. Keine Angst – dies ist ein gutes Zeichen! Das innere Kind testet den Mentor einfach; es sagt unbewusst: „Kann ich sicher sein, dass *du* mich nicht ausnutzt und verführst, oder wirst du es genauso machen wie all die anderen Männer/Frauen in meinem Leben?" Es ist daher unbedingt notwendig, dass der Mentor sich seiner Geschlechtsidentität und Sexualität ganz sicher ist.

Der Mentor muss dem Erwachsenen-Kind versichern, dass der Charakter der Beziehung nicht-sexuell ist und ihm vermitteln, dass seine Liebe rein väterlich ist und er möchte, dass das Erwachsenen-Kind heil wird und echte Liebe und Nähe erfährt. Nur so wird das Erwachsenen-Kind schließlich die innere Freiheit bekommen, seine bis dahin lebendig begrabenen Gefühle wirklich zu zeigen. Nur durch die neue Erfahrung von Liebe, Aufbau von Vertrauen, Trauerarbeit und neue Weichenstellungen werden das Herz des Erwachsenen-Kindes und das verletzte Kind in ihm allmählich heil werden.

Ich habe jeden meiner eigenen Mentoren getestet. Mein inneres Kind war überzeugt, dass ich – da ich ja in meinen jüngeren Jahren Missbrauch und homosexuelle Beziehungen erlebt hatte – Sex anbieten müsse, um Liebe zu bekommen. Als ich meinen Mentoren menschlich näher kam, kam es also zu sexuellen Gefühlen, und ich fragte jeden von ihnen, ob ich ihm irgendwelche sexuellen Dienste tun könnte. Mein innerer Junge musste einfach wissen, ob ich ihnen vertrauen konnte oder nicht. Hätte mir einer von ihnen positiv geantwortet, ich hätte mich umgedreht und wäre geflüchtet.

Um in einer Beziehung Vertrauen aufzubauen, müssen wir dem anderen unsere „Wahrheit" sagen können, ohne dass er uns verurteilt. In dieser Atmosphäre werden wir dann endlich die Liebe erfahren, die wir so dringend brauchen.

Das Mentoring-Modell ist sowohl bei der Heilung von gleichgeschlechtlichen wie von andersgeschlechtlichen Beziehungen nützlich. Männer können Männern und Frauen ein Mentor sein, ebenso können Frauen dies für Frauen und Männer sein.

Unabhängig davon, wer der Mentor ist, wird das Erwachsenen-Kind drei Entwicklungsstufen durchlaufen: Abhängigkeit, Unabhängigkeit und wechselseitiges Geben und Nehmen. Zunächst wird es von seinem Mentor abhängig sein (Nachholbedarf bei der Bedürfnisbeantwortung). Sind die Wunden verheilt und hat es die Liebe des Mentors wirklich aufgenommen, wird es ein Gefühl der Unabhängigkeit bekommen. Und am Ende wird es zu einer Balance finden: Wann kann ich auf meinen eigenen Füßen stehen, wann brauche ich Hilfe von anderen?

Für Männer ist es besonders schwierig, offen über ihre Gefühle zu sprechen. Frauen fällt es in der Regel leichter, ihre Gefühle auszudrücken und Augenkontakt mit dem anderen aufzunehmen. Männer sind eher handlungsorientiert und weniger gefühlsbetont. Sie haben bereits als Kinder gelernt, dass es sozial inakzeptabel ist, ihre Gefühle auszudrücken. Eine weitere Ursache ist die Physiologie des Mannes. Aufgrund seiner hormonellen Prägung ist gefühlsmäßige Erregung für ihn „anstrengender"; folglich lernt er es schon früh, sich von seinen Gefühlen abzuschneiden.[3]

Ein Mann mit gleichgeschlechtlichen Neigungen hat möglicherweise mehr Zugang zu seinen Gefühlen. Dies stellt den männlichen Mentor vor eine besondere Herausforderung. Es kann einfach für ihn sein, das Erwachsenen-Kind in Bindungs-Rituale wie Sport, Wandern, Angeln einzubeziehen. Es kann jedoch extrem schwierig für den Mentor sein, seine eigenen Gefühle mitzuteilen, die Gefühle des Erwachsenen-Kindes zu akzeptieren und ihm heilende Berührung zu schenken. Dies bedeutet für beide Seiten Arbeit. Das Erwachsenen-Kind wird den Mentor möglicherweise über seine besonderen Bedürfnisse in Bezug auf Nähe und Berührungen aufklären müssen. Der Mentor muss erkennen, dass in dem Körper des Erwachsenen das Herz eines verletzten Kindes schlägt, das die Liebe seines Vaters nie bzw. nie hinreichend erfahren hat. Der männliche Mentor muss das Erwachsenen-Kind genauso umarmen oder auf den Schoß nehmen, wie er dies mit seinem eigenen Sohn gemacht hat.

Manchmal werde ich gefragt, wie ich den Hautkontakt mit dem Mentor sehe, z.B. mit nacktem Oberkörper. Gesunde, nichterotische Beziehungen verlaufen nach dem Modell der Beziehungen innerhalb der Familie: Vater/Sohn, Mutter/Tochter, Bruder/Bruder, Schwester/Schwester, Onkel/Neffe, Tante/Nichte, Großvater/Enkel, Großmutter/Enkelin (alles gesunde gleichgeschlechtliche Familienbeziehungen). Fragen Sie sich einfach: „Wäre das, was ich vorhabe, in einer dieser Beziehungen gesund und gut?" Wenn die Antwort Nein ist, dann tun Sie es *nicht*; ist die Antwort Ja, tun Sie es. Der Mentor und das Erwachsenen-Kind können sich auch fragen: Durch welche Entwicklungsphase geht das Erwachsenen-Kind zur Zeit? Welches Verhalten ist diesem Alter angemessen?

Mentor und Erwachsenen-Kind brauchen jemanden, dem sie Rechenschaft über ihre Beziehung ablegen. Ein Ehepartner, Seelsorger oder Therapeut ist eine gute Wahl. Mentoren und Therapeut/Seelsorger sollten regelmäßig (mindestens einmal im Monat, besser zweimal in der Woche) zusammenkommen, um zu berichten, einander zu helfen, Fragen zu stellen und festzustellen, wie weit der Klient gekommen ist.

Die Mentoring-Beziehung kann ein Segen nicht nur für das Erwachsenen-Kind, sondern auch für den Mentor selbst sein. Ein fröhlicher Geber wird gesegnet, und wer an der Heilung eines anderen Anteil nimmt, kann selbst lernen und reifer werden. Ein Mentor wird viel über sich selbst lernen. Er wird ein verständnisvollerer und barmherzigerer Mensch werden.

Rollen und Pflichten des Mentors

Der Mentor steht für Vater oder Mutter. Diese Rolle muss er beibehalten und darf nicht in eine andere Rolle schlüpfen. Das in seiner Vergangenheit vernachlässigte oder missbrauchte Erwachsenen-Kind wird den Mentor womöglich wiederholt testen, um zu sehen, wie echt seine Liebe zu ihm ist; erst dann wird es sich sicher genug fühlen, sich zu öffnen. Denn als es die Beziehung zu seinem Vater oder sonstigen männlichen Rollenvorbildern suchte, erlebte es ja tief empfundene Ablehnung, auf die hin es sich zurückzog. Im Heilungsprozess kommt der Schmerz erneut hoch, sobald der Klient echte Nähe erlebt. Er wird den Mentor deshalb womöglich zunächst ablehnen, bevor er sich ihm öffnet.

Patricia Love stellte fest: „Wenn man sich nach etwas sehr sehnt, wird es zu einer Quelle des Schmerzes. Wenn man es dann endlich bekommt, tut es weh. Das wollen wir aber nicht. Wenn ich also großen Hunger habe, berührt zu werden, werde ich mich zunächst gegen Berührung wehren.

Ich sehnte mich jahrelang nach Berührungen. Ich wusste, dass ich hier einen großen Mangel hatte. Schon als kleines Kind hatte ich zu wenig Berührung erhalten. ... Ich trat also mit diesem Bedürfnis, berührt zu werden, ins Erwachsenenleben ein. Gleichzeitig sperrte ich mich gegen jede Berührung, denn zu bekommen, was man will, tut erst einmal weh. Man muss die Reife haben, diesen Schmerz, dieses bittersüße Erlebnis, durchstehen zu wollen.

Berührungen sind elementar für unsere Existenz. Ein Säugling, der von niemandem berührt wird, stirbt. Taktile Stimulierung ist nichts Überflüssiges; wir brauchen sie zum Überleben. Als Erwachsene brauchen wir sie nicht mehr zum Überleben, aber zum Gedeihen. Berührt werden ist so wichtig, dass durch die Berührung oft auch der Schmerz darüber wieder hochkommt, sie nicht gehabt zu haben. So ist das mit allen Dingen, nach denen wir uns stark sehnen."[4]

Im Prozess des Mentoring müssen vier Dinge angegangen werden: 1. Schutz- und Distanzmauern abbrechen; 2. Gesunde Beziehungsmuster entwickeln (Sozialisation); 3. Neurologische Gehirnstrukturen durch gesunde Berührungen und Aktivitäten neu programmieren; 4. Gute Beziehung zu sich selbst, zu Gott und zu Elternfiguren (in sich selbst, durch Freunde) aufbauen.

Um die Mentoring-Beziehungen wirksam werden zu lassen, muss Klarheit über Rollen und Pflichten des Mentors bestehen:

Bedingungslose Liebe geben
Der Mentor muss dem Klienten Liebe, Herzlichkeit, Hilfe und Ermutigung anbieten, ohne auch nur entfernt an eine sexuelle Beziehung zu denken. Das Erwachsenen-Kind muss elterliche Liebe erfahren, ohne Angst haben zu müssen, dass die Beziehung sexuell wird. Wenn der Mentor sexuelle Gefühle gegenüber dem Erwachsenen-Kind bekommt, muss er sofort innehalten und seine Aufmerksamkeit neu darauf richten, dem Erwachsenen-Kind nicht-sexuelle Liebe zu schenken. Er muss die Energie aus seinem Genitalbereich in sein Herz verlagern und seine Vaterposition beibehalten. Sollte er sich danach immer noch unwohl fühlen, kann er mit seinem Ehepartner oder einer anderen Person, der er rechenschaftspflichtig ist, über seine Gefühle reden. *Niemals* darf er etwaige sexuelle Gefühle gegenüber dem Erwachsenen-Kind erwähnen; dies würde die Eltern-Kind-Beziehung sofort verletzen und das Kind in eine Elternrolle zwingen. Er muss dem Erwachsenen-Kind dieselbe Liebe zeigen, die er seinem eigenen Sohn/Tochter geben würde. Auch wenn das Erwachsenen-Kind schon älter ist, sehnt sein inneres Kind sich immer noch nach der Liebe, die es von seinem eigenen Vater/Mutter nicht erhielt. (Anmerkung: Es ist normal, sich stimuliert zu fühlen, wenn man mit einem Menschen des anderen oder auch des eigenen Geschlechts Intimität erlebt.)
Ein Mentor muss schweigen können. Er darf das Erwachsenen-Kind nicht mit gut gemeinten Ratschlägen und schnellen Lösungsvorschlägen überfahren. Manchmal ist Zuhören das größte Geschenk, das wir einander machen können. Weitere positive Eigenschaften, die der Mentor braucht, sind Barmherzigkeit, Einfühlsamkeit, Verzicht auf Verurteilungen und die Fähigkeit, dem anderen Mut zuzusprechen.

Bestätigung, Anerkennung, Anleitung
Bestätigung bedeutet, die Seele zu ernähren und das Kind bedingungslos zu lieben. Bestätigung gibt dem Kind das Bewusstsein, wertvoll, zugehörig und kompetent zu sein. Um das Bewusstsein des Wertvoll-Seins zu schaffen, wird der Mentor das innere Kind umarmen, berühren, auf dem Schoß halten, küssen, mit ihm spielen und es in seine Welt einladen. Um das Bewusstsein der Zugehörigkeit zu schaf-

fen, kann er die Angebote des inneren Kindes annehmen und es um Hilfe bitten, nach seiner Meinung fragen, seine Leistungen würdigen, Pflichten mit ihm teilen und ihm Hilfe anbieten. Um das Bewusstsein der Kompetenz zu schaffen, bringt er dem inneren Kind Fähigkeiten bei, ermutigt es zu mehr Selbständigkeit, bietet ihm Gelegenheiten zum Weiter-Lernen, vermeidet zu viel Kritik, akzeptiert auch Fehler und interessiert sich für alles, was das innere Kind kann und weiß.[5]
Anerkennung hat mit dem Verhalten des Kindes zu tun. Es kann sein, dass der Mentor das Verhalten des Erwachsenen-Kindes nicht billigt. Es ist wichtig, dass er ihm soziale Kompetenz vermittelt, ihm zeigt, was angemessenes Verhalten in einer bestimmten Situation ist und was nicht. Manchmal verhält das Erwachsenen-Kind sich unangemessen, weil es nie gelernt hat, seine Gedanken, Gefühle und Bedürfnisse auf gesunde, konstruktive Weise auszudrücken. Möglicherweise braucht es Nachhilfeunterricht im Umgang mit seinen Gefühlen. Oft braucht ein Mensch mit gleichgeschlechtlichen Beziehungsstörungen auch Hilfe beim Erlernen von Selbstdisziplin.
Es ist wichtig, dass der Mentor die *Gefühle* des Erwachsenen-Kindes akzeptiert; dagegen wird er sein *Verhalten* nicht immer akzeptieren können. Der Mentor muss deutlich zwischen der Zustimmung zu einem bestimmten Verhalten und der Annahme der Person unterscheiden können. Für das Erwachsenen-Kind kann das eine ganz neue Erfahrung sein, dass ein Fehler nicht mit Liebesentzug bestraft wird. Ein Mentor muss dem Erwachsenen-Kind klar machen, dass er es immer liebt, auch dann, wenn er sein Verhalten nicht gutheißen kann. „Ich mag es nicht, wenn du ..., aber ich liebe dich trotzdem.“
Helfen Sie dem Schüchternen, aus sich herauszugehen, dem Extravertierten, sein Inneres zu finden.[6]

Grenzen setzen

Es kann sein, dass das Erwachsenen-Kind die Aufmerksamkeit seines Mentors 24 Stunden am Tag und sieben Tage in der Woche beanspruchen möchte, weil seine Bedürfnisse so riesig sind. Es ist daher unbedingt wichtig, dass Mentor und Erwachsenen-Kind sich von Anfang an auf klare Grenzen und Richtlinien einigen. Besprechen Sie gemeinsam, was möglich ist und was nicht. Ein hilfreiches Buch dazu ist *Nein sagen ohne Schuldgefühle* von Henry Cloud und John Townsend. Mentor und Erwachsenen-Kind müssen Termine für ihre gemeinsa-

men Gespräche aushandeln. Sie beschließen z.B., sich Mittwoch-
abends von 19 bis 22 Uhr zu treffen und sonntags von 14 bis 17 Uhr.
Es muss auch geklärt werden, zu welchen Zeiten Anrufe möglich sind;
der Mentor sagt z.B.: „Du kannst mich jederzeit zwischen 6 Uhr morgens und Mitternacht anrufen, aber bitte nicht nach Mitternacht oder
vor 6 Uhr." Der Mentor muss dem Erwachsenen-Kind auch klar machen, ob und wann es ihn an seiner Arbeitsstelle anrufen kann.
Der Mentor muss dem Erwachsenen-Kind sagen, was er ihm geben
kann und was nicht. Er muss sein Wort halten und darf nichts versprechen, von dem er weiß, dass er es nicht halten kann. Er darf nicht
das eine sagen und das andere tun oder sein; das würde die defensive
Abkoppelung des Erwachsenen-Kindes zu seinen Eltern nur noch verstärken. Es ist sehr wichtig, klare Grenzen zu ziehen und keine unrea-
listischen Versprechungen zu machen. Abmachungen sind verbindlich
einzuhalten.

Unternehmungen

Es gibt eine Reihe von Dingen, die der Mentor mit dem Erwachsenen-Kind unternehmen kann – Dinge, die er auch mit seinem eigenen Sohn unternehmen würde. Zum Beispiel Zuhören, auf dem
Schoß halten, Spazieren gehen, Sport treiben, ein Fußballspiel an-
schauen, einen Film sehen, ihm etwas beibringen, zum Camping oder
Angeln gehen. Der Mentor soll ja dem Erwachsenen-Kind das geben,
was es in seiner Kindheit und Jugendzeit vermisst hat.

Halten/Berühren

Als Eltern nehmen wir unsere Kinder vom Augenblick ihrer Geburt
an in die Arme. Wir drücken sie an unsere Brust, lassen sie unseren
Herzschlag spüren, sich geborgen und beschützt fühlen. Die gleiche
Halteposition bewährt sich in der Mentoring-Beziehung (siehe die
beiden folgenden Fotos). Der Mentor nimmt dabei eine aufrecht sit-
zende Position ein, das Erwachsenen-Kind eine liegende Haltung. So
fühlt das Erwachsenen-Kind sich geborgen. Es ist gewissermaßen eine
rechtwinklige Beziehung: der Mentor ist die Vertikale (Beziehung zu
Gott), das Erwachsenen-Kind die Horizontale (Gottes Liebe annehmen).

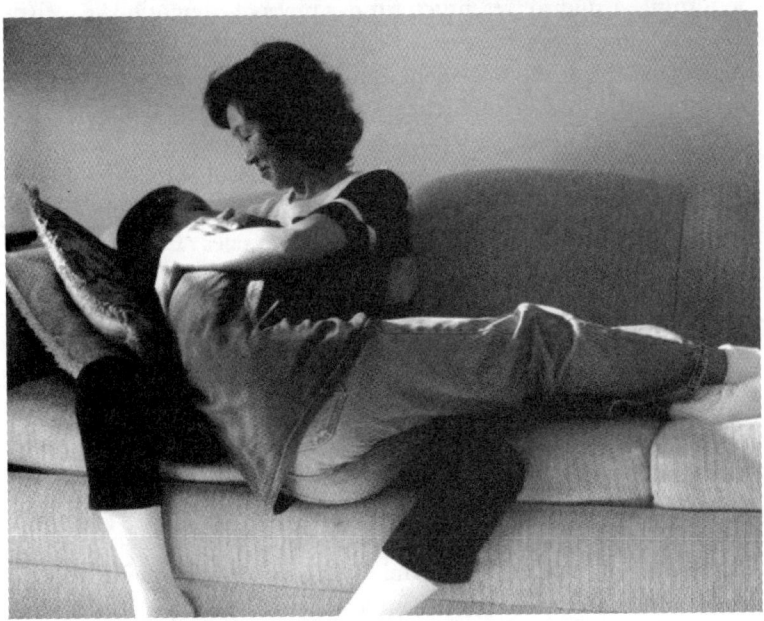

Das Erwachsenen-Kind schlingt seine Arme wie bei der Eltern-Kind-Beziehung unterhalb der Arme des gleichgeschlechtlichen Mentors um seinen Rücken herum. Wenn ein Arm des Erwachsenen-Kindes höher liegt, z.B. um die Schulter des Mentors, entsteht eher eine Beziehung wie unter Gleichaltrigen.

Der Mentor hält das Kind in den Armen, so wie er als Vater seinen eigenen Sohn und als Mutter die eigene Tochter halten würde. Er kann dabei liebevolle Worte voller Annahme sprechen: „Du bist stark und gesund. Ich liebe und akzeptiere dich so, wie du bist."

Vielleicht wollen Sie die folgende Übung versuchen: Während der Mentor das Erwachsenen-Kind hält, sagt er: „Entspanne dich und erlebe die warme, Geborgenheit spendende Berührung deines Vaters /deiner Mutter. Schließe deine Augen und stelle dir vor, dass du auf dem Schoß des Vaters/der Mutter liegst, nach dem du dich immer gesehnt hast. Du kannst dir auch vorstellen, dass ein geistlicher Mentor dich umarmt (z.B. Jesus, Maria, Mose, Abraham) und Gottes ungeteilte Liebe in dein Herz gießt." Vielleicht lassen Sie dazu eine schöne Musik im Hintergrund spielen.

Berührungen sind so wesentlich für das physische, emotionale, geistige und geistliche Wachsen und Reifen der Person. „Unsere Rolle als Menschen scheint mir vor allem darin zu bestehen, jedes Lernen immer mit Liebe und Freundlichkeit zu verbinden. Das Lernen zu lernen und richtig lieben zu lernen sind so eng miteinander verbunden und so tief vor allem mit unserem Tastsinn verwoben, dass es uns einen großen Schritt auf dem Weg zu einer neuen Menschlichkeit voranbringen würde, wenn wir unser universales Bedürfnis nach Berührung mehr beachten würden."[7]

In seinem Buch *Körperkontakt* zitiert Montagu eine Reihe von Studien über die schädlichen Auswirkungen von Berührungsentzug oder falscher Berührung auf Mensch und Tier. Die Haut ist unser größtes Körperorgan. Ohne die richtige Fürsorge wird ein Kind nicht zu einem gesunden, reifen, liebevollen Erwachsenen heranwachsen. Montagu zeigt, dass die richtige Berührung alle Systeme des Körpers stimuliert. Studien an Menschen und Tieren haben gezeigt, dass Berührungen in den ersten Tagen nach der Geburt zu größerer Gewichtszunahme, mehr Aktivität, weniger Ängstlichkeit, besserer Stressbewältigung und höherer Widerstandsfähigkeit gegen körperliche Schäden führen.[8] Berührungen stärken unser Atmungssystem, Kreislauf, Verdauung, Nerven, Drüsen und Immunsystem. Mangelhafte taktile Stimulierung kann zu zahlreichen Störungen wie Atemproblemen, Schwächung des Immunsystems, Überängstlichkeit und psychologischen Problemen führen.

Viele Studien weisen nach, dass Säuglinge, die nicht berührt wurden, viel häufiger in ihren ersten Lebensjahren starben. „Im 19. Jahrhundert starb über die Hälfte der Säuglinge [in Waisenhäusern] in ihrem ersten Lebensjahr an einer *Marasmus* genannten Krankheit – ein griechisches Wort, das ‚dahinschwinden‘ bedeutet. Noch im zweiten Jahrzehnt des 20. Jahrhunderts lag die Sterblichkeitsrate in verschiedenen Findelhäusern in den Vereinigten Staaten für Säuglinge unter einem Jahr bei fast 100 Prozent.“[9] Es zeigte sich, dass diese Kinder in Kinderbetten gelegt und außer zum Windelwechseln nicht berührt wurden. Ohne liebende Zuwendung muss ein Kind sterben – wenn nicht körperlich, dann doch seelisch und geistlich. „Um liebevolle Zuwendung geben zu können, muss ein Mensch schon in seiner frühesten Kindheit selber liebevolle Zuwendung vom Augenblick seiner Geburt an erfahren haben.“[10] Es ist unerlässlich, dass der Mentor dem Erwachsenen-Kind gesunde Berührungserlebnisse vermittelt, wobei er stets Liebe, echte Nähe und Sex auseinander halten muss.

Eine Warnung an Mentor und Erwachsenen-Kind: *Werden Sie nicht abhängig von der Halte-Technik.* Diese Technik kann das Erwachsenen-Kind süchtig machen und sogar verhindern, dass es seinen Schmerz erlebt. Erst das Unkraut jäten, dann das Pflanzen von Liebe und echter Nähe! Wenn ein Mensch umarmt oder auf dem Schoß gehalten wird, werden Endorphine freigesetzt, die sofort ein angenehmes Gefühl verschaffen. Dies stärkt auch das Immunsystem. Aber weil das Gefühl so angenehm ist, verdrängt der Klient womöglich die unangenehmen Gefühle. Daher sollte der Mentor das Erwachsenen-Kind zunächst zum Ausdruck seiner Gefühle ermutigen und erst danach in die Arme nehmen.

Es gibt Menschen, die ihren Gefühlen völlig entfremdet sind. Bei ihnen sehe ich das umarmende Halten wie eine Art „Vorpumpwasser“. Um Wasser aus einem Brunnen zu bekommen, muss man zuerst etwas Wasser hineingeben. Dies ist das Vorpumpwasser. Selbst nachdem man das Vorpumpwasser in den Brunnen gelassen hat, muss man noch eine ganze Weile pumpen. So ist es manchmal auch bei Menschen, die emotional ganz „ausgetrocknet" sind; es kann viel Zeit, viele Umarmungen und große Geduld brauchen, bis man bei ihnen auf „Wasser" (sprich: Gefühle) stößt.

Hören wir, was Bianca, deren Geschichte Sie im vorigen Kapitel lasen, in ihrer Mentoringphase erlebt hat:

> Vor etwa acht Jahren fühlte ich mich zu einer Kollegin hingezogen, und obwohl ich meine Ehe nicht wirklich schlecht fand, war etwas in mir, das danach schrie, von dieser Kollegin beachtet zu werden. Als sie meine sexuellen Annäherungen abwies, wurde ich sehr depressiv, bekam Selbstmordgedanken und begann eine Therapie. In der Therapie lernte ich einiges über die Wurzeln meiner lesbischen Neigungen und bekam ein stärkeres Identitätsbewusstsein als Frau. Ich wurde fähig, Verantwortung für das zu übernehmen, was ich steuern konnte, und mir nicht die Schuld an Dingen zu geben, für die ich nichts konnte. Ich lernte, die Erinnerung daran, dass meine Mutter mich sexuell missbraucht hatte, zuzulassen. Es war eine verheerende Erfahrung gewesen. Der Schmerz ist immer noch groß und macht mein Leben schwer. Meine gleichgeschlechtlichen Neigungen sind viel weniger geworden. Ich kann gegensteuern, wenn die alten Phantasien wiederkommen wollen, aber ich weiß, dass noch mehr Veränderung und Heilung möglich ist. Ich will meine Angst vor emotionaler Nähe zu anderen Frauen überwinden lernen. Wegen dieser Angst hatte ich mir jegliche Liebe und Herzlichkeit von Frauen versagt. Es gab nur: Nicht anfassen oder einen Orgasmus haben, dazwischen nichts. Ich liebte es, umarmt zu werden, gleichzeitig hatte ich furchtbare Angst davor. An dieser Ambivalenz leide ich nach wie vor.
>
> Seit 1998 habe ich eine Mentorin, die mir hilft. Ich kannte sie damals erst ein Jahr und konnte fast nicht glauben, dass sie es ernst meinte mit dem Mentoring. Für mich ist es nach wie vor Schwerarbeit. Ich erlebe dabei sexuelle Gefühle, Verwirrung, Angst, Ambivalenz, Entmutigung, Frustration und doch auch wieder Hoffnung, und manchmal sogar Liebe. Wenn sie mich umarmt, spüre ich *sie* in meinen Armen, aber nicht oft spüre ich ihre Arme um *mich*. Ich hungere nach diesen Umarmungen, sie sind so schön, und allmählich fühle ich mich geborgen, aber noch unsicher. Ich bin standhaft geblieben. Ich will keine lesbische Erfahrung mit ihr,

jedenfalls meistens nicht. Aber es gibt Zeiten, wo die Versuchung, Sex mit ihr haben zu wollen, stark ist, obwohl sie keinen Sex will. Es ist so frustrierend, dass ich meine Liebe zu ihr nicht sexuell ausdrücken kann. Es ist fast so, als ob ich keine andere Weise kenne, Liebe auszudrücken. Das ist irgendwie verquer. Ich glaube, dass Gott dabei ist, durch diese Beziehung Heilung und Veränderung in mein Leben zu bringen, und ich kann schon Fortschritte sehen. Ich kann andere Frauen umarmen, ohne mich dabei zu schämen.

Durch diese Mentoring-Beziehung lernte Bianca echte Nähe ohne Sexualität. Dies ist ein sehr schwieriger Prozess für jemanden, der in der Jugendzeit und/oder als Erwachsener sexuell missbraucht wurde oder sexuell sehr aktiv war. Aber wenn man sich entschlossen weiter durch seine Gefühle durcharbeitet, kommt man weiter. Ich habe diesen Prozess selber hinter mir.

Wie man das Erwachsenen-Kind sehen kann

Der Mentor liebt das Erwachsenen-Kind so, wie es ist, aber er kann die Beziehung auch symbolisch sehen. Wenn er z.B. in seinem Leben selber einen Menschen (Sohn, Tochter, Bruder, Schwester, Freund) vernachlässigt oder missbraucht hat, kann er sich vorstellen, dass er jetzt diesen Menschen umarmt und die alte, gescheiterte Beziehung wiedergutmacht. Oder er stellt sich vor, dass er sein eigenes inneres Kind hält und ihm das gibt, was es nie bekam.

Klingt dies zu weit hergeholt? Jeder von uns hat eine Geschichte, in der er oder seine Vorfahren zahllose Menschen verletzt haben, und es ist unser Vorrecht und Segen, jetzt Liebe zu geben und Fehler und Hässlichkeiten unserer Vorfahren – soweit das möglich ist – wieder gutzumachen.

Ein Mentor sollte nicht versuchen, das Erwachsenen-Kind zu „erlösen", wenn der innere Schmerz es quält. Das beste Geschenk, das der Mentor geben kann, besteht darin, dass er einfach „da ist" und zuhört. Die meisten von uns wollen keine klugen Ratschläge, wenn uns elend zumute ist; wir brauchen einfach einen Raum der Geborgenheit und einen Menschen, der mit uns fühlt und bei uns ist. Seien Sie also einfühlsam und barmherzig und verurteilen Sie nicht.

Jeder Mensch hat Fähigkeiten zur Selbstheilung. Am besten wirken sie, wenn ein anderer Mensch dabei ist. Seine Gegenwart ermöglicht es dem Erwachsenen-Kind, ohne Angst durch die notwendigen Stufen der Trauerarbeit an den Kernschmerz heranzugehen. Der Kernschmerz rührt von der Lebenswunde her, die im Mutterleib, während der Kindheit oder Jugendzeit entstanden ist.

„Vergib mir bitte"

Manchmal ist die Technik des Rollenspiels hilfreich. Stellvertretend für den Elternteil, der den Klienten missbraucht oder vernachlässigt hat, entschuldigt sich der Mentor und sagt: „Es tut mir Leid, dass ich nicht besser für dich gesorgt habe. Es tut mir Leid, dass ich dich verlassen habe. Kannst du mir bitte vergeben? Ich wollte dir nicht wehtun."

Diese Methode kann sehr wirksam sein und kann dem Erwachsenen-Kind helfen, seinen verdrängten Schmerz wieder zu erleben und damit die not-wendige Trauerarbeit zu beginnen. Der Mentor übernimmt die Rolle von Vater oder Mutter oder Täter, der Verantwortung übernimmt und um Verzeihung bittet. Er gibt dem Erwachsenen-Kind endlich die Liebe und Zuwendung, die es nie bekam. Das Rollenspiel darf aber keine Schau sein. Wenn Sie diese Perspektive nicht ehrlich einnehmen können, lassen Sie es lieber.

Kommunikation

Der Mentor muss dem Erwachsenen-Kind Zuwendung und Fürsorge geben. Wenn er z.B. weiß, dass das Erwachsenen-Kind gerade ein schmerzliches Erlebnis hinter sich hatte, kann er es anrufen. Gebrauchen Sie dabei aufbauende Formulierungen wie: „Mir liegt viel an dir." – „Du bist ein intelligenter, gut aussehender Mann." – „Du bist stark." – „Ich glaube an dich." Das Erwachsenen-Kind braucht positive Botschaften, die die negativen Schaltkreise durch neue ersetzen und ein gesundes Selbstbild mit aufbauen helfen. Ein Mentor muss ein Gespür für die besonderen Bedürfnisse des Erwachsenen-Kindes bekommen. Wenn das Erwachsenen-Kind gerade in einer Krise steckt, wenn es zum Mentor kommt oder stark versucht ist, sexuell auszuagieren, kann der Mentor die HALT-Methode einsetzen (siehe Kap. 6).

Gebet

Der Mentor kann für das Erwachsenen-Kind beten – dass es seinen inneren Wert erfährt, die Barrieren, die sein Wachstum hindern wollen, niederreißt und zur vollen Reife gelangt. Oder er bittet Gott darum, ihm zu zeigen, was das Erwachsenen-Kind braucht. Oder darum, dass das Erwachsenen-Kind die Wurzeln seiner Probleme entdecken kann und dass Gottes Liebe sein zerbrochenes Herz heilen möge. Oder um die richtige Weise, wie er die Liebe zeigen kann, die das Erwachsenen-Kind braucht.

Aufgaben und Lernschritte für das Erwachsenen-Kind

Wenn das Erwachsenen-Kind in der frühen Kindheit oder Jugendzeit missbraucht, vernachlässigt oder seelisch verwundet worden ist und die damit verbundenen Gefühle nicht bewältigen konnte, braucht es Heilung und Versöhnung, um positiv als Erwachsener leben zu können. Im Zentrum aller menschlichen Schwierigkeiten stehen die von Schuld, Scham und Angst gespeisten Probleme um Sex, Liebe und echte Nähe. Im Kontext der Mentoring-Beziehung kommen diese Dinge unweigerlich an die Oberfläche. Probleme und Verhaltensweisen aus dem Spannungsfeld ,passiv – aggressiv', ,Liebe – Hass' und ,emotionale Verstrickung – Verlassen werden' sind wie das tägliche Brot für eine wiederherzustellende gute Eltern-Kind-Bindung. Ständige Selbstzweifel, Selbstvorwürfe und Minderwertigkeitsgefühle erfahren in der Mentoring-Beziehung Heilung.

Hier einige der Aufgaben und Lernschritte für das Erwachsenen-Kind:

Bedürfnisse ausdrücken
Das Erwachsenen-Kind muss so weit wie möglich lernen, seine Gedanken, Gefühle und Bedürfnisse gegenüber dem Mentor auszudrücken. Es darf sie nicht verdrängen oder unterdrücken, sondern muss sie sagen! Möglicherweise hat das Erwachsenen-Kind in seiner Kindheit oder Jugendzeit Demütigungen erfahren, wenn es Gefühle oder Wünsche ausdrückte, und hat dementsprechend große Hemmungen, in seinen gegenwärtigen Beziehungen Gefühle, Gedanken und Bedürfnisse zu zeigen. Das Erwachsenen-Kind muss lernen, hier etwas zu wagen und sich offen zu äußern. Es hat Liebe verdient.

Sich in den Mentor verlieben

Es kann geschehen, dass das Erwachsenen-Kind sich in den Mentor verliebt. Dies ist normal und gesund. Wenn das Erwachsenen-Kind von einem Elternteil oder anderen Tätern sexualisiert wurde und/oder in Jugendzeit oder als Erwachsener viele sexuelle Erfahrungen hatte, wird es fast zwangsläufig zu sexuellen Gefühlen gegenüber dem Mentor kommen. Der Klient sollte diese Gefühle dem Mentor offen und ehrlich mitteilen.

„Ein bekannter christlicher Therapeut hat erklärt, dass er noch keinen männlichen Homosexuellen erlebt hat, mit dem er gearbeitet hat, der sich nicht in ihn verliebt hätte und der anschließend nicht von seiner Homosexualität frei geworden wäre. Es erfordert Mut, seinen eigenen Werten und seiner Selbstbeherrschung zu vertrauen, um eine liebevolle, nichterotisierte Beziehung einzugehen."[11] Wenn das Erwachsenen-Kind sich durch seine Verliebtheit und die sexuellen Gefühle durchgearbeitet hat, wird der Kernschmerz, die Lebenswunde, an die Oberfläche kommen.

Die defensiven Abkoppelungen durchbrechen

Als Reaktion auf seelische Verletzungen hat der Klient Schutzmauern um sein Herz errichtet, um dem Täter weiteren Eintritt zu verwehren. Geschah die Verletzung durch den gleichgeschlechtlichen Elternteil oder eine andere wichtige Person des eigenen Geschlechts, geht das Erwachsenen-Kind auf Distanz zu Menschen vom eigenen Geschlecht; geschah die Verletzung durch den andersgeschlechtlichen Elternteil oder eine andere Person vom anderen Geschlecht, meidet das Erwachsenen-Kind echte Bindungen zu Menschen vom anderen Geschlecht.

Die inneren Mauern dienten ursprünglich dem persönlichen Schutz und Überleben, sind aber in den gegenwärtigen Beziehungen nicht mehr nötig. Sie können jedoch nur dann fallen, wenn der Klient den Schmerz von damals wieder erlebt und Trauerarbeit an den verdrängten Gefühlen geleistet hat. Zur tiefsten Phase des Mentoring-Prozesses kommt es dann, wenn das Erwachsenen-Kind sich sicher genug fühlt, „loszulassen" und sich in Gegenwart des Mentors seiner Trauer hingibt. Nachts allein im Bett geweinte Tränen können den Schmerz, der zu all dem Misstrauen, der Schuld, Scham, Angst, den Schuldzuweisungen und Minderwertigkeitsgefühlen geführt hat, niemals heilen. Die Lebenswunde kann nur im Kontext liebevoller, nichterotischer Vertrauensbeziehungen heilen. Durch die Mentoring-Beziehung bröckeln die Schutzschilde ab, und es kommt zu echter Bindung.

Vergeben

Vergebung ist wie ein Punkt am Anfang und am Ende eines sehr langen Satzes. Erstens ist sie eine bewusste Entscheidung, Vorwürfe und Groll fahren zu lassen. Und zweitens ist sie eine Frucht des Herzens, die ganz natürlich nach dem Trauerprozess wächst. Das Trauern kann Tage, Monate oder Jahre dauern. Vergebung erfolgt in Schüben; jedes Mal, wenn der Klient eine neue Schmerzschicht um sein Herz abschält (wie das Schälen bei einer Zwiebel), erlebt er neu Vergebung. Es ist ein großer Unterschied zwischen Vergeben im Kopf (weil man einsieht, dass man vergeben muss) und Vergeben im Herzen (weil das Erwachsenen-Kind frei vom Schmerz geworden ist).

Vergebung bedeutet nicht unbedingt, dass die schmerzlichen Gefühle weggehen. Man kann immer noch die Folgen der Verwundung spüren und trotzdem vergeben. Vergeben heißt den Schleier der Schuldzuweisung und Scham wegnehmen. Dies geschieht, indem man jeder an der Verwundung beteiligten Person die ihr zukommende Verantwortung zuteilt. Es geschieht auch als natürliche Folge eines intensiven Trauerprozesses. Als ich mit meinen Mentoren den emotionalen Inzest meiner Mutter und sexuellen Missbrauch durch meinen Onkel durcharbeitete, erkannte ich, dass die tiefste Schicht meines Schmerzes die Selbstanklage war. Ich glaubte, dass mein Onkel mich geliebt und dann sexuell missbraucht hatte. Als ich mich durch den Schmerz seiner Grenz- und Liebesverletzung hindurchgearbeitet hatte, entdeckte ich, dass ich mir selbst die Schuld zuschob – und Gott, weil er mich nicht beschützt hatte. Denn wer ist Gott für ein Kind? Gott – das sind unsere Eltern, die sichtbare Manifestation des unsichtbaren Schöpfers. Und meine Eltern hatten mich nicht beschützt.

Das Heilen der Erinnerungen ist äußerst hilfreich für die Behandlung tiefer Wunden. Wenn der Mentor mitmacht, kann es zu tiefen, Leben verändernden Erfahrungen für das Erwachsenen-Kind kommen. Ich habe dies viele Male miterlebt.

Vergebung ist ein Geschenk, das man dem anderen und sich selbst macht. Wenn wir nicht vergeben, geben wir unserem Schmerz neue Nahrung und übertragen ihn auf andere Menschen, die uns an den/die Täter erinnern.

Soziale Kompetenz lernen

Als das Erwachsenen-Kind den Missbrauch bzw. die Vernachlässigung erlebte, kam sein emotional-geistiges Wachstum zum Stillstand. Der Körper ist erwachsen, aber Geist und Herz wurden eingefroren. Das Erwachsenen-Kind muss folglich neue Fähigkeiten im Umgang mit seinen Mitmenschen entwickeln, z.B. wie und wann man um etwas bittet, wie man gibt, wie man empfängt, wie man auf positive, selbstbewusste Art kommuniziert, wie man Verantwortung für seine eigenen Bedürfnisse und sein Wohlergehen übernimmt.

In der Mentoring-Beziehung entwickelt das Erwachsenen-Kind diese Fähigkeiten. Es mag ein Weg voller Schmerzen und Schwierigkeiten sein. Das Erwachsenen-Kind verhält sich möglicherweise unverhältnismäßig anspruchsvoll gegenüber seinem Mentor oder es zieht sich in sich zurück und hat Angst, seine Bedürfnisse zu benennen. Der Mentor muss dem Erwachsenen-Kind liebevoll und fest beibringen, wie es sich angemessen ausdrückt. Die richtige Sozialisation ist ein wesentlicher Teil des Mentoring-Prozesses.

Sich als wertvoll erfahren

Unser Wert kommt von Gott, dem Schöpfer unseres Lebens. Wert – das ist das sichere Bewusstsein der Dazugehörigkeit, des Selbstwertes, der Kompetenz. Durch die Beziehung zum Mentor beginnt das Erwachsenen-Kind, Freiheit zu erfahren und sich als von Gott gewollter und geliebter Mensch zu sehen. Es ist sehr wichtig, dass das Erwachsenen-Kind seinen Wert verinnerlicht; dies geschieht durch die Verinnerlichung der Liebe seiner Mentoren, die für ihn Männlichkeits-Rollenvorbilder darstellen.

Tagebuch führen

Das Führen eines Tagebuches, in dem man die vielen Veränderungen, Erfahrungen, Gefühle und Gedanken des Tages festhält, ist sehr hilfreich. Das Erwachsenen-Kind kann diese Dinge mit seinem Mentor teilen, aber sie dienen ebenso als Quelle der persönlichen Reflexion: Woher komme ich, was habe ich durchgemacht, wohin bin ich unterwegs? Das Tagebuch kann auch helfen, die Auslöser zu entlarven, die zu falschem Verhalten und verdrehtem Denken führten.

Wenn es die verschiedenen Phasen des Mentoring hinter sich hat, ist das Erwachsenen-Kind bereit, eine gegenseitige Beziehung einzugehen.

Schluss

John Gottman schreibt:
„Unsere Säuglingsstudie ist zwar noch nicht abgeschlossen, doch bestärken die Beobachtungen meine Vermutung, dass elterliche Konflikte sich schon in diesem frühen Alter belastend auswirken können. Gleichzeitig ist das Säuglingsalter die Zeit, in der sich die Verknüpfungen des vegetativen Nervensystems entwickeln. Was ein Kind während dieser ersten Lebensmonate emotional erfährt, kann wichtige und lebenslange Auswirkungen auf seinen Vagotonus haben, also auf seine Fähigkeit, sein Nervensystem zu regulieren. Ob jemand auf das Weinen des Babys antwortet, ob es von den aus seinem Umfeld aufgenommenen Sinneseindrücken eher beruhigt oder irritiert wird, ob die Menschen, die es füttern und baden und mit ihm spielen, ruhig und freundlich sind oder nervös und deprimiert – all dies kann sich langfristig auf die Fähigkeiten eines Kindes auswirken, auf Reize zu reagieren, sich zu beruhigen und sich von Stressituationen zu erholen.“[12]

Frieden in der Welt beginnt ganz persönlich, indem wir selbst heiler werden und anderen helfen, heiler zu werden. Der Mentoring-Prozess kann deshalb nicht nur Einzelne, sondern auch die Welt verändern. Es wird heute viel über Umweltverschmutzung, die das Überleben unseres Planeten gefährdet, geredet. Ich sehe, sowohl als verwundete Seele als auch jetzt als verwundeter Heiler, eine viel größere Krise. Ich nenne sie *Schuld- und Schmerzverschmutzung.*
Seit Adam und Eva, der ersten dysfunktionalen Familie, hat die Welt immer mehr Schuld, Scham, Angst, Unsicherheit, Groll, Zorn, Feindseligkeit und Schmerz angesammelt. Solange diese Uremotionen unverarbeitet bleiben, existieren sie im menschlichen Körper und Geist als Energie und werden in unsere Umgebung hinaus übertragen. Kriege und Vergewaltigungen, Missbrauch und Vernachlässigung, Gewalt, Mord, Selbstmord und Depressionen, Armut und Einsamkeit in einer Welt, die voller Menschen und möglichem Wohlstand ist – sie alle sind Zeugen dafür, dass die Welt randvoll ist von *Schuld- und Schmerzverschmutzung.* Homosexuell, heterosexuell – die Bezeichnungen sind unwichtig. *Jeder* braucht die Erfahrung von wirklicher Liebe, wahrem Wert und wahrer Menschlichkeit. Und dies beginnt damit,

dass ich – ich ganz persönlich – Verantwortung übernehme für meine Probleme und meine Veränderung. Weil es Männer und Frauen gab, die bereit waren, mit mir in die Hölle zu gehen, konnte ich aus ihr herauskommen. Ohne sie wäre ich heute nicht hier. Wir müssen eine neue Bewegung beginnen – eine Bewegung hin zur Genesung der Menschen, indem wir aufeinander zugehen und einander Mentoren werden. Wer mehr Liebe empfangen hat, muss auch mehr geben. Menschen, die die starke, durch nichts zu ersetzende Liebe von Mutter und Vater erfahren haben, tragen einen unendlichen Schatz in sich.

13. *Thomas*

Irgendwie wusste ich immer schon, dass ich nicht richtig dazugehörte. Ich kam mir unerwünscht vor und schämte mich dafür, dass es mich gab. Ein Vorfall im dritten Schuljahr mag das illustrieren. Ich stand mitten im Klassenzimmer, zusammen mit den paar anderen Kindern, die in keines der Sport-Teams gewählt worden waren. Ich erinnere mich an die Demütigung, nicht gewählt worden zu sein. Für mich war es ein neuer Beweis, dass ich nicht gewollt war. Ich stand da mit angehaltenem Atem und verspanntem Bauch und wäre am liebsten im Erdboden versunken. Wenn sie nur keiner merkte, meine Angst und Scham ... Ich wartete darauf, dass der Lehrer sich wenigstens erbarmte und mich einer der beiden Mannschaften zuweisen würde. Ich wusste, dass niemand mich wollte, weil ich nicht spielen konnte – aber ich konnte nichts zu meiner Verteidigung sagen. Dieses Mich-nicht-ausdrücken-können wurde zu einer lebenslangen Angst.

Ich hatte immer den Eindruck, anders zu sein als die anderen Kinder, vor allem als die anderen Jungen. Wenn ich mich mit ihnen verglich, kam ich mir minderwertig vor. Dazu kam noch, dass ich eine Enttäuschung für meinen Vater war. Schon als Fünfjähriger merkte ich, dass ich nicht der Junge war, den er gewollt hatte. Ich hatte keinen wirklichen Draht zu ihm und konnte es ihm scheinbar auch nicht recht machen. Ob er die Kluft zwischen uns bemerkte? Ob er wusste, was für Angst ich davor hatte, allein mit ihm zu sein? Ich hatte das Gefühl, dass ich ihm ständig meinen Wert beweisen musste und dass es doch nichts half.

Er wollte, dass ich Sport trieb. Ich fühlte mich nie wohl dabei. Ich spielte nur, um keine Fehler zu machen und nicht am falschen Platz zu stehen, wenn der Ball kam. Ich hasste es, dass ich nicht wusste, wie man den Baseballschläger richtig hält oder den Basketball in den Korb wirft. Ich hatte Angst, ausgelacht zu werden. War ich nicht ein Junge? Dann musste ich diese Dinge doch können! Ich kam zu dem Ergebnis, dass ich die Erwartungen meines Vaters, und also auch die von anderen Männern, nicht erfüllen konnte. Er wollte, dass ich hart war; ich war aber sehr sensibel. Ich hasste es, dass meine Gefühle so leicht verletzt wurden, und wollte nicht, dass jemand das bemerkte. Mein

Gefühl, im Sport ein Versager zu sein, entfremdete mich meinem Vater und den anderen Jungen noch mehr. Um mich vor ständig neuem Verwundetwerden zu schützen, zog ich mich ganz von meinem Vater (und damit von seiner und *meiner* Männlichkeit) zurück und zog die Welt meiner Mutter vor. Ihr fühlte ich mich nahe. Ich hatte eine Antenne für ihre verletzten Gefühle und kam mir wie ihr Beschützer vor. Meine Eltern liebten mich zwar als ihren Sohn, aber die Person, das individuelle Wesen, das ich war, liebten sie irgendwie doch nicht.

Das Gefühl, anders zu sein, nicht dazuzugehören, verfolgte mich die ganze Grundschulzeit hindurch. Ich war überschüchtern und sehnte mich nach Freunden und Bestätigung. Aber wie bekam man Freunde? Es hackte zwar niemand auf mir herum, aber ich fühlte mich dennoch immer verletzt und einsam. Ich erzählte niemandem davon. Ich hatte noch einen jüngeren Bruder und eine Schwester, mit denen ich mich gut verstand, aber selbst ihnen sagte ich nichts von meiner Angst und Einsamkeit. Ich war ganz allein. Ich fand, dass die einzige Möglichkeit, wenigstens ein bisschen Anerkennung zu bekommen, darin bestand, dass ich immer brav, höflich und fleißig war. Nur keinen Ärger machen. Ich wurde ein lieber Junge – so lieb, dass das meine ganze Identität wurde. Mit meinen guten Noten, mustergültigem, stillem Verhalten und schüchternem Lächeln erkaufte ich mir ein paar Brocken Aufmerksamkeit von Seiten der Erwachsenen.

Ich versuchte, herauszubekommen, welches Wohlverhalten die Erwachsenen wohl von mir erwarteten – und dann tat ich es. Aber gegenüber Kindern funktionierte das nicht. Als ich älter wurde, bestand die einzige Möglichkeit, überhaupt dabeizusein, darin, dass ich den Geschichten der anderen zuhörte. Ich war der ideale Zuhörer, von mir selbst gab ich nie etwas preis. In mir nagte ein Hunger nach der Liebe und Anerkennung meines Vaters, nach Zuwendung von meiner Mutter und nach Angenommensein von den Schulkameraden. So viele wirklich unbeantwortete Bedürfnisse! Ich sehnte mich danach, dass andere mein Wesen und meine Persönlichkeit wachrufen würden, dass sie mir sagten, wer und wie ich sein solle. Ich hatte das Gefühl, dass etwas an mir entsetzlich verkehrt war. Konnte denn niemand sehen, dass etwas nicht stimmte?

In der Mittelstufe war ich ein guter Schüler, machte keinen Ärger, fiel nicht auf, hörte den anderen zu, betete zu Gott und gehorchte meinen Eltern. Ich war farblos, geruchlos, geschlechtslos, sprachlos und ohne Zorn. Ich war der nette kleine Junge, der immer so schön lächelte. Aber innerlich schrie ich: „Ich bin doch so viel mehr als das, seht ihr das nicht?" Ich war einsam und hatte keine Freunde. Dazu war mein Körper ziemlich klein, was ich hasste. Meine geringe Körpergröße war nur ein Zeichen für mich, dass ich als Mann überhaupt minderwertig sei.

In der Pubertät fühlte ich mich zu meinem Entsetzen zu anderen Jungen sexuell hingezogen. Warum nicht zu Mädchen? Wo kam das her? Ich ballte die Fäuste und betete, Gott möge mir diese Gefühle wegnehmen. Ich fühlte mich schmutzig und wertlos. Ich betete um Vergebung. Ich hatte mir diese Gefühle nicht ausgesucht, ich wollte sie nicht, ich wollte nicht so werden. Ich wollte normal sein. Immer hatte ich mich anders als die anderen und als von ihnen getrennt wahrgenommen – und jetzt war ich auch noch schwul. Noch etwas, über das ich mit niemandem reden konnte!

Irgendetwas an mir war schrecklich verkehrt. Nach wie vor kam ich mit meinem Vater nicht zurecht. Ständig schien er mich zu testen, und ich wusste, dass ich sowieso keinen dieser Tests bestehen konnte. Ich erinnere mich gut, wie seine verschiedenen Vorhaltungen in mir zu einer niederschmetternden Drohung zusammenwuchsen: „Thomas, wenn du immer alles vor dir herschiebst, wenn du so sensibel und unlogisch bist, wenn du so viele Fehler machst oder versuchst, Künstler zu werden, dann wird nie ein richtiger Mann aus dir." Innerlich tobte ich, es war wie eine Stigmatisierung. Woher sollte ich denn wissen, was es bedeutete, ein Mann zu sein und sich als einer zu fühlen? Wer sollte es mir zeigen? Etwa mein Vater? Er hatte nichts dergleichen getan. Musste ich das vielleicht von selber wissen, da ich doch nun einmal männlich geboren war? Mein Vater hatte Recht: Ich war ein Versager, ich taugte nichts, ich würde nie ein Mann werden, so wie mein Vater das verstand. Aber was sollte ich dann werden? Und wie? Ich brauchte einfach seine Anerkennung und Aufmerksamkeit, ich musste seiner Messlatte irgendwie genügen, und wenn es auf Kosten meines eigenen persönlichen Wesens ging.

Während meiner letzten Schuljahre sehnte ich mich verzweifelt nach männlichen Freunden. Die anderen hatten irgendetwas, das ich nicht hatte, ein Geheimnis der Männlichkeit, das mir verschlossen war. Ich wollte so gerne einer von ihnen sein und wusste doch nicht, wie ich das anstellen sollte. Ich beendete die Schule ohne sexuelle Erfahrungen und sagte mir, dass die „richtigen" normalen, sexuellen Neigungen schon noch kommen würden. Ich schämte mich meiner gleichgeschlechtlichen Neigungen sehr und kam mir schlecht, wertlos, nicht liebenswert vor. Auf dem Schulabschlussball ging ich das erste Mal mit einem Mädchen aus, aber ich hatte überhaupt keine erotisch-sexuellen Gefühle dabei. Ich blieb weiter der nette Typ, der lächelte und zuhörte, aber nie etwas sagte. Ich war die Schulter, an der sich andere ausweinen konnten. Ich hatte Mitschüler, aber keine Freunde. Man mochte mich, aber keiner kannte mich. Ich wusste nicht, wie ich Zugang zu den anderen bekommen sollte, und hatte Angst, dass sie mich zurückweisen würden, wenn ich es versuchte.

Im letzten Schuljahr bekam ich einen Preis – eine kleine Geldsumme für mein College-Studium – als der „netteste Schüler des Jahres". Ich fühlte mich geehrt und verlegen zugleich. Als mein Name aufgerufen wurde, stand ich auf und ging zum Podium, um meinen Preis in Empfang zu nehmen. Als ich mich an meinem Vater vorbeischob, flüsterte er: „Nicht lächeln." Ich war verwirrt. Warum sagte er das? War mein Lächeln hässlich? Durfte ich nicht glücklich über einen Erfolg sein? Gönnte er mir selbst das nicht? (Viele Jahre später sollte ich erkennen, dass ich bei meinem Vater vieles missverstanden hatte, dass er gar nicht so lieblos und grausam war, wie ich immer gedacht hatte, und dass ich meinen eigenen Teil zu meinem Elend beigetragen hatte.)

Im College schloss ich keine Freundschaften und hatte mit niemandem Kontakt. Ich konnte nicht aus mir selbst heraus. Ich wohnte weiterhin zu Hause und hatte einen Teilzeitjob. Die Leute fanden mich nett, aber niemand kannte mich. Die wenigen Mädchen, mit denen ich in diesen vier Jahren sprach, schienen mich gerne als Bruder zu behandeln. Weil ich Angst hatte, sexuell nicht reagieren zu können, konnte ich auch nicht selbstbewusst und männlich auftreten. Stattdessen kämpfte ich mit homosexuellen Gefühlen, Schuldgefühlen und Männerphantasien.

Als ich nach meinem Studium die erste Arbeitsstelle antrat, lernte ich zum ersten Mal einen Menschen kennen, der sich wirklich für mich zu interessieren schien. Er sprach mit mir, wollte wissen, was ich so machte, und erzählte mir von sich selbst. Die vielen Gespräche, der Austausch über Bücher, Musik, die Begegnungen mit Frauen, Diskussionen über Philosophie und höheres Bewusstsein und die Reisen waren alle unglaublich anregend und fesselnd. Endlich jemand, der mich

annahm! Wunderbar und erschreckend zugleich war da auch die ero-
tisch-sexuelle Anziehung. Zum ersten Mal reagierte ich auf ein anderes menschliches Wesen so stark. Hier war jemand, der mich wollte, ja
der mich verstand. Aber das machte mir auch eine Riesenangst. Er war
heterosexuell und in meinen Augen genau der Mann, der ich selber
nicht war. Er war all das, was ich sein *wollte*. Ehe ich mich versah, fragte ich mich, wie das wohl sein mochte, in seiner Haut zu stecken, seine Gefühle zu fühlen, sein Leben zu haben. Im Vergleich mit ihm
schien mein eigenes Leben komplett bedeutungslos. Ich wollte er sein!
Wir machten einige Reisen gemeinsam und ich phantasierte über
ihn. Ich fragte mich, wie mir das eigentlich passieren konnte, dass ich
jemanden kennen gelernt hatte, der so voller Leben, so frei von den
Erwartungen und Vorstellungen der anderen war. Da ich ihm meine
sexuellen Gefühle nicht sagen oder zeigen wollte, musste ich das tun,
was ich immer schon getan hatte: innerlich das eine fühlen und nach
außen etwas anderes tun.

In dieser Zeit, ich war etwa Mitte zwanzig, lernte ich mehrere Frauen
kennen, zu denen ich mich plötzlich hingezogen fühlte. Das war eine
wunderbare Erfahrung. Ich mochte Frauen, hatte aber immer noch
Angst, ich könne nicht sexuell auf sie reagieren. Doch ich musste endlich wissen, wer ich als Mann war! Doch immer wenn es zum Sex
kommen sollte, war ich in der Hälfte der Fälle nicht in der Lage, eine
Erektion zu bekommen oder zu behalten. Es klappte nur, wenn die
Frau mich sehr stark sexuell anzog.

Später verliebte ich mich zu meiner großen Freude in zwei Frauen.
Vor allem bei der einen erlebte ich die gleiche, starke sexuelle Anziehung, die ich zu meinem männlichen Freund gehabt hatte. Bei ihr
fühlte ich endlich, wie das sein musste, wenn ein Mann mit einer Frau
zusammen war. Sie berührte etwas in mir – ein Stück Männlichkeit,
von dem ich immer angenommen hatte, dass ich es gar nicht besaß.
Sie war romantisch. Sie schminkte sich z.B. im Büro und ließ mich
dann ihren Lippenstift abküssen. Ich war endlich nicht mehr nur der
liebe kleine Junge. Sie war sehr sinnlich, und ich genoss das. Ich kam
mir stark, entschlossen, liebevoll und verwundbar vor. Diese Frau
kannte mich, diese Frau liebte mich – so dachte ich, auch wenn ich es
kaum glauben konnte. Da ich sie sexuell begehrte, meinte ich, dass ich
sie auch liebte. Ich bat sie, mich zu heiraten und sah sie als Geschenk
Gottes an, um mich vor dem Wahnsinn zu bewahren. Wann immer

wir Sex haben wollten, klappte es bei mir. Keine Zweifel, keine Ängste. Ich entdeckte eine neue Seite an mir. Es war wunderbar, und ich dachte, dass wir heiraten würden. Aber jedesmal, wenn auch sanft, gab sie mir einen Korb. Erst später verstand ich *ihre* emotionalen Probleme.

Mein Wunsch, zu heiraten und Kinder zu haben, blieb bestehen. Ich glaubte, dass eine Ehe mich von meinen unerwünschten homosexuellen Neigungen frei machen und mir gleichzeitig die Anerkennung und Annahme bringen würde, die ich doch brauchte. Mit 28 Jahren heiratete ich eine Frau, die ich nicht liebte. Wir hatten eine voreheliche sexuelle Beziehung gehabt, und ich dachte, dass sie mich liebte und ich sie mit der Zeit auch lieben lernen würde. Meine homosexuellen Neigungen waren geringer geworden, aber sie waren noch da. Meiner Frau erzählte ich aber nie davon.

Ich merkte damals nicht, dass ich eine Frau gewählt hatte, die die negativen Seiten meines Vaters und meiner Mutter in sich vereinte. Wie mein Vater war sie anspruchsvoll und kritisch. Sie manipulierte mich mit Verhaltensweisen und Sätzen wie: „Du hast mir wehgetan", „Du schuldest es mir, dass du mir alles recht machst". Gleichzeitig forderte sie wie meine Mutter ständig meine Aufmerksamkeit, indem sie klagte: „Mir geht es so schlecht", „Du bist für mich und meine Gefühle verantwortlich und musst auf meiner Seite sein."

Meine Frau wurde schnell wütend, ja bekam regelrechte Wutanfälle. Konflikte hatte ich noch nie geliebt und wusste auch nicht, wie ich einem wütenden Menschen begegnen sollte. Ich tat deshalb alles, um dem Unbehagen zu entkommen, das diese Wutanfälle bei mir auslösten. Unser Leben war voller Unehrlichkeit.

Meine Frau war überaus anspruchsvoll, weckte alle meine alten Versager-Ängste und klammerte sich gleichzeitig an mich. Ohne es zu merken, half ich ihr, ihre Selbstverantwortung abzugeben. Ich stand ja in ihrer Schuld, denn schließlich hatte sie mich geheiratet. Alles versuchte ich ihr recht zu machen, damit es ja keine Konflikte gab. Ich fühlte mich verantwortlich, wenn sie unglücklich war. Es war eine Co-Abhängigkeits-Beziehung, in der ich ihr half, die ständig Leidende zu sein. In dieses Chaos zogen wir ein drei Monate altes Mädchen hinein, das wir 1980 adoptierten. Meine Tochter wurde die Liebe meines Lebens, aber auch sie nahm Schaden durch unsere Ehe. 1992 trennte ich mich von meiner Frau und erhielt das Sorgerecht für unsere inzwischen 12 Jahre alte Tochter. Ich fing endlich an, mein eigenes Leben zu leben.

Weil ich mich immer minderwertig gegenüber anderen fühlte und unfähig, es mit dem Leben aufzunehmen, und weil ich meine homosexuellen Gefühle hasste, hatte ich mein bisheriges Leben in Dunkelheit, Scham und Angst davor verbracht, zurückgewiesen zu werden. Ich versteckte mich und riegelte mich gegen den Schmerz ab. In meiner Isolation und Einsamkeit versuchte ich, Antworten zu finden, aber ich wusste nicht, wo ich sie suchen sollte.

Dann änderte sich 1995 der Kurs meines Lebens, als ich Richard und seine therapeutische Arbeit kennen lernte. Die Therapie half mir, mein Leben zurückzuerobern. Ich hatte immer gemeint, alles würde gut, wenn ich bloß einmal die homosexuellen Neigungen los wäre. Hier lernte ich, dass diese Neigungen nur die Spitze eines Eisbergs waren, nur ein Symptom für eine viel tiefere Wunde in meiner Seele. Bei unserem ersten Treffen begann das Eis um meine Seele zu schmelzen, und damit begann mein Weg zu ganzheitlichem Heilwerden. Jahrelang unvergossene Tränen und nicht ausgedrückte Gefühle warteten darauf, endlich frei fließen zu dürfen. Mein Leben hatte doch einen Wert und es gab einen Weg für mich, von meinem ständigen inneren Kampf frei zu werden und ein neues Leben zu beginnen.

Meine Therapie begann damit, dass ich David Burns' Buch *Ten Days to Self-Esteem* las. Ich lese gerne, aber dieses Buch hasste ich. Es enthielt Hausaufgaben, die meinen alten Aufschiebe-Virus wieder zum Leben erweckten, und forderte, täglich über meine Gefühle Buch zu führen. Richard wies mich an, mich nicht mehr als homosexuell oder heterosexuell zu definieren, und damit hatte ich auf einmal die Möglichkeit, frei zu werden von einer Denkschablone, die mich oft depressiv gemacht hatte. Er sagte, dass mir von Gott ein unendlicher Wert zugesprochen war und dass ich es verdiente, geliebt zu werden, einfach, weil es mich gab. Früher hatte ich mich immer geschämt, wenn ich kritisiert wurde. Jetzt lernte ich, dass es nicht die Geschehnisse selber, sondern meine Gedanken darüber waren, die zu meinen negativen Stimmungen führten. Meine Gefühle kamen eher daher, wie ich über die Ereignisse dachte, als aus den Ereignissen selbst. Ich erkannte, dass nur ich selber mich depressiv, besorgt oder wütend machen konnte.

Ich lernte, nicht mehr von meinen Stimmungen her zu leben. Immer hatte ich gedacht: „Ich fühle mich wie ein Versager, also bin ich wohl einer." Endlich hörte ich auf, mir selber Etiketten aufzukleben. Anstatt zu sagen: „Du bist dumm" oder: „Die anderen wollen dich nicht", sagte ich: „Ich habe einen Fehler gemacht." Ich hörte auf, das Negative in meinem Leben wiederzukäuen und mich mit lauter „Du solltest" und „Du müsstest" zu kritisieren. Ich begann mich nicht mehr mit meinen Gefühlen zu identifizieren. Meine kleine Körpergröße hatte ich immer als ein weiteres Indiz für meine Minderwertigkeit als Mann betrachtet. Eines Tages erkannte ich – und zwar nicht nur mit dem Kopf –, dass meine Körpergröße gar nichts mit meiner Männlichkeit zu tun hatte. Mein Selbstwertgefühl wuchs.

Durch die Therapie wurden mir auch die dauernden negativen Vergleiche bewusst, die ich zwischen mir und anderen Männern anstellte. Ich hörte auf, mich schlecht zu machen oder mich durch die Augen der anderen zu sehen. Ich begann zu begreifen, dass ich ein einzigartiger, wertvoller Mensch war, liebenswert, selbst wenn ich einen Fehler gemacht hatte und obwohl ich so klein war.

Meine Therapie bei Richard machte Fortschritte, und zum ersten Mal in meinem Leben erlebte ich ein tiefes Angenommensein, bedingungslose Liebe – die Liebe eines Vaters für seinen Sohn. Alles, was dieser Mann von mir verlangte, war, dass ich ganz ich selber wurde, am Leben teilnahm, authentisch wurde. Hier war jemand, dem ich wichtig war, mit all meinen Ängsten und angeblichen Fehlern wie mit meinen Stärken. Ich fühlte mich angenommen. Ich fühlte mich geliebt um meiner selbst willen, nicht, weil ich etwas wusste oder tat oder gut oder schlecht aussah.

In der Therapie begann ich mit dem inneren Kind zu arbeiten. Ich entdeckte das verkümmerte Kind in mir, das Bestätigung und bedingungslose Liebe brauchte. Ich lernte auch, meinem inneren Sohn die Liebe und Bestätigung zu geben, die ich nie bekommen hatte. Ich öffnete ihm die Tür meines bewussten Lebens. Ich bat ihn um Vergebung, dass ich ihn so lange ignoriert, ja versucht hatte, ihn umzubringen. Eines Tages dämmerte es mir: Wenn ich meinem inneren Kind sage, dass ich es liebe, liebe ich ja mich selber! Das war wie eine Offenbarung für mich: Ich bin wertvoll, einfach weil es mich gibt und ich da bin! Ich lernte es, am Leben teilzunehmen.

Ich lernte auch mit dem Stimmendialog zu arbeiten. Es gibt viele Stimmen in mir und oft stehen diese Stimmen im Konflikt miteinander. Der Stimmendialog ermöglichte es mir, meine inneren Stimmen auszusprechen, sie zu erkennen, zu verstehen und mit ihnen sinnvoll zu arbeiten.

Bei der Homosexualität geht es nicht um Sex. Es geht um Abgelehntsein und darum, dass man sich selbst, den anderen und seiner eigenen Geschlechtsidentität entfremdet ist. Ich erkannte, dass meine sexuellen Phantasien über andere Männer gar nichts mit diesen Männern zu tun haben mussten. Die Phantasien waren in meinem Kopf, und der andere war in Wirklichkeit wahrscheinlich ganz anders als in meiner Phantasie. Ich begriff, dass es bei dem Verlangen nach homosexuellem Sex eigentlich darum ging, mir eine männliche Eigenschaft einzuverleiben, die ich in dem anderen Mann sah und bei mir vermisste. Meine Sehnsüchte zeigten mir, dass ich nicht in der Gegenwart lebte. Als ich dies verstand, gingen meine sexuellen Männerphantasien drastisch zurück.

Während dieser Zeit nahm ich auch an einer Selbsthilfegruppe teil. Wir arbeiteten mit Techniken wie Rollenspiel, Gefühle durcharbeiten und nicht-sexuelle Berührungen erleben. Ich lernte starke, sensible Männer kennen, die einen ähnlichen Kampf führten wie ich. Nach einer Weile fühlte ich mich unter ihnen zu Hause. Ich lernte sie schätzen und lieben.

Ein Hauptziel während meines Veränderungsprozesses war es, Zugang zu meiner männlichen Energie zu bekommen. Richard schlug mir vor, einer Männergruppe beizutreten. Hier ging es darum, die eigene Männlichkeit zu finden und zu gestalten. Im Sommer 1997 nahm ich an dem Wochenende der Gruppe teil. Bei den wöchentlichen Treffen im folgenden Jahr entdeckte ich etwas in mir, von dem ich immer befürchtet hatte, es sei gar nicht da. Ich erkannte, dass ich ein Mann war. Meinen angstgeplagten zehnjährigen Jungen gab es nicht mehr. Plötzlich galt ich und fühlte mich als Mann unter Männern.

Heute sehe ich das Gold in meinen Wunden. Ich hatte Verhaltensweisen in mein Erwachsenenleben hinübergenommen, die falsch waren. Irgendjemand hat es so ausgedrückt: „Ich entdeckte, dass ich Identitäten angenommen hatte, die mein tiefstes Wesen, meine Persönlichkeit nicht richtig oder zumindest nicht hinreichend wiedergaben." Ich merkte, dass ich stark sein konnte, aber auch verwundbar. Ich konnte es riskieren, Fehler zu machen, zu lieben und geliebt zu werden. Ich konnte Nein sagen. Ich entdeckte, dass ich ein Mann mit

Stärken und Schwächen war, ein König und ein Bettler. Ich bin dabei, das Geschenk des Lebens in mir zum Leben zu erwecken. Mein Aufwachen begann, als ein Mann mich bat, zu mir selber zu stehen und endlich sichtbar für andere zu werden.

Teil 3: Zuwenden

14. Heilung von Homophobie

„In den ersten Phasen unserer Kampagne, um das heterosexuelle Amerika zu erreichen, sollten die Massen nichts erfahren über das eigentliche homosexuelle Verhalten. Wir sollten das Sexuelle herunterspielen und die Schwulenrechte so weit wie möglich zu einer abstrakten sozialen Frage machen. Lass zuerst die Nase des Kamels ins Zelt – und erst danach sein wenig ansehnliches Hinterteil!"[1]

Marshall Kirk und Erastes Pill

Ich stand am Rednerpult und der Saal tobte: „F... you!!" – „Wir bringen dich um!" – „Wir sind schwul, das ist cool!" – „Hau ab, du Arschloch!" – „Hitler lässt dich grüßen!" Mehrmals bekam ich Morddrohungen: „Wenn Sie heute Abend diesen Vortrag halten, knalle ich Sie ab!" Auch meine Familie wurde bedroht: „Wenn Sie nicht mit Ihrer Arbeit aufhören, zünden wir Ihnen das Haus an!" Dies sind nur einige Beispiele dessen, was ich in den letzten zwölf Jahren bei meinen Vortragsreisen durch Amerika und Europa erlebte, wo ich über Ursachen und Heilung der Homosexualität sprach.

Ich habe diese Angriffe nie persönlich genommen. Jedes Mal, wenn während eines Vortrags die Zwischenrufe und Drohungen kamen, drehte ich das Mikrofon ab und schaute meinen Gegnern in die Augen – und sah die verletzten Kinder, die nach Liebe und Verständnis schrieen. Was ich in diesem Kapitel weitergeben möchte, sind das Programm, die Strategien und Ziele der weltweit operierenden politisch-ideologischen Schwulenbewegung. Ich verstehe ihr brennendes Verlangen nach Annahme. Hätte ich nicht selbst Veränderung erfahren, wäre ich heute vielleicht selbst einer der Zwischenrufer. Ich danke Gott für das, was er in meinem Leben getan hat, und ich bete darum, dass meine Brüder und Schwestern, die noch in der homosexuellen Des-Orientierung stecken, auch eines Tages frei werden. Allein aus diesem Grund gebe ich die folgenden Informationen weiter.

Die ideologische Schwulenbewegung

Im Laufe der letzten vier Jahrzehnte hat eine Revolution in Amerika und weltweit stattgefunden. Allein in den USA gibt es heute Tausende von Homosexuellen-Bars. Jede größere amerikanische Stadt hat eine homosexuelle Zeitung. Es gibt Kirchen, die homosexuell lebende Pastoren ordinieren und homosexuelle Paare trauen. An Colleges, Universitäten und inzwischen sogar an Schulen gibt es Schwulen- und Lesbengruppen. Die Amerikanische Psychologische Gesellschaft (American Psychological Association) und die Amerikanische Psychiatrische Gesellschaft (American Psychiatric Association) haben Homosexualität zu einem normalen, alternativen Lebensstil erklärt. In vielen Staaten und Städten in den USA und der ganzen Welt gibt es Gesetze zum Schutz des homosexuellen Lebensstils.

Eckstein der Schwulenbewegung ist die Überzeugung, dass Homosexualität gut, angeboren und nicht veränderbar ist. Auf der Grundlage dieses Mythos sind neue Gesetze, neue religiöse Lehren und neue Lehrpläne in Schulen und Universitäten geschaffen worden. Doch 80 Jahre wissenschaftlicher Forschung deuten viel eher darauf hin, dass Homosexualität eine Entwicklungsstörung ist. Erlerntes Verhalten kann wieder verlernt werden, Veränderung ist möglich. Man wird nicht mit gleichgeschlechtlichen Neigungen geboren.

Es gibt zwei gleichermaßen extreme Reaktionen auf Homosexualität:

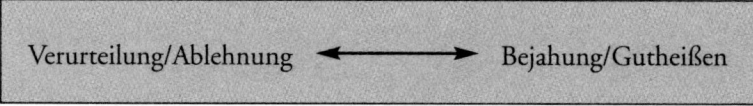

Ich möchte einen dritten Weg vorschlagen. Aber lassen Sie mich zunächst kurz erklären, was die Schwulenbewegung ist und warum sie in den letzten Jahren so gewachsen ist. Schauen wir uns dazu ihr Programm, ihre Strategien und Ziele an.

Programm

Im Laufe der Geschichte sind homosexuell empfindende Menschen immer wieder verachtet, verfolgt und verspottet worden. In vielen Kulturen waren sie die Zielscheibe öffentlichen Spotts. Religionen verurteilten homosexuelles Verhalten als Sünde. Die meisten medizinischen, sozialen und Bildungs-Institutionen konnten keinerlei Hilfen und Hoffnung auf Veränderung und Heilung anbieten. Die amerikanische Bürgerrechtsbewegung der 60er Jahre bereitete den Boden für die politische Schwulenbewegung, die aus dem Bedürfnis nach Annahme und Heilung heraus entstand. Die gesellschaftlichen Institutionen, die homosexuell empfindenden Menschen Verständnis und Hilfe hätten anbieten sollen, verschlimmerten das Problem noch durch Verfolgung und Verurteilung. Und so waren wütende und tief verletzte Menschen jetzt bereit, ihr Leben für ihre Sache einzusetzen. Für viele homosexuell Lebende in Nordamerika ist das eine Sache auf Leben und Tod. Die Jahre des Versteckspiels, des Lügens aus Furcht und des Doppellebens in der Öffentlichkeit, am Arbeitsplatz und in den Kirchen und Gemeinden haben zu einem Berg an Schuldgefühlen, Scham und unnötigem Schmerz geführt.

Die Schwulenbewegung wurde gegründet, um den Rechten und Bedürfnissen dieser unterdrückten Männer und Frauen eine Stimme zu geben. Sie schuf zahlreiche erfolgreiche Lobbygruppen, in den USA z.B. die National Gay und Lesbian Task Force, den Human Rights Campaign Fund (PAC), den Lambda Legal Defense and Educational Fund, die Gay and Lesbian Committees (Schwulen- und Lesbenkomitees) für die Amerikanische Psychologische Gesellschaft und die Amerikanische Psychiatrische Gesellschaft, Parents and Friends of Lesbians and Gays (PFLAG) usw. In den letzten vierzig Jahren haben diese Organisationen beeindruckende Erfolge erzielt.

Das Programm dieser Gruppen ist es, Familienwerte und Gesellschaftssystem zu ändern, sodass der homosexuelle Lebensstil als gleichberechtigt mit der Ehe gelten soll, ohne Vorurteile oder Diskriminierung. Die Bewegung fordert „gleiche", d.h. eigentlich spezielle, Rechte für ihren Lebensstil und faire Behandlung.

Strategien

Um gesellschaftlich anerkannt zu werden, suchten die Aktivisten nach Strategien zur Veränderung der öffentlichen Meinung über Homosexualität. Um die öffentliche Meinung zu ändern, mussten Gesetze geändert werden. Und um Gesetze zu ändern, brauchte man die Unterstützung der neuzeitlichen Propheten, der Wissenschaftler. Wenn in unserer heutigen Gesellschaft Vertreter der medizinischen oder psychiatrischen Wissenschaft eine Studie vorlegen oder eine Erklärung abgeben, hält der normale Bürger dies für „Wahrheit" bzw. für eine „Tatsache". Daher kämpfte die Schwulenbewegung zunächst darum, dass Psychiater und Psychologen Homosexualität als normal erklärten. Danach trat sie für die Änderung bestehender Gesetze und die Einsetzung neuer besonderer Gesetze ein. Und schließlich wurde ein Manipulationsfeldzug in den Medien, der Unterhaltungsindustrie, dem Schul- und Bildungssystem und in den religiösen Institutionen gestartet, um den gewöhnlichen Bürger dazu zu bringen, Homosexualität und homosexuelles Verhalten als normal zu akzeptieren. Erst am Ende der Strategie steht die völlige Neudefinierung von dem, was Familie ist und damit letztlich die Zerstörung der Familie.

Hier eine kurze Liste der Strategien:
1. *Umdefinierung der Homosexualität als biologisch-genetisch angeboren und unveränderbar.*
1973 brachten homosexuelle Aktivisten die Amerikanische Psychiatrische Gesellschaft (American Psychiatric Association) dazu, Homosexualität aus ihrer *Diagnose-Liste* (DSM) zu streichen. Diese Streichung beruhte nicht auf neuen wissenschaftlichen Fakten oder neuen Forschungen, sondern auf einem zähen Kleinkrieg und massivem politischen Druck durch die Schwulenbewegung. „Statt nüchtern die Daten und Fakten zu prüfen, ließen sich die Psychiater in eine politische Kontroverse hineinziehen. Die Amerikanische Psychiatrische Gesellschaft war den Unruhen und Tumulten eines heißen Jahres erlegen, als heftige Konflikte jeden Aspekt des gesellschaftlichen Lebens in Amerika zu politisieren drohten. ... Das Ergebnis war nicht eine auf einer vernünftigen Interpretation der wissenschaftlichen Daten beruhende Schlussfolgerung, sondern ein Kniefall vor dem ideologischen Klima der Zeit."[2] Der Wegfall der Diagnose „Homosexualität" aus der DSM-

Liste war ein Meilenstein auf dem Marsch der Schwulenbewegung und wurde in der ganzen Welt verbreitet als Argument für die „Normalität" von homosexuellem Sex. Die Öffentlichkeit erfuhr nicht, dass damals wie heute zahlreiche Psychiater nach wie vor Homosexualität für eine psychosexuelle Störung halten, die in vielen Fällen verändert werden kann.

2. *Betonung der „Identität", nicht des Verhaltens.*
Die Homosexuellen-Aktivisten betonen ihre Identität als „Schwule", „Lesben" oder „Bisexuelle", und nicht das konkrete Verhalten (also: sexuelle Handlungen zwischen zwei Männern oder zwei Frauen). Dadurch nehmen sie die Debatte aus dem Bereich der Moral, Ethik und Psychologie heraus und verlagern sie in den Bereich der Politik, Menschenrechte und „Diskriminierung". Sie orientieren sich an der amerikanischen Bürgerrechtsbewegung und am Kampf um das Wahlrecht für Frauen. Doch während Schwarze und Frauen als Schwarze und als Frauen geboren sind, wird niemand mit dem Muss geboren, sich später homosexuell zu betätigen. Hier geht es wirklich um ein psychosoziales *Verhalten*, nicht um ein *Sein*.

3. *Propagieren einer neuen positiven Sprache, die die öffentliche Meinung zugunsten der Homosexualität beeinflusst.*
Neue Wortschöpfungen wie „schwul", „sexuelle Orientierung", „homosexueller Partner", „Homophobie", „alternativer Lebensstil", „die eigene sexuelle Orientierung erforschen" sollen von der Homosexualität ein positiveres Bild zeichnen. Dieser Sprach-Strategie kommt eine Schlüsselrolle in der Kampagne für mehr Freiheiten und besondere Rechte zu. Was klingt angenehmer: „Hallo, ich heiße Richard und bin homosexuell" oder: „Hallo, ich heiße Richard und bin schwul („gay')"?
Manche Leser werden sich erinnern, dass noch vor einigen Jahren der politisch korrekte Ausdruck „sexuelle Vorliebe" („sexual preference") lautete. Dann merkten die Schwulenaktivisten jedoch, dass „Vorliebe", „Präferenz" eine Wahl beinhaltet, und ersetzten das Wort durch „Orientierung" – das Wort „homosexuelle Orientierung" war erfunden und wurde propagiert, ein Ausdruck, der beinhalten soll, dass verschiedenes sexuelles Verhalten angeboren und nicht gewählt ist. Das mag gut klingen, entspricht aber nicht der Wahrheit. Zwar wählt nie-

mand seine homosexuellen Gefühle. Sie sind das Ergebnis sehr vieler zusammenkommender Faktoren. Doch niemand wird einfach so geboren. Und Veränderung ist möglich, ich habe es selbst erlebt: Was man gelernt hat, kann man auch wieder verlernen.

4. *Neue Gesetze schaffen und alte Gesetze, die den Zielen der Schwulen- und Lesbenbewegung nicht entsprechen, abschaffen.*
Bis zum Juli 1993 hatten über hundert Städte und Gemeinden in den USA spezielle Schwulen-Gesetze erlassen.[3] Im November 1999 gab es elf US-Staaten, die homosexuell lebenden Männern und Frauen besondere Rechte garantierten, und etwa 200 offen homosexuell lebende gewählte Amtsträger.[4] Sie sollen für die Akzeptanz und das Gutheißen des homosexuellen Lebens arbeiten und das schwule und lesbische Programm fördern.

5. *Darstellung des homosexuellen Sex als natürlich und normal.*
Auf öffentlichen Versammlungen, in Politik und Medien sucht die Schwulenbewegung ihre Vertreter sorgfältig so aus, dass sie in einem positiven Licht erscheinen und homosexuell Aktive als eine von vielen unterdrückten Minderheiten angesehen werden. Doch wie schon dargestellt, ist homosexueller Sex weder gut noch natürlich. Er führt vielmehr zu zahlreichen Krankheiten und Süchten und macht Menschen unglücklich.

6. *Öffentliche Demonstrationen.*
Ein Großteil des Erfolges der Schwulen-Lobby beruht auf ihrer Fähigkeit, große Demonstrationen und Ereignisse zu organisieren und gleichzeitig öffentliche Versammlungen Andersdenkender zu stören. Zu den Taktiken gehören Einschüchterungen, Rufmord, Niederschreien und Störungen aller Aktivitäten, die öffentlich Stellung nehmen gegen ihr Programm und ihr Weltbild. In den 70er und 80er Jahren war ihre Taktik militanter. In den 90er Jahren wurde sie politisch professioneller. Die Angriffe sind heute weitaus subtiler und erfolgen überall in der Welt *innerhalb* der politischen, religiösen, Bildungs- und Mediensysteme. Die ideologische Schwulen- und Lesbenbewegung hat gute Finanzresourcen, da statistisch gesehen schwule Lobbyisten eine höhere Ausbildung und bessere Arbeitsplätze haben und keine Kinder versorgen.

7. *Darstellung des homosexuellen Sex in der Sexualaufklärung als natürlicher, normaler Sex.*
In Sexualkundeunterricht und Lehrplänen zur HIV/AIDS-Aufklärung wird homosexueller Sex dem für neue Eindrücke empfänglichen Jugendlichen als normaler Sex vorgestellt. 1992 berichtete die Amerikanische Akademie für Kinderheilkunde (American Academy of Pediatrics) in einer Studie, dass fast 26 Prozent der Zwölfjährigen in ihrer sexuellen Orientierung „verunsichert" seien. Bis zum 17. Lebensjahr sinkt diese Zahl nur um 5 Prozentpunkte. Ein Schüler, der in sehr jungem Alter Homosexualität z.B. durch so genannte Aufklärungsbücher wie „Papas Freund" von M. Willhoite als völlig „normal" vorgestellt bekommt, kann leicht dazu verführt werden, sie einmal „auszuprobieren". (Ich habe das Buch *Alfie's Home* geschrieben, um Kindern etwas über die Ursachen von Homosexualität zu zeigen. Es ist das einzige Kinderbuch, das die Änderungsmöglichkeit aufzeigt.)

8. *Werbung für die Homosexualität durch Schüler- und Studentenorganisationen.*
Schon seit Jahren arbeiten Schwulen-Lobbys an Schulen, Colleges und Universitäten. In den USA und weltweit gibt es Tausende von schwulen und lesbischen Schüler- und Studentenorganisationen. Die neueste Welle ist die „Gay-Straight-Alliance" in amerikanischen Schulen. Ohne Zweifel werden bald auch die Grundschulen an die Reihe kommen.

9. *Darstellung der Homosexualität in der Unterhaltungsindustrie und den Medien als konfliktfreies, normales, alternatives sexuelles Verhalten.*
In Film, Fernsehen, Radio, Zeitungen und Zeitschriften – überall ist die Homosexualität „normalisiert" worden. Im Frühjahr 1998 gab es in den USA etwa 30 homosexuelle Rollen in Fernsehunterhaltungssendungen, und die Zahl steigt ständig. In Zeitung und Zeitschriften wird Homosexualität fast nur positiv dargestellt.

Ziele

Das Grundziel der Schwulenbewegung ist *die totale Akzeptanz des homosexuellen Verhaltens* in allen Lebensbereichen: Religion, Schulen, Militär, Wirtschaft, Wohnungsbau, Ehe und Adoption. Hier nur einige der Forderungen:

• Religiöse Institutionen müssen homosexuelle Paare trauen und homosexuell aktive Geistliche ordinieren.

• Die Lehrpläne an den Schulen sind so zu ändern, dass homosexueller Sex als völlig normal und akzeptabel dargestellt wird. Für Aufklärung und Schulung über Homosexualität sind homosexuell aktive Lehrer einzustellen.

• Alle Firmen, unabhängig von ihrer ethischen oder religiösen Position, müssen homosexuell lebende Personen einstellen.

• Homosexuelle Paare müssen das Recht auf „Ehe" haben.

• Homosexuelle Paare müssen Kinder adoptieren dürfen.

• Homosexuell Aktive müssen ohne Einschränkung im Militär dienen können.

• In Schule, College und Universität sind – unabhängig von ihrer religiösen Position – homosexuelle Clubs und Organisationen zuzulassen.[5]

Die meisten dieser Forderungen sind in den USA bereits erfüllt, wenn nicht auf Bundesebene, so auf der Ebene der Einzelstaaten oder Verwaltungsbezirke. Das allgemeine Programm, die Ziele und Strategien sind aber weltweit angelegt.

Warum hat diese relativ kleine Bewegung in solch kurzer Zeit so viel erreicht? Im Lauf der Geschichte sind homosexuell empfindende Männer und Frauen von ihrer Verwandtschaft, Gesellschaft und Religion immer wieder verfolgt, abgelehnt und diskriminiert worden. Aufgrund dieser Behandlung sowie aufgrund der Ursachen, die zur Homosexualität überhaupt führten, haben viele homosexuell Empfindende den Freitod gesucht, wurden süchtig oder haben ihre sexuellen Wünsche geheim gehalten, um ihren Arbeitsplatz und ihre Familie zu schützen. Immer wieder waren sie in einem unsichtbaren Gefängnis eingeschlossen und wurden zu Sündenböcken der Gesellschaft gemacht.

Die meisten Menschen, einschließlich derer in gesellschaftlichen und religiösen Institutionen, kritisierten homosexuell empfindende Men-

schen lediglich, ohne ihnen eine Hoffnungstür aufzutun. Sie verurteilten sie als „schmutzig" und „sündig", aber einen Weg zur Veränderung boten sie nicht an. Gerade auch so genannte religiöse Menschen
haben homosexuell Empfindende mit Worten diskriminiert und be-
schimpft und damit den ohnehin brennenden Wunden noch Verach-
tung hinzugefügt.

Heute wollen Kirche und Gesellschaft die Fehler der Vergangenheit
wieder gutmachen. Sie akzeptieren und gutheißen nicht nur die
homosexuell lebende *Person*, sondern auch die homosexuellen *Handlungen*. Wieder wird das Kind mit dem Bad ausgeschüttet. Die Motivation ist zwar ehrlich, aber wenn wir die homosexuelle Praxis
gutheißen und akzeptieren, verurteilen wir diese Männer, Frauen und
Jugendlichen zu einem Leben voller Leid und unbefriedigter
Sehnsüchte. Homosexualität erwächst aus zerbrochenen Beziehungen
und muss in einer Umgebung der Liebe, der Hilfe und des Verstehens
geheilt werden. Ja, wir müssen diesen Männern und Frauen beide
Hände entgegenstrecken, wir müssen sie willkommen heißen und
umarmen – aber nicht ihr sexuelles Verhalten. Was erlernt ist, kann
wieder verlernt werden.

Wie können wir das Problem lösen?

*„Den Besten fehlt der Überzeugungsmut, die Schlimmsten sind voll Lei-
denschaft und Kraft."*

The Second Coming. W.B. Yeats, 1921

Die folgenden Vorschläge können Sie mit wenig Mühe in Ihrer Familie, in Schule, Gemeinde, in Vereinen und Ihrem sonstigen Umfeld
.umsetzen und so zu mehr Verständnis und liebevollem Umgang miteinander beizutragen:

*1. Bitten Sie um Entschuldigung für vergangenes falsches Verhalten, Den-
ken und Reden.*

Wir müssen uns der zerstörerischen Art und Weise, in der wir unsere
homosexuell empfindenden Brüder und Schwestern behandelt haben,
stellen und die Verantwortung für dieses negative Erbe übernehmen.
Wir müssen lernen, zwischen der Person und ihrem Verhalten zu un-

terscheiden. Homosexuelles Verhalten gut zu nennen, hat nichts mit Liebe zu tun! Gott akzeptiert immer die Person, jeden Einzelnen und nimmt ihn an. Wenn Sie jemanden durch Beschimpfungen, Hänseleien, Kritik oder auf sonstige direkte oder indirekte Weise verletzt haben, dann gehen Sie zu ihm und bitten Sie ihn um Verzeihung. Solange wir unseren Glauben nicht in die Praxis umsetzen, bleibt er hohl. Wenn Sie hören, wie andere abfällig über homosexuell orientierte Männer und Frauen reden, machen Sie nicht mit, sondern klären Sie auf.

2. Verbreiten Sie die Wahrheit: dass niemand homosexuell geboren wird und dass homosexuell Empfindende ihr Verhalten und in vielen Fällen auch ihre Empfindungen verändern können.
Homosexualität wird durch viele Faktoren verursacht. Wenn diese Faktoren aufgedeckt werden und die zugrunde liegenden Verletzungen allmählich heil werden können, ist Änderung in vielen Fällen möglich. Ich selbst habe dies erfahren, und viele andere auch. Es gibt Tausende von Männern und Frauen in der ganzen Welt, die von der Homosexualität frei geworden sind. Homosexualität ist „not gay, nor bad, but SSAD."

3. Schauen Sie sich die Sexualkunde-Lehrpläne der Schulen an.
Schauen Sie sich an, was Ihr Kind in der Schule lernt. In den Vereinigten Staaten gibt es viele Schulen, in denen Schülern beigebracht wird, wo und wie man homosexuelles Verhalten lernen kann. Man lehrt, dass homosexuell empfindende Menschen so geboren sind, sich nicht ändern können und dass es für sie gut ist, wenn sie ihre homosexuellen Wünsche auch ausleben. Das konnte nur geschehen, weil viele Eltern gar nicht wissen, was ihre Kinder in der Schule lernen. Engagieren Sie sich in der Elternvertretung, befragen Sie den Biologie- und Religionslehrer, lesen Sie die Schulbücher Ihrer Kinder, fragen Sie die Kinder, was sie lernen. Ihre Stimme kann etwas bewirken!

4. Protestieren und stimmen Sie gegen sogenannte Antidiskriminierungsgesetze.
Auf den ersten Blick sieht es menschlich aus, sich für Gesetze einzusetzen, die dafür sorgen sollen, dass homosexuell lebende Männer und Frauen keiner Diskrimierung und Verfolgung mehr ausgesetzt sind. In

Wirklichkeit schadet es aber diesen Menschen und der ganzen Gesellschaft, denn das berechtigte Anliegen, Diskriminierung abzuschaffen,
wird gekoppelt damit, dass die Homosexualität zu einer angeborenen
normalen Eigenschaft wie etwa die Hautfarbe oder das Geschlecht erklärt wird, und das ist einfach nicht wahr. Homosexualität ist ein erlerntes Verhalten, keine eigene Identität. Sie ist eine sexuelle Des-Orientierung, ein Schrei nach Hilfe. Mit Antidiskriminierungsgesetzen
legitimiert und zementiert man das ungesunde, aus zerbrochenen Beziehungen kommende Verhalten dieser Männer und Frauen, anstatt
ihnen echte Liebe und echtes Verstehen entgegenzubringen. Die Lösung liegt nicht in neuen Gesetzen sondern in einem neuen, liebevollen Umgang mit homosexuell orientierten Menschen.

5. Den Menschen lieben, nicht sein Verhalten.
Strecken wir den Männern, Frauen und Jugendlichen, die anders werden wollen, die kämpfen wollen und unsere Liebe und Verständnis
brauchen, unsere Hand entgegen. Und die, die nicht anders werden
wollen? Lieben wir sie noch intensiver. Wir müssen die Person vom
Verhalten unterscheiden. Wir dürfen sie nicht verraten, indem wir
neue Gesetze schaffen oder unsere religiösen Überzeugungen ändern.
Die Homosexualität ist nicht vereinbar mit unserer wahren Natur, sie
ist vielmehr ein Ausdruck unter vielen anderen, dass wir alle in unserer Gottesebenbildlichkeit zerbrochen sind. Menschen mit homosexuellen Gedanken, Gefühlen, Wünschen und Begierden brauchen
unsere helfende Liebe. Viele haben es aufgegeben, anders werden zu
wollen, weil sie nirgends in ihren Beziehungen wirkliche Liebe finden
konnten. Engagieren wir uns, öffnen wir uns, seien wir da für jeden.
Vergessen wir nicht, dass Homosexualität ein Verhalten ist und keine
Identität. Jeder Mann und jede Frau mit gleichgeschlechtlichen Neigungen ist der Sohn oder die Tochter eines Vaters und einer Mutter.
Lasst uns aufstehen und die Wahrheit in Liebe weitergeben. Lasst uns
einander Vater und Mutter sein.

Zusammenfassung

Die Hohenpriester des 20. Jahrhunderts waren die Wissenschaftler und Ärzte. Oft hat der normale Bürger ihnen geglaubt. Doch wie oft hatten diese Unrecht. Grundlage der Wissenschaft sind nämlich Theorien und nicht die Wahrheit.

Ashley Montagu z.B. zeichnet nach, wie Ärzte und Psychiater im 20. Jahrhundert systematisch die Entfremdung zwischen Eltern und Kind lehrten: 1. Kein Stillen. 2. Kein Streicheln. 3. Kein Wiegen und Schaukeln. Zwei von denen, die diese „Wahrheiten" lehrten, waren Luther Emmett Holt[6] und John Broadus Watson, Professor für Psychologie an der berühmten John Hopkins University. Watson schrieb: „Es gibt eine vernünftige Art, mit Kindern umzugehen. ... Umarmen und küssen Sie sie nicht, lassen Sie sie nicht auf Ihren Schoß. Wenn es denn sein muss, küssen Sie sie einmal auf die Stirn, wenn Sie ihnen gute Nacht sagen. Schütteln Sie ihnen morgens die Hand. Geben Sie ihnen einen leichten Klaps auf den Kopf, wenn sie eine schwierige Aufgabe außerordentlich gut gemacht haben. Versuchen Sie es. Nach einer Woche werden Sie merken, wie einfach es ist, ihrem Kind ganz objektiv und gleichzeitig freundlich gegenüberzutreten. Sie werden sich gründlich schämen, wie kitschig-rührselig Sie ihr Kind früher behandelt haben."[7] Da die USA medizinisch und technisch zu den führenden Ländern der Welt gehören, folgt der Rest der Welt gerne ihrem Beispiel. Als John Watsons Buch erschien, begrüßten sehr bekannte amerikanische Zeitschriften es als ein „Geschenk des Himmels für die Eltern". Der Großteil der Bevölkerung in den USA tat, was die Doktoren empfahlen – sie waren ja die Experten.

„Immer wieder hieß es, dass zu viel Zuwendung ein Kind unfehlbar verwöhne und dass die Praxis, sein Baby in einer Wiege oder in den Armen in den Schlaf zu schaukeln, aus dem finstersten Mittelalter der Kindererziehung stamme."[8] Inzwischen wissen wir natürlich, dass Umarmen, Schaukeln und Stillen die besten Methoden sind, ein glückliches und gesundes Kind zu bekommen.

Das führt mich in unsere Gegenwart, an den Beginn des 21. Jahrhunderts. Die heutigen Hohenpriester der Amerikanischen Mediziner-Vereinigung, der Amerikanischen Psychiatrischen Gesellschaft und der Amerikanischen Psychologischen Gesellschaft versichern uns, dass homosexueller Sex natürlich und normal und Homosexualität einfach ein alternativer Lebensstil sei. Was vor wenigen Generationen die „wissenschaftliche" Kindererziehung war, ist heute die Akzeptanz der Homosexualität. Bildungseinrichtungen, gesellschaftliche Organisationen, viele Kirchen, Medien und Unterhaltungsindustrien sind auf den Zug aufgesprungen und glauben alles, was unsere „Experten" ihnen einreden. Wie zornig und wie verletzt werden homosexuell empfindende Männer und Frauen sein, wenn sie einmal entdecken werden, dass sie wieder durch falsche Bildung, Erziehung und falsche Informationen missbraucht und allein gelassen worden sind!

Ich bin überzeugt, dass in wenigen Jahrzehnten die Intoleranz gegenüber der Homosexualität abgenommen haben wird, weil das Verständnis ihres eigentlichen Wesens gewachsen ist. Dann wird die Wahrheit sein, dass Homosexualität das Ergebnis ungesunder Bindungen und eines Mangels an Liebe ist. Wenn Liebe und Annahme wirklich erfahren werden, werden alle Argumente und Diskussionen aufhören.

15. Wie Eltern und Freunde helfen können

Ich habe Tausende von Männern, Frauen und Jugendlichen mit gleichgeschlechtlichen Beziehungsstörungen informiert und beraten. Ich habe auch mit vielen ihrer Eltern, Freunde und Verwandten gearbeitet. Homosexualität ist kein einfaches Thema, und ich möchte in diesem Kapitel einige Ratschläge geben, wie ein liebevoller Umgang mit jemandem, der Gleichgeschlechtliche Beziehungs-Störungen hat und vielleicht auch homosexuell lebt, aussehen kann.

Wenn ein Kind seinen Eltern eröffnet, es sei homosexuell, schrillen meist die Alarmglocken: „Warum wir? Warum du? Was haben wir falsch gemacht? Mein Gott, das darf nicht wahr sein! Weißt du nicht, dass man von dem Verhalten sterben kann? Das widerspricht allen unseren religiösen Überzeugungen!"

Das erste Gebot für Eltern lautet: Ruhig bleiben und Ihrem Kind zuhören. (Beißen Sie sich zur Not auf die Zunge). Sie können sich später immer noch mit Ihren Gefühlen und Gedanken auseinander setzen. Ihr Kind hat viel Mut bewiesen, dass es so offen zu Ihnen gewesen ist. Laufen Sie jetzt nicht weg. Ihr Sohn und Ihre Tochter brauchen Sie mehr als je zuvor. Unterscheiden Sie zwischen Verhalten und Person. Gleichgeschlechtliche Neigungen sind ein Anzeichen für unverheilte Wunden und unbeantwortete Bedürfnisse. Die gute Nachricht ist, dass diese Wunden heilen und die Bedürfnisse beantwortet werden können.

Versuchen Sie nicht, Ihr Kind „hinzukriegen". Halten Sie keine Moral- oder sonstigen Predigten. Hören Sie ihm zunächst nur zu und versuchen Sie, herauszufinden, wie es sich fühlt und was es denkt. Es geht um Ihr Kind, *nicht* um Sie! Sehr wahrscheinlich kämpft es schon seit Jahren mit diesen Neigungen. Egal, was Ihre Gefühle sagen, verschließen Sie sich Ihrem Kind jetzt nicht!

Wenn Ihnen als Freund oder Verwandtem jemand seine homosexuellen Neigungen anvertraut, betrachten Sie es als einen besonderen Vertrauensbeweis. Auch für Sie gilt: Zunächst kein Kommentar und zuhören. Vielleicht hat Ihr Gesprächspartner tage-, monate- oder jahrelang geübt, bevor er seinen Mut zusammennahm und sich an Sie wandte. Seien Sie freundlich und herzlich und verurteilen Sie nicht. Stellen Sie ehrliche Fragen, um den jungen Mann/die junge Frau besser verstehen zu können. Wenn Sie nicht recht wissen, was Sie fragen sollen, holen Sie tief Luft und drücken Sie einfach aus, wie Sie sich gerade fühlen – z.b. schockiert, überrascht oder besorgt.

Bedenken Sie, dass gleichgeschlechtliche Neigungen ein Symptom für ungelöste seelische Kindheitsverletzungen und für unbeantwortet gebliebene gleichgeschlechtliche Bedürfnisse nach Liebe und Annahme sind. Als Eltern wie als Freunde können wir zur Veränderung und Heilung beitragen, indem wir für diesen Menschen da sind und in die Bresche treten.

Hier noch einige konkrete Hinweise:

Für Eltern

1. Stellen Sie Ihr Kind bewußt in die Gegenwart Gottes. Beten Sie. Spielen Sie nicht selber Gott. Ein weises Gebet ist z.B., dass Ihr Kind das, was es sucht, finden möge, aber nicht im homosexuellen Lebensstil. Beten Sie um Heilung seiner Wunden und die Befriedigung seiner unbeantworteten Bedürfnisse in gesunden Beziehungen.

2. Schieben Sie niemandem die Schuld zu – weder sich selbst noch anderen. Übernehmen Sie Verantwortung für die Fehler, die Sie gemacht haben, und suchen Sie Gottes Vergebung. Vergeben Sie auch sich selbst – das ist sehr wichtig. Wenn Sie Ihre Schuld weiter mit sich herumschleppen, wird Sie das nur nach unten ziehen und daran hindern, Änderungen in Ihrem Leben vorzunehmen.

3. Als Nächstes bitten Sie Ihr Kind darum, Ihnen zu vergeben. Ist es dazu nicht bereit, ist das sein Problem, nicht Ihres. Leben Sie nicht durch Ihr Kind. Wenn Sie einen Fehler gemacht haben, war es ein Fehler. Wenn Sie sich dafür entschuldigt haben, stehen Sie zu Ihrer Verantwortung, indem Sie sich selbst und Ihr Kind lieben.

4. Lernen Sie es, an sich selbst zu arbeiten. Es gibt nur einen Menschen, den Sie verändern können, und das sind Sie selbst. Die Veränderungen, die Sie in Ihrem Leben vornehmen, werden große Auswirkungen auf Ihr Kind haben, gleichgültig wie alt es ist.

5. Versuchen Sie, mehr über die seelischen Verletzungen Ihres Kindes herauszufinden. Wo liegen die Ursachen seiner gleichgeschlechtlichen Neigungen? Schauen Sie sich seine Vergangenheit an: Was

können Sie daraus lernen, um die augenblickliche Situation richtig einzuschätzen? Fragen Sie und hören Sie zu, ohne zu verurteilen.

6. Versuchen Sie, mehr über die unbeantworteten Bedürfnisse Ihres Kindes herauszufinden. Warum tut es das, was es tut? Was bietet ihm die andere Seite? Annahme, Zuneigung, Bestätigung, Geborgenheit?

7. Helfen Sie beim Heilen der Wunden und Beantworten der unbeantwortet gebliebenen Bedürfnisse. Schaffen Sie eine Umgebung von Liebe, Annahme, Bejahung und Geborgenheit. Unterscheiden Sie genau zwischen der Person und dem Verhalten. Sie müssen das Verhalten Ihres Kindes nicht billigen, aber Sie müssen stets die Person lieben. Da es sich um eine Gleichgeschlechtliche Beziehungs-Störung handelt, ist es sehr wichtig, dass der gleichgeschlechtliche Elternteil sich mehr um sein Kind kümmert. Nehmen Sie Ihren Sohn/Ihre Tochter neu an, schaffen Sie ein engeres Band. Hören Sie zu, finden Sie mehr über sein Leben heraus. Egal, wie alt jemand sein mag, es braucht immer Zeit, Berührung und Gespräch. Der andersgeschlechtliche Elternteil kann am besten im Hintergrund unterstützend mitwirken als eine Brücke zum Beziehungsaufbau zwischen gleichgeschlechtlichem Elternteil und Kind.

8. Üben Sie bedingungslose, echte Liebe. Verwässern Sie nie Ihre Überzeugungen und Moral, aber hören Sie zu und begegnen Sie Ihrem Kind mit Liebe. Setzen Sie Grenzen, wo nötig.[1]

Für Ehepartner

1. Machen Sie sich immer wieder klar, dass Sie die gleichgeschlechtlichen Bedürfnisse Ihres Partners nicht beantworten und die damit verbundenen Probleme nicht lösen können; das können nur Gott, Ihr Partner selbst und Menschen vom gleichen Geschlecht.

2. Arbeiten Sie an Ihren eigenen Problemen. „Warum hat es mich zu einem Mann/einer Frau mit einer gleichgeschlechtlichen Wunde hingezogen?" – „Was kann ich jetzt positiv daraus machen?"

3. Suchen Sie Hilfe bei Verwandten, Freunden, Ihrer Gemeinde und/oder Seelsorger. Isolation ist tödlich.

4. Ihr Mann/Ihre Frau kann Ihnen nicht geben, was er/sie nicht hat. Sie können kein Wasser aus einem trockenen Brunnen schöpfen. Haben Sie Geduld. Geben Sie so viel Liebe, wie Sie können. Sorgen Sie auf eine gesunde Art für sich selber.

5. Beten Sie. Versuchen Sie nicht, Ihren Partner zu ändern – das muss er selber wollen. Übergeben Sie Gott die Sorge dafür, wie es weitergeht.

Für Freunde

1. Beten Sie für Ihren Freund. Bitten Sie Gott, Ihnen zu zeigen, wie Sie ihn am besten lieben können.
2. Hören Sie zu. Seien Sie ein guter Freund; zeigen Sie, dass Sie Anteil an seinem Leben nehmen. Wir alle wollen in unserer Individualität angenommen werden.
3. Zeigen Sie Ihrem Freund Ihre Liebe, vor allem wenn er vom gleichen Geschlecht ist. Weichen Sie nicht zurück, gehen Sie auf ihn zu. Schenken Sie ihm gesunde, brüderliche oder schwesterliche Freundschaft und Liebe.
4. Sagen Sie ihm die Wahrheit in Liebe: Dass niemand sich diese Gefühle aussucht. Dass Sie glauben, dass niemand so geboren wird. Dass man wieder verlernen kann, was man gelernt hat. Zeigen Sie ihm, dass Sie bereit sind, in guten und in schlechten Zeiten zu ihm zu stehen.
5. Geben Sie nie auf. Ein Mensch mit gleichgeschlechtlichen Neigungen hat viel Schmerz und seelische Verletzungen in seinem Leben erfahren. Sein Gefühlsleben kann extrem sein; in dem einen Augenblick braucht er Sie verzweifelt, im nächsten will er Sie nie mehr sehen. Bleiben Sie unbeirrt. Die Liebe ist langmütig und freundlich.
6. Seien Sie konsequent. Viele homosexuelle Beziehungen gehen schon bald wieder in die Brüche. Sie, als der alte Freund, zu dem er immer kommen kann, sind vielleicht der ruhende Pol, der Helfer, den er zur Heilung seiner tiefen Wunden braucht. Durch Ihre beständige Liebe können Sie gerade derjenige sein, der ihm einen Weg hinaus aus seiner Not zeigt.

Warum haben so viele Menschen Angst vor Homosexualität?

Wir alle haben Angst vor dem Unbekannten – dem, was wir nicht verstehen. So lange wir uns von Angst beherrschen lassen, geben wir dem

Hass und der Zertrennung Nahrung. Wir brauchen Aufklärung, um mehr über uns selbst und andere zu lernen.

1. Angst ist zunächst eine physiologische Selbstschutzreaktion, wenn wir uns bedroht fühlen und den anderen *nicht verstehen*. Der Angstreflex ist ein Schutzmechanismus zur Abwehr von Gefahren. Diese physiologische Reaktion vollzieht sich im limbischen System, dem ältesten Teil unseres Gehirns, der mit dem inneren Kind verbunden ist. Bei der Angst vor Homosexualität handelt es sich um ein mangelndes Wissen des neueren Gehirns, der Großhirnrinde, des rationalen oder erwachsenen Teils in uns. Die meisten Menschen wissen nicht, dass Homosexualität eine Gleichgeschlechtliche Beziehungs-Störung ist

2. Unter der psychologischen Angst liegen Schuld und Scham verborgen. Wenn ich mich irgendeines vergangenen Verhaltens bei mir schäme, ist es ein guter Ausweg, jemand anderen zu verurteilen, damit ich mich nicht mit meiner eigenen Schuld und Scham auseinander setzen muss. Homosexuell Lebende werden dann zu meinem Sündenbock, zur defensiven Abkoppelung von meinen eigenen seelischen Verwundungen und Fehlern.

3. Homosexuell Empfindende sind traditionell Außenseiter der Gesellschaft, und wer sich mit ihnen abgibt, riskiert, dass er von anderen abgelehnt wird. Wenn ich aber bereits in einigen Bereichen meines Lebens verunsichert bin, kann solche Ablehnung eine zusätzliche Bedrohung meines „Wertes" und meiner emotionalen Stabilität sein.

4. Wir hassen am anderen das, was wir an uns selbst hassen oder verleugnen. Viele Menschen haben gleichgeschlechtliche Elternwunden, ohne homosexuelle Neigungen zu entwickeln. Andere haben in ihrer Jugend gewisse homosexuelle Erfahrungen gemacht und fühlen sich wegen des damit verbundenen sozialen Stigmas heimlich schuldig. Diese verdeckten Schuld-, Scham- und Angstgefühle zwingen sie aus Selbstschutz dazu, den homosexuell lebenden Menschen zu verurteilen.

Antworten auf häufig gestellte Fragen

Viele Eltern fragen mich: „Was soll ich machen, wenn mein Sohn seinen homosexuellen Freund auf einen Besuch nach Hause einladen will? Geht das? Oder sende ich ihm eine falsche Botschaft, wenn ich Ja sage? Denkt er dann, ich billige sein homosexuelles Verhalten?" Ich habe lange darüber nachgedacht und gebetet und bin zu dem Schluss gekommen, dass Sie es Ihrem Sohn erlauben sollten, seinen Freund mit nach Hause zu bringen. Warum?

Der Freund Ihres Sohnes ist auch ein Sohn, und vielleicht will seine Familie nichts mehr von ihm wissen. Dies ist Ihre Chance, ihm Gottes Liebe zu zeigen!

Sie lieben Ihren Sohn, nicht sein Verhalten. Sie können ihm z.B. aufgrund Ihrer religiösen Überzeugungen sagen: „Du kannst deinen Freund gerne einladen. Aber wir halten sexuelle Beziehungen außerhalb der Ehe nicht für gut, also werdet ihr bitte nicht im gleichen Zimmer schlafen." Sie können dies nur dann sagen, wenn Sie Ihren anderen Kindern, die Freunde vom anderen Geschlecht mit nach Hause bringen, dasselbe sagen. Sie müssen konsequent sein, sonst verlieren Sie Ihre Glaubwürdigkeit.

Am Ende werden nur Liebe und Wahrheit gewinnen. Wenn Sie Ihr Kind zurückweisen, schütten Sie Salz in seine Wunden. Es ist viel besser, wenn Sie eine nahe Beziehung zueinander haben können. Vergessen Sie nicht: Homosexualität ist eine Gleichgeschlechtliche Beziehungs-Störung. Was Ihr Kind vor allem braucht, ist die Zuneigung von und die Bindung an den „Herrn und Frau Gott" seiner Kindheit – an seine Eltern.

In diesem Problem liegt ein verborgener Segen, eine Chance, alte Wunden heil werden lassen und verlorene Zeit wieder gutzumachen. Vor allem der gleichgeschlechtliche Elternteil muss sich einbringen, engagiert und offen sein (körperlich, emotional, geistig und geistlich). Ein Sohn braucht die Liebe seines Vaters, eine Tochter die Liebe ihrer Mutter.

Der homosexuellen Neigung liegt auch ein Stück Rebellion zugrunde. Indem Sie Ihren Sohn und seinen Liebhaber annehmen, schließen Sie sein Bedürfnis, zu rebellieren, gleichsam kurz. Langfristig wird dies ihn und seine Beziehung zu Ihnen positiv beeinflussen. Liebe üben lohnt sich!

Und wenn Ihr Kind Sie missversteht und meint, dass Sie jetzt seinen Lebensstil gutheißen? Das ist seine Sache. Bleiben Sie weiter bei der Liebe und bei der Wahrheit. Geben Sie nicht auf. Wer bis ans Ende durchhält, wird gewinnen.

Und wenn Ihr Kind, Freund oder Verwandter Sie zu einer offiziellen oder informellen „Schwulentrauung" einlädt? Gehen Sie *nicht* hin. Der Grund ist im Wesentlichen derselbe wie bei den Antidiskriminierungsgesetzen: Ihre Teilnahme würde bedeuten, dass Sie homosexuelles Verhalten für gesellschaftlich erwünscht halten, und homosexuelles Verhalten sollte *niemals* einfach gutgeheißen werden.

Sollten Sie Ihrem Kind Literatur über Wege aus der Homosexualität zu lesen geben? Wenn es dafür offen ist, auf jeden Fall! Wenn es strikt dagegen ist, lassen Sie es lieber sein. Warum? Wenn Sie es in die eine Richtung drücken wollen, wird es die andere wählen, einfach um sich gegen Sie zu behaupten. Fragen Sie lieber Ihren Sohn/Ihre Tochter, was für Bücher *er/sie* liest. Zeigen Sie Ihre Bereitschaft, ihn und seine Ansichten zu verstehen. Haben Sie dies konsequent eine Zeitlang getan, können Sie ihn auch bitten, einige von *Ihren* Büchern zu lesen. Lesen Sie die Literatur Ihres Kindes aber nicht mit dem Hintergedanken, es anschließend um so besser „bekehren" zu können. Lesen Sie, um ihr Kind besser verstehen und lieben zu können. Jeder Mensch will verstanden und geachtet werden. Sie müssen nicht die Meinung Ihres Kindes teilen. Hören Sie einfach zu, lernen Sie. Behandeln Sie Ihre Mitmenschen so, wie Sie von ihnen behandelt werden wollen.

Schluss

Eine Warnung zum Schluss: Versuchen Sie nicht, Ihr Kind, ihre Geschwister, Eltern, Ehepartner, sonstige Verwandte, Freund, Kollegen, Nachbarn, Mitstudenten, Ihren Chef, Pastor, Rabbi oder Gegner zu ändern. Er oder sie ist ja gar kein „Homosexueller", er war es nie und wird es auch nie sein. Homosexualität ist ein Symptom, ein Anzeichen. Sie steht für unbewältigte seelische Verletzungen und für mangelnde Geschlechtsidentität. Ein Mensch mit gleichgeschlechtlichen Neigungen ist verletzt und braucht Heilung, und die beste Medizin zur Heilung aller Schmerzen heißt Liebe. *Er* braucht sichere emotionale Beziehungen zu Männern, *sie* zu Frauen. Sind gesunde Bindungen gewachsen, werden die gleichgeschlechtlichen Neigungen auch zurückgehen. Also: Männer, öffnet euch Männern, die in ihrer geschlechtlichen Identität verunsichert sind. Frauen, öffnet euch Frauen, die in ihrer geschlechtlichen Identität verunsichert sind. Unser Einsatz ist gefragt. Wenn wir unser Bestes geben, können wir alles andere getrost Gott überlassen.

16. Schlussbemerkungen

Es ist das große Verdienst der Schwulenbewegung, dass sie die Frage nach der Homosexualität auf die Tagesordnung gebracht hat. Viele Menschen in gesellschaftlichen und religiösen Institutionen, in Medizin und Psychiatrie haben Männer und Frauen, die unter ihrer Homosexualität litten, allein gelassen. Statt Hoffnung auf Heilung und Veränderung zu geben, haben sie mitgespottet. Durch Vorurteile und Diskriminierung haben sie die Wunden der Abkoppelung noch weiter aufgerissen. Und heute bitten sie nicht etwa um Verzeihung für die Fehler von gestern, sondern sind unter dem Deckmantel der Toleranz zu billigen Ja-Sagern geworden. Für mich ist das billige Religion und oberflächliche Wissenschaft.

Doch hinter verschlossener Türe sind die meisten von ihnen über homosexuellen Sex empört. „Dieselben Leute, die so sehr für Antidiskriminierungsgesetze und andere bürgerrechtliche Maßnahmen zum Schutz von Schwulen und Lesben sind, sehen die Homosexualität eigentlich negativ – mit einer Art widerwilliger Toleranz. Eine im August 1998 durchgeführte und in der *Washington Post* veröffentlichte Umfrage ergab, dass 57 Prozent der befragten Amerikaner Homosexualität für nicht gut hielten; 72 Prozent dagegen hielten homosexuellen Sex für nicht gut.“[1] Die Lösung ist weder blindes Gutheißen noch kritiklose Toleranz. Die Antwort heißt Verständnis und Liebe.

Während ich dieses Buch schrieb, wohnte ich eine zeitlang in einem Pfarrhaus, in einer Wohnung, neben der es eine Reihe von unbewohnten Räumen gab. Das gemeinsame Bad war lange nicht benutzt worden. Bei mir zu Hause, mit meiner Frau, drei Kindern, einem Mitbewohner und mir selber, ist es nicht leicht, ein schönes, warmes und vor allem ausgiebiges Bad zu bekommen, und ich freute mich darauf, einmal so richtig gemütlich in der Wanne zu liegen.

Meine erste Begegnung mit der Wanne war ein Schock. In der Wanne klebten Dreck und Russ von über fünfzig Jahren! Ursprünglich musste sie einmal weiß gewesen sein, aber jetzt war alles von einem dunkelgrauen Schleier überzogen. Entschlossen, mein Bad zu bekommen, kaufte ich mir ein gutes Scheuerkissen und einen Badreiniger und ging ans Werk.

Am ersten Tag schrubbte ich eineinhalb Stunden. Es war Sommer, und der Schweiß, der mir vom Leib strömte, vermischte sich mit dem Dreck, der von der Wanne kam. Aber unter dem Dreck war die Wanne weiß wie eh und je! Ich hörte förmlich, wie sie mir zuflüsterte: „Danke. Sehr gut. Mach mich frei."

Am Ende der anderthalb Stunden stand sie da – eine schöne Wanne, weiß und glänzend wie in ihren besten Tagen. Sie lächelte. Ich lächelte zurück. Ich hatte den Schmutz vieler, vieler Jahre weggespült. Die Wanne war bereit. Ich ließ warmes Wasser einlaufen und legte mich in diese herrliche, saubere, glückliche Wanne. Wir waren vereint!

Am nächsten Tag nahm ich mir die Wände und die Glasschiebetür vor. Auch sie waren völlig verdreckt, und ich brauchte noch einmal eine gute Stunde, um all die Jahre der Vernachlässigung wegzuschrubben. Schließlich glänzten auch Wände und Tür, auch sie waren endlich befreit und glücklich. Ich nahm das nächste Bad. Wir waren eins!

Am letzten Tag reinigte ich alles um die Wanne herum. Weitere Jahre des Drecks mussten weg, vom Fußboden, von der Wand. Wir alle sangen vor Freude. Es ist möglich – ein Leben nach Jahren des Missbrauchs und der Vernachlässigung! Mein letztes Bad in der wiedererweckten Wanne war eine Feier des Lebens!

Homosexualität als natürlich und normal gutzuheißen, heißt Schmerz und Zerrissenheit verherrlichen. In dieser gefallenen Welt ist es vielleicht der Weg des geringsten Widerstandes, wie in dem bekannten Märchen von des Kaisers neuen Kleidern. Alle wussten, dass der Kaiser nackt war, aber es war politisch korrekt, so zu tun, als ob er angezogen wäre. Es brauchte ein Kind, um aufzustehen und zu sagen: „Aber er hat ja gar nichts an!" Als der Kaiser das Kind hörte, erkannte er, dass man ihn zum Besten gehalten hatte, und am folgenden Tag befahl er allen seinen Untertanen, es wie das Kind zu machen und immer die Wahrheit zu sagen.

Heute ist es politisch korrekt, Homosexualität als alternativen Lebensstil gutzuheißen. Aber wenn wir die Homosexualität eines Menschen als normal und natürlich akzeptieren, wird seine Möglichkeit zur Heilung unter den Wunden weiter ungenutzt bleiben. Homosexualität akzeptieren und gutheißen bedeutet, Abkoppelung und Entfremdung vom eigenen Selbst und von anderen zur Norm erklären.

Lasst uns aufstehen und sagen: „Schwul ist weder lustig noch schlecht,

nur traurig (It's not gay, nor bad, but SSAD)." Homosexuell empfindende Männer und Frauen können heil werden. Was man erlernt hat,
kann man auch wieder verlernen. Öffnen wir unsere Arme und unsere Herzen für diese wundervollen, sensiblen Menschen. Lieben wir sie
in das Leben hinein. Helfen wir ihnen, all die Jahre des Missbrauchs
und der Vernachlässigung wegzuschrubben. Denn wenn ein Mensch
heiler wird, werden wir alle ein Stück heiler.

Anmerkungen

Vorwort

1. Satinover, Jeffrey zit. nach Joseph Nicolosi: „What Does It Mean to Change?", National Association for Research and Therapy of Homosexuality (NARTH), 16633 Ventura Blvd., Suite 1340, Encino, California 91436, USA.
2. Interview Dr. Christl R. Vonholdt und Elke Pechmann mit Prof. Dr. Robert Spitzer, New York am 29. Februar 2000, © Deutsches Institut für Jugend und Gesellschaft, Postfach 1220, D-64382 Reichelsheim.
3. Bailey, J. M.: „Homosexuality and mental illness", Arch. Gen. Psychiatry, vol. 56, Oct. 1999, p. 883-84.
4. Jose A. Mendizabal, HIV Listserv Manager, Centers for Disease Control & Prevention, National Center for HIV, STD & TB Prevention, Divisions of HIV/AIDS Prevention, http://www.cdc.gov/hiv/dhap.htm, HIV/AIDS Surveillance Report (Year-end 1999 Edition), Vol. 11, No. 2.
5. Hogg, R. S.: „Modelling the impact of HIV disease on mortality in gay and bisexual men", Int. Journal of Epidemiology, vol. 26, 1997, p. 657-61.
6. Zit. nach Joseph Nicolosi: „What Does It Mean to Change?", National Association for Research and Therapy of Homosexuality (NARTH), 16633 Ventura Blvd., Suite 1340, Encino, California 91436, USA.
7. Frankl, Viktor E.; „Psychotherapie für den Laien", Verlag Herder, Freiburg im Breisgau 1977, S. 30.
8. Frankl, Viktor, a.a.O., S. 30.
9. Buber, Martin, zit. nach Friedman, Maurice: „Begegnung auf dem schmalen Grat. Martin Buber – ein Leben", agenda Verlag, Münster 1999, S. 47.

Kapitel 1 – Meine Geschichte: Ein anderes Coming-Out

1. Robert Bly, *Eisenhans. Ein Buch über Männer* (Stuttgart: Dt. Bücherbund, 1992), S. 68.
2. Leanne Payne, *The Healing of the Homosexual* (Westchester, IL: Crossway Books, 1984), 31.

Kapitel 2 – Gleichgeschlechtliche Neigungen: Definitionen und Ursachen

1. Shirley E. Cox, David Matheson, Doris Dant, *Workbook for Men* (Salt Lake City, UT: Evergreen International, Inc., 1998), vi.
2. Simon LeVay, „A Difference in Hypothalamic Structure Between Heterosexual and Homosexual Men," *Science* 253 (August 1991): 1036.
3. Zitiert in: Marlin Maddoux, *Answers to the Gay Deception* (Dallas, TX: International Christian Media, 1994), 24.
4. Zitiert in: David Nimmons, „Sex and the Brain," *Discover* Vol. 15, no. 3

(März 1994), 64-71.

5. David Gelman et al., „Born or Bred?" *Newsweek* (24 Februar 1992), 46.

6. Gelman et al, 46

7. Zitiert in: Maddoux, *Answers,* 26.

8. Gelman et al., 46.

9. George Rice et al., „Male Homosexuality: Absence of Linkage to Microsatellite Markers on the X Chromosome in a Canadian Study" (Vortrag beim 21. Annual Meeting of Sex Research, Provincetown, Mass., 1995); Zitiert in E. Marshall, „NIH Gay Gene Study Questioned," *Science* 268 (1995), 1841. Combined Dispatches, „New Study Challenges Theory of ‚Gay Gene‘ in Homosexuals," *Washington Times* (23. April 1999), A3; C. Chamberlain, „Where Did the Gay Gene Go?" Internet, www.ABCNEWS.com, 23. April 1999.

10. J. Madeleine Nash, „The Personality Genes," *Time* Vol. 151, no. 16 (27. April 1998): 60-61.

11. John Horgan, „Gay Genes, Revisted," *Scientific America* (November 1995): 26.

12. William Byne und Bruce Parsons, „Human Sexual Orientation: The Biologic Theories Reappraised," *Archives of General Psychiatry* Vol. 50, no. 3 (März 1993): 228-239.

13. S. Marc Breedlove, Ph.D., „Sex on the Brain," *Nature* 389 (23. Oktober 1997): 801.

14. Richard C. Friedman und Jennifer Downey, „Neurobiology and Sexual Orientation: Current Relationships," *Journal of Neuropsychiatry* Vol. 5, no. 2 (Spring 1993): 131-153.

16. John Leland und Mark Miller, „Can Gays ‚Convert?'" *Newsweek* (17. August 1998): 49.

18. Jeffrey Satinover, *Homosexuality and the Politics of Truth* (Grand Rapids, MI: Baker Books, 1996), 77

19. William Masters, Virginia Johnson, Robert Kolodny, *Human Sexuality,* (Boston, MA: Little Brown, ²1985), 411.

20. Zitiert nach Joseph Nicolosi, *Reparative Therapy of Male Homosexuality* (Northvale, NJ: Jason Aronson Inc., 1991), 18-19.

21. National Association for Research and Therapy of Homosexuality, Press Release 5, 1997.

22. Elizabeth Moberly, *Psychogenesis: The Early Development of Gender Identity* (London: Routledge and Kegan Paul, 1983), 67; E. Moberly, *Homosexuality: A New Christian Ethic* (Greenwood, SC: James Clark & Co., 1983), 9.

23. Nicolosi, *Reparative Therapy,* 32-35.

24. Harville Hendrix, *Getting the Love You Want: A Couples‘ Study Guide* (New York: Harper Perennial, 1988), 26.

25. Moberly, *Homosexuality,* 9.

26. Ibid.

27. Nicolosi, *Reparative Therapy,* 21.

28. E. Kaplan, „Homosexuality: A Search for the Ego-Ideal," *Archives of General Psychiatry* 16 (1967): 355-358.

29. Nicolosi, *Reparative Therapy,* 94-95.

30. Nicolosi, *Reparative Therapy,* 77-78.; Irving Bieber et al., *Homosexuality: A Psychoanalytic Study of Male Homosexuals* (New York: Vintage Books, 1962), 44-46; Gerard van den Aardweg, *Homosexuality and Hope: A Psychologist Talks About Treatment and Change* (Ann Arbor, MI: Servant Books, 1985), 64; Robert Kronemeyer, *Overcoming Homosexuality* (New York: Macmillian Publishing, 1980), 60-61.

31. Nicolosi, *Reparative Therapy,* 82.

32. Kronemeyer, *Overcoming Homosexuality,* 71.

33. Michael Saia, *Counseling the Homosexual* (Minneapolis, MN: Bethany House Publishers, 1988), 57-58.

34. Martha Welch, *Holding Time: Intensive One-Day Seminar,* 1996; M. Welch, *Introduction to Welch Method Attachment Therapy,* 1999. Deutsch: vgl. Martha G. Welch, *Die haltende Umarmung* (München/Basel: Reinhardt, 1991).

35. James Bray und Donald Williamson, „Assessment for Intergenerational Family Relationships," in *Family of Origin Therapy* (Rockville, MD: Aspen Publishers, 1987), 31.

36. S. Allen Willcoxon, „Perspectives of Intergenerational Concepts," in *Family of Origin Therapy* (Rockville, MD: Aspen Publishers, 1987), 4.

37. 2. Mose 34, 6-7 (Lutherübersetzung 1984).

38. John Pierrakos, Vortrag beim Seminar „Love, Eros, and Sex", Seven Oaks Conference Center, Madison, VA, 7. Dezember 1996.

39. Earl Wilson, *Counseling and Homosexuality* (Waco, TX: Word Books, 1988), 67.

40. Interview mit Dr. Dean Byrd, 13. April 1999, Rockville, MD.

41. Irving Bieber et al., *Homosexuality: A Psychoanalytic Study of Male Homosexuals* (New York: Vintage Books, 1962), 44-46.

42. Charles Socarides, *Homosexuality: Psychoanalytic Therapy* (Northvale, NJ: Jason Aronson, Inc., 1989), 63-67.

43. Nicolosi, *Reparative Therapy,* 80.

44. Gerard van den Aardweg, *Homosexuality and Hope* (Ann Arbor, MI: Servant Books, 1985), 64.

45. Zitiert in: Nicolosi, *Reparative Therapy,* 77.

46. M. Siegelman, „Parental Background of Male Homosexuals and Heterosexuals," *Archives of Sexual Behavior* 3 (1974): 3-17.

47. G. A. Westwood, *A Minority Report on the Life of the Male Homosexual in Great Britain* (London: Longmans, Green, 1960). Zitiert in: Nicolosi, *Reparative Therapy,* 77.

48. M. Schoefield, *Sociological Aspects of Homosexuality: A Comparative Study of Three Types of Homosexuals* (London: Longmans, Green, 1965). Zitiert in: Nicolosi, *Reparative Therapy,* 77.

49. N. Thompson et al., „Parent-Child Relationships and Sexual Identity in Male and Female Homosexuals and Heterosexuals," *Journal of Consulting and Clinical Psychiatry* 41 (1973), 120-127.

50. Kronemeyer, *Overcoming Homosexuality*, 60-61.

51. Bly, *Eisenhans*, S. 43.

52. Socarides, 63-67.

53. Kenneth J. Zucker und Susan J. Bradley, *Gender Identity Disorder and Psychosexual Problems in Children and Adolescents* (New York: Guilford Press, 1995), 254, 264.

54. Socarides, 18-25.

55. Moberly, *Psychogenesis*, 39; Nicolosi, *Reparative Therapy*, 43-45.

56. Weitere Einzelheiten über solche und ähnliche Beziehungsstörungen finden sich in den Arbeiten des berühmten Kinderpsychoanalytikers John Bowlby. John Bowlby, *Trennung. Psychische Schäden als Folgen der Trennung von Mutter und Kind* (München: Kindler, 1976).

57. Moberly, *Homosexuality*, 6-7.

58. Martha Welch, *Holding Time: Intensive One-Day Seminar* (Kassettenmitschnitt, 1996).

59. Moberly, *Homosexuality*, 19; Nicolosi, *Reparative Therapy*, 113-114.

60. David Seamands, *Healing for Damaged Emotions* (Wheaton, IL: Victor Books, 1981), 69.

61. Nicolosi, *Reparative Therapy*, 26.

62. Moberly, *Homosexuality*, 21-22.

63. Saia, *Counseling the Homosexual*, 51-55.

64. Nicolosi, *Reparative Therapy*, 84.

65. Dean Byrd, *Understanding and Treating Homosexuality*, Seminar der LDS Church am Therapeutischen Seminar, Washington, D.C., 13. März 1998. (Auszug aus kombinierten Forschungsberichten).

66. Patrick Dimock, „Adult Males Sexually Abused As Children," *Journal of Interpersonal Violence* 3, no. 2 (June 1988): 203-221.

67. Michael Lew, *Victims No Longer* (New York: Nevraumont Publishing, 1988), 78.

68. David Finkelhor, *Child Sexual Abuse: New Theory and Research* (New York: Free Press, 1984), 195.

69. Robert Johnson und Diane Shrier, „Sexual Victimization of Boys," *Journal of Adolescent Health Care* 6, no. 5 (September 1985): 372-376.

70. Wendy Maltz und Beverly Holman, *Incest and Sexuality: A Guide to Understanding Healing* (Lexington, MA: Lexington Books, 1987), 72.

71. Wendy Maltz, *The Sexual Healing Journey: A Guide for Survivors of Sexual Abuse* (New York: Harper Perennial, 1991), 127.

72. John Gottman, *The Heart of Parenting* (New York: Simon and Schuster, 1997), 166.

73. Gerard van den Aardweg, *The Battle for Normality: A Guide for Self-Therapy for Homosexuality* (San Francisco: Ignatius Press, 1997), 41, 48.

74. Gottman, *Parenting*, 171.

75. W. Gadpille, „Cross-Species and Cross-Cultural Contributions to Understanding Homosexual Activity," *Archives of General Psychiatry* 37 (1980): 349-356.

76. Marshall Kirk und Erasters Pill, „The Overhauling of Straight America," *Guide Magazine* (Oktober-November 1987), 9.

77. Alan P. Bell, Martin S. Weinberg, *Der Kinsey Institut Report über weibliche und männliche Homosexualität* (München: Bertelsmann, 1978), S. 366f. (Tabelle 7).

78. P. Van de Ven, et al., "A Comparative Demographic and Sexual Profile of Older Homosexually Active Man," *Journal of Sex Research*, Vol. 34, No. 4 (1997): 349-360.

79. Enrique Rueda, *The Homosexual Network: Private and Public Policy* (Old Greenwich, CT: Devin Adair, 1982), 53.

80. Dina Van Pelt, „Gays Are More Prone to Substance Abuse," *Insight* (5. November 1990): 53.

81. Siehe Gary Remafedi, "Suicide and Sexual Orientation", *Archives of Gen. Psychiatry*, Vol. 56 (October 1999): 885.

82. Siehe Robert T. Michael, John H. Gagnon et. al., *Sex in America: A definitive Survey* (New York: Warner Books 1994).

83. Tom Smith, „American Sexual Behaviour: Trends, Sociodemographic Differences and Risk Behavior", GSS Topical Report, no. 254 (University of Chicago, IL: National Opinion Research Center, Dezember 1996), 6,7.

84. David McWhirter und Andrew Mattison, *The Male Couple* (Englewood Cliffs, NJ: Prentice-Hall, 1984), 3.

85. Nicholas Zill, Donna R. Morrison, und Mary Jo Coiro, „Long-Term Effects of Parental Divorce on Parent-Child Relationships, Adjustment, and Achievement in Young Adulthood," *Journal of Family Psychology* 7 (1993), 91-103.

86. Thomas Verny und John Kelly, *The Secret Life of the Unborn Child* (New York: Dell Publishing, 1981), 50.

87. Ibid., 12-13. Verny nennt dieses Forschungsgebiet „vorgeburtliche Psychologie". Weitere Fallgeschichten und zahlreiche Studien über die Auswirkungen von vorgeburtlichen und geburtlichen Erfahrungen auf die Persönlichkeit des Kindes finden sich in seinem Buch *Das Seelenleben des Ungeborenen* (Hamburg: Rogner & Bernhard 1992).

88. Monika Lukesch, „Psychologie Faktoren der Schwangerschaft" (Ph.D. Dissertation, Universität of Salzburg, 1975), zitiert in: Thomas Verny, *The Secret Life of an Unborn Child*, 47.

89. Dennis Scott, „Children in the Womb: The Effects of Stress," *New Society* (19. Mai 1977):

90. Nicolosi, *Reparative Therapy*, 145.

Kapitel 4 – Die vier Phasen des Veränderungs- und Heilungsprozesses

1. Robert Bly, *Eisenhans. Ein Buch über Männer* (Stuttgart: Dt. Bücherbund, 1992), S. 109 und 111.
2. Moberly, *Homosexuality, 38*.
3. Jan Frank, „States of Recovery" (Vortrag bei der PFOX Conference, Fairfax, VA, 7. März 1998).
4. Nicolosi, *Reparative Therapy, 199-200*.
5. Interview mit Dr. Christopher Austin im Family Life Center, Austin, TX, 9. Dezember 1999.
6. D. Byrd, „Understanding and Treating Homosexuality," Seminar am Therapeutic Seminar, Washington, D.C., 13. März 1998.
7. Walter Trobisch, *Liebe dich selbst. Wege zur Selbstannahme* (Brockhaus, R., Wuppertal, 1999).
8. Irving Bieber et al., *Homosexuality: A Psychoanalytic Study of Male Homosexuals* (New York: Vintage Books, 1962), 220.
9. Nicolosi, *Reparative Therapy,* 103-104.
10. Douglas Weiss, *The Final Freedom* (Fort Worth, TX: Discovery Press, 1998), 34.
11. Nicolosi, *Reparative Therapy,* 34, 105.
12. E. Kaplan, „Homosexuality: A Search for the Ego-Ideal," *Archives of General Psychiatry* 16 (1967): 355-358.
13. John Gray, *What You Feel, You Can Heal* (Mill Valley, CA: Heart Publishing, 1984), 86.
14. Steven Stosny, *Treatment Manual of the Compassion Workshop* (Gaithersburg, MD: Compassion Alliance, 1995), 17.
15. Granger Westberg, *Good Grief: A Constructive Approach to the Problem of Loss* (Philadelphia, PA: Fortress Press, 1973).
16. Bly, *Eisenhans,* S. 168f..
17. Moberly, *Homosexuality,* 46-47.
18. Robert Moore, *Rediscovering Masculine Potentials,* 4 Tonkassetten (Wilmette, IL: Chiron, 1988).
19. John Pierrakos, „Love, Eros, and Sex", Seminar im Seven Oaks Conference Center, Madison, VA, 7. Dezember 1996).
20. Bly, *Eisenhans,* S. 44f.

Kapitel 6 – Therapeutische Werkzeuge und Techniken

1. Ronald Richardson, *Family Ties That Bind* (Vancouver, Can.: International Self-Counsel Press, 1984, 1987), 92-93.
2. Sunny Shulkin und Nedra Fetterman, „The Couples Journey," Vortrag bei der AAMFT National Conference, Baltimore, MD, 1995.
3. Die Bücher von Richard Carlson, *Don't Sweat the Small Stuff* und *It's All Small Stuff,* führen dort weiter, wo Burns endet. Weitere nützliche Bücher sind: Robert S. McGee, *The Search for Significance,* und Jeffrey E. Young/ Janet S. Klosko, *Reinventing Your Life.*

4. Eugene Gendlin, *Focusing* (New York: Bantam Books, 1981), 173-174.
5. Barbara De Angelis, *Making Love Work* (Baltimore, MD: Inphomation, 1993), 63.
6. Lucia Capacchione, *Recovery of Your Inner Child* (New York: Simon and Schuster, 1991), 16.
7. Michael Popkin, frei nach *Active Parenting Handbook* (Atlanta, GA: Active Parenting, 1983), 23.
8. David Seamands, *Healing for Damaged Emotions* (Wheaton, IL: Victor Books, 1981), 60.
9. Martha Baldwin, *Self-Sabotage* (New York: Warner Books, 1987), 23.
10. Um das in Gang zu setzen, gebe ich allen meinen Klienten das Arbeitsbuch *Recovery of Your Inner Child* von Lucia Capacchione. Die Autorin hilft dem Leser, verschiedene Personen seiner inneren Familie zu identifizieren – das verletzliche Kind, das zornige Kind, der fürsorgliche, beschützende oder kritisierende Elternteil, das verwundete, verspielte, kreative oder religiöse Kind. Das Buch ist ein hervorragender Einstieg in die Heilung des inneren Kindes, vorausgesetzt, der Klient macht die darin vorgesehenen Zeichen- und Schreibübungen. – Weitere hilfreiche Bücher zu diesem Thema sind: Charles L. Whitfield, *Heilen des inneren Kindes;* Mary Pytches, *Das Kind von gestern.* Außerdem (nur englisch): John K. Pollard III, *Self Parenting: The Complete Guide to Your Inner Conversations*; Cathryn L. Taylor, *The Inner Child Workbook*; und Laurie Weiss/ Jonathan B. Weiss, *Recovery from Codependency: It's Never Too Late to Reclaim Your Childhood.*
11. Napoleon Hill, *Denke nach und werde reich* (München: Ariston Verlag, 2000).
12. Hilfreiche Bücher zum Thema ‚Heilung der Erinnerungen': Leanne Payne, *Du kannst heil werden*; David Seamands, *Heilung der Erinnerungen* und *Heilung der Gefühle*; Mary Pytches, *Das Kind von gestern.* Leanne Payne bietet auch Heilungsgebets-Seminare an.
13. Harvey Jackins, *The Human Side of Human Beings: The Theory of Re-evaluation Counseling* (Seattle, WA: Rational Island Publishers, 1978).
14. Harville Hendrix, *Getting the Love You Want: A Couples' Study Guide* (New York: Harper Perennial, 1988), 119.
15. George Leonard und Michael Murphy, *The Life We Are Given* (New York: Putnam, 1995), 8.
16. Hier einige empfehlenswerte Bücher zur Mann-Sein/Frau-Sein-Thematik sowie zum Thema Ehe und Partnerschaft: Claudia und David Arp, *Das Ehe-Team: Fitness-Programm für die Partnerschaft* (Brunnen, Gießen 1994); Deborah Tannen, *Du kannst mich einfach nicht verstehen* (Goldmann, 1993); John Gray, *Männer sind anders. Frauen auch* (Goldmann, 1992); Patricia Love, *Heiße Liebe in festen Partnerschaften* (Droemer Knaur, 1995); John Gottman, *Lass uns einfach glücklich sein.*
17. Jane Myers Drew, *Where Were You When I Needed You Dad?* (Newport Beach, CA: Tiger Lily Publishing, 1992), 6-8.

Kapitel 8 – Wut – Zugang zur eigenen Kraft

1. Steven Stosny, *Treatment Manual of the Compassion Workshop* (Gaithersburg, MD: Compassion Alliance, 1995), 13-15.
2. Welch, *Holding Time* (New York: Simon and Schuster, 1988), 46.
3. Welch, *Holding Time: Intensive One-Day Seminar*, Kassettenmitschnitt, 1996.
4. Bly, *A Little Book on the Human Shadow* (New York: HarperSanFrancisco, 1988), 48.
5. Bly, *Eisenhans*, 8.

Kapitel 10 – Berührung – Das Bedürfnis nach Bindung und Verbindung

1. Ashley Montagu, *Touching: The Human Significance of the Skin* (New York: Harper and Row, 1986), xiv (Deutsch: *Körperkontakt. Die Bedeutung der Haut für die Entwicklung des Menschen.* (Klett Cotta, 1997).
2. Jane Warner Watson, *My Little Golden Book About GOD* (Racine, WI: Golden Books Publishing, 1956).
3. Earl Wilson, *Counseling and Homosexuality* (Waco, TX: Word Books, 1988), 35.
4. Paul Brand und Philip Yancey, *The Gift of Pain* (Grand Rapids, MI: Zondervan Publishing House, 1997), 157.
5. John Gottman, *Why Marriages Succeed or Fail ... And How You Can Make Yours Last* (New York: Simon and Schuster, Fireside, 1994), 143.
6. Montagu, *Touching*, 38.
7. Laurie Weiss und Jonathan Weiss, *Recovery from Co-Dependency: It's Never Too Late to Reclaim Your Childhood* (Littleton, CO: Empowerment Systems, 1988), 97.
8. Wer mehr über unser Grundbedürfnis nach Berührung erfahren will, der lese Ashley Montagus Buch *Körperkontakt. Die Bedeutung der Haut für die Entwicklung des Menschen.* Das Buch *Die haltende Umarmung* von Martha G. Welch beschreibt hervorragend die heilsame Kraft gesunder Berührungen.
9. Montagu, 126.
10. Ibid., 54.
11. George Howe Colt und Anne Hollister, „The Magic of Touch," *Life* (August 1997): 53-62.

Kapitel 12 – Mentoring: Zur Liebe zurückfinden

1. Gilbert Herdt, ed., *Rituals of Manhood: Male Initiation in Papua New Guinea* (Berkeley, CA: University of California Press, 1982), 121.
2. Harold Bloomfield, *Making Peace with Your Parents* (New York: Ballantine Books, 1983), 9.
3. M. Welch, *Holding Time: Intensive One-Day Seminar*, Kassettenmitschnitt, 1996.
4. Patricia Love, *Hot Monogamy*, Sounds True Audio Tapes, No. 2, Side A. 1994.

5. Michael Popkin, frei nach *Active Parenting Handbook* (Atlanta, GA: Active Parenting, 1983), 23.

6. *Positive Discipline* von Jane Nelsen, *Kinder brauchen emotionale Intelligenz* von John Gottman und *Parenting With Love and Logic* von Foster Cline und Jim Fay bieten wertvolle Hilfen, wie man das Erwachsenen-Kind liebevoll erziehen kann.

7. Montagu, *Touching,* xiv.

8. Ibid., 28.

9. Ibid., 97.

10. Ibid., 146.

11. Earl Wilson, *Counseling and Homosexuality* (Waco, TX: Word Books, 1988), 61.

12. Gottman, *Parenting,* 143.

13. Montagu, *Touching,* xv.

Kapitel 14 – Heilung von Homophobie

1. Marshal Kirk und Erastes Pill, „The Overhauling of Straight America," *Guide Magazine* (Oktober-November 1987), 7-14.

2. Ronald Bayer, *Homosexuality and American Psychiatry* (Princeton, NJ: Princeton University Press, 1987), 3-4.

3. Joseph Shapiro, Gareth Cook und Andrew Krackov, „Straight Talk About Gays," *U.S. News and World Report* (5. Juli 1993): 46.

4. Felice J. Freyer, „Officials Say Being Openly Gay Isn't a Detriment," *Providence Journal-Bulletin* (21. November 1999): 1 A.

5. Platform of the 1993 March on Washington for Lesbian, Gay, and Bi Equal Rights and Liberation, Program Guide Project, April 1993, 16.

6. Luther Emmet Holt, *The Care and Feeding of Children: A Catechism for the Use of Mothers and Children's Nurses* (New York: Appleton-Century, 1935), zitiert nach: Montagu, *Touching,* 148-149.

7. John Broadus Watson, *Psychological Care of Infant and Child* (New York: Norton, 1928), zitiert nach: Montagu, *Touching,* 150-151.

8. Montagu, *Touching,* 152.

Kapitel 15 – Wie Eltern und Freunde helfen können

1. Ein gutes Buch für Eltern ist das von Wendell und Nancy Anderson, *On Eagles' Wings: Family Manual* (1997), beziehbar über Regeneration Books. Es ist ein christliches Programm, aber es kann für Menschen mit anderen Überzeugungen leicht angepasst werden.

Kapitel 16 – Schlussbemerkungen

1. Robert Dreyfuss, „The Holy War on Gays," *Rolling Stone* (18 March 1999): 40.

Weiterführende Literatur

Homosexualität – Ursachenforschung und Veränderungsmöglichkeiten
Aardweg, Gerard van den. *Das Drama des gewöhnlichen Homosexuellen.* Neuhausen-Stuttgart: Hänssler, ²1992.
Aardweg, Gerard van den. *Selbsttherapie von Homosexualität.* Neuhausen-Stuttgart: Hänssler, 1996.
Comiskey, Andrew. *Befreite Sexualität.* Buch und Arbeitsbuch. Wiesbaden: Projektion J, 1993.
Nicolosi, Joseph. *Homosexualität muss kein Schicksal sein: Gesprächsprotokolle einer alternativen Therapie.* Neukirchen/Vluyn: Aussaat, 1995.
Payne, Leanne. *Krise der Männlichkeit.* Neukirchen/Vluyn: Aussaat, 1991.
Homosexualität verstehen. Heft 1: Erfahrungen, Konzepte, Fragen. Heft 2: Medizinische, verhaltensgenetische und theologische Aspekte. Hrsg.: Russell Hillard und Walter Gasser. Erhältlich bei: VBG-Büro, Pf. 2169, CH-8033 Zürich.

Besonderheiten weiblicher Homosexualität
Siegel, Elaine V. *Weibliche Homosexualität: Psychoanalytische und therapeutische Praxis.* München, Basel: Max Reinhardt, 1992.

Persönliche Berichte über Veränderung
Bergner, Mario. *Umkehr der Liebe.* Wiesbaden: Projektion J, 1995.
Paulk, John und Anne. *Umkehr der Liebe: der Weg eines Mannes und einer Frau aus der Homosexualität.* Asslar: Gerth Medien, 2000.
Video: *Homosexualität verstehen und die reale Chance für eine Veränderung.* Erhältlich bei: Deutsches Institut für Jugend und Gesellschaft, Pf. 1220, 64382 Reichelsheim.

Heilung des Inneren Kindes
Abrams, Jeremiah (Hrsg.) *Die Befreiung des Inneren Kindes.* Bern: Scherz-Verl., 1993.
Pytches, Mary. *Das Kind von gestern.* Neukirchen/Vluyn: Aussaat, 1991.

Whitfield, Charles L. *Heilen des inneren Kindes: Hilfe für erwachsene Kinder aus gestörten Familien.* Essen: Synthesis-Verl., 1993.

Innere Heilung

Payne, Leanne. *Du kannst heil werden: Wege zu einer geheilten Sexualität.* Übers. von Becker, Ulrike. Schulte u. Gerth: Asslar, 1998.

Payne, Leanne. *Heilende Gegenwart: Heilung des Zerbrochenen durch Gottes Liebe.* Neukirchen/Vluyn: Aussaat 1994.

Payne, Leanne. *Verändernde Gegenwart: Selbstannahme, Heilung und Vergebung.* Lüdenscheid: Asaph 1998.

Payne, Leanne. *Das zerbrochene Bild.* Kehl: Ed. Trobisch, 1987.

Pytches, Mary. *Schritte zur Reife.* Neukirchen/Vluyn: Aussaat-Verl., 1993.

Pytches, Mary. *Zusammen gehen.* Neukirchen/Vluyn: Aussaat-Verl.,1995.

Seamands, David. *Heilung der Gefühle.* Marburg: Francke, 1993.

Seamands, David. *Heilung der Erinnerungen: das Wunder der inneren Heilung.* Marburg: Francke, 1990.

Trobisch, Walter. *Liebe dich selbst: Wege zur Selbstannahme.* Wuppertal: R. Brockhaus, 1999.

Volkan, Vamik D. und Elisabeth Zintl. *Wege der Trauer: Leben mit Tod und Verlust.* Gießen: Psychosozial-Verl., 2000.

Die Unterschiedlichkeit von Mann und Frau, Geschlechtlichkeit und Ehe

Arp, David und Claudia. *Bisher ging's doch ganz gut: so kommt neuer Schwung in Ihre Ehe.* Gießen: Brunnen, 1998.

Arp, David und Claudia. *Das Ehe-Team: Fitness-Programm für die Partnerschaft.* Gießen: Brunnen, 1995.

Gottman, John M., und Nan Silver. *Die 7 Geheimnisse der glücklichen Ehe.* Düsseldorf: Marion von Schröder-Verl., 2000.

Gray, John. *Männer sind anders. Frauen auch: Männer sind vom Mars. Frauen von der Venus.* München: Goldmann, 1998.

Gray, John. *Jeden Tag mehr Liebe: Männer sind vom Mars, Frauen von der Venus. 365 Anregungen für Paare.* München: Goldmann, 1999.

Moeller, Michael Lukas. *Die Wahrheit beginnt zu zweit: Das Paar im Gespräch.* Reinbek: Rowohlt, 1992.

Tanenbaum, Joe: *Mann und Frau oder der große Unterschied: wie man das andere Geschlecht besser verstehen lernt.* Bergisch Gladbach: Lübbe, 1993.

Tannen, Deborah. *Du kannst mich einfach nicht verstehen: warum Männer und Frauen aneinander vorbeireden.* München: Goldmann, 1998.

Tannen, Deborah. *Das hab' ich nicht gesagt! Kommunikationsprobleme im Alltag.* München: Goldmann, 1999.

Willi, Jürg. *Was hält Paare zusammen? Der Prozess des Zusammenlebens in psycho-ökologischer Sicht.* Reinbek: Rowohlt, 1993.

Mann-Sein

Bly, Robert. *Eisenhans: Ein Buch über Männer.* München: Kindler, 1991.

Gilmore, David D. *Mythos Mann: Rollen, Rituale, Leitbilder.* München: Artemis & Winkler, 1991.

Sexueller Missbrauch

Enders, Ursula (Hrsg.) *Zart war ich, bitter war's: sexueller Missbrauch an Mädchen und Jungen.* Köln: Kölner Volksblatt-Verl., 1991.

Horie, Michiaki und Hildegard. *Befreiung aus dem Labyrinth: Trauma und Traumabewältigung.* Wuppertal: R. Brockhaus, 1997.

Lew, Mike. *Als Junge missbraucht: wie Männer sexuelle Ausbeutung in der Kindheit verarbeiten können.* München: Kösel, 1997.

Whitman, Mitchell. *Brecht das Schweigen: ein Handbuch zur Behandlung und Seelsorge von Opfern und Tätern bei sexuellem Missbrauch.* Neukirchen-Vluyn: Aussaat, 1993.

Süchte

Carnes, Patrick. *Wenn Sex zur Sucht wird.* München: Kösel, 1992.

Carnes, Patrick. *Zerstörerische Lust: Sex als Sucht.* München: Heyne, 1991.

Schaef, Anne Wilson. *Im Zeitalter der Sucht: Wege aus der Abhängigkeit.* München: dtv, 1993.

Therapie allgemein

Berne, Eric. *Spiele der Erwachsenen: Psychologie der menschlichen Beziehungen.* Reinbek: Rowohlt, 1995.

Gendlin, Eugene T. *Focusing: Selbsthilfe bei der Lösung persönlicher Probleme.* Reinbek: Rowohlt, 1998.

Hellinger, Bert. *Ordnungen der Liebe: ein Kursbuch.* Heidelberg: Carl-Auer, ²1995.

Lowen, Alexander. *Bioenergetik: Therapie der Seele durch Arbeit mit dem Körper.* Reinbek: Rowohlt, 1998.

Pierrakos, John. *Core-Energetik: Zentrum deiner Lebenskraft.* Essen: Synthesis, 1999

Stone, Hal und Sidra. *Du bist viele: das 100fache Selbst und seine Entdeckung durch die Voice-Dialogue-Methode.* München: Heyne, 1995.

Berührung und gesunde Entwicklung

Bowlby, John. *Elternbindung und Persönlichkeitsentwicklung: therapeutische Aspekte der Bindungstheorie.* Heidelberg: Dexter, 1994.

Bowlby, John. *Mütterliche Zuwendung und geistige Gesundheit.* München: Kindler, 1973.

Bowlby, John. *Mutterliebe und kindliche Entwicklung.* Basel: Reinhardt, 1995.

Gottman, John. *Kinder brauchen emotionale Intelligenz: ein Praxisbuch für Eltern.* München: Heyne, 1998.

Montagu, Ashley. *Körperkontakt: die Bedeutung der Haut für die Entwicklung des Menschen.* Stuttgart: Klett-Cotta, 1997.

Verny, Thomas und John Kelly. *Das Seelenleben des Ungeborenen.* Hamburg: Rogner & Bernhard, 1992.

Verny, Thomas und Pamela Weintraub. *Das Leben vor der Geburt. ein Neun-Monate-Programm für Sie und Ihr Ungeborenes.* Freiburg: Herder, 1994.

Welch, Martha G. *Die haltende Umarmung.* Basel: Reinhardt, 1997.

Homosexualität und christliche Gemeinde

Homosexualität und christliche Seelsorge: Dokumentation eines ökumenischen Symposiums. Deutsches Institut für Jugend und Gesellschaft, Reichelsheim 1994. Erhältlich bei: Deutsches Institut für Jugend und Gesellschaft, Pf. 1220, 64382 Reichelsheim.

Homosexualität und Seelsorge. Beiträge von Aardweg, Gerard J. van den; Payne, Leanne; Werner, Roland; Werner, Elke. Hrsg. von Roland Werner. Moers: Brendow, 1993.

Homosexuellen-Bewegung

Hinzpeter, Werner. *Schöne schwule Welt: der Schlussverkauf einer Bewegung.* Berlin: Querverl. 1997.

Informationsstellen

Bundesrepublik Deutschland

Deutsches Institut für Jugend
und Gesellschaft
Postfach 1220
64382 Reichelsheim
Fax: 06164/9308-30
E-mail: institute@ojc.de
Web: www.dijg.de

Endlich-leben-Netz
Kontakt: Helge Seekamp
Am Niedernfeld 3
32657 Lemgo
Fax: 05261/934467
E-mail:info@endlich-leben.net
Oder: info@Christliche-12-
Schritte-Gruppen.de
Web: www.endlich-leben.net

Pastoral Care Ministries
Kontaktadresse Deutschland:
Christiane Mack
Rud.-Breitscheid-Str. 27
90762 Fürth
Fax: 0911-977 3977
E-mail: PCM-
Rundbrief@gmx.de
Web: www.LeannePayne.de

Weißes Kreuz e.V.
Weißes-Kreuz-Str. 1-4
34292 Ahnatal / Kassel
Tel.: 05609/8399-0
Fax: 05609/8399-22
E-mail: weisses-kreuz
@t-online.de

Wüstenstrom e.V.
Postfach 1114
71730 Tamm
Fax: 07141/68896-74
E-mail: info@wuestenstrom.de
Web: www.wuestenstrom.de

Schweiz

„Der Neue Weg"
Postfach 2128
CH-6002 Luzern
E-mail: jost.kiser@gmx.ch

Living Waters Schweiz
Postfach 383
CH – 3075 Rüfenacht
Tel. 031 / 333 03 38
Fax: 031 / 333 15 19
E-mail: Livingwaters
@datacomm.ch

Weisses Kreuz
(Sexualethik und Seelsorge)
Lindhübelstr. 45
CH – 5724 Dürrenäsch
Tel.: 062/7676000
Fax: 062/7676001
E-Mail: info@lea-schweiz.ch
Web: www.lea-schweiz.ch

Österreich

Christ und Homosexualität
(CuH)
Postfach 83
A-1165 Wien
E-mail: buero@cuh.at
Web: www.christundhomosexua-
litaet.at

Living Waters Wien
Postfach 83
A-1165 Wien
E-mail: livingwaters-wien
@cuh.at

International

EXODUS International
P.O. Box 77652
Seattle, WA 98177-0652
Tel. (001)-206-784 7799
Fax (001)-206-784 7872
Web: www.exodusintl.org
Hier können Sie weitere
Adressen nationaler Informa-
tions- und Beratungsdienste er-
fragen.

International Healing Founda-
tion (IHF)
P.O. Box 901
Bowie, MD 20718
Tel. (001)-301-805 6111
Fax: (001)-301-805 5155
E-mail: IHF90@aol.com
Web: www.gaitostraight.org

National Association for Research and Therapy of Homosexuality (NARTH)
16633 Ventura Blvd. Suite 1340
Encino, CA 91436-1801
Tel. (001)-818-789 4440
Web: www.narth.com

NARTH ist ein Verband professioneller und ehrenamtlicher
Therapeuten und Berater aus
verschiedenen Berufsfeldern:
Psychologie, Jura, Religion, Päd-
agogik.

JONAH
Jews Offering New Alternatives
to Homosexuality
Main P.O. Box 313
Jersey City, NJ 07303
Tel. (001)-201-433 3444
Web: www.straight.org

Zur Biografie des Autors

Richard Cohen

Richard Cohen, M.A., ist Psychotherapeut mit langjähriger Erfahrung in der Beratung und therapeutischen Begleitung von homophil empfindenden Menschen, die einen Weg aus der Homosexualität suchen. Er ist Gründer und Leiter der „International Healing Foundation" (IHF). Neben seinem Arbeitsschwerpunkt, der therapeutischen Veränderungsarbeit mit homosexuell empfindenden Klienten, sind seine Arbeitsfelder Paarberatung, Beratung von Opfern sexuellen Missbrauchs, sexuelle Abhängigkeiten, Aggressionskontrolle, Erziehungsberatung. Er war Mitarbeiter in Einrichtungen für Opfer sexuellen Missbrauchs und beim amerikanischen Roten Kreuz als Berater für HIV-Patienten.

Helge Seekamp/Gero Herrendorf/
Regula Specht-Gloor (Hrsg.)

Endlich leben!

Heilung, Veränderung, Gelassenheit

Das 12-Schritte-Programm

240 Seiten, Paperback
DIN A 4
Best.-Nr. 196 328

„Endlich leben" – das christliche 12-Schritte-Programm zur Persönlichkeitsentwicklung.

Immer mehr Menschen erkennen, dass sie dem steigenden Druck und den vielfältigen Anforderungen des Alltags nicht mehr gewachsen sind. Sie verstricken sich in Verhaltens- und Reaktionsmuster, in denen sie eigentlich gar nicht leben wollen.
Dieses Buch will neue Hoffnung vermitteln: Es gibt Wege aus ungesunden Verhaltensweisen und zerstörerischen Abhängigkeiten.
Das 12-Schritte-Programm ist ein Arbeitsprogramm für Gruppen. Mit Hilfe der 12 Schritte geht es darum, in einem geschützten Rahmen von gegenseitiger Annahme und Wertschätzung sich selbst kennen zu lernen und Unterstützung bei der Arbeit an der eigenen Persönlichkeit zu erfahren. Das Ziel dieses Prozesses ist es, einengende Verhaltensmuster zu überwinden und so die Entfaltung der eigenen Persönlichkeit zu fördern.

BRUNNEN VERLAG GIESSEN